캐릭터코칭&리더십

에니어그램에 길을 묻다

The McGraw-Hill Companies

Bringing Out the Best in Everyone You Coach: Use the Enneagram System
for Exceptional Results

1 2 3 4 5 6 7 8 9 10 Book Herb 20 10

Original : Bringing Out the Best in Everyone You Coach: Use the Enneagram System for
Exceptional Results
        By Ginger Lapid-Bogda, Ph.D.
        ISBN 978-0-07-163707-7

This book is exclusively distributed by Book Herb Publishing Co.

When ordering this title, please use ISBN 978-89-961905-9-2

Printed in Korea

진저 래피드-보그다의

캐릭터코칭 & 리더십 에니어그램에 길을 묻다

진저 래피드-보그다 지음 | 이소희 교수 옮김

Bringing Out The Best
In Everyone You Coach

북허브 McGraw Hill

"진저 래피드-보그다는 수 년 동안 비즈니스 세계에 에니어그램을 도입하는데 앞장을 선 에니어그램 저자들 중 한 명이다. 예술이라고 할 코칭에 기여한 이 책을 통해, 저자는 모든 수준의 독자들이 에니어그램에 기반한 코칭의 과정을 명확하고도, 종합적으로 이해하도록 돕는 것을 통하여 그들 자신들의 지식 범위를 깊으면서도 넓게 만들고 있다. 진저는 코칭이 미묘한, 사람과 사람사이의 상호작용이며 에니어그램은 이 과정을 보다 분명하게 해 줄 수 있으므로, 에니어그램을 사용하는 것은 코치와 고객 모두가 각각의 상황에서 이해력과 정확성을 이끌어 낼 수 있다고 설명하고 있다. 우리는 진저가 코칭을 효과적으로 하기 위한 기본적인 틀로서 발달의 수준을 바르게 사용하고 있는 것을 볼 수 있어서 기쁘다. 이 책은 명확하게 쓰여졌고, 구조화가 매우 잘 되었으며, 실용적이기에 앞으로 빠르게 확산되어 에니어그램 코칭의 '표준 도서'로 자리매김할 것이라고 확신한다."

– 베스트셀러인 〈에니어그램 성격 유형〉과 〈에니어그램의 지혜〉의

공동 저자인 돈 리차드 리소와 러스 허드슨

"이 책은 모든 코칭전문가들의 책장 맨 앞줄에 놓여야 할 정도로 가치가 있음을 보증한다."

– 〈에니어그램–성공하는 사람의 성격〉의 저자인 헬렌 팔머

"이 책을 통해서 저자는 또다른 획기적인 업적을 이루었다. 저자는 에니어그램에 대한 깊은 이해력을 가지고 있으며, 그 지식을 소개하는데 있어서 현저한 재능도 가지고 있다. 저자의 책은 실용적이고, 체계적이며, 매우 읽기 쉽고, 명확하며, 종합적이고, 사려 깊으며, 우아하고 열정적이다. 저자는 과정과 방법, 발달의 수준, 그리고 머리, 가슴, 배라는 세 가지 중심에너지에 대해 의미를 부여하고 있다.

이 책은 다른 사람을 돕기 위해 안내와 지도 및 지지의 역할을 하는 모든 코치들과 매니저 그리고 봉사자들이 꼭 읽어야 하는 책이다."

"진저 래피드-보그다는 매우 필요한 코칭 기술을 자신의 에니어그램 독자들이 쉽게 접근할 수 있도록 하였고 코칭 분야에서 에니어그램적인 정보를 잘 해석할 수 있도록 하였다. 코칭과 에니어그램의 전문가인 저자는 코칭과 에니어그램의 훌륭한 중매인 역할을 감당하였다."

"강력 추천한다. 이 책은 에니어그램의 지혜를 모든 코치의 손끝에까지 쉽게 접근할 수 있도록 잘 구조화가 되었으며, 한 눈에 보이는 지침을 제공하고 있다."

"진저 래피드-보그다는 중요한 이 책에서 코칭과 에니어그램이라는 도구가 가진 힘을 잘 통합하고 있다. 오늘날 활동하고 있는 코치들이 이 분야에서 최고의 전문가가 되기 위해서는 상당한 시간의 교육훈련과 수년 간의 경험은 물론 에니어그램과 같은 사정도구를 포함한 실질적인 도구들이 필요하다. 〈캐릭터코칭&리더십-에니어그램에 길을 묻다〉는 이러한 코치들에게 코칭 도구로써, 그리고 이 분야에서 숙달할 수 있도록 스스로 자기자신을 발견할 수 있는 훌륭한 자원을 제공하고 있다."

"진저 래피드-보그다는 코칭에서 시기 적절하면서도 권위 있는 에니어그램 활용 책을 집필하였다. 이 책은 어느 코치의 책장에서도 가치를 더해줄 수 있는 정보와 도구들로 이루어져 있다."

– 코치훈련연구소의 창립자이자 소장인 캐런 킴지-하우스

"정말 훌륭한 책이다. 다양한 모습과 잠재적으로 나타나게 되는 매우 생생한 사실을 제시하고 있다. 이 책에 소개되는 기술을 잘 활용하는 코치는 모든 고객들로부터 강점을 이끌어 낼 수 있다. 풍부하고 구체적인 코칭 단계를 제시하고 있는 이 책은 모든 유형에 해당하는 코치들이 반드시 읽어야 하는 책이다."

– 베스트셀러인 〈부족 리더십〉과 〈성과의 세 가지 법칙〉의 공동 저자이자 서던 캘리포니아
마샬경영대학의 교수인 데이브 로건 박사

"나는 내 자신을 좋은 코치라고 생각하지만, 에니어그램뿐만 아니라 '코칭'에 관련된 진저의 글 역시 매우 훌륭하다. 나는 금맥을 찾았으며 어떤 다른 책들을 더 이상 읽지 않아도 만족할 정도였다. 물론 나는 에니어그램코칭에서 어머니와 같은 모체를 찾았다고 느꼈다. 특히 나는 내가 배운 것을 금방 적용할 수 있었다. 이 책은 우리가 코칭하는 사람들을 위해 배우고자 하는, 발전하고자 하는, 그리고 변형하고자 하는 욕구의 충족을 위해 필수불가결한 책이고 요즘과 같은 경쟁시대에 꼭 읽어야 하는 책이다."

– 애질런트 테크놀로지社 최고 학습책임자이자 부사장인 테레사 로셰

"저는 이 책을 정말 너무너무 좋아합니다. 저는 이 책을 두 가지 관점에 초점을 맞추어 사용하고 있는 것을 발견했습니다. 하나는 저 자신의 더 높은 자기숙달을 위한 과정에서 저 자신을 더 잘 이해하는 틀로서 사용하고 있으며, 다른 하나는 제

가 코칭하고 있는 사람들이 발달할 수 있도록 돕기 위한 방법으로 사용하고 있다는 것입니다. 이 책의 통찰력 - 같은 에니어그램 유형이라고 주장하는 많은 개개인들이 마음 밑바닥까지 같은 상황임에도 불구하고 매우 다른 행동과 감정을 표현하는 - 은 틀림없이 저와 다른 사람들이 상사나 멘토와의 관계에서 멋진 시간을 가짐으로써 많은 것을 얻도록 도와 줄 것입니다"

- 베스트 바이 社 고객관리 및 운영 부서 부사장인 낸시 브룩스

"진저 래피드-보그다의 이 책은 리더십과 성격 계발 분야에서 가장 중요한 3부작 중 하나를 완성했다. 이 책은 매니저로서의 자신의 재능과 효과성을 코칭 기술과 에니어그램의 통찰력을 통합함으로써 향상시킨다. 모든 매니저들은 관리와 코칭간의 차이점을 이해함으로써 유익함을 얻게 될 것이다. 이 책은 우리만의 독특한 생각, 감정 그리고 행동이 우리의 행로에 더 큰 성과로 이어지는 영향력에 대한 깊은 인식을 제공함으로써 코칭이라는 예술에 효과적이고 쉽게 접근할 수 있도록 만들었다. 이 책은 어떻게 하면 더 효과적인 리더와 매니저가 될 수 있는가를 모색해 온 나에게 있어 지금까지 읽어본 책들 중 가장 유용하고 중요한 지침서이다."

- 지넨테크社의 최고 정보책임자이자 전무이사인 토드 피어스

"진저 래피드-보그다의 최신 책에서 저자는 코치와 리더들에게 에니어그램에 의해 설명된 각 성격 유형들 내에서 높은 잠재력을 발휘할 수 있는 방법론과 접근법을 제시하였다. 강력한 코칭으로 이끄는 방법은 높은 성과를 내는 팀을 만들고 유지하는데 필수적인 요소이다. 이 책은 다른 사람을 코칭하는 코치들에게 필수적인 자원이 되어야만 한다."

- 클리브랜드 클리닉 휴론 병원장인 거스 키오스 박사

"나는 이 책을 내려놓을 수가 없었다! 저자만의 독특한 방식으로 코칭을 풀어가는 방법은 당신의 삶에 있는 그 누구에게라도 이 책에 등장하는 기술들이 유용하게 쓰일 것이라고 설득하고 있다. 에니어그램은 직원들이 성장하기를 바라는 리더들로 가득한 우리 비즈니스에서 매우 유용하며, 저자의 훈련과 지도 덕분에 우리 자신도 변했다. 요즘과 같은 어려운 경제적 상황은 능력 있는 사람들을 요구하는데, 이 책은 어떻게 하면 능력 있는 사람을 얻을 수 있는가에 대한 방법을 보여주는 지도와 같다. 훌륭한 책이다!"

– 하트랜드 지역 알코올 및 마약 남용 측정 센터 대표이사 및 상무인 달린 슈미트

이 책은 직장에서 코칭을 하는 데 있어 믿어지지 않을 만큼 유용한 도구이다. 개발도상국의 아동들에게 향상된 교육의 기회를 주기 위해 헌신하는 세계적인 비영리단체인 룸투리드(Room to Read)의 최고경영자로서, 나는 이미 나 스스로를 이해하고 내 경영진들 사이의 의사소통을 향상시키기 위해 에니어그램을 사용하고 있다. 이제 우리는 이렇게 쉽게 이해할 수 있고 각 유형을 위한 훌륭한 코칭 조언과 효과적으로 발달을 이룰 수 있는 활동들로 가득한 책이 있으니, 우리 스스로를 코칭하는 것은 물론 우리를 위해 일하는 사람들도 코칭할 수 있다."

– 룸투리드의 공동창시자이자 최고경영자인 에린 키원 간주

"만약 당신이 효과적인 팀을 만들고 싶다면 우선 자기 자신부터 스스로 계발하는 것을 시작하여 에니어그램이란 도구를 사용해 직장에서 신뢰성과 건설적인 인간관계를 형성·유지할 수 있어야 한다는 점을 이 책을 통해서 발견할 것이다. 이 책은 당신이 매니저로서 한 발자국 더 나아가도록 도와주고, 당신 팀의 힘을 유연하게 펼칠 수 있는 코치로서의 역할을 하도록 도와준다."

– 까르띠에 고품질 보석 개발 및 특별주문 부서 담당자인 캐롤린 코켓

감사의 글

이미 검증된 코칭 실제에 관한 기초를 바탕으로 에니어그램에 대한 깊은 통찰력들을 통합함으로써 코칭을 하는 모든 사람들이 쉽게 활용할 수 있는 변형 코칭(Transformative coaching)에 대한 책을 쓰는 것은 저에게 무척 고무적이면서도 벅찬 일이기도 했습니다. 코치를 포함하여 코치로서의 역할을 하는 사람들은 훈련가, 컨설턴트, 인사담당자, 매니저, 심리학자 등의 다양한 배경을 가지고 있으며, 그들이 하는 코칭에는 단기 코칭, 위기 코칭 혹은 장기 코칭 등이 포함될 것입니다. 게다가 코칭을 하는 개개인들은 그들 자신에게 효과가 있으며 개인적인 경험과 이수한 코칭프로그램, 혹은 그들이 선호하는 어떤 심리적인 틀에 기초한 특정한 코칭 철학을 이미 지지하고 있을 것입니다. 이러한 점들을 고려하여 저는 코치로서 코칭을 하는 사람들이 쉽게 활용하여 코칭 분야에도 기여할 뿐만 아니라, 그들의 코칭 대상자인 coachee 또는 고객들이 변형된 결과를 얻을 수 있도록 그들의 코칭 능력을 강화시킬 수 있는 책을 쓰고자 노력하였습니다.

이 책의 집필과정에는 많은 사람들이 직·간접적으로 영향을 주었는데, 그 중에서도 특히 저에게 영감을 줌과 동시에 지원을 아끼지 않은 사람들에 대해서 언급하고자 합니다. Natalie Toy는 모든 과정에서 다양한 피드백을 아끼지 않으면서 이 책 전체의 초안을 검토해 주었습니다. 컨설턴트이자 코치, 에니어그램 교사인 프랑스 출신의 Claudine Prune는 "이 책은 꼭 출판해야 해요! 다른 두 책들과 함께 3부작 시리즈의 일부입니다."라고 말하면서 2년 전 이 책을 쓰도록 도전하는데 용기를 북돋아 주었습니다. Northern California 출신으로 조직 개발 동료인 Dave Warner는 참신한 아이디어들이 필요할 때마다 기꺼이, 놀랄만한 아이디어를 제공해주었습니다. Genentech의 부사장인 Todd Pierce는 그의 상급 관리자들과 함께 이 책에 쓰인 자료들을 만들어 실제로 검증할 수 있는 전례 없는 기회를 제공해 주었습니다.

이밖에 여러 사람들도 상당한 공헌을 하였습니다. Beatrice Chestnut는 아홉 가지의 에니어그램 유형들에 맞춘 "자기 숙달(self-mastery)을 향상시키는 코칭 접근법"을 이해하고, 27가지 하위유형의 에니어그램(3장부터 11장까지)을 쓰는데 도움을 주었습니다. Washington D.C출신의 코치인 David Coleman은 처음으로 저에게 "왜 당신은 그것을 하려고 하는가?"라는 도전적 질문이 가지는 힘에 대해 소개해 주었습니다(1장에서 설명하고, 3장에서 11장까지 각각의 에니어그램 유형에 꼭 맞게 설명한). Don Riso와 Russ Hudson은 동료의식에서부터 충고에 이르기까지 다양한 방식으로 지지해주었는데, 3장에서 11장까지 다루어진 각각의 에니어그램 유형에 따른 자기 숙달(self-mastery)수준에 관한 그들의 정보는 에니어그램수준의 연구에서 독보적인 기원이 되고 있습니다. 저는 에니어그램 발달사에서 특별한 존재인 Claudio Naranjo의 에니어그램 연구에 깊은 감사를 표합니다. 마지막으로 Helen Palmer와 David Daniels는 에니어그램 체계화를 위해 멋진 틀을 제공해 주었으며, 이들은 저와 지속적인 관계를 유지하는 특별한 친구들이자 동료들입니다.

또한 Literary & Creative Artists의 에이전트인 Jane Roberts와 Muriel Nellis 및 그동안 제가 쓴 책을 편집해 준, 오래된 McGraw-Hill의 Donya Dickerson에게 감사의 뜻을 전합니다.

1987년 여름, Ginger가 내 방문을 노크했을 때만 해도 나는 특별한 누군가가 내 인생 가운데로 들어오고 있다는 것, 그리고 Ginger의 개인적이고도 전문적인 관심들이 나의 관심과 엮이게 될 것이라는 것, 나아가 Ginger가 내 평생 친구가 될 것이라고는 전혀 생각하지 못했다. 당시 Ginger는 샌프란시스코에서 로스앤젤레스로 이사를 막 한 상태였으며, 그동안 샌프란시스코에서 조직개발 컨설턴트로 일했다. Facebook과 LinkedIn이 나오기 며칠 전에, 나의 친구는 Ginger가 내게 전화할 것이라고 말했고, 나는 Ginger에게 주변사람들로부터 방해받지 않고 대화를 나누고 싶으니 워킹슈즈를 가지고 오라고 말했다. 그리고 Ginger와 나는 함께 처음으로 많이 걸었었고, 이후 우리는 우리의 삶, 가족, 꿈, 그리고 실패 등에 대한 진솔한 이야기를 항상 나누어왔다.

이즈음 나의 경력개발 컨설팅과 트레이닝 실천력은 점점 향상되고 있었다. 나는 UCLA에서 논문을 완성하였으며, 그것을 나의 첫 번째 책인 Up Is Not the Only Way(올라가는 것만이 유일한 방법은 아니다)에 활용했다. Ginger는 내가 맡은 많은 초기 컨설팅 프로젝트에 함께 참여하였으며, 그 후 많은 과정들은 Ginger 스스로 이끌었다. 그 시간 동안, 나는 Ginger가 매우 능력 있는 관찰자라는 걸 알아차렸다. 또한 Ginger는 내가 말한 것뿐 아니라 말하지 않은 것까지도 망라하여 모든 것을 기억한다는 사실을 곧 깨닫게 되었다. 좋은 친구란 그래야 하듯 Ginger는 나의 성공을 함께 나누며, 또한 때때로 경험한 나의 실패들을 잘 기억하고 교훈으로 삼아서 더 잘 활용하기까지 하였다.

Ginger는 다재다능하며 스케일이 큰 변화전문가로서 자신의 심화된 전문지식을 자신의 연구와 실천적 활동에 적극적으로 반영하였다. 이제 20여 년이 지난 오늘, Ginger가 에니어그램이 전 세계의 다양한 기관에 도입될 수 있도록 하는데 선구자적 역할을 하였음은 지극히 당연한 결과라 하겠다. 이것은 두말할 나위 없이 사람들과 조직의 행복한 성공을 향한 Ginger의 열정이 낳은 성과라 할 수 있다. Ginger는 자신의 성장은 물론, 다른 사람들의 성장에도 깊이를 더할 수 있는 새로운 방안을 언제나 찾고 있는, 정말 정직하고 진실하며, 통찰력이 있는 전문가이다.

내가 Ginger의 첫 번째 책, Bring Out the Best in Yourself at Work(일할 때 자신을 최고로 이끌어내라— 우리나라 번역책명: 최강팀 만들기)를 읽었을 때, 일하는 상황에 따라 나타나는 아홉 가지 다양한 인간행동의 특성을 그토록 세밀하게 묘사할 수 있는 Ginger의 능력에 정말 깊은 인상을 받았다. 그리고 두 번째 책, What Type of Leader Are You? (당신은 어떤 유형의 리더입니까?—우리나라 번역책명 : 성격이 리더십을 결정한다)를 읽고 난 후, 말할 수 있는 것 보다 얼마나 더 많은 것을 전달할 수 있는가에 대한 생각을 하면서 다시 한 번 Ginger의 세밀한 묘사력에 놀라움을 금치 못했다.

나는 또한 Ginger의 책이 내 연구의 핵심 영역인 직원 계발, 고용 유지, 직장에서의 몰입 등에 대단한 영향력을 미치고 있음을 알게 되었다. 우리는 우리 자신과 다른 사람들과 교류하고 네트워크화 하면서 협력하는 방법에 대해 더 알면 알수록, 자신의 직장에 대한 만족감을 더 느낄 수 있다.

Ginger의 모든 책, 특히 최신작은 지혜를 추구하며 자신의 직업에 최고의 긍지를 느끼는 사람들에게 멋진 가이드가 될 것임을 확신한다.

여러분이 손에 든 Bringing out the Best in Everyone You Coach(당신이 코칭하는 모든 사람안에서 최고를 끄집어 내라— 우리나라 번역책명: 캐릭터코칭& 리더십 – 에니어그램에 길을 묻다)라는 바로 이 책은 여러분이 이전의 두 책들을 읽어본 적이 있든 없든 간에 여러분의 성공적인 생활에 활용할 수 있는 멋진 가이드라고 믿는다. 더구나 이 책이 단기, 위기, 장기 코칭을 위한 모델들을 제공해주면서 사람들을 성장·발달 시킬 수 있는 방법을 정확하게 보여주는 책이라는 사실만으로도 매니저, 멘토, 코치들은 한껏 즐거울 수 있다.

Ginger는 이를 위해 에니어그램의 확고하고도 실용적인 통찰력들을 매우 탁월하게 활용하고 있다. 나는 나의 에니어그램 유형이 나를 완벽할 정도로 설명해 준다는 사실을 알게 되었고, 그로 인해 개인적으로 이 책에 정말 매료되었다. 그리고 나는 Ginger가 가진 창조적 기술을 보고 감탄해 마지 않았다. 다행히도, 이제 우리는 Ginger의 탁월하고도 헌신적인 도움으로 그것들을 알게 되어 우리의 고객들과 우리 스스로가 활용할 수 있게 되었다.

베벌리 케이, 교육학 박사(Beverly Kaye, Ed.D.)
Career Systems International의 창립자이자 CEO.

　이미 세계적인 에니어그램 전문가인 진저 래피드 - 보그다 박사는 이 책으로 에니어그램코칭 전문가로서도 세계 정상에 우뚝 섰음을 확인할 수 있으며, 이 책의 한국어판 번역을 맡은 저로서는 무한한 기쁨과 자긍심을 느낍니다.

　진저 래피드-보그다 박사와의 인연은 2008년 에니어그램에 기반한 〈커뮤니케이션 워크숍〉 참여를 시작으로, 2009년 에니어그램에 기반한 〈리더십 워크숍〉 참여에 이어, 에니어그램에 기반한 그녀의 책을 번역하기에 이르렀으니 보통의 인연을 넘은 것이라 생각됩니다.

　이러한 인연으로 에니어그램 활용교육을 통해 행복한 성공을 실현하고픈 성인을 도울뿐 아니라 아동 · 청소년을 글로벌 리더로 키우기 위한 저의 코칭리더십교육에서 한층 업그레이드 된 프로그램개발과 교육으로 이어지는 수확을 거두었으므로 깊은 감사를 드리게 됩니다.

　구체적으로 말하면 그동안 남녀노소, 지위고하, 빈부귀천을 막론하고 리더십마인드와 숙달된 코칭기술을 연결한 자기계발교육을 강도높게 실시하여도 늘 2% 부족한 것을 느껴왔었는데 에니어그램에 기반한 코칭리더십교육프로그램으로 교육했을 때는 그야말로 놀라운 성과가 창출되는 것을 온 몸으로 경험하였기 때문입니다. 즉 에니어그램에 기반한 코칭리더십교육은 각자가 지닌 성격강점을 최대한 활용하여 스스로 원하는 변화를 주도적으로 성취함과 동시에 다른 사람을 이해하고 지지하는 리더십까지도 매우 쉽게 발휘하므로서 탁월한 윈-윈 시너지를 창출하였습니다.

　나아가 그러한 성취와 성과가 특정한 목표와 과제에만 머무르지 않고 개인과 가정, 학교와 직장에 이르기까지 매우 광범위한 분야에 적용될 수 있다는 자신감을

15

가지고 긍정적으로 생활하는 모습들을 매일 보면서 에니어그램의 마술과 같은 힘을 실감하였기 때문입니다.

그러므로 이제 이러한 에니어그램에 기반한 코칭리더십교육이 이 책을 통해 행복한 성공을 추구하는 많은 사람들에게 넓고, 깊게 자리잡기를 바라는 마음 간절합니다. 이 간절함은 제가 개발하여 보급하고 있는 [비전에니어그램]의 철학적 기반이 된, 곧 공자의 논어(論語)의 위정편(爲政篇)에 나오는 〈온고이지신 가이위사의, 溫故而知新可以爲師矣〉으로 요약할 수 있는데, 그 뜻은 '옛 것을 익혀서 새 것을 알게 되면 다른 사람의 스승이 될 수 있다'입니다. 다시 말하면 옛 것으로써의 고대의 지혜인 '에니어그램'과 새 것으로써의 커뮤니케이션 과학인 '코칭'을 지혜롭게 통합하면 다른 사람을 가르칠 수 있다고 말할 수 있습니다.

또한 알다시피 성경은 유사이래 최고의 베스트(Best)셀러이자, 또한 스테디(Steady)셀러입니다. 이 신약성경 로마서 2장 21절에 "다른 사람을 가르치는 네가 네 자신을 가르치지 아니하느냐"라는 말씀이 있습니다. 이 말씀처럼 특히 다른 사람을 가르치고자 하는 자는 먼저 스스로를 가르쳐서 변화해야 한다는 것은 자명한 이치입니다. 그러므로 이러한 맥락에서 이 책을 통하여 자신을 스스로 가르친 다음, 여러분 주위에 있는 사랑하는 사람들을 가르칠 수 있는 스승, 곧 지혜의 리더가 되실 수 있기를 진심으로 바랍니다.

이 책을 번역하는 과정에서 많은 사람의 은혜를 입었습니다.

북허브의 박찬후 사장님은 이 책이 지닌 의의만으로 기꺼이 출판을 허락해 주셨습니다. 정말 의미있는 공헌을 하셨습니다. 또한 이토록 멋진 책으로 출간할 수 있도록 편집을 담당해준 김은정님께 감사드립니다.

번역과 교정에서 성심어린 도움을 준 사랑하는 제자 신춘희, 김정미, 이제니, 김윤선, 박계현에게 감사하며, 이 책은 그들의 삶에 또 하나의 멋진 선물이 될 것임을 믿습니다.

또한 이 땅의 아이와 부모와 교사와 원장님이 매일멋진사람으로 성장하도록 아가페의 사랑으로 헌신하며, 자문교수인 저를 위해 기도를 아끼지 않는 한국영리더십센터와 한국부모코칭센터, 한국아동코칭센터 및 비전에니어그램교육연구소의 제자들에게 다함없는 감사의 마음을 전합니다. 이들이 행복한 성공을 넘어 공헌할 수 있기를 축원합니다.

그리고 저의 영원한 응원자인 가족, 남편 전종웅 교수와 아들 재영, 며느리 정희, 딸 수영, 사위 형진, 손자 나엘에게 진한 사랑을 보냅니다.

늘 동행하시며 지혜를 주시는 하나님을 의지합니다.

2011년 1월 1일
2011년 새 아침을 맞으며

조직적인 코칭은 코치로 하여금 특별한 목표들을 성취하고자 하는 최고의 개개인들에게 맞춘 전문적인 발달적 방법론이다. 사실상, 코칭은 지난 20년 동안 가장 빠르게 성장하는 인적 자원분야의 직종이 되었다. 오늘날 매우 다양한 사람들이 코치의 역할을 하고 있는데, 그 예로 전문코치를 포함하여 매니저, 멘토, 인사담당자, 트레이너, 심리학자, 조직상담가들을 들 수 있다. 따라서 전세계적으로 코치들이 확산된 것과 함께, 소위 다른 사람들을 코칭하는 사람들이 코칭이 무엇이며, 어떻게 활용하며, 실제로 결과를 어떻게 나타내는지를 제대로 이해하는 것은 특히 중요하다. 다음의 이야기는 코칭의 잠재적인 도전과 큰 효과에 대한 간략한 내용을 소개한 것이다.

> Louise는 Maurice에게 경영자 코칭(executive coaching)을 요청했다. 하지만 Louise는 Maurice를 만날 때마다, 지각하거나, 서둘러 일찍 나가버렸을 뿐 아니라, 번번히 약속을 취소해버렸다. 실망한 Maurice는 Louise의 코칭 목표와 그가 Louise의 행동과 관련해서 알게 된 모든 사실을 비교한 6페이지의 문서를 완성했다. 그 문서는 몇 가지 출처들, 즉 Maurice가 관찰한 Louise의 모습과 Louise의 매니저, 동료, 부하들과 인터뷰해서 알아낸 사실들을 바탕으로 작성하였다. Maurice는 코칭을 위한 한 도구로써 사용하기 위해 이 문서를 완성시켰는데, 이 사실을 안 Louise는 필사적으로 이 문서를 보려고 했고, 마침내 Louise는 끈질기게 졸라서 얻어 본 후, 그녀 자신의 행동을 변호하기 시작했고, 또 매우 사소한 일까지도 논쟁꺼리로 만들었다. 그러나 딱 한 달이 지난 후, Louise의 매니저와 동료들은 Maurice를 복도에서 만났을 때, Maurice를 멈춰 서게 한 다음, Louise의 행동에 나타난 극적인 변화에 대해서 한결같이 이야기하는 것이었다. 그 모든 말들은 도대체 Maurice가 어떻게 했길래 Louise가 저렇게도 짧은 시간 안에 변할 수 있었는지에 대해 무척 알고 싶어하는 내용이었다.

이 이야기를 통해서 알 수 있듯이, 무엇이 누군가의 행동을 실제로 변화하게 했는지 또는 무엇때문에 누군가의 행동이 실제로 변화하였는지 혹은 코칭이 실제로 장기적으로 지속되는 결과를 얻게 되었는지에 대한 결론을 내는 것은 어려울 수도 있다. 그러나 다른 한편으로 코칭은 개인적이고 대인관계적이며 조직적인 효과성을 증진시키기 위한 매우 효과적인 방법이라는 것은 의심할 여지가 없다. 왜냐하면 코칭은 보통, 코치와 고객인 coachee와의 상호작용과정에서의 일대일 상호작용으로써 개개인에게 초점이 맞춰진 고유하고도 발전적인 경험이 되기 때문이다.

실제로 매우 다양한 사람들이 다양한 다른 사람들을 코칭하기 때문에, 이 책은 다른 사람의 능력이 발휘될 수 있도록 돕는 코치로서의 역할을 하는 모든 사람들과 coachee로써 코칭을 받는 사람들 모두에 대해 말하고 있다. 코치는 코칭 목표에 맞게 지식과 관점 및 통찰력을 coachee에게 피드백으로 제공한다. 이러한 목표들을 이루기 위해 때때로 coachee의 매니저 혹은 인사 전문가들과 같은 다른 사람들도 포함될 수 있지만, 중요한 것은 주로 코치와 coachee 사이의 협력을 바탕으로 발전된다는 것이다.

이 책은 기본적인 코칭 방법론, 접근법, 기술에 대한 탄탄하고도 실용적인 기초교육을 제공한 다음, 코칭 경험을 깊이 있게 다룬다. 즉 코치와 coachee들이 에니어그램을 활용하지 않고 한 코칭보다 훨씬 더 수준 높은 성과를 내도록 하기 위해서 에니어그램으로부터의 통찰력과 함께 기본적인 코칭 방법론, 접근법, 기술들을 통합시킨다. 이 책에서 얻은 지식과 기술을 사용하면 코치들은 그들이 선택한 접근법이 coachee 개개인들의 욕구에 맞춰졌다는 사실을 확신할 수 있다.*

---

* • 이 번역책에서는 제목을 제외한 본문에서는 한국의 독자들이 코칭맥락에 친숙함과 동시에 혼돈을 최소화하기 위해 developer는 코치로 learner은 coachee로 번역·표기한다.
  • coaching는 코칭으로 표기한다.
  • Client는 고객으로 표기한다.
  • Life Coaching를 라이프 코칭으로 표기한다.
  • transformation은 변형으로 표기한다.

코칭

　약 10년 전까지만 해도 회사내에서의, 코칭은 주로 세 종류에 해당하는 집단 - 고위 경영진들, 높은 잠재력 있는 사람들 그리고 무엇인가 개선할 필요가 있는 직원들 - 을 대상으로 이루어졌다. 첫 번째 집단인 고위 경영진들은 리더십을 발휘하기 위해 제공되는 보다 확충된 프로그램들을 이수할 의향이 매우 적고, 또 시간도 여의치 않기 때문에 회사들이 그들의 최고 경영자에게 코칭받을 수 있는 기회를 제공하였다. 실제로 대다수의 경영진들은 그들이 믿을 수 있는 사람과 함께 그들의 관심사에 대해 코칭받을 수 있는 기회를 제공받는 것에 대해 감사해 한다. 그 다음 두 번째 집단의 사람들, 즉 경영에 높은 잠재력을 지닌 후보자들에게는 그들의 리더십을 계발하고 점점 함양해 갈 수 있도록 하는 방안으로써 코칭이 제공되었다. 세 번째 집단, 즉 심각한 대인관계 문제가 있거나, 혹은 성과상의 문제들을 지닌 직원들에게는 그들의 직장을 유지시키기 위한 방안 내지는 그들이 해고되기 이전에 해줄 수 있는 최후의 노력을 다한다는 차원에서 이루어졌다.

　하지만 최근 몇 년간, 회사들은 직원 모두를 대상으로 하는 일반적이고 포괄적인 지식과 기술들을 다루는 훈련프로그램들과는 다르게, 목표로 삼은 대상자들의 구체적인 발달적 욕구에 따른 코칭을 실시하면서 그들이 코칭을 통해 혜택을 누릴 수 있다는 사실을 깨달았다. 이러한 이유로, 회사들은 코치를 더 많이 고용하게 되었고 인사 관리부에서는 직원 개개인들을 코칭하라는 요청을 받고 있는 것이다. 이제 부하직원을 코칭하는 일은 지속적으로 책임져야 할 매니저 업무의 일부분이 되고 있고, 멘토링 프로그램도 확산되어 왔다. 게다가 이제는 점점 직원들까지도 자발적으로 코칭에 참가하고 있으며, 코칭에 참가하기 위한 비용 또한 부담하고 있는 상황이다.

　이와 같이 코칭은 개인적이고 전문적인 발달을 위한 최고 수준의 방법으로 점점 발전해가고 있다. 다른 한편으로 많은 코치가 존재하는 만큼 코칭 접근 방식도 다양해졌다. 이것은 심리적이면서도 경험에 기반을 둔 코칭 접근방식이 다양할 뿐만 아니라 이용할 수 있는 코칭 유형– 예를 들어, 성과 코칭, 경영 코칭, 라이프 코칭– 이 다양하기 때문에 나타난 현상이다. 나아가 분명하고도 전문적인 기준과 자격 과정을 갖춘 여러 코칭 기관들도 설립되었다. 하지만, 현실적으로는 전문적이고 윤리적인 기준을 지키는 것이나 혹은 특정한 결과를 달성하는 것에 대해 책임을 지지 않고도 누구든지 스스로 코치가 될 수 있다. 이 책은 이 모든 이슈들에 대하여 정확성을 제공하고, 특별히 에니어그램을 활용한 코칭 경험에 대해서 더 깊은 이해를 더하고자 한다.

에니어그램

에니어그램은 에니어의 "9" 그리고 그램의 "쓰여지고 그려진 것"이라는 뜻이 합쳐진 것으로 그리이스 언어에서 유래되었으며, 에니어그램의 상징에 있는 아홉 가지 점을 나타낸다. 1부터 9까지의 숫자들로 표현된 아홉 가지의 서로 다른 에니어그램 유형들은 생각, 감정, 행동의 뚜렷한 습관들을 나타내며 각각의 유형은 그 나름대로의 독특한 발달 경로와 연결된다.

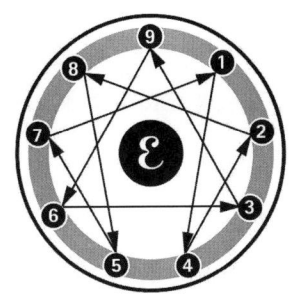

| 에니어그램 상징 |

우리들은 각각 에니어그램에서 딱 한 가지 위치 또는 숫자를 가진다. 우리의 에

니어그램 유형은 평생 동안 같은 유형으로 유지된다. 물론 우리가 성장하고 발달함에 따라 우리의 유형적 특성들은 약해지거나 혹은 더 두드러지기도 한다. 동시에 우리의 중심 에니어그램 유형과 더불어, 우리의 성격에 부가적인 특성을 나타내는 다른 네 가지 다른 유형들도 있다(* 이에 대해서는 3장부터 11장까지 다루어질 것이다).

수천년 전에 처음으로 아시아와 중동 두 곳에서 에니어그램이 발생했다고 보지만 에니어그램의 고대 역사는 좀 불분명하다. 그 이후로, 세계의 여러 지역에서 에니어그램은 발달하였으며, 실제적으로 오늘날 널리 사용되는 현대적인 에니어그램을 이용하게 된 것은 세 명의 사람들로부터 크게 영향을 받은 것이다. 먼저 두 철학자들은 각자 다른 대륙에서 에니어그램을 연구하기 시작하였다. 즉, 구르지예프(G.I. Gurdjieff)는 1930년대에 유럽에서, 오스카 이차조(Oscar Ichazo)는 1950년대부터 현재까지 남아메리카에서 연구하고 있다. 또 다른 한 사람은 칠레에서 태어난 정신과 의사인 클라우디오 나란조(Claudio Naranjo)로서 그는 이차조와 함께 에니어그램을 연구했고, 1970년대에 미국으로 도입했다. 이와 같이 현대적 에니어그램은 세 사람으로부터 시작되어 헬렌 팔머(Helen Palmer), 돈 리소(Don Riso), 데이비드 다니엘스(David Daniels), 러스 허드슨(Russ Hudson), 디오도르 돈손(Theodorre Donson), 캐시 헐리(Kathy Hurley), 톰 콘돈(Tom Condon), 제리 웨그너(Jerry Wagner)를 거쳐 오늘날의 에니어그램으로 점점 발달되기에 이르렀다. 에니어그램은 다음 그림에서 알 수 있듯이, 여러 영역에서 실용적으로 응용되어 점차적으로 다양하게 활용되고 있다.

에니어그램은 단순한 성격 유형분류체계 그 이상으로써 사실상 인간 성격의 아홉 개의 다른 건축 양식을 보여주는 심오한 지도라고 할 수 있다. 에니어그램은 또한 개인적이고 직업적인 발달을 위해 사용될 수 있는 통찰력과 함께, 감성 지능의(emotional intelligence) 함양을 위한 가장 강력하고 실용적인 시스템이다. 에니

| 에니어그램 : 역사와 적용 |

어그램은 아홉 가지 유형에 해당하는 각각의 개개인들이 어떻게 생각하고, 느끼고, 행동하는지에 대해 매우 명확하게 묘사했을 뿐만 아니라, 이러한 유형들을 위한 근본적인 추진력과 동기부여의 기제를 설명해 줌과 동시에 아홉 가지 유형의 구체적인 욕구에 맞는 명확한 발달적인 활동을 제공한다. 이와 같이, 에니어그램은 매니저, 멘토 및 그들이 코칭하는 사람들에게 깊고도 지속적인 영향력을 오랫동안 주고자 하는 코치들에게 이상적이다.

감성 지능은 자신을 이해하고 받아들이며 관리할 수 있는 능력인 *자기성찰 지능*

(intrapersonal intelligence)과 매우 다양한 다른 사람들과 효과적으로 업무를 수행할 수 있는 능력인 *대인관계 지능(interpersonal intelligence)*의 두 가지 요소들이 합쳐진 것이다. 에니어그램은 다문화적인 특성을 띠며 매우 정확하고 많은 직업과 관계된 응용 프로그램을 가지고 있기 때문에, 현재 커뮤니케이션, 갈등, 피드백, 팀, 리더십, 전략, 의사 결정, 자기 숙달(self-mastery), 코칭 등과 같은 분야에서 직원들과 리더들에게 도움을 주기 위해 전 세계적으로 여러 기관에서 활용하고 있다. 근본적으로, 에니어그램은 개개인들로 하여금 자기 인식(self-awareness)과 자기 수용(self-acceptance)을 발달시켜서 그들의 행동에 스스로 책임을 지도록 도와줌으로써, 당면한 문제 및 어려움을 발생시키는 기타 요인 또는 상황적 패턴에서 자신의 행동 결과에 대한 책임을 지도록 변화시킨다. 이를 통해 모든 수준의 직원들로 하여금 그들이 처한 주변 환경을 수동적으로 받아들이는 사람이 아닌, 능동적인 사람이 되도록 할 수 있다.

에니어그램은 또한 각각의 에니어그램 유형에 맞춘 특별한 발달 경로와 활동을 제공한다. 그래서 인간발달의 여정에 따른 시간을 매우 효율적으로 사용할 수 있으며, 그 결과도 명확하고 또 오랫동안 지속된다. 예를 들어, 1번 유형의 사람들은 매우 높은 기준을 가지고 있고 완벽주의를 추구하지만, 코치들이 그들을 코칭할 때 1번 유형의 사람들이 더 완벽해지도록 돕지는 않는다. 그 대신에, 코치들은 1번 유형의 사람들이 더 여유를 갖고 자기 비판적 성향을 줄이도록 코칭할 필요가 있으며 결점과 실수에 초점을 두기 보다는 가장 잘 한 것을 평가할 필요가 있다.

마찬가지로, 더 목표지향적이고 설정한 계획을 이루는 것을 강조할 때, 코치들은 보통 레이저와 같이 정확하게 목표와 계획에 초점을 두는 3번 유형의 사람들과 함께 하며, 이러한 유형의 개인들을 강화시킨다.

대신에, 코치들은 3번 유형의 사람들로 하여금 단지 그들이 무엇을 성취하고 이루어낼 수 있는가에만 초점을 두는 것이 아니라, 그들이 누구인가에 대한 사실만으로도 가치가 있을 수 있다는 사실을 배울 수 있도록 도울 필요가 있는 것이다.

에니어그램은 신속한 코칭 해결책이 아니다. 오히려 에니어그램은 사람들이 배우고 성장하도록 돕는 강력한 방법으로서, 개인적이고 직업적인 인생여정에서 큰 차이점을 만들어 낼 수 있는 탁월성을 지니고 있다. 예를 들어, 에니어그램의 7번 유형인 Mary는 고무적이라고 느낀 직업현장에서는 그 어느 프로젝트에서든지 자진해서 일하는 것을 즐거워했다. Mary는 필사적으로 그녀의 책무를 다하길 원했음에도 불구하고, 너무 많은 프로젝트들을 동시에 진행하고 있어서 종종 작업한 결과물들이 늦게 완성되었고 밤에 네 시간 이상을 잔 적이 없었다. 하지만, 에니어그램을 통해서 지속적으로 흥분할 수 있는 꺼리를 찾는다는 것은 실제로 일상적인 지루함을 느끼지 않도록 하면서도 자신이 분노, 불안, 슬픔과 같은 감정을 피할 수 있는 방법이라는 사실을 알게 되었다. 그래서 Mary는 자신이 직장에서 더 집중을 잘 하는 방법과 관심이 가는 프로젝트라도 더 이상 맡지 않겠다고 말할 수 있는 것을 배웠을 때, 그녀는 가족을 우선순위에 두고, 또한 그녀 자신을 돌볼 수 있는 일에 더 잘 집중할 수 있었다.

더 중요한 것은, 에니어그램이 coachee들로 하여금 스스로 많이 발달할 수 있도록 해주는 접근법이라는 사실이다. 동시에 신속한 해결책은 아니라 하더라도 에니어그램은 빠른 속도로 발달할 수 있도록 돕기도 한다. 왜냐하면 코칭 대화는 매우 핵심적이고 통찰력 있으며 동시에 발달적 차원의 활동들이 그 사람들의 구체적인 욕구에 맞춰져 있기 때문이다. 코칭 작업에서 에니어그램을 사용하는 코치들은 누군가의 삶에 변화를 일으키고 있다는 것을 알게 되면서 그들의 노력을 통해 만족감을 얻는다. 게다가, 코칭을 잘 받은 coachee들은 더 생산적이고 다른 사람들과 협력해서 일을 더 잘하고, 그들의 행동과 발달에 책임을 지면서, 관리하기 쉬워지고 더 나은 지도자가 되는 등 소속 기관에 크게 기여하기 때문에, 기관들도 유익을 얻게 된다.

이 책의 구성

coachee들 또한 그들 자신을 더 잘 이해하고 새로운 기술을 발달시킬 수 있는 방법을 알게 됨으로써 이 책을 읽는 것으로부터 유익을 얻을 수는 있다. 그러나 이 책은 코치들을 염두에 두고 구성되었다. 참고도서로 쉽게 사용할 수 있도록 논리적으로 순서가 매겨지고 전개된 이 책은 명확한 설명과 수많은 발달 활동들을 제공하며, 다양한 이야기들과 예들이 포함되어 있다.

1장, 코칭 개요에서는 코칭이 효과적이고 확실한 결과들을 얻을 수 있도록 하기 위해 코치들이 취해야 할 구체적이고 세부적인 단계에 따른 개요를 다룬다.

1단계: 코치로서의 역량을 사정하고 강화하라
2단계: 코치와 coachee의 매칭을 최적화하라
3단계: 코치로서의 역할을 명확하게 규정하라
4단계: 적합한 방법론을 선택하라: 단기, 위기, 장기 코칭
5단계: 코칭 목표와 coachee의 동기를 확인하라
6단계: coachee의 자기 숙달의 수준과 범위에 따른 적합한 코칭 접근법을 사용하라
7단계: 도전적 성장을 이끌어낼 수 있는 코칭 기술을 사용하라
8단계: coachee의 변형을 가속화시키면서도 유지시켜라

2장, 에니어그램과 코칭에서는 에니어그램의 이론적 토대와 이러한 토대들이 어떻게 모든 코치들의 근본적인 관심사에 대해 핵심적인 통찰력들을 제공하는지에 대해서 설명한다.

3장~11장, 아홉 가지의 에니어그램 유형에 초점을 둔다. 즉, 장별로 - 각 장별로 한 가지 유형 - 각 유형의 생각, 감정, 행동 패턴들을 다루고, 1장에서 제시한 코칭 접근법들과 기술들이 특정 유형, 구체적으로 말하자면 5, 6, 7단계의 coachee들에게 어떻게 적합한가에 대해서 설명한다.

12장, 변형은 발달 계획 과정(development planning process)과 함께 세 가지 적극적인 활동들에 대해서 다룬다. 이렇게 하여 8단계인 'coachee의 변형을 가속화시키면서도 유지시켜라'를 다룬다.

저자의 말

나는 35년 이상 조직 개발 컨설턴트(organization development consultant)로 근무하고 있다. 이 시기 동안, 나는 대기업 CEO들부터 시작하여, 미팅을 하기 위해 걸어가고 있던 나를 복도에서 붙잡고 2분짜리 코칭 회의를 요청한 사람들에 이르기까지, 수백 명의 사람들을 코칭했다. 1990년대 초반, 에니어그램을 연구했을 때는 나 자신의 개인적인 발달을 위한 연구를 했다. 하지만, 내 고객들은 내가 어떻게 그들을 잘 이해할 수 있을 뿐 아니라, 아주 정확하게 그들의 반응과 행동을 예상할 수 있었는지에 대해서 질문하기 시작했다. 그래서 나는 에니어그램에 관한 내 지식을 고객들과 공유함으로써, 그들이 에니어그램체계를 이해하고 사용하는 것이 얼마나 쉬운지를 발견하였다. 바로 이것이 에니어그램을 전 세계의 기관에서 널리 사용 할 수 있도록 돕기 위한 내 작업의 출발점이 되었다.

나는 코칭에 에니어그램을 사용함으로써 나의 고객들이 더 빠른 속도로, 더 깊고, 더 오래동안 지속 가능한 결과를 얻을 수 있도록 도울 수 있었다. 이러한 성과는 인생이라는 여정에서 에니어그램을 중요한 가이드로 활용함으로써 평생 배우고자 하는 갈망을 한껏 고취시켜 주었다고 할 수 있다.

분명한 것은 직업적인 작업의 일환으로 현재 에니어그램을 사용하고 있지 않는 훌륭한 매니저, 멘토, 코치들이 있다. 하지만 뛰어난 리더들은 언제나 그들의 능력을 향상시키고 있다. 따라서 일단 에니어그램의 놀라운 통찰력들을 발견하기만 한다면, 나는 그들의 기본적인 코칭 접근법의 일부로써 에니어그램을 사용하지 않는다는 것은 사실상 불가능하다고 본다. 게다가, 탁월한 코치들은 언제나 스스로의 계발에 지대한 관심을 가지고 연구한다 ; 즉, 그들의 coachee들에게도 장려하고 싶은 행동의 모델을 만드는 것이다. 이 책은 이러한 변형을 위해 어떤 방법으로 어떻게 코칭할 것인가에 관한 내용을 다루지만, 동시에 코칭을 하는 모든 사람들이 이 책을 통해 자신의 계발을 위해서도 그 지식을 사용하도록 장려하기를 희망한다.

contents

코칭 개요

오늘날과 같은 글로벌시장에서 효과적으로 경쟁하기 위해서는 CEO, 상사, 부하직원들과 개인 공헌자들을 포함한 모든 직급의 직장인들이 지금까지 그래왔던 것처럼 계속해서 개인적인 자기계발 및 직업적인 발달을 위해 노력해야만 한다. 노동력의 확대와 리더십을 벤치마킹함으로써 강점을 계발·강화하는 것은 더욱 중요하며, 따라서 직장인들은 소속된 기관에 찾아온 비즈니스의 기회와 도전에 신속하고도 효과적으로 대응할 수 있도록 새롭고 가치-생산적인 활동들을 재빠르게 선택·발달시켜야 한다. 코칭은 리더들과 개별 공헌자들 모두를 발전시킬 수 있는 예리한, 개별적인 맞춤형의 효과적인 방법을 제공한다. 그러나 코칭은 또한 노동 집약적이고 시간소모적이며 비용이 비싸다. 그래서 코치들이 숙련된 기술을 가지는 것이 매우 중요하다.

이 장은 코치로서 실행해야만 하는 단계들에 대한 개요를 다룬다. 이 단계들을 통해 양질의 일관된 코칭을 보장받을 수 있다. 이 책의 후반부에서는 당신이 코칭할 사람들을 위해 5단계부터 8단계까지 맞춤식으로 잘 구조화된 코칭이 제공될 수 있도록 에니어그램의 통찰력과 지혜를 통합시키는 방법을 다룬다.

탁월한 코칭을 위한 8단계

탁월한 코칭을 위한 8단계

1단계 : 코치로서의 역량을 사정하고 강화하라.

2단계 : 코치와 coachee의 매칭을 최적화하라.

3단계 : 코치로서의 역할을 명확하게 규정하라.

4단계 : 적합한 코칭 방법론을 선택하라 : 단기, 위기, 장기 코칭

5단계 : 코칭 목표와 coachee의 동기를 확인하라.

6단계 : coachee의 자기 숙달의 수준과 범위에 따른 적합한 코칭 접근법을 사용하라.

7단계 : 도전적 성장을 이끌어낼 수 있는 코칭 기술을 사용하라.

8단계 : coachee의 변형을 가속화시키면서도 유지시켜라.

●●●1단계 : 코치로서의 역량을 사정하고 강화하라

코치들은 그들의 코칭 기술을 계속해서 사정하고 강화시킬 필요가 있다. 여기에는 현재 자신의 강점을 아는 것, 그들 스스로가 성장할 필요가 있는 분야를 파악하는 것, 그 다음에는 몰두하여 열심히 하고 그들의 능력을 증진시킬 계획을 발달시키는 것을 포함한다. 다음의 코칭역량 모델은 코치의 기술을 발달시킬 수 있다.

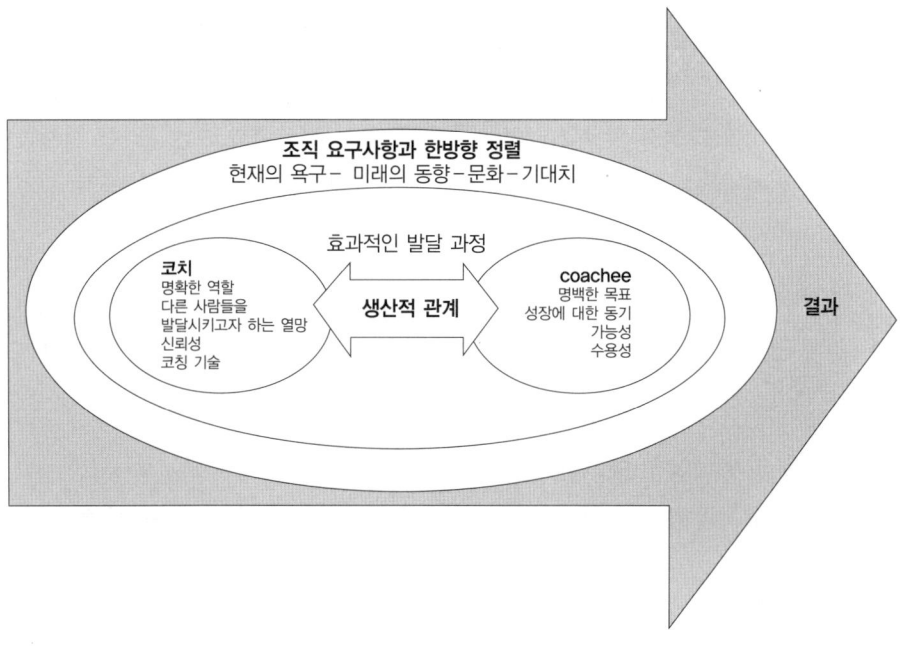

조직 요구사항과 한방향 정렬
현재의 욕구 - 미래의 동향 - 문화 - 기대치

효과적인 발달 과정

코치
명확한 역할
다른 사람들을
발달시키고자 하는 열망
신뢰성
코칭 기술

생산적 관계

coachee
명백한 목표
성장에 대한 동기
가능성
수용성

결과

| 코칭 역량 모델 |

다른 사람들을 효과적으로 코칭할 수 있는 능력을 지녔다는 것은 코치들이 다음과 같은 6가지 영역에서 숙달되었다는 것을 의미한다.

1. *사람들을 훌륭하게 발달시켜 주는 것.* 코치로서의 명확한 역할의식을 지니고, coachee와 합의한 코칭에 관한 여러 사항들을 존중할 필요가 있으며, 개인적이고 전문적인 신뢰성을 가지고, 다른 사람들을 발달시키고자 하는 강한 욕구를 지녀야 하며, 훌륭한 코칭 기술로 coachee들의 발달에 궁극적인 책임을 져야 한다.
2. *coachee의 성장을 가속화시키는 방법을 아는 것.* 코치들은 coachee들이 구체적인 코칭 목표에 집중할 수 있도록 함으로써 coachee들이 수용할 수 있는 코칭 환경을 조성하고, 인지 능력, 정서적 성숙, 일과 관련된 기술들을 포함한 coachee 능력을 정확하게 평가하도록 해야 한다.
3. *coachee와의 생산적인 관계를 형성할 수 있는 것.* 코치들은 개개인의 발달적 필요성에 초점을 맞춘 coachee들과 함께 서로 신뢰하고 존중하는 관계를 만들 필요가 있고 또 융통성이 있으며 정직하고, coachee와 코치 모두 성장할 수 있도록 지지해야 한다.
4. *효과적인 코칭 과정을 진행할 수 있는 방법을 아는 것.* 코치들은 효과적인 발달 과정, 구체적인 발달 계획, 지속적인 피드백 메커니즘을 포함하여 coachee의 욕구에 맞춰진 체계적인 코칭 방법론을 사용해야 한다.
5. *조직의 요구사항과 코칭 효과를 한방향으로 정렬하여 일직선상에 놓을 수 있는 것.* 코치들은 코칭 목표와 방법론들이 기관의 요구와 일치하도록 하고 조직의 문화와 정치적 역동을 코칭 대화와 권고사항에 반영시켜야 한다.
6. *오래 지속될 수 있는 결과를 성취시켜야 하는 것.* 코치들은 코칭이 장기적으로 유지될 수 있는 효과적인 결과를 내도록 해야 한다.

코칭 역량 모델에 기반을 둔 완벽한 능력 평가는 부록 A에서 찾아볼 수 있다.

◉ 기억할 점 --

지식 증대, 지속적인 연습과 훈련, 자기 계발에 대한 노력 등을 통해서 계속적으로 당신의 코칭 기술을 향상시키는 것은 필수적이다.

●●● 2단계 : 코치와 coachee의 매칭을 최적화하라

코치와 coachee의 매칭을 최적화하는 것은 코치의 코칭 기술만큼 중요하다. 다음의 정보는 코치와 coachee의 매칭에서 중요한 가이드라인들을 제공한다.

코치와 coachee를 매칭시키기

코치가 coachee에게서 살펴보아야만 하는 것
- ✓ 정직성
- ✓ 배우고자 하는 의지
- ✓ coachee의 자기인식 수준에 대한 이해
- ✓ 코칭 미팅(meeting)에 대한 열의
- ✓ 코치가 개인적으로 싫어하지 않는 coachee의 스타일

coachee들이 코치에게서 살펴보아야만 하는 것
- ✓ 코치로서 성공한 이전의 경력
- ✓ 가능성
- ✓ 신뢰성
- ✓ 좋은 판단력
- ✓ 구조화 요령
- ✓ 탁월한 경청기술
- ✓ coachee가 존경할 수 있는 코치

위의 정보에서 코치를 좋아하는 것은 'coachee들이 코치에게서 살펴보아야만 하는 것'의 목록에 포함되어있지 않다는 사실을 발견했을 것이다. 코치를 좋아하는 것도 도움이 되지만, coachee가 코치를 존경하는 것이 훨씬 더 중요하다. 코치들이 coachee에게서 살펴보아야 할 것과 관련해서, '코치가 싫어하지(dislike) 않

는 사람'이라는 항목을 일부러 선택했다; 즉 코치는 coachee를 좋아할 필요는 없다. coachee에 대한 거부 반응을 가지지만 않으면 된다. 만약 코치가 coachee를 좋아하지 않는다면, 설령 코치가 자신의 부정적 성향을 숨기려고 노력한다 하더라도, coachee는 그 코치의 부정적 성향을 감지할 가능성이 매우 높다.

coachee가 코치를 존경하고 코치는 coachee를 싫어하지 않으면서 그리고 코칭이 가시적인 결과를 내기 시작할 때, 일반적으로 서로 간에 대한 긍정적인 평가를 내리고 존경하게 된다. 대부분의 코치로서의 매니저들은 그들 자신의 coachee들을 선택하지 않기 때문에 - 즉 코칭이 종종 관리자 직업의 일부이기 때문에 - 만약 해결되지 않은 긴장이 coachee와 코치 사이에서 존재한다면, 코칭 관계는 심히 위태로울 수 있다. 이러한 상황에 놓인 매니저들은 코칭을 시작하기 전에 관계를 회복시켜야 한다. 만약 그것이 가능하지 않다면, 그 coachee를 위해 다른 코치를 찾는 것이 바람직하다.

성별, 인종, 연령, 그리고 혹은 성격과 같은 공통적인 특성에 기초하여 coachee와 코치가 매칭되어져야 하는지 아닌지에 대한 질문을 종종 받곤 한다. 물론 비슷한 개인들은 서로를 더 잘 이해할 것이고, 코치는 다른 경우보다도 더 성공가능한, 더욱더 능력있는 역할 모델이 될 것이다. 그러나 이러한 코치들은 의도하지 않게 성장을 지지하지 않는 방식으로 coachee를 강화시킬 수도 있다. coachee와 코치가 서로 비슷하지 않는 특성의 사람으로 매칭이 되었을 때 코치는 다른 관점에서 바라보기 때문에 coachee들에게 종종 유익할 수 있다. 에니어그램의 차원에서 보면 코치와 coachee가 서로 같은 에니어그램 유형이 아닐 때가 최상이다. 예를 들면, 코치는 coachee에게 coachee의 흥미를 끌 수 있는 다른 종류의 정신적 모델, 정서적 반응, 행동 패턴을 제공할 수 있다. 만약 코치가 coachee와 같은 에니어그램 유형이라고 해도 매칭은 좋을 수 있다. 하지만 이 때는 오직 코치가 coachee보다 더 높은 수준의 자기 숙달자라는 전제조건에서만 그렇다는 것이다. 이 경우, 코치는 코칭의 과정과 결과를 최적화하기 위해서 다음과 같은 일을 수행할 수 있

다 : coachee를 완전하게 이해하는 것, 좋은 역할 모델로서 역할을 수행하는 것, 빠른 속도로 성장하도록 coachee를 도전시키고 북돋아 주는 것, 코치가 알고 또 겪은 직접적인 경험으로부터 효과를 얻을 수 있는 발달 활동들을 제공하는 것 등이다.

◉ 기억할 점 --

최대한 최적의 매칭이 되도록 노력하라. 적절한 수준에 미치지 못하는 매칭을 하였을 경우, 어떻게 보상할지 미리 계획하라.

●●● 3단계 : 코치로서의 역할을 명확하게 규정하라

코치들의 코칭기술이 탁월하며, 코치와 coachee의 매칭이 좋을 때라도, coachee와 코치 둘 중 한 사람이 코치의 역할에 대해서 확실히 알지 못한다면, 코칭 중에 문제점이 발생할 수 있다. 코칭 관계가 맺어진 맨 처음에는, 모두가 상호성장할 수 있는 역할을 하기 위해 매니저, 멘토, 혹은 코치가 될 것인지에 대해 서로 이해하고 수용하는 것은 필수적이다. 왜냐하면 매니저, 멘토, 코치들이 상당할 정도로 동일한 코칭 기능을 수행함에도 불구하고, coachee와의 관계에 있어서는 그 역할이 다르기 때문이다. 따라서 구체적인 역할의 규정은 코칭에 대한 기대치, 이후의 지속적인 관계 및 코칭의 최종적인 성공여부에 직접적인 영향을 미친다. 다음 그림은 세 가지(매니저, 멘토, 코치) 역할들 사이에서의 공통점과 차이점을 보여준다. *

---

* manager, mentor는 매니저, 멘토로 표기한다.

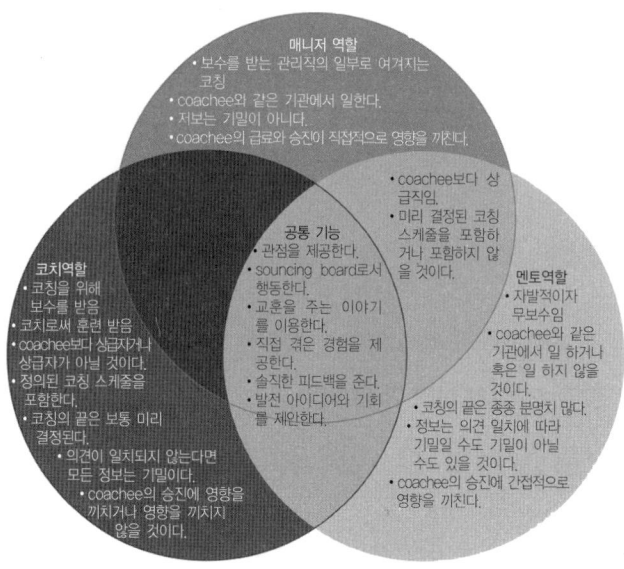

| 3가지 코칭 역할 |

매니저

만약 coachee가 당신에게 보고한다면, 당신은 매니저로서 코칭하고 있는 것이다. 매니저는 coachee의 성장과 발달에 영향을 미치는 데에 매우 많은 권한을 가질 뿐만 아니라, coachee에 대한 가장 직접적인 정보를 가진다. 동시에, 매니저는 coachee의 수입, 현재의 직업에 대한 책임감, 미래의 승진에 직접적인 영향을 미치며 비밀유지에 대한 합의에 얽매여 있지 않기 때문에, coachee들은 코칭 과정 동안 관련된 정보를 공유하는 것을 더욱더 꺼려할 것이다.

멘토

다음 중 어느 하나에 해당된다면 당신은 멘토로서 코칭하고 있는 것이다 : 멘티는 당신을 위해서 일하지 않고 당신은 멘티의 업무 평가에 책임이 없다. 당신은 다른 사람들을 코칭하는데 구체적으로 보수를 받지 않으며, 전문적인 코치로서 훈련 받

지도 않았다. 당신은 멘티를 코칭하는 데 자발적으로 동의한
다. 멘티들은 종종 멘토들이 매우 체계적인 전문 지식과 정
치적 소양을 지니고 있다고 인정한다. 하지만, 멘토링은 보
통 자발적이며 매니저들이나 코치보다 멘토의 수가 적다. 또
한 몇몇 멘토들은 매우 엄격하게 비밀을 유지하면서 일하기
도 하지만 그렇지 않은 멘토도 있다. *

코치

당신이 개인을 코칭하도록 고용되었거나 훈련 받고 있거나, coachee가 당신을
위해 일하지 않는다면, 당신은 코치다. 코치들은 일반적으로 매우 많은 시간을 들
여 훈련을 받으며, coachee와 완벽하게 비밀을 지키기로 동의한 후에 코칭한다.
그 결과, 부하 직원으로서의 coachee 또는 멘티는 매니저 혹은 멘토보다 코치들
에게 더 비밀을 털어놓는다. 동시에, 코치들은 좀처럼 매니저과 멘토와 같은 수준
의 관리 경험을 가지고 있지 않고, 또 그들은 종종 같은 수준의 체계적인 지식을
가지고 있지도 않다. 하지만, 코치들은 기관의 비즈니스와 직접적으로 관련이 있
지 않기 때문에, 그들은 종종 가장 객관적이고 중립적인 부류의 코치로 인식된다.

코칭 방식이 상당히 광범위할 수 있음에도 불구하고, 효과적인 코치들은 구체적
인 기능을 수행해야 한다. 예를 들어, 코칭은 직접 혹은 전화로 행해질 수 있다; 코
치와 coachee들은 한 주에 몇 번 정도 드물게는 한 달에 한 번 정도 혹은 심지어
필요시마다 미팅을 가져야 한다. 코칭 대화는 15분짜리 긴급 대화만큼 짧을 수 있
고 혹은 며칠 동안 이루어질 만큼 길 수도 있다.

모든 코치들은 coachee를 위해 다음의 역할을 수행할 필요가 있다.

---

* 멘토에 대응하는 사람은 멘티라고 부르므로 여기에서는 coachee 대신에 멘티라고 표기한다.

- 다른 관점을 제공한다.
- coachee들이 그들 스스로 생각, 감정, 행동 등을 나타내고 그것들을 공유할 수 있도록 반응 테스트의 대상(sounding board)이 된다.
- 중요한 메시지를 전달하는, 즉 '교훈을 주는' 말을 한다.
- 관련된 직접 경험을 함께 공유한다.
- 솔직한 피드백을 준다.
- 발달적인 활동들을 제안하고 필요한 경우 다른 자료들도 제공한다.

◉ 기억할 점 --

발달 과정(development process)을 시작하기 전에, 코치인 당신과 coachee 모두가 코치 역할의 강점과 한계점을 포함하여 비밀 유지와 준수의 경계선을 이해하는 것이 중요하다.

●●●4단계 : 적합한 코칭 방법론을 선택하라 : 단기, 위기, 장기 코칭

coachee와 코치로서의 역할을 명확하게 규정하고 좋은 매칭을 하는 것 외에도, 코치는 coachee의 욕구에 가장 잘 맞는 코칭 유형 – 단기, 위기, 혹은 장기 코칭 – 에 대해서 coachee와 합의점에 도달할 필요가 있다. 왜냐하면 각각의 코칭 유형은 각기 다른 코칭 방법론을 요구하기 때문이다.

단기 코칭은 단기적으로 발생한다. 코칭 과정은 약 1개월에서 4개월 동안 어디에서나 지속되는데 일반적으로 2회기에서 8회기의 세션(sessions)으로 진행된다. 그러므로 짧은 기간 동안에 효과적으로 다루어질 수 있는, 즉 구체적이고 다소 제한적인 주제 분야에 초점이 맞추어진다.

위기 코칭은 coachee가 극심한 위기를 겪고 있으며 직장과 집안 문제, 혹은 외부 사건 때문에 심각한 압박을 받고 있을 때 필요하다.

*장기 코칭*은 짧게는 4개월 정도로 진행될 수 있으며 혹은 몇 년 동안 연장될 수도 있는데 이것은 보통 단기 코칭으로 이루어질 수 있는 것보다 더 큰 규모로 더 큰 영향력을 가진 결과물들을 이끌어낸다.

*변화 전략 공식
1960년대에 Dick Beckhard와 David Gleicher에 의해 만들어진 '변화를 위한 공식'을 각색한 것이다.

단기 코칭

단기 코칭은 때때로 '문제를 해결하는 코칭' 혹은 '해결책에 초점을 둔 코칭'으로 언급되며, 빠르게 해결될 수 있는 구체적인 문제 혹은 사건에 초점을 둔다. 다시 말하면 단기 코칭은 코칭 목표가 충분히 정확하고 범위가 좁을 때나 또는 coachee가 결과를 얻기 위해 제한된 기회를 가질 때 효과적인 방법이다. 하지만, 단기 코칭은 coachee의 자기 숙달 정도가 낮거나, 혹은 코치가 충분한 기술을 가지고 있지 못하거나 제한된 시간 안에 코칭 목표를 이루어낸 직업적 경험이 부족할 때는 비효과적이다.

변화 전략 공식*은 코치들이 coachee들에게 단기적인 발달 목표를 이루도록 돕는 코칭 방법론을 제공한다. 이 방법론은 간단하지만 포괄적이고 coachee와의 첫 번째 미팅때 가장 많이 소개되며, 그 이후에는 단기 코칭의 전 과정 동안에 사용된다. 이 공식은 단기 코칭에 이상적인 것으로, 한 가지 절대적인 방법론을 가진다.

변화 전략 공식

$$D \times V \times P \rangle R = C$$

D (desire and demand) = 변화에 대한 욕구와 요구 ; 현재에 대한 불만족

V (vision) = 변화를 위한 비전

P (plan and process) = 변화를 성취하기 위한 계획과 과정

R (resistance) = 변화에 대한 저항

C (change) = coachee가 가장 원하는 변화, 성취해야만 하는 목표

---

coachee 자신이 설정한 코칭 목표들(C)을 이루어내기 위해서, coachee의 변화를 향한 강한 동기(D), coachee들이 바라는 변화된 이후의 삶의 모습에 대한 분명하고도 현실적인 비전(V), 변화를 이루기 위해 실행 가능한 계획과 과정(P)이 필요하다. 변화가 발생하기 위해서 이러한 세 가지 요소들, 즉 D, V, P는 coachee의 변화에 대한 저항(R)보다 더 커야만 한다. 코칭 과정은 원하는 변화(C)를 분명하게 나타내는 것, 남은 네 가지 요소들(D, V, P, R)의 강도를 평가하는 것, 그 다음에는 사정의 결과에 기반하여 변화 전략을 발달시키는 것 등을 포함한다(변화 전략 공식을 이용하는 방법에 대한 더 자세한 설명은 부록 B에 나와 있다).

위기 코칭

위기 코칭이 필요한 coachee의 상황은 ① 보통 사람들보다 덜 안정적일 때 ② 심하게 위협을 느끼고 불안할 때 ③ 주로 삶의 변화 시점에서 무수히 많은 감정들을 경험할 때 ④ 새롭게 나타났거나 아니면 불안을 느끼게 하는 감정, 관계, 정보에 대한 조사가 필요할 때 ⑤ coachee의 평상시의 역할과 주된 방어적인 방법이 더이상 효과적이지 않다는 사실을 알 때 ⑥ 위기의 결과가 확실하지 않으나 최악의 상황이 발생하는 것을 상상할 수 있을 때 등이다. 바로 이러한 요소들 때문에 위기 코칭은 단기 혹은 장기 코칭과는 다른 접근을 요구한다(위기 코칭 방법론에 대한 더 자세한 설명은 부록 C에 나와 있다).

장기 코칭

장기 코칭은 몇 개월 혹은 몇 년 동안 진행되므로 코치와 coachee 모두에게 더 많은 노력이 요구된다. 코치는 이 정도 규모의 코칭에 기꺼이 참여해야만 하고 또 참여할 수 있는 능력을 갖추어야 한다. 그리고 coachee는 배우고 성장하고자 하는 갈망과 함께 코칭 경험이 주는 이점을 얻고자 하는 갈망까지도 품어야 한다. 장기 코칭을 위한 최고의 대상자들은 다음의 특성들 중 한 가지 혹은 그 이상을 가진 coachee들이다.

위기 코칭 방법

긴급한 이슈에 반응하기

① 주의 깊게 듣기

② 가능한 즉각적으로 문제를 다루기 ; 조심스럽게 조언 하기

③ 차분하고, 인정이 많으며, 명확하게 하기

깊은 역동 다루기

④ 근본 원인을 파악하기

⑤ coachee의 깊은 관심사를 다루기

⑥ 희망과 안도감을 불어넣기

행동 계획을 세우기

⑦ 주제에 초점이 맞춰진 구체적인 행동 계획을 세우기

⑧ 지지 시스템을 디자인하기

⑨ 필요하다면 부가적인 자원이 있음을 coachee에게 알려주기

① 단기 코칭에서 제공되어 질 수 있는 것 보다 더 많은 코칭이 요구되는 중요한 성과와 관련한 문제가 있다.

② 더 확대된 코칭이 요구되는 다양한 코칭 목표들을 가지고 있다.

③ 계속 진행 중인 개인적 및 직업적 발달에 대해 관심을 가지고 있고 분명한 열의를 가지고 있다.

④ 향후 리더십을 발휘할 분야나 강력한 영향력을 지닌 전문적인 위치에 있고자 하는 높은 잠재력을 가진 대상자들이다.

⑤ 스트레스가 심하고, 매우 압박이 심한 직장인으로 조언자가 큰 도움이 될 수 있는 사람들이다.

⑥ 비밀을 털어놓기 위해 믿는 누군가가 필요한 고위 중역진이다.

장기 코칭은 거의 언제나 예측되지 않은 사건들과 새로운 기회들을 수반한다 - 예를 들어, coachee가 승진하거나 혹은 해고되는 경우이다. 코칭의 기회가 필요한 만큼 새로운 사건이 발생 됐거나 조직의 변화가 코칭을 요구할 때 등이다. 이러한 요소들 때문에, 효과적인 장기 코칭은 급박하고 자발적일 뿐만 아니라, 예측 가능해야만 한다.

*5-C 코칭 방법
나는 모든 연령대의 고객들과 함께, 모든 산업 분야, 법과 컨설팅 회사, 비영리 단체들에서 온 고객들과 함께 일하면서 35년에 걸쳐서 이 〈5단계의 코칭 방법〉을 계발했다. 이 방법은 물리학자와 1930년대의 행동 과학자인 Kurt Lewin이 구성하여 국가 트레이닝 연구소(NTL)가 추가로 계발한 행동 조사 방법을 적용하고 다시 개선한 것이다.

5-C코칭방법*은 이러한 예측가능성을 제공한다. 왜냐하면, 그것은 의도한 결과를 이끌어낼지 또는 이끌어내지 못할지 알 수 없는, 개방적으로 끝나는(open-ended) 과정이 아니라 코치와 coachee가 매우 분명한 계획을 따르고 있다는 것을 보장하는 방법이기 때문이다. 이와 같이 급박한 사건에 대처할 수 있을 정도로 충분한 융통성을 지니면서도, 일관성 있는 코칭 방법은 장기 코칭이 성공하게 될 확률을 매우 높인다.

5-C 코칭 방법

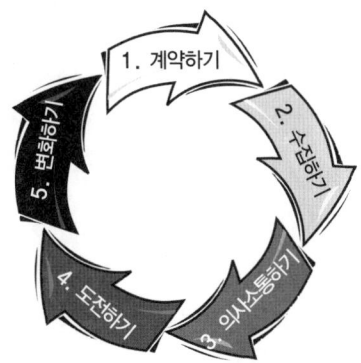

5-C 코칭 방법은 다섯 가지 명료한 단계를 따른다.

 코치와 coachee는 다음 질문들에 대해 이야기를 나눔으로써 코칭 목표, 방법론, 그들의 관계에 대한 전제에 대해서 합의에 도달한다.

• 코칭 목표가 무엇인가?
• 그 밖에 누가 이 과정에 참여해야 하는가?
• 무엇을 비밀스럽게 지켜야 하는가?
• 어떤 코칭 방법론이 사용될 것인가?
• 작업의 실행 계획과 시간표는 어떠한가?
• 코칭 관계는 어떻게 이루어질까?

 coachee의 코칭 목표와 관련된 정보를 모으기 위해서 다음과 같은 질문들이 다루어질 필요가 있다.

• 무슨 정보가 필요한가?
• 누구를 대상으로 정보를 수집하나?
• 정보 수집을 위해 어떤 자료 수집 방법론을 이용할 것인가?
• 정보를 언제 수집하는가?

• 자료는 어떻게 분석될 것인가?

• 누가 정보를 볼 것인가?

 coachee에 대한 정보는 coachee에게 가장 건설적인 영향력을 미칠 수 있는 방법으로 구성되어 전달되어야만 한다. 이것을 완수하기 위해서 코치는 다음과 같은 질문들을 고려해야만 한다.

• 자료는 어떻게 구성될 것인가?

• 자료 제출 전략은 무엇인가?

• 언제 그리고 어디서 자료가 토론되어질 것인가?

• 자료의 피드백 미팅은 어떻게 구성될 것인가?

 coachee가 성장하도록 도전 의식을 북돋아 주기위해 코치는 핵심적인 발달 이슈들을 다시 확인하고 그 다음 coachee의 동기를 다시 살펴볼 필요가 있다. 그리고 코치들은 이와 같은 영역들을 다시 사정할 필요가 있다.

• 자료를 바탕으로, coachee가 어떤 발달 영역들에 초점을 둘 필요가 있는가? 이것들을 초기의 코칭 목표들과 어떻게 연결시킬 수 있는가?

• 어떤 목표 조정을 해야 하는가?

• 이 영역들 안에서 coachee가 성장하는데 충분히 동기 부여가 되는가?

• 어떤 코칭 기술들이 coachee의 동기를 증진시키는가?

 coachee들은 무엇을 바꾸어야 하는지, 변화를 만들기 위한 그들의 동기를 확인한 후, 다음과 같은 질문들에 대답함으로써 행동 계획을 만든다.

• coachee가 진실로 변화하기 위해서 노력하는 것은 무엇인가?

• 이것들은 올바른 발달 영역들인가?

• 변화가 성공적이었다는 것을 coachee와 코치들이 어떻게 알 수 있는가?

• coachee가 변화를 향한 계획과 지지 그 모두를 가지고 있는가?

* 장기 코칭은 거의 항상 조직의 다른 사람들로부터 자료를 얻는 것을 포함한다.

5-C코칭기법은 모두 연결되고 순환된다. coachee의 코칭 목표 달성과 다섯 단계의 코칭 사이클을 완성함에 있어 코치와 coachee는 재계약하는 것에 동의할 필요가 있다. - 즉, 목표, 방법론, 그들 사이의 관계 정립, 시간 계획서, 그 이외의 것을 협의하고 협상할 필요가 있다 - 다섯 단계 사이클을 새롭게 시작하라. 추가로 장기간 이루어지는 코칭 과정 중에 새로운 목표가 생겼을 때 coachee와 코치는 이에 대한(1단계) 재계약이 필요하고, 필요에 따라서 사이클 내에서 다른 단계의 조정도 필요하다(보다 상세한 5-C 코칭 기법에 대한 설명은 부록 D에 포함되어 있다).

◉ 기억할 점 ---

코치의 가능한 시간과 기술 그리고 coachee의 구체적인 코칭 필요성과 목표에 가장 잘 부합된 코칭 방법론-단기, 위기, 혹은 장기-을 사용하는 것은 필수적이다. 가끔은 코치도 방법론을 선택하기 전에 coachee를 만날 필요가 있을 것이다. 그러나 코치와 coachee는 어떤 접근법이 가장 효과가 있는지에 대해 가끔은 미리 알고 있다.

●●● 5단계 : 코칭 목표와 coachee의 동기를 확인하라

적합한 방법론을 선택한 후 코치는 목표의 성취에 높게 동기화될 수 있도록 구체적인 코칭 목표를 coachee 스스로가 정의 내릴 수 있도록 도와줄 필요가 있다. 모든 효과적인 코칭은 코칭경험을 통해 얻어지기를 바라는 결과물로써 코치와 coachee가 서로 동의한 한 가지 또는 그 이상의 코칭 목표를 가지고 시작된다. 이러한 코칭 목표들은 전체적인 코칭 경험을 위한 방향과 초점을 제공할 뿐만 아니라, 코칭이 성공적인지 아닌지를 결정하는 수단도 된다. 분명한 목표가 없다면, 모든 회기에서 새로운 주제가 있을 때마다 코칭 협의가 제대로 이루어지지 못한다. 코치와 coachee는 코칭 과정에서 흥미를 잃을 수 있고 결과에 대한 책임의 파악에도 한계가 생긴다. 간단하고 강력한 다음의 질문은 coachee의 코칭 목표를 이끌어 낸다 ; 즉 "당신은 코칭 결과로서 무엇을 가장 이루기를 원하는가?"

코칭 목표는 coachee의 가장 중요한 동기 부여와 분명하게 연결되어 있어야 한다. 사람들은 그렇게 하기 위한 충분한 동기를 가지지 않으면 변화하지도 성장하지도 않기 때문이다. 심지어 목표와 동기 사이의 연결이 분명할 때에도, coachee에게 "이 목표는 왜 당신에게 중요한가?"와 같은 간단한 질문을 함으로써 그 연결이 정말로 분명한지를 확인시키는 것이 중요하다.

3장부터 11장은 각 에니어그램 유형의 coachee가 원하는 목표에 대해 분명한 정의를 내릴 수 있고, 그래서 그들의 가장 중요한 욕구와 동기를 연결시키는 방법을 도와주는 것이 가장 최선의 방법인가를 설명하고 있다.

◉기억할 점 --

coachee가 분명한 목표와 절실하고도 충분한 동기를 가지고 있는지, 또한 이것들의 분명한 연결고리가 있는지를 분명히 하라.

●●●6단계 : coachee의 자기 숙달의 수준과 범위에 따른 적합한 코칭 접근법을 사용하라

일단 코칭에서의 역할이 분명해졌다면, 적절한 코칭 방법론(단기, 위기, 장기 코칭)이 선택된다. 실행 가능한 코칭 목표들을 결정해서 coachee의 핵심 동기로 연결한다. 코치들은 코칭성과를 최대화하기 위해 코칭 접근방식을 coachee의 자기 숙달 수준에 맞출 수 있다. 자기 숙달 모델은 개인의 자기 숙달을 구성하고 있는 다양한 요소들을 제시한다.

| 자기 숙달 모델 |

- *자기인식* : 자신의 생각, 느낌, 행동에 대한 인식, 강점과 약점에 대한 현실성, 타인에 대한 영향력 이해.
- *피드백에 대한 반응* : 반응에 대한 수용성, 무엇이 유용하고 행동 실현성이 있는지, 그렇지 않은 것이 무엇인지를 분명히 선택하는 것.
- *자기 책임과 자기 동기부여* : 자신에 대한 전적인 책임, 비난 지향보다는 문제 해결력을 갖는 것.
- *자기 관리와 정서적 성숙* : 균형 잡힌 현명한 선택, 수용성과 유연성, 솔직함의 권장, 존경할만한 대화.
- *성실을 바탕으로 한 개인적 비전* : 건설적인 가치와 적합한 행동을 보이는 일관된 신뢰성.
- *평생 학습을 통한 인격의 완성* : 효과적이고 통합된 행동을 할 수 있는 능력과 함께 지속적으로 자기 계발에 전념하는 것.

다음 표는 각 요소에 대한 낮은 수준, 중간 수준, 높은 수준의 자기 숙달 수준에 따라 각 개인이 어떻게 행동 하는지를 제시한 것이다.

자기 숙달 수준 차이에 따른 행동

낮은 수준	중간 수준	높은 수준
일반적인 행동		
낮은 수준의 성격 통합이 표현되고, 대부분의 시간에 비생산적인 행동으로 반응을 보인다.	자기내부 경험은 인식하지만 그렇지 않은 경우보다는 더 자주 습관적으로 반응한다. 어느 정도의 성격 통합을 보여준다.	자기내부 경험을 잘 인식하고, 높은 수준의 성격 통합을 보여주며 생산적이고 고도의 유연성으로 선택에 반응할 수 있다.
자기 인식(참고 : 자기관찰 능력을 포함한다. 즉 자신의 생각, 느낌과 행동들을 인지할 수 있는 능력을 말함)		
자기 자신의 생각, 느낌, 행동을 인식하지 못하고 혹은 스스로의 진정한 욕구와 진실한 동기에 대해 정직하지 못하다. 자기관찰이 불가한 수준.	규칙적으로 높은 수준의 자기인식은 보이지 않지만 자기 인식이 가능하다. 그러나, 압력 하에서는 자기 인식이 어렵다. 간헐적으로 자기관찰이 가능한 수준.	대체로 자기 인지가 가능하고, 자신의 생각, 느낌과 행동에 대해 솔직하다. 실제적인 자기 이미지가 있다. 거의 항상 자기 관찰이 가능한 수준
피드백에 대한 반응		
거부 반응을 보이고 부인하며 피드백에 대해 무시하거나 혹은 비판을 받았을 때 타인을 비난한다.	가끔 피드백에 대해 반응하나, 과다하거나, 과소 반응을 보일 수 있다.	피드백에 수용적이고 건설적으로 이용한다. 정교한 피드백과 의견과의 차이를 구분할 수 있다.
자기 - 책임감		
자신의 동기의 지각에 대해 왜곡한다. 타인이 자신의 행동에 영향을 준다고 생각한다. 자신의 생각과 느낌을 타인에게 투사시킨다.	자기 책임감을 나타내 보일 수 있으나, 타인으로부터의 자신의 책임감을 구분하는 데 어려움이 있다.	자신의 행동에 대해 전적인 책임을 진다.
자기 - 동기화		
내부 공포나 외부 협박과 같은 부정적 요인에 의해 동기화가 되기도 하고, 안 되기도 한다.	부분적으로 자기 동기화가 된다. 가끔 타인이 동기 유발 요인이 되어주기를 기대한다.	고도로 자기 동기화 되고, 자기 결정이 가능하다.
자기 관리		
과도하게 통제하거나, 전혀 통제가 되지 않거나 과잉 반응한다.	가끔 의식적인 선택을 한다. 그러나 자동(무의식)적인 행동을 좀더 자주 한다.	반응적이거나 습관적 행동보다는 높은 수준의 자기 관리가 된다. 과도하게 자기를 제어하거나 제어당하지 않는다. 의식적인 선택이나 건설적인 선택을 한다.

낮은 수준	중간 수준	높은 수준
정서적 성숙		
낮은 정서적 성숙으로 자기 자신을 희생물로 인식한다.	중하정도의 정서적 성숙함을 갖는다. 개인적 반응도와 자신, 타인, 사건의 관점을 가지는 능력에서 요동을 보인다.	거의 모든 상황에서 높은 수준의 정서적 성숙을 지닌다. 복합적인 요인과 상황에 영향을 주는 관점을 이해하기 위해 개인적인 반응 그 이상의 수준에서의 정서적 성숙함을 보일 수 있다.
개인적인 비전		
개인적 비전이 없거나 부정적인 비전을 가지고 있다.	분명하지 않거나 지나치게 단순화된 비전을 갖고 있다.	분명하고도 긍정적인 비전을 갖고 있다.
성실성		
가치와 일치하지 않는 행동을 하거나 파괴적 가치를 가지고 있다.	일반적으로 긍정적 가치를 가지나, 행동이 그 가치에 항상 일치되지는 않는다.	긍정적 가치를 가지며 언행이 일치한다.
성격 통합		
행동이 생각, 느낌, 행동에 관해 낮은 수준의 지식과 모순점을 반영한다.	행동에 간헐적인 자기 지식 또는 생각, 느낌에 대한 과도한 강조가 반영된다. 행동이 의도와 항상 조화를 이루지는 못한다.	행동에는 높은 수준의 자기 지식이 반영되고 생각, 느낌이 통합되고 조화가 이루어진다.
평생 학습에 전념		
자기 계발이나 평생 학습에 대한 노력이 없다.	중하정도의 자기 계발에 대한 신념을 갖는다. 강압적일 때 자기 계발에 참여한다.	자기 계발에 높은 열정을 가지고 있고 지속적 행동을 통해 보여준다.

리더십에서의 자기 숙달(self-mastry) 문제에 적용될 수 있는 발달 수준을 형성하고 발전시킨 사람은 〈성격 유형과 에니어그램의 지혜〉를 저술한 Don Richard Riso와 Russ Hudson이다. 이 그림에 나온 자료는 그들 연구의 초기 단계를 다룬다. 자료들을 이용할 수 있도록 허락해 준 저자들에게 감사의 말을 전한다.

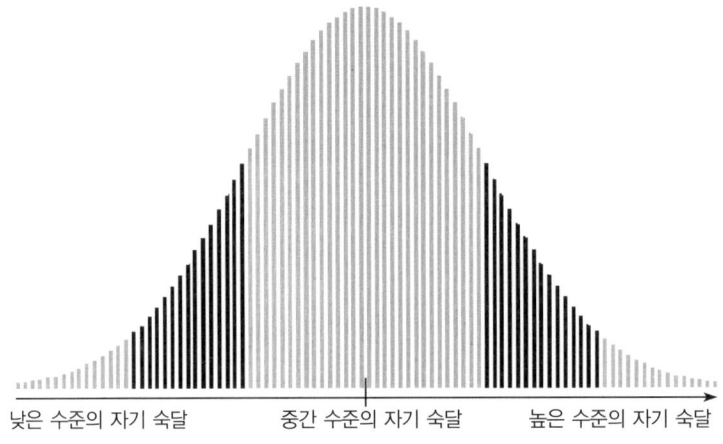

낮은 수준의 자기 숙달　　　　중간 수준의 자기 숙달　　　　높은 수준의 자기 숙달

| 자기 숙달 그래프 |

자기 숙달 그래프 상에서 볼 수 있듯이, 각각의 자기 숙달의 수준에는 광범위한 다양성이 존재한다. 이 그래프에서 보면 가장 큰 그룹인 중간 수준의 자기 숙달 coachee 그룹이 가장 적합한 코칭 대상자이다. 자기 숙달 수준이 높은 개인들은 코칭하기가 가장 쉬운 사람들이다. 반면에 낮은 자기 숙달 수준에서 행동하는 사람들은 최고의 코치들에게도 도전적일 수 있고, 조직 내에 심각한 문제를 일으킬 수 있는데, 특히 의미있는 리더십을 발휘해야 하거나 또는 타인에게 큰 영향력을 미칠 수 있는 지위에 있을 경우에는 더욱 그렇다. 사실 만성적으로 낮은 자기 숙달 수준을 보이는 개인들은 코칭에 적당한 대상자들은 아니다. 외부의 전문가에게 의뢰할 필요가 있을 것이다.

coachee들의 자기 숙달 수준에 따라 각각의 coachee에게는 각기 다른 접근법의 코칭이 필요하다. 이런 이유 때문에 코치가 coachee의 정상적인 (혹은 평균적인) 자기 숙달 수준을 평가하는 것은 중요하다. coachee의 자기 숙달 범위－즉, 가장 높은 수준과 가장 낮은 수준－도 역시 중요한 정보를 제공한다. 만일 coachee가 광범위한 범위의 자기 숙달에 있다면, 코치는 이러한 개인들이 코칭 과정 중에 광범위한 행동 범위를 갖게 된다는 것을 예측할 수 있다. 만일 coachee의 자기 숙달 범위가 한정되어 있으면, 그의 행동은 매우 일관성이 있어 보일 것이다. 그렇지만 coachee가 역시 더 높은 수준의 자기 숙달 수준으로 옮겨가고자 할 때는 보다 많은 어려움에 직면하게 될 것이다. 아래 도표는 세 가지 자기 숙달 수준과 각 수준에서의 coachee에 대한 매우 효과적인 코칭 접근법을 보여주고 있다.

코치인 당신이 각각의 아홉가지 에니어그램 유형에 속한 개개인들을 최고로 코칭할 수 있는 방법을 보여주는 3장부터 11장에서는, 세 가지의 자기 숙달 수준에서 각 유형별로 나타나는 구체적인 행동에 대해 설명하므로 참조하기 바란다.

◉ 기억할 점 ---

코칭 접근법은 근본적으로 각 수준에 따라 다르기 때문에 coachee의 자기 숙달 수준을 아는 것은 효과적인 코치가 되기 위해서 중요하다. 코치로서 최상의 추측을 하라. 그 다음, 코칭 과정 중에 새로운 자료와 패턴이 나타나면, 당신의 이미했던 사정을 수정하라.

자기 숙달을 강화시키는 코칭 접근법

■ 자기 숙달 수준이 높은 coachee

- **코칭 접근법**: 하고 있는 것을 계속해서 하도록 장려하라. 그들의 자기 숙달을 강화시키기 위해서 추가적인 아이디어와 방법을 제공하라.
- **설명**: 자기를 동기화하고 평생 배우는 것에 전념하는 자기 숙달 수준이 높은 개개인들은 자기 자신을 인식하고 스스로의 행동에 책임을 진다. 코치들 역시 자기 숙달 수준이 높을 때 그들과 함께 일하기 쉽다. 그렇지 않다면, 코치들은 불안함을 느끼게 되고, coachee는 코치의 가이드에 의구심을 갖게 된다.

■ 자기 숙달 수준이 중간인 coachee(대부분의 coachee들은 이 수준이다)

- **코칭 접근법**: coachee의 내부 동기를 자극하라. 그들에게 구체적인 발달 제안과

활동을 제공하라.
- **설명** : coachee들은 일반적으로 편안한 상태에 있으므로 중간 수준의 자기 숙달 coachee들은 외부 자극과 같은 압력이 가해지지 않으면 성장에 대한 동기부여가 되지 않는다. 이 수준에서도 상위에 있는 coachee들은 낮은 등급에 있는 coachee보다는 빠른 속도로 성장한다. 그러나 코치들은 엄청난 후속 관리와 함께 흥미 있는 행동들을 제공함과 동시에 갈망을 느끼도록 자극하여서 자기 숙달 수준이 중간 정도인 coachee 모두가 성장하도록 할 필요가 있다.

■ 자기 숙달 수준이 낮은 coachee
- **코칭 접근법** : 지지, 안내, 분명한 경계를 제공하라.
- **설명** : coachee들은 고군분투하므로 지지, 안내와 분명한 경계 확정이 필요하다. 그들은 받아들일 수 있는 것과 받아들일 수 없는 것을 안다. 그들은 다른 coachee들보다 더 방어적이고 유약하기 때문에 코칭은 조심스럽고도 오랜 시간 동안 진행되어야 한다.

●●●7단계 : 도전적 성장을 이끌어낼 수 있는 코칭 기술을 사용하라

코칭은 근본적으로 인간으로서의 삶의 경험이다. 만일 코치가 이 사실을 잊고 너무 많은 기법을 사용하거나 올바르지 못한 시기에 사용하면 coachee의 인생에 변화를 줄 수 있는 코치라기보다는 단지 코칭 기술자가 된다. 코치가 coachee를 위해 할 수 있는 가장 중요한 것은 적극적인 자세로 경청하는 것이다. 이 태도는 무엇을 말하는가를 단순히 듣는것 뿐만 아니라, 그가 말하는 것이 의미하는 내용까지도 듣는 것을 포함한다. 이것은 coachee의 생각, 감정, 행동 패턴들, 그중에서 특히 coachee의 목표와 궁극적인 성장을 지지하거나 손상시키는 패턴들을 인식한 다음, 그것들을 격려하거나 도전시키는 것을 포함한다. 또 경험과 직관 및 언제 들을지와 언제 말할지 또는 언제 무엇을 실행할지 등을 아는 지혜를 포함한다.

한편 적절한 시기에 사용하면 coachee의 성장 속도와 깊이에 큰 차이를 낼 수 있는 네 가지 코칭 기술이 있다. 이 기술들은 실제로 지지적인 도전으로써 세 가지 중심 에너지, 곧 머리 중심(정신적 요소), 가슴 중심(감정적 요소) 그리고 배 중심(행동 요소)을 목표로 한다. 이는 2장 에니어그램과 코칭에서 아주 상세히 다루어진다. *

머리 중심 사람들의 도전 : "~라면 어떻게 될까?"라는 질문

"~라면 어떻게 될 것인가?"라는 질문은 coachee가 그 무엇인가가 가진 절대적인 진실성 때문에 도저히 거스릴 수가 없다는 것을 가정할 때 매우 유용하다.

이 가정은 coachee의 정신적 모델(mental model)의 일부이다 ; 이 모델에 따라 시도해 보지 않는다면 coachee로 하여금 정말 가능하고 그래서 현재의 행동을 강화시킬 수 있는 이해를 제한시킨다.

coachee가 가정을 이야기하는 것을 들은 후에, 코치는 관련된 "~라면 어떻게 될까?" 하고 질문을 제기한다.

코칭 미팅 동안, Hannah는 그녀가 생각하기에 지나치게 자신의 의견을 많이 말하고 형편없는 경청 기술과 공격적인 태도를 가졌다고 생각되는 특정 고객과 함께 일하면 좌절감을 느낀다고 그의 매니저에게 말한다. Hannah는 "나는 이 사람과 일을 잘 할 수 있는 방법을 절대로 찾지 못할 것이다"라고 말한다.

---

* Head Center는 머리 중심, Heart Center는 가슴 중심, Body Center는 배 중심으로 표기한다.

• 코치의 "~라면 어떻게 될까?" 도전들

"설사 당신이 이 사람과의 상호작용을 여전히 싫어한다 하더라도, 이 사람과 효과적으로 일할 수 있는 방법을 찾을 수 있다면 어떻게 될까?"

Hannah가 이 사람과 효과적으로 일할 수 있는 방법을 발달시킬 수 있기 전에, 그녀는 처음으로 이것이 둘 다 가능하다는 것과 그렇게 할 수 있을 것이라는 사실을 믿어야 했다. Hannah는 그녀가 이렇게 누군가와 효과적으로 일하는 것이 가능하다는 사실을 인식했음을 알 수 있는 말과 함께 "~라면 어떻게 될까?"라는 질문에 대답한 다음에야 코치는 그녀와 함께 대안 전략을 탐색할 수 있다.

각각의 에니어그램 유형의 coachee들과 그들과 연관된 구체적인 가정들은 이러한 정신적 모델들에 대한 효과적인 도전과 함께, 3장부터 11장에 제시되어 있다.

가슴 중심 사람들의 도전 : 방어 기제를 인식하고 활용하는 것

방어 기제는 불편하고 어려운 상황을 대처하기 위해 개개인이 이용하는 무의식적인 심리적 전략이다. 이 기제들은 인간의 불안, 슬픔, 분노를 줄이거나 또는 자기 이미지를 유지시키기 위해서 작용한다.

코치들은 두 가지 이유로 coachee가 방어 기제를 활용하는 방법을 인식하고 배울 필요가 있다. 첫째, coachee의 방어 기제는 주로 coachee가 무언가를 피하고 있을 때 나타난다. 따라서 방어 기제 밑에 깔려있는 무엇인가를 알아내는 것은 coachee가 자신과 관련하여 가장 주의 깊게 살펴볼 것이 무엇인가를 이해하는 열쇠이다. 두 번째, 방어 기제는 종종 coachee의 성장을 방해하는 가장 명백한 징후이다. 저항이 확인되지 않은 상태로 남아 있을 때, 코칭에서의 진전은 거의 기대하기 어렵다. 일단 coachee가 방어 기제를 보이면, 코치는 이것을 간접 혹은 직접적인 도전적 과제로 사용할 수 있다. 이 두 가지 도전 과제는 방어 기제를 강조하고 coachee의 회피 또는 저항을 살피기 위해서 만들어진 것이다. 간접적인 도전은 더 감지하기 어렵고 덜 직관적이기 때문에 영향을 적게 미친다. 반면에 직접적인 도전은 coachee의 주의를 더 가속화시킬 수는 있으나, 그것은 저항을 높일 수 있고 몇몇 coachee들에게는 너무 강할 수도 있다.

• 방어 기제

'왜곡(distortion)'은 어떤 사람의 내적 필요충족을 위한 외부 현실에 대한 명백하게 잘못되고 노골적인 재형성이다.

> Nathan이 요청을 받아 추천했던 새로운 웹 사이트 판매회사에 대한 승인을 얻지 못한 일에 대해 그의 코치에게 이야기하면서 그는 분노로 가득 차 있었다. 그가 추천한 판매회사를 지지하지 않은 것에 대해서 사장을 비난하면서, Nathan은-그는 사장에게 결정권을 달라고 요청했었다.-또한 자신이 구성한 팀이 자신을 대신해 입장을 제대로 대변해주지 않은 것에 대해서도 비난했다. 30분 동안 Nathan의 이야기를 들은 후에, 그의 코치인 Erin이 관여하였다. Nathan의 격분과 설명은 그의 사장이 얼마나 지지를 해주었는지, 그가 팀과 업무를 얼마나 잘 수행했었는지에 대한 사전 정보와 직접적으로 상충되었다. Erin은 Nathan이 실제로 일어난 일을 왜곡하고 있다는 것을 인식했기 때문에, Nathan의 방어 기제에 도전하기로 결정했다.

• 코치의 간접적인 도전

> "제가 더 잘 이해할 수 있도록, 이 문제에 대해서 당신의 매니저와 했던 본래의 합의, 그 후로 당신이 나눈 대화들, 당신이 만든 팀의 역할, 그들이 얼마나 자주 만났었는지, 어떻게 그들이 수행해왔는지 등에 대해 다시 제게 상

기시켜 주겠습니까? 제가 기억하고 있는 내용과 당신이 지금 말하고 있는
내용은 정확하게 일치 하지 않습니다."

- 코치의 직접적인 도전

"당신이 이 상황에 매우 화났다는 것을 이해합니다. 이로 인해 아마도 당신
이 실제로 경험한 일의 일부를 왜곡시킬 수도 있습니다. 우선, 당신의 감정
에 대해서 이야기 합시다. 그런 다음 실제로 일어난 일에 대해서 이야기 합
시다."

모든 에니어그램 유형의 개개인들은 각각의 다른 시기에 다양한 방어 기제를 사
용한다. 그러나 구체적인 방어 기제는 각각 에니어그램 유형과 매우 관련되어 있
다. 이 특정한 대처 전략들은 coachee가 어려운 상황들에 처해 있을 때 그 정확도
가 매우 높다. 각각의 에니어그램 유형에 맞는 구체적인 방어 기제들과 이것들을
어떻게 도전시키는가는 3장과 11장에서 다룬다.

배 중심 사람들의 도전 : "왜 당신은 그것을 하려고 하는가?"라는 질문

coachee들이 변화를 원하고 변화하기 위한 계획을 세운다고 말할 수는 있으나,
변화하고자 하는 깊은 열망과 필수적인 의지와 인내 등 그 모두를 가지고 있지 않을
수도 있다. coachee들은 보통 "좋아요. 그럼, 당신은 어떻게 시작할 건가요?"라고
코치가 반응할 것이라고 기대한다. 따라서 이에 대처하여 "왜 당신은 그것을 하려고
하는가?"라는 질문으로 coachee들로 하여금 그들의 소망과 의도를 더욱더 체계적
이고 확실하게 표현할 수 있도록 건설적으로 도전의식을 북돋아준다. "왜 당신은 그
것을 하려고 하는가?"라는 질문의 결과, coachee는 행동 해 왔던 방향을 바꾸거나
혹은 본래의 계획에 더 깊게 몰두하게 된다.

그의 멘토와의 코칭 미팅에서, Michael이 "나는 내가 원하는 승진을 위해서

무엇을 할지 결정했다. 학위를 받을 것이다. 필수적이지는 않지만 직업에 도움이 되는 것이다."라고 말했다.

- 코치의 "왜 당신은 그것을 하려고 하는가?" 도전들

"왜 당신은 학위를 취득하기 위해 학교로 다시 돌아가길 원하는가?"

"왜 당신은 그것을 하려고 하는가?"라는 도전적 과제는 또한 coachee들이 그들의 목표와 최고의 관심에서 역효과를 낼 수 있는 행동 계획을 분명히 표현할 때 유용하다. 예를 들어, 만약 coachee가 코치에게 "저는 제 동료의 사무실에 들러서 그 사람에게 그가 생산한 것이 내가 받은 것 중에서 가장 낮은 수준의 것이라고 말할 생각입니다"라고 말한다면, 코치는 "왜 당신은 그것을 하려고 하는가?"라고 말할 것이다. 대답을 들은 후, 코치는 coachee가 나타내는 분노를 탐색함과 동시에 그 사건에 대해서 동료와 대화할 수 있는 대안책이 있다는 사실을 깨닫도록 도울 수 있다.

각각의 에니어그램 유형의 coachee들을 위한 "왜 당신은 그것을 하려고 하는가?"라는 도전의 예들은 3장부터 11장에서 설명된다.

변형을 향한 도전 : 역설

역설, 혹은 명백한 모순들은 coachee들에게 좌절감을 주기도 하지만, 다른 한편으로는 동기를 부여해주는 등의 이중적인 딜레마에 놓인다. coachee의 역설은 다음과 같이 정리된다. coachee는 진실로 무언가를 원하고 있고, 따라서 그 행동이 그 결과를 이루어내기 위한 것이라고 믿는다. 하지만, 대체적으로 이러한 믿음은 coachee 자신의 행동이 원하는 목표 성취에 주된 장애물이라고 할 수 있다. 코치들이 역설적인 도전을 한 후, coachee들이 그들 스스로 그 역설을 풀어야겠다고 느끼도록 하기 위해서는 침묵을 지킬 필요가 있다. 그래서 역설적인 도전기술을 배우고 있는 코치들은 다음의 구조를 사용할 수 있다. "비록 당신은 당신이 X

를 원한다고 말할지라도, 당신의 행동은 실제적으로 Y를 만든다."

다음의 예는 코치들이 변화하도록 자극하기 위해서 역설 기법을 사용하는 방법을 설명한 것이다.

Jake는 그의 회사에서 인정을 받고 영향력을 갖게 되기를 몹시 원했다. 하지만, 그는 거의 직원 회의에 늦었고, 회의 전에 준비 차원에서 제공되는 자료를 자주 읽지 않았다. 그 결과, 회의 전에 제공된 자료에서 이미 다루어졌거나 혹은 그가 도착하기 전에 회의에서 토론된 주제에 대해 질문하는 일이 빈번하게 발생했다.

• 역설

Jake는 인정과 영향력을 바란다. 하지만, 그의 지각과 준비성 결여는 그가 일을 진지하게 여기지 않는다는 인상을 준다. 그래서 그가 인정을 덜 받게 되고 회사에서 그가 행사하는 영향력이 줄어들게 된다.

• 코치의 반응

"Jake, 직원 회의 동안과 직원 회의 이전에 했던 당신의 행동에 대해 살펴봅시다. 그 다음, 그 행동이 실제로 당신의 영향력과 당신이 인정받는 정도에 어떠한 영향을 미치고 있는지를 분석합시다."

3장부터 11장까지 다루어진 각각의 에니어그램 유형을 위한 역설적인 도전들은 오직 자기 숙달 수준이 중간이거나 혹은 자기 숙달이 높은 coachee들과만 함께 사용되어야 하는 높은 수준의 역설이다. 왜냐하면 자기 숙달이 낮은 coachee들은 이 수준의 역설 해결에 내재된 복잡성과 불확실성을 해결할 수 있는 상태에 놓여 있지 못하기 때문이다. 높은 수준 혹은 복잡한 역설은 그들의 불안을 증가시킬 수 있다. 상대적으로 약한 역설은 이러한 coachee들에게 이용할 수 있지만, 코치들은 주의를 가지고 이용해야 한다.

요약 : 코칭의 견본(template)

다음의 요약은 코칭의 견본으로서 활용할 수 있고 단기, 위기, 혹은 장기 코칭을 위해 사용될 수 있다.

코칭 목표와 coachee의 동기를 확인하라

가능한 시간 안에 목표가 확실하게 달성될 수 있도록 하고 coachee의 한 가지 또는 그 이상의 핵심적인 동기 부여 요소들과 목표를 분명하게 연관시켜라.

coachee의 자기 숙달의 수준과 범위에 따른 적합한 코칭 접근법을 사용하라

- coachee의 일반적인 수준과 자기 숙달 정도를 결정하라.
- coachee와 함께 가장 효과적인 코칭 접근법들과 함께 실행할 발달 도표(3장부터 11장 참고)를 강화시킬 수준과 코칭 접근법들을 선택하라.

도전적 성장을 이끌어 낼 수 있는 코칭 기술들을 사용하라

코치는 어떻게 이 부문에서 각각의 네 가지 코칭 기술들을 사용할 것인지를 계획하라. 그리고 코칭 과정 동안 적절한 순간에 그것들을 사용하라.

- *머리 중심 사람들의 도전 : "~라면 어떻게 될까?"*

coachee가 말하거나 정신적 모델 혹은 코치로써 도전할 수 있는 가정을 암시하는 것 중 무엇을 들었는가? 코치로써 "~라면 어떻게 될까"라는 도전을 어떻게 coachee에게 표현할 것인가?

• *가슴 중심 사람들의 도전 : 방어 기제를 인식하고 활용하는 것*

언제 coachee가 특정 방어 기제를 이용하는 것이 관찰되는가? 직접적인 도전 혹은 간접적인 도전이 더 효과적인가? 코치로써 이 방어 기제에 대한 도전을 어떻게 coachee에게 표현할 것인가?

• *배 중심 사람들의 도전 : "왜 당신은 그것을 하려고 하는가?"*

coachee가 앞으로 어떤 행동을 할 계획이라고 말했는가? 당신은 이것이 현명한 행동 과정이라고 생각하는가? 코치로써 "왜 당신은 그것을 하려고 하는가?"라는 도전을 어떻게 coachee에게 표현할 것인가?

• *변형을 향한 도전 : 역설*

코치는 어떤 역설을 coachee에게서 관찰했는가? 가장 중요한 것을 선택하라. 코치로써 이 역설적인 도전을 coachee에게 어떻게 표현할 것인가?

아홉 가지의 에니어그램 유형에 따라 개개인들에게 적합하게 맞출 때, 위에 설명된 네 가지 코칭 기술은 엄청난 영향력, 깊이, coachee의 발달 변화를 빠른 속도로 촉진한다. 이 기술들의 에니어그램 유형 적용은 3장부터 11장에서 설명된다.

◉ 기억할 점 -

적절한 기회라고 생각될 때 효과적인 코칭 도전(effective coaching challenge)을 사용하는 것은 coachee가 빠르게 성장할 수 있도록 도와준다. 하지만, 너무 많은 기술들을 사용하게 되면, 인간으로써의 코치와 coachee 사이에서 이루어져야 할 상호작용을 방해하므로써 탁월한 코칭을 하기가 어렵다. 주의를 기울여서 듣는 것, coachee를 존중하는 것, 그리고 coachee의 성장에 전념하는 것은 어떤 기술보다 훨씬 더 중요하다.

••• 8단계 : coachee의 변형을 가속화시키면서도 유지시켜라

궁극적으로, 코치들은 coachee가 성장하기를 원한다. 그러나 몇몇 coachee들은 아마도 충고를 얻기 위해서 혹은 억눌린 좌절을 표현하고 나타내기 위해서 코칭을 이용함에도 불구하고, 그들은 변화를 향한 진정한 욕구를 가지고 있지 않기 때문에, 코칭을 통한 실제적 성장은 거의 나타나지 않는다. 이에 비해 다른 coachee들은 서서히 증가하는 변화를 이루어낸다. 예를 들어, 갈등을 해결하기 위한 새로운 접근들을 배우는 것, 더 정확성과 확신을 가지고 이끌 수 있는 것, 시기적절한 방식으로 중요하고 현명한 결정을 내릴 수 있는 것이다. 이러한 것들이 코칭 과정에서는 가치 있는 결과이기도 하지만, 코칭 경험에서 가장 큰 가치는 coachee 스스로가 변형적인 변화를 만들어 내는 것이다.

변형적인 변화는 coachee들로 하여금 생각, 감정, 행동에 대한 그들의 근본적인 패턴을 살펴볼 것을 요구한다. 구체적으로 coachee들은 진정으로 원하는 것을 사정할 필요가 있고, 동시에 진정으로 원하는 것을 성취하는 데에 방해가 되는 장애물들이 종종 근본적으로 coachee 자신의 생각, 감정, 그리고 행동에 근간을 두고 있다는 사실을 깨달을 필요가 있다. 나아가 coachee들이 그들의 통제내에서 실질적으로 선택할 수 있다는 것을 인식할 필요가 있다. 변형적 변화를 만드는 coachee들은 그들의 일생을 통해 계속해서 성장하고 발전한다.

12장 변형에서는 지속된 변형을 촉진시키는 발달 계획 과정뿐만 아니라 아홉 가지 유형의 coachee들에게도 큰 영향을 미치는 네 가지 변형 활동에 대해서 다루고 있다.

◉ 기억할 점 --

coachee는 변형을 향해 노력할 것이다. 그러나 의도된 변화가 서서히 증가하는지 혹은 크게 변화하는지를 분명히 하는 것이 중요하다. coachee가 변화를 향한 계획을 세우는지를 항상 확인한다. 그렇지 않으면 성장이 지속적으로 유지되기가 어려울 것이다.

2

에니어그램과 코칭

코칭에 에니어그램을 사용하려면 coachee가 먼저 자신의 에니어그램 유형을 확인해야 한다. 어떤 사람들은 쉽게 그리고 상대적으로 빠르게 자신의 에니어그램 유형을 확인할 수 있지만, 어떤 사람들은 자신의 유형을 파악하는 데 많은 시간이 필요할 수도 있다.

자신의 에니어그램 유형을
확인하는 방법

　에니어그램 유형을 확인하는 과정에는 자기 인식 수준과 반응 패턴을 알아내고 이해하는 경험, 인간으로서 개개인이 지닌 복잡성 등을 포함한 많은 요소들로부터 영향을 받는다. 그렇지만 성격 유형을 확인하는 데 필요한 시간의 양은 중요한 문제가 아니다. 왜냐하면 자기 반성과 자아 발견은 누구 한 사람의 에니어그램 유형을 확인하는 것만큼이나 중요하고 가치가 있기 때문이다. 이렇듯 자기 반성과 자아 발견 모두는 coachee가 효과적으로 코칭을 받는 데 필수적이다.

　어떤 사람의 에니어그램 유형을 확인할 수 있는 가장 정확한 방법은 에니어그램을 잘 아는 사람과의 개인적인 코칭 수업을 통해서 에니어그램 구조를 배우거나, 에니어그램 입문자들을 위한 워크숍에 참석하거나, 좋은 에니어그램 책을 읽거나 혹은 이러한 방법들 중 한 가지와 함께 에니어그램 성격 유형 검사를 해보는 것이다. 온라인과 인쇄된 자료 형태의 몇 가지 검사들이 있지만, 그 검사들만으로는 일관되고 명확하게 유형을 확인할 만큼 충분한 신뢰성과 타당성을 확보한 검사는 드물다.

중요한 것은 사람들이 자신의 에니어그램 유형을 확인하려면 제법 시간이 걸리기 때문에 자기 자신을 너무 성급하게 유형화하지 않도록 조심해야 한다는 것이다. 강조하면 에니어그램은 단지 자신의 눈에 보이는 성격 특성과 행동만이 아닌, 내면의 성격 구조와 동기까지 설명한다는 사실을 기억할 필요가 있다. 왜냐하면 실제적으로 여러 에니어그램 유형들은 비슷한 행동을 나타내긴 하지만, 그럼에도 불구하고 이러한 각각의 행동은 근본적으로 다른 동기나 이유 때문에 나타나는 것이기 때문이다.

에니어그램의 이론적 개요와 그것을 어떻게 코칭과 연결시킬 것인지에 대해 다루고 있는 이번 장에서는 먼저 아홉 가지 에니어그램 유형들을 이해하기 위한 맥락을 제공한다. 각각의 유형은 3장부터 11장에서 더 구체적으로 다루어진다.

세 가지 중심 에너지 :
머리 중심, 가슴 중심, 배 중심

에니어그램을 구조적 체계로서 이해하려면, 세 가지 중심 에너지(center of intelligence)를 먼저 이해하는 것이 유용하다. 각각의 아홉 가지 에니어그램 유형들은 세 가지 중심 – 머리 중심, 가슴 중심, 또는 배 중심 – 중 어느 하나에 뿌리를 둔다.＊ 모든 사람들이 이 세 가지 중심 에너지를 모두 가지고 있지만, 우리들 각자는 첫 번째, 두 번째, 세 번째(제3의) 중심을 가지게 된다. 우리는 세상을 경험하고, 적응하여 살아가기 위한 방책으로써, 우리는 주로 첫 번째 중심 에너지에 의존한다. 이것은 우리가 어떻게 정보를 받아들이고 해석하는지와 우리가 우리 자신을 어떻게 표현하는지도 포함한다. 두 번째 중심 에너지는 거의 사용하지 않지만, 첫 번째와 두 번째 중심 에너지에 비슷하게 의존하는 사람들도 있다. 그리고 세 번째 중심 에너지는 훨씬 덜 활동적이고 어떤 사람들은 거의 사용하지 않는다. 다시말하면 대부분의

＊ ・Centers of Intelligence를 중심 에너지로 표기한다.

사람들은 뚜렷하게 주된 중심 에너지, 두 번째 중심 에너지, 그리고 제3의 중심 에너지를 가지게 된다.

세 가지 중심 에너지의 개념은 단지 정신적 기능만 하는 것이 아니라는 사실을 강조한다. 각각의 중심은 특별한 형태의 에너지를 가지고, 구체적인 기능을 하며 생산적이거나 또는 비생산적으로 이용된다. 에니어그램에 대한 연구의 진정한 목표는 다음과 같이 세 가지로 요약된다.

① 모든 세 가지 중심 에너지들에 대한 더 좋은 접근성을 얻기 위해 ② 가능한 각각의 중심 에너지를 생산적으로 사용할 수 있기 위해 ③ 어떠한 결정을 내릴 때, 단지 한 가지 혹은 두 가지 중심 에너지에 의지하는 것이 아니라, 직장과 가정에서 세 가지 중심에너지를 모두 적절히 사용하기 위해서이다. 각각의 중심에너지에 기반한 세 가지 에니어그램 유형에 대한 간략한 설명과 함께, 세 가지 중심 에너지에 관한 설명은 다음과 같다.

●●● 머리 중심

모든 아홉 가지 에니어그램 유형의 개개인들은 다음과 같은 방식으로 머리 중심 에너지를 사용한다.

머리 중심 기능	
정보수집 · 아이디어의 일반화 · 정신적 과정 · 이성적인 분석 · 계획	
생산적인 사용	비생산적인 사용
객관적인 분석	과도한 분석
뛰어난 통찰력	투사
생산적인 계획	과도한 계획

* 투사(projection)란 다른 사람도 자신에게도 실제로 적용되는 무언가를 생각하거나, 느끼고 있거나, 혹은 하고 있다고 상상하는 것이다.

아홉 가지 에니어그램 유형들 중 세 가지(5, 6, 7번 유형)는 머리 중심 유형이라고 부른다. 이들은 폭넓은 정신 분석 즉, 가치있는 사실, 정보와 아이디어에 관여한다. 머리 중심과 관련된 감정 - 두려움과 부정적인 뭔가가 일어날 수 있다는 상상 - 에 대한 반응은 안전과 신뢰에 대해 공통된 관심사를 가진다.

머리 중심 에니어그램 유형

두려움에 대한 반응으로 형성되는 세 가지 성격 유형들

- 5번 유형 : 단지 자기 자신의 자원에만 의지하고자 함으로써 두려움이 엄습하거나, 기력을 잃게 되는 것으로부터 도망친다. 모든 것이 어떻게 돌아가는지를 이해하기 위한 목적으로 분석하기 위한 풍부한 정보를 모은다.
- 6번 유형 : 잠재된 문제들을 극복하고 잘못될 수 있다는 두려움을 줄이기 위해 계속해서 예측 시나리오를 만든다. 그리고 혹은 자기 자신의 용기를 증명하기 위해 두려운 상황으로 돌진하기도 한다.
- 7번 유형 : 긍정적인 미래 가능성들을 상상함으로써 걱정하거나 불편한 감정을 느끼기보다는 즐거운 생각을 함으로써 고통, 슬픔, 불편함 등의 두려움으로부터 벗어나려고 한다.

●●● 가슴 중심

　모든 아홉 가지 에니어그램 유형의 개개인들은 다음과 같은 방식으로 가슴 중심 에너지를 사용한다.

가슴 중심 기능

감정적 경험 · 정서적인 연관성 · 다른 것들에 예민함

생산적인 사용	비생산적인 사용
감정이입	감정 조작*
진실된 관계	역할 연기
연민	과민 반응

* 감정 조작이란 누군가 동의하지 않는 것을 하도록 하기 위해 감정적 정보를 이용한다.

아홉가지 에니어그램 유형들 중 세 가지(2, 3, 4번 유형)는 가슴 중심유형이라고 부른다. 이들은 다른 사람들이 자기자신에게 매우 특별한 방식으로 반응하기를 원하고, 그들로부터 원하는 반응을 얻기 위해서 이미지를 만들기 원한다. 보통, 이미지를 만들고 다른 사람들이 자신을 어떻게 지각하는지에 대해서 신경을 쓴다. 가슴 중심 유형들은 결국 자신의 존재에 대해서는 가치가 없다고 느끼는 편이며, 바로 이것이 가슴 중심과 관련된 감정 즉, 슬픔이 생기게 한다.

이미지를 만들기 위해 형성된 세 가지 성격 유형들

- 2번 유형 : 호감 가는, 너그러운, 다른 사람들을 배려하는 이미지를 만든다. 그 다음 자신의 자기 가치를 확인하기 위해 다른 사람들의 반응을 주시한다.
- 3번 유형 : 자신감과 성공의 이미지를 만든다. 그 다음 성취하기 위해 다른 사람들의 존경과 찬사를 구한다.
- 4번 유형 : 독특한, 차별화된 다른 이미지를 만든다. 그 다음 충분히 좋지 않다는 느낌을 피하기 위해서 정서적인 과민반응을 이용한다.

●●● 배 중심

모든 아홉 가지 에니어그램 유형의 개개인들은 다음과 같은 방식으로 배 중심 에너지를 사용한다.

배 중심 기능

움직임 · 신체 감각 · 행동 혹은 행동하지 않음 · 통제

생산적인 사용	비생산적인 사용
효과적인 행동	과도한 행동
확고부동	소극성
본능적 직감	반응성*

* 반응성이란 행동하기 위해 의도적인 선택이 아닌, 즉시 급하게 반응하는 것이다.

 아홉가지 에니어그램 유형들 세 가지(8, 9, 1번 유형)는 배중심이라고 부른다. 이들은 자신의 본능과 직감을 믿는다. 그리고 배 중심과 관련된 분노로부터 일어나는 감정을 통제하는데 다른 방식을 쓴다.

배 중심 에니어그램 유형

분노에 대한 반응으로 형성된 세 가지 성격 유형들

- 8번 유형 : 본능적인 직감으로부터 시작하며, 분노는 단순히 해소가 아닌 삶에 필요한 에너지라고 생각하며, 분노를 쉽게 표출한다. 자신이 처한 상황에 책임을 짐으로써 통제를 가한다.
- 9번 유형 : 자신의 분노와 다른 사람들의 분노 모두를 피한다. 다른 관점에서 오는 갈등을 조정하고 조화를 이루고자 한다. 또한 다른 사람들로부터 통제받는 것도 원치 않는다.
- 1번 유형 : 짜증과 분개를 통해 분노를 나타낸다. 분노는 반드시 통제해야 하는 부정적인 감정이라고 생각한다. 자제력과 고도의 치밀함으로 통제를 조절한다.

중심 에너지와 코칭

　각 중심 에너지가 세 가지 에니어그램 유형들을 포함하고 있지만, 우리 모두는 머리 중심, 가슴 중심, 배 중심을 갖는다. 세 가지 중심 에너지를 이해하는 것은 성공적인 코칭을 위해 필수적이다. 왜냐하면 모든 coachee들은 아홉 가지 에니어그램의 공통점을 가지고 있으며, 자주 함축적으로, 각 중심에너지와 관련된 감정과 직접적으로 연결된 코칭 관심사를 포함하고 있기 때문이다. 다음 표에 간략히 설명된 코칭 이슈들은 이번 장에서 상세히 설명된다.

　대부분의 코칭 상호작용 안에서, coachee들은 자신들이 이러한 감정들을 느끼고 있다는 사실을 인식하고 있지 못하거나 혹은 직접적으로 의논하는 것을 불편하게 여기기 때문에, 이러한 함축적인 문제들에 대해서는 의논하지 않는다. 하지만, 이러한 문제들은 보통 coachee의 행동을 직접 관찰함으로써 분명하게 드러난다. 예를 들어, 반복적인 질문을 하거나 초조한 모습을 보이는 coachee들은 두려운 감정을 느끼고 있다는 것이다.

함축적인 코칭 이슈 - 모든 에니어그램 유형의 coachee들

중심 에너지	중심 감정	왜 이것이 코칭하는 동안 발생하는가	함축된 코칭 이슈들
머리 중심	두려움	코칭 과정중에 또는 코칭의 결과로 부정적인 일이 발생할 수 있다는 것 때문에 두려움(fear)이 생겨난다.	모든 coachee들은 어느 정도의 *불안감*을 겪고, 여러 통로를 통해 *신뢰*에 대한 관심을 가지며 지나친 분석에 관여한다.
가슴 중심	슬픔	코칭 결과로 자아 이미지와 자아 가치가 잠재적으로 위협받을 수 있기 때문에 슬퍼진다.	모든 coachee들은 *코칭 관계, 코치와 코칭의 가치, 명성*에 집중한다. *다른 사람들의 반응*에 적절히 대응한다.
배 중심	분노	코칭을 하는 동안 및 코칭 후에 다른 사람들 및 환경과 관련하여 자신에게 나타나는 것을 통제할 때 coachee가 느끼지 못하는 것을 바탕으로 분노가 다양한 형태로 나타난다.	영향력을 갖거나 *통제권*을 갖는 등의 직접적 행동의 결과로 제시하는 코칭을 원한다. coachee는 코칭 과정에서 *정직하고 명확한 안내*를 하는 코치를 원한다.

매우 방어적이고 상처가 있는 것 같은 coachee들은 아마도 슬픔을 느끼고 있으며 자기 가치가 위기에 처할까 봐 염려한다. 게다가 이들은 끊임없이 코칭 미팅을 주도하고자 하며, 자존감이 다칠까봐 자주 코치의 관점과 제안에 문제를 제기하고 좌절하거나 분노하며 코칭 과정을 통제하고자 한다.

암묵적인 감정문제는 이러한 토론이 없어도 그들 스스로 해결할 수는 있지만, 거의 대부분은 그렇지 못하다. 따라서 이러한 문제에 대한 해결책이 없다면, 결과적으로 보이지 않는 장벽들이 coachee와 코치 사이에서 발생하며 코칭경험의 성공에 방해가 된다. 예를 들어, 코칭 미팅에서 긴장감이 도는 것, 코치들이 좌절하는 것, coachee들이 정직하지 않은 태도를 보이는 것 그리고 코치의 제안을 수용하지 않는 것들이 그것이다. 하지만, 코치들이 예리한 관찰자이며 coachee의 문제에 적절히 대응한다면, coachee가 대화에 참여하도록 하고 건설적인 대화를 시작할 수 있는 기회로 활용할 수 있다. 예를 들어, 코치는 "당신이 몇 번이나 같은 질문을 한 걸 알게 되었다. 당신이 염려하고 있는 것이 무엇인지 궁금하다."라고 말할 수 있다.

이번 장의 나머지 부분은 모든 에니어그램 유형의 coachee들에게 영향을 끼치는 명백한 코칭 이슈들을 상세하게 다룬다. 머리에 기반을 둔 문제들에 대한 세 가지 머리 중심 유형들의 구체적인 반응에 초점을 둔다 ; 가슴에 기반을 둔 문제들에 대한 세 가지 가슴 중심 유형들의 구체적인 반응에 초점을 둔다 ; 그리고 배에 기반을 둔 문제들에 대한 세 가지 배 중심 유형들의 구체적인 반응에 초점을 둔다.

●●● 머리에 기반을 둔 코칭 이슈들 : 불안, 신뢰 그리고 과잉 분석

■ 불안

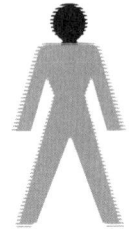

모든 coachee들은 코칭 과정 동안에 어떤 시점에 오면 불안(anxiety)을 느끼게 된다. 그리고 본인과 직접적으로 관련하여 타인으로부터 수집된 자료나 코치들에게 받은 직접적 피드백을 접하게 될 때 특히 걱정하게 된다. 정보가 다른 사람들로부터 얻어지고 coachee들이 자료를 부정적이라고 인식할 때, 이들의 관심사는 대부분 언제나 자료의 정확함에 초점을 맞춘다. 즉, 어떻게 그 정보가 해석되었는가와 또는 자료 수집 방법론의 철저함에 초점을 맞춘다 — 즉 누가 그 자료에 기여했는가와 누가 기여하지 않았는가, 그 정보가 언제 수집되었는가, 어떤 질문을 받았는가이다. 나아가 coachee들은 코치가 자료의 결과에 대해서 어떻게 생각할지와 차후의 추론과 결론에 대해서 걱정한다.

머리 중심 유형들 — 5번, 6번, 7번 유형 — 은 종종 이 이슈에 대해서 더 분명한 위협과 두려움을 가진다. 정보는 어떻게 해석하느냐에 따라서 달라질 수 있다는 것은 사실이다 — 즉, 추론은 자료로부터 만들어지며, 정확하거나 혹은 정확하지 않을 수 있다. 머리 중심 유형들은 이것에 대해서 가장 정확하게 인식한다. 5, 6, 7번 유형들의 걱정, 불안을 다루기 위해서 전화 또는 이메일을 통해 자료 수집 과정과 진행 상황을 주기적으로 업데이트하고, 코칭이 이루어지는 동안에 토론되는 내용에 대한 코치의 생각을 함께 나누고, 혹은 coachee에게 질문이 있는지 물어볼 수 있다. 코칭 미팅 사이에서 짧고 간간이 일어나는 이러한 종류의 연락은 coachee가 이야기하고 싶은 또다른 이슈들에 대해서 토론할 기회도 제공하며, coachee에게 그들이 생각하고 있는 것을 은연중에나 혹은 명시적으로 말할 기회도 제공할 수 있다. 이러한 방식으로 코치가 명쾌하게 설명해줄 때 코치로부터 나온 정보가 설사 부정적인 내용이더라도 보통 coachee의 불안감을 줄일 수 있다. 5번, 6번, 7번 유형은 종종 생생하고 활발한 상상력을 가지며 또한 종종 현실보다 훨씬 더 못한 코칭 시나리오를 만들 수 있다. 그 결과, 진실한 정보는 그것이 전반적으로 긍정적이지 않을 지라도 이들을 안심시킨다.

Gail은 같은 기관으로부터 온 여덟 명의 코칭 고객들을 담당했다. 이 고객들 중 두 명은 코칭 미팅 중에 세 번째 고객인 Miles가 Gail에 대한 부정적인 내용을 자신들에게 언급했다고 말했다. 이들은 Miles가 Gail을 좋아하고 존경하지만, Miles는 Gail이 사람들로부터 정확한 자료를 수집하고 있는가, 자료 수집 과정 동안 객관적인 자세를 유지할 수 있는가, 인터뷰하고 있는 특정한 사람들로부터 듣는 내용에 지나친 비중을 두지 않는가 등과 같은 몇 가지 걱정이 있는 것 같다고 말했다.

Gail은 다른 고객들과 비밀을 지키기로 합의한 것 때문에 Miles에게 두 명의 고객들로부터 들은 내용을 말할 수 없었다. 그래서 Gail은 이 정보를 어떻게

Miles로부터 직접 도출할 지에 대해 생각했다. 다음 코칭 미팅 동안, Gail은 Miles에게 "코칭을 위해 당신에 대한 자료를 모으고 있는 중이기 때문에, 이에 대해 질문이나 염려하는 점이 있는지 궁금합니다."라는 말을 했다.

Miles는 "누구인들 없었을까요? 코치 비용을 사장님이 지불하고 있는데, 당신이 사장님으로부터 들은 내용이 과연 객관적일 수 있다고 내가 생각할 수 있을까요?"라고 깜짝 놀라 대답하며 쳐다봤다.

Gail은 대답했다. "네, 사장님이 비용을 지불하기는 하지만 당신이 코칭에 만족하고, 당신과 사장이 코칭이 효과적이라고 생각하는 경우에만 코칭은 계속 할 수 있을 거예요. 그렇기 때문에 사장님이 비용을 지불한다고 해도, 당신이 당신의 코칭 목표에 도달하는 것을 돕기 위한 정확한 정보를 얻기 위해, 마치 당신이 저에게 비용을 지불하고 있는 것처럼 저는 생각할 겁니다."

■ 신뢰

코치와 coachee 사이의 신뢰는 발달 경험의 성공을 위해 결정적인 요인이다. 신뢰와 관련된 이슈들은 모든 에니어그램 유형에 속한 개개인들과의 코칭 과정 중에서 가장 초기 단계에 의논할 필요가 있다. coachee는 코치가 다음과 같이 할 것이라는 점에 신뢰를 가져야만 한다.

- 비밀유지의 합의를 지키기
- 온전한 진실성을 지니며, 코칭과 관련하여 조직에 속한 다른 사람들과 이야기를 나누지 않기
- coachee가 필요할 때, 코치가 함께 할 것이라는 코칭관계에 대해 신뢰하기

coachee 또한 기관을 신뢰해야만 한다. 예를 들어, coachee는 발달 과정 뒤에 곧 들이닥칠 좌천, 혹은 기관에 근무하는 누군가가 자신의 비밀스러운 정보를 폭로하게끔 코치를 압박하는 것과 같은, 숨어있는 동기가 없다고 믿어야만 한다.

coachee의 불안을 안정시키기 위해서, 코칭이 시작되자마자 코치와 coachee는 코칭 대화 중에 수집될 자료에 관한 비밀유지의 합의를 분명하게 할 필요가 있다. 코치들은 설사 다른 사람들로부터 정보를 폭로하라고 압박을 받더라도 이러한 합의를 지켜야 한다. 나아가 코칭이 coachee와 기관 모두에게 공통적인 관심사인 경우에 코칭을 계속 진행하면서, 특정한 coachee와 연관돼 잠재적으로 숨겨진 안건들을 파악할 필요가 있다. 기관들은 거의 항상, coachee에게 코칭을 권하는 몇 가지 이유가 있지만 — 그렇지 않다면 기관은 코칭이 가능하도록 돕는 내부 자원의 활용에 대한 권한을 허용하지 않았을 것이다 — 숨겨진 안건들은 그 과정 속에서 coachee의 신뢰를 서서히 약화시키고 동시에 코칭 경험의 성공도 점점 낮아지게 될 것이다.

이렇게 되면 신뢰성에 관한 문제들은 만성적으로 나타나게 될 것이고, 머리 중심 유형인 5번, 6번, 7번 유형들에게는 더욱더 걱정스러워 질 것이다. 이 성격 유형들은 신뢰와 의심에 대한 문제가 있을 뿐만 아니라, 특히 불안할 때 과잉행동적인 마음을 가진다. 예를 들어, 머리 중심 유형들은 현장 뒤에서 발생할 수 있다고 생각하는 다양한 시나리오들을 상상할 것이다. 혹은 그들은 현재 상상 가능한 것보다 훨씬 더 구체적으로 미래에 어떤 일이 발생할지를 알고자 할 것이다. 코치들은 coachee들에게 미리 모든 것을 아는 건 불가능하다는 사실을 인식시키면서 이러한 관심사들을 다루는 데 있어서 인내심을 가져야 한다.

Sheila는 경영 코치인 David의 서비스에 참여했다. David는 Sheila가 신뢰하는 동료들로부터 훌륭한 추천서를 가지고 왔음에도 불구하고, Sheila는 David에게 끝도 없이 많은 질문들을 하느라 계약 시간 중 절반을 소비했다. 사실, Sheila는 세 페이지 분량의 질문을 준비해 왔다.

다음은 그녀가 물었던 질문들 중 약 10%에 해당되는 질문들이다 : David는 얼마 동안 코치로 일했는가? David는 어떤 종류의 고객들과 함께 일했는가?

David는 코칭이 효과가 있다는 것을 어떻게 알아내는가? David는 자신과 함께 일하기 위해 어떤 계획을 했는가? 이 미팅 이전에 누가 David에게 Sheila에 대한 정보를 주었는가? David가 코칭의 진행이 어떠했는지에 대해 Sheila의 사장에게 어떻게 말할 것인가? David는 Sheila가 David에게 줄 수도 있는 회사에 대한 기밀 정보를 어떻게 다룰 계획인가? 만약 Sheila가 회의에 참석하지 않았다면 어떻게 되었겠는가? 휴가 중에는 어떻게 할 것인가? Sheila는 발달 세션 (Development Sessions)의 결과를 통해 승진할 수 있을 것인가? 코칭이 가시적인 결과를 내지 못한다면 어떻게 될까? 회사가 더 이상 코칭 서비스를 제공하고 싶어 하지 않는다면 어떻게 될까?

David는 인재 계발자로서의 경험이 풍부했기 때문에, Sheila의 질문들은 모두 예상했던 것이었다. 모든 질문들은 이전에 들어본 것들이었다. 그렇지만 David는 coachee와 코치와의 관계에 대한 질문의 수에는 놀랐다. Shelia가 한 질문 뒤에 또 다른 질문을 할 때, David는 잠시 동안 생각한 뒤, Sheila에게 물었다. "Shelia, 잠시만 얘기를 멈출 수 있을까요? 왜 이 모든 질문들을 하고 싶어하는지 물어봐도 될까요? 당신이 한 질문들에 대한 나의 대답을 통해 당신은 무엇을 알고 싶어하는 것인가요?"

Shelia는 주저하지 않고 대답했다, "내가 당신을 믿을 수 있는지 없는지를 알고 싶어요."

■ 과잉 분석

모든 coachee들은 코칭 경험 동안 받은 자료 − coachee들의 관찰에 기반을 둔 것으로 코치로부터 받은 피드백자료 뿐만 아니라, 코칭의 일부로서 조직의 다른 사람들로부터 수집된 자료−를 과잉 분석하는 경향이 있다. 정보가 coachee에게 새롭거나 혹은 coachee가 동의하지 않는 내용일 때는 더욱 그렇다. coachee들이 자신들이 부정적으로 인식하는 자료를 과잉 분석하는 것 같지만, 그들은 긍정적인 정보 또한 과잉 분석할 것이다.

머리 중심의 세 가지 유형들은 다른 coachee들보다 훨씬 더 많이 자료를 과잉 분석하는 경향이 있다. 이것은 지적 자극의 수단으로 우려하는 상황을 피하거나 준비하기 위한 수단으로써 정보를 분석하는 경향 때문일 뿐만 아니라, 자료 중심의 정보 처리 성향 때문이다. 구체적이고, 확인된 자료는 존중하는 반면, 만약 정보가 논리적으로 제시되지 않고 체계적이지 못하면 5번, 6번, 7번 유형들은 대부분의 정보에 동의하지 않는다. 부정적인 정보를 받았을 때, 머리 중심 유형들은 분석하고, 도전하고, 반론을 제시할 것이다. 그런 다음 자료를 계속해서 또 분석하고 또 분석할 것이다.

머리 중심 유형의 사람들에게 자료를 전달할 때는, 코치들이 사람들로부터 수집한 coachee에 대한 정보를 보충하기 위해서 익명의 일화, 인용, 혹은 직접적인 관찰을 이용하는 것 또한 중요하다. 몇몇 5번, 6번, 7번 유형들은 그 내용들이 틀렸음을 입증하거나, 그 중요성을 경시하고 대체로 다른 사람이 인지한 것에 대한 중요성을 무가치한 것으로 치부하는데 자신의 논리를 이용할 수 있다. 따라서 입증되지 않는 자료를 사실적인 정보와 통합하는 것은 그들을 좀더 수용적이 되도록 만든다.

Kevin과 그의 매니저 Andrea는 어떤 자료가 수집될지, 누가 Kevin의 360도 다면적 피드백에 대한 조언을 요청 받을지에 대해서 검토하고 확정 짓는데 많은 시간을 소비했다. 하지만, 실제 정보를 토론하기 위한 미팅 중 Kevin은 자료를 받기 전에 전체 과정에 대해 질문하기 시작했다. 질문은 다음과 같았다. "우리는 저 사람이 아니라 이 사람한테 물어봤어야 했어요. 나는 사람들이 일반적으로 정직한지 잘 모르겠어요. 난 당신이 말한 사람들 중 한 명과 논쟁을 벌인 적이 있었어요. 그래서 그들은 나에 대해서 뭔가 매우 부정적으로 말하지 않을 수 없었다는 거죠."

Andrea는 또 "360도 다면적 피드백 과정에는 언제나 뭔가 불확실한 것이 있어요. 그건 매우 불안한 일이죠. 당신이 미리 결과를 예측하고 이 과정을 진행한다면 정말 앞으로 나아가기가 힘들어요. 항상 불완전할 수 있음을 알면서도, 우리가 가지고 있는 것만으로도 진행할 수 있을 것이라고 생각하나요?"라고 Kevin에게 응답했다.

Andrea의 지적은 Kevin을 편안하게 만들어 준 것 같았다. 하지만 Kevin이 Andrea가 수집한 피드백을 검토했을 때, Andrea가 제시한 내용 중 많은 부분을 거론하기 시작했다. 몇몇 예의 경우, Kevin은 어떤 특정 이슈에는 동의했다 – 예를 들어, Kevin은 자주 그의 동료와 부하들과 함께 미팅을 취소했다 등과 같은 이슈 – 그러나 많은 사람들이 Kevin을 시간적 여유가 없는 사람으로 여긴다는 결론에는 동의하지 않았다. 또 다른 예로 Kevin에 대한 다른 일반적인 의견에는 동의했다 – 예를 들어, Kevin은 그 자신의 능력을 과대평가도 하고 또 과소평가도 하는 경향이 있었다. Kevin은 종종 조직 안에서 자신에 대한 신뢰성을 낮춰서 평가했다 – 하지만 Kevin은 미팅 동안에 종종 자신의 휴대폰으로 개인적인 전화를 받았다는 사실과 같은 구체적인 예에는 동의하지 않았다. Kevin은 마음속으로 누가 아이들을 데리고 올 것인가에 대해서 자신의 부인과 계획을 짜는 것 혹은 미팅 시, 말소리가 들리는 거리에서 그의 주말 골프 게임 약속을 잡는 것이 자신의 신뢰를 약화시켰다고는 생각하지 않았다.

"Kevin," Andrea가 말했다. "잠시만 멈추고 질문 하나 할 수 있을까요? 상세한 자료를 비판하는 것을 넘어서 한 걸음 더 나아갈 수 있을까요? 자료 중 무슨 내용이 당신에게 유익한가요?"

•••가슴에 기반을 둔 코칭 이슈들 : 코칭 관계, 가치와 위신, 다른 사람들의 반응

■ 코칭 관계

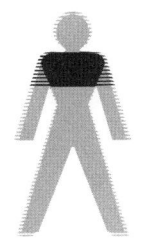

코치와 coachee 사이의 관계의 질은 모든 코칭 관계에서 중요하다. 상대방에 대한 긍정적인 배려는 coachee가 마음을 여는 데 더욱더 편안함을 느낄 수 있는 환경을 만들기 때문에 이는 필수적이다. 만약 coachee가 코치로부터 긍정적인 배려가 부족하다고 인식하면, 코칭 미팅은 일반적으로 코치와 coachee를 불편하게 만들기 때문에 근본적으로 긴장감을 조성한다. 게다가 coachee들은 코치들이 다음에는 더 유익한 코칭 정보를 제공하고, 그 자신과 코치가 전문성을 띤 접촉을 하며, 조직 내와 조직 밖에서 두 사람이 발전적인 기회를 제안할 것이라고 믿으면서, 코치들과의 긍정적인 관계 맺기를 원한다.

가슴 중심 coachee들 – 2번, 3번, 4번 유형 – 은 다른 유형의 coachee들보다 코칭 관계의 감정적인 분위기에 훨씬 더 많이 집중한다. 이들은 종종 코치의 몸짓 언어, 목소리 톤, 상호작용 동안에 발견한 단서들을 읽으면서, 코치와 함께 있을 때 코치의 행동에 담긴 의미를 읽는다. 2번, 3번, 4번 유형들은 자신들이 가진 이미지에 투자를 많이 한다. 코치들이 그 이미지를 강화시키는 방식으로 그들에게 반응하지 않을 때, 이들의 자존감은 위험에 처한다. 사실, 이들은 너무 불안정해질 수 있어서, 코칭 그 자체에 집중하기가 어려워진다. 이들은 상처를 받거나 혼란을 느끼게 되고 이들이 관계를 회복하기 위해서 무엇을 할 수 있을지 궁금해 한다.

코치들은 이들이 무심코 부정적으로 의사소통하지 않도록 2번, 3번, 4번 유형들이 주는 비언어적인 단서에 집중할 필요가 있다. 하지만 코치들은 지나치게 코칭 관계에 집중하는 듯한 coachee들과 코칭하고 있을 때, 그 coachee들은 몸짓 언어를 확대해석하고, 다른 사람들이 그들을 어떻게 생각하는지에 대해 지나치게 생각한다는 사실을 인식하도록 도울 수 있다.

Mary는 그들의 면대면 미팅 중에 일정한 간격으로, 자신의 매니저인 Warren
과 연락하는 것을 좋아했다. 자신의 발전에 대한 업데이트 소식을 가지고
Warren에게 이메일을 보냈고, 때때로 Warren에게 단지 안부 차 전화를 걸었
다. 하지만, 그녀의 360도 다면적 피드백 과정을 위한 자료 수집 기간이 끝났을
때, Warren에게 거는 Mary의 전화는 세 배로 증가했다. 그 이유는 Mary가 피
드백 과정을 끝내기 전에 Warren이 결과를 볼 것이란 걸 알았기 때문이다. 전
화 통화를 하는 동안, Mary는 절대로 본인의 관심사 중 어떤 것도 직접적으로
언급하지 않았다. 대신에, 그녀는 Warren에게 "잘 지내세요?" 그리고 "별 문제
없죠?"와 같은 질문을 했다.

이와 같은 전화를 받은 지 몇 주가 지난 뒤, Warren은 결국 Mary가 가지고 있
을 수도 있는 구체적인 관심사들을 드러내도록, Mary의 행동에 변화를 주기로
결정했다. 다음 코칭 기간에, Warren은 "나는 당신이 안부 문의 이상으로 나에
게 전화를 많이 걸고 있다는 것을 알아챘어요. 당신이 나에게 뭔가 묻고 싶은 구
체적인 사항이 있는 게 아닌가 궁금했어요."라고 말했다.

"정말 아니에요," Mary는 대답했다. "단지 좋든, 나쁘든, 어떻든지 간에 당신과
이야기를 나누면 자료 수집이 어떻게 되고 있는지에 대해서 이해할 수 있게 되요.

■ 가치와 위신

가치는 coachee에게 발달 관계로 인해 나타날 수 있는 이점과 이득을 의미한
다. 코칭 동안, 에니어그램의 아홉가지 유형에 속한 coachee들은 발달 연구에 쏟
아 부은 에너지와 시간을 합리화 할 수 있을 만큼 이들이 충분한지 그 여부를 묵묵
히 고려할 것이다. 가치방정식 요소에는 코치가 기관에서 당연히 받을 수 있는 존
경과 신뢰와 함께(특권적 요소) 발달 목표의 성취와 관련된 코치의 능력과 신뢰도

포함된다.

가슴 중심 유형들은 다른 유형의 coachee들보다 코치와 코칭의 가치 및 특권을 더 많이 강조한다. 기관에서 넓은 시야를 갖추지 못하고 인정을 받지 못하는 코치는 가슴 중심인 coachee들과 신뢰를 구축하기 더 어려울 것이다. 마찬가지로, 자발적으로 코칭 받기를 원하는 개개인들과 함께 일하는 기관이 고용한 외부 코치는 그에게 코칭받기를 원하는 첫 번째 자원자들 중에서 2번, 3번, 4번 유형을 찾지는 않을 것 같다.

대부분의 코치들은 coachee들과 초기에 신뢰를 형성해야만 한다. 그러나 이것은 일반적으로 coachee들이 코칭을 통해 직접적인 이득을 경험하게 되면 이러한 신뢰의 형성에 대한 부담은 거의 사라진다. 만약 coachee들이 코치에 대한 신뢰와 자격에 관해 계속해서 문제를 제기한다면, 이들이 코칭이 진행하고 있는 방법에 만족하지 않는다는 것을 의미할 것이다. 하지만, 그것은 코치들이 코칭에 전적으로 참여하고 전념하는지와 같은 내면적인 요소들이 아닌, 지위와 특권과 같은 외면적인 요소들로 인해 나타났을 확률이 높다. 이유가 어찌되었든, 코치들은 이러한 쟁점에 대해서 토론을 시작할 필요가 있다.

Don은 대기업 보험 회사 임원이었다. 그는 사장의 요청으로 코칭을 받기로 했다. 첫 번째 미팅에서, Don과 그의 코치 Richard는 발달 목표와 과정을 검토했다. 바로 직후, Don은 말했다. "질문 하나 할게요. 이름을 대면 알 만한 사람 중에 당신의 코칭 능력으로 이와 같은 발달 코칭을 한 사람이 있나요?"

■ 다른 사람들의 반응

모든 coachee들은 다른 사람들이 자신에게 어떻게 반응하는지에 대해 민감하며 부정적인 피드백을 받았을 때, 그 피드백 수용 여부와 관계없이 상처를 받는다. 게다가, 대부분의 coachee들은 자신이 기관에서 어떻게 인식되는지가 바로 자신의 작업 효율성과 다른 사람들에게 영향을 끼칠 수 있는 능력 및 승진 가능성에 영향을 끼친다는 사실을 알게 된다. 사실, 다른 사람들로부터 받은 피드백을 나누는 일은 코치의 정직을 요할뿐만 아니라, 세심하고 친절도 해야 할만큼 복잡하면서도 민감한 일이다. 하지만, 모든 사람들이 부정적인 피드백을 받았을 때 똑같이 예민한 반응을 보이는 것은 아니다.

가슴 중심 유형들인 2번, 3번, 4번 유형은 다른 사람들에게 어떻게 보이는지에 대해서 걱정할 가능성이 가장 높은 에니어그램 유형들이며, 그리고 수집된 정보가 부정적일 때 고통스러워할 가능성이 높다. 코치들이 다른 사람들로부터 수집한 정보를 전할 때, 가슴 중심 유형들은 자신이 가능한 한 많이 알기를 원한다. 예를 들어, 얼마나 많은 사람들이 자신에 대한 특정 인식을 동일하게 갖고 있는가, 이미 널리 알려진 인식을 갖고 있는가, 이러한 인식들이 얼마나 강한가, 자신의 어떤 행동 때문에 이러한 인식이 나타나게 되었는가, 이러한 인식들을 가진 사람들로 인해 어떤 결과가 나타날 것인가, 이러한 인식들을 바꾸기 위해 무엇을 할 수 있는가 등이다.

코칭 과정 동안 2번, 3번, 4번 유형들은 다른 사람들이 자기에게 어떻게 반응하고 있는지에 대해 지나치게 걱정한 나머지 코칭에서 언급된 문제에 대해서 실제로 그들이 어떻게 느끼는지, 이러한 문제와 관련해 스스로를 어떻게 인식하는지, 어떤 발달 목표가 가장 중요한지에 대해서는 제대로 파악하지 못하게 될 가능성이 높다. 모든 coachee들이 건설적인 방식으로 피드백에 반응하고, 또 피드백을 받아들이는 것이 중요하지만, 코칭 과정 동안 coachee가 자아 의식에 대한 자신의 감각을 잃지 않는 것도 마찬가지로 중요하다.

부정적인 피드백에 대한 예민함 때문에, 코치들은 객관적이면서도 지지해줄 수 있는 방식으로 피드백하는 것이 중요하다. 예를 들어, 피드백이 coachee의 분노표출 방식에 관한 것일 경우, "긴장되거나 스트레스를 받을 때, 당신은 다른 사람들이 더 신경 쓰게 만들 정도로 더 과민한 경향이 있습니다."라고 말하는 것이 "사람들은 당신이 화낼 때 당신 주변에 있고 싶어하지 않습니다."라고 말하는 것보다 더 낫다.

Ashley는 자신의 코치인, Jon과 함께 진행하게 될 다가오는 '자료-피드백 미팅'에 대해 불안감을 느꼈다. Ashley는 자신에 대해서 보고했던 사람들이 그녀의 경영 스타일에 대해 주로 긍정적인 코멘트를 줄 것이라 믿었지만, 한편으로는 "사람들이 정말로 어떻게 느끼고 있는지는 절대로 알 수 없다."는 생각이 들면서 걱정도 되었다.

Jon이 Ashley에게 준 피드백은, 비록 Jon이 몇몇 계발 부분들을 언급했지만 대부분이 꽤 긍정적이었다. 예를 들어, 사람과 갈등 관계에 놓였을 때 이를 회피하는 성향, 다른 사람들에게 갖고 있는 매우 높은 기대치 등이었다.

Ashley가 꽤 침착해졌을 때, Jon은 Ashley에게 물었다. " 그래서 당신이 생각하고 있는 것이 무엇인가요?"

Ashley가 장황한 대답을 했다. "누가 이런 부분들을 말했는지 알고 싶어요. 난 날 화나게 만든 사람들을 가까이 하지 않아요. 그렇게 해야만 마음을 가다듬고 치유할 수 있어요. 그들은 나에게서 뭘 원하지요? 난 사람일 뿐이라고요! 만약 내가 누군가의 감정을 상하게 했다면 끔찍할 것 같아요. 난 기대치가 높은 편이죠. 그러면 안 되나요? 내가 사람들을 비참하게 만들고 있나요?"

Jon은 경청한 다음 말했다. "Ashley, 당신이 받은 피드백은 내가 지금까지 들어본 피드백 중에서 가장 긍정적인 피드백이에요. 부정적인 부분은 자료의 약 2퍼센트뿐이었는데, 당신은 왜 부정적인 부분만 들었나요?"

●●● 배에 기반을 둔 코칭 이슈들 : 직접적인 행동, 통제, 정직과 명확성

■ 직접적인 행동

대부분의 coachee들은 직접적인 행동을 기대하고 코칭 경험으로부터 긍정적인 결과를 얻기를 희망한다. 그렇지 않다면, 이들은 코칭에 참여하지 않았을 것이다.

대부분의 coachee들은 몇 회의 코칭세션이 진행될 때까지는 실행에 옮길만한 어떤 결과를 기대하지는 않지만, 여전히 매회의 코칭 미팅때마다 무언가 생산적인 것이 발생하고 있다고 느끼기를 원한다.

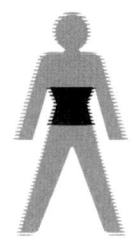

하지만, 설사 작은 변화일지라도, 배 중심 유형들 – 8번, 9번, 1번 유형 – 은 구체적이고, 직접적인 행동결과를 코칭 과정의 매우 초기단계부터 기대한다. 이들은 코칭 결과가 생산적인 행동을 야기할 것이라는 장담을 받기를 원한다. 코치들은 코칭 결과, 구체적인 행동이 나올 것이라는 말로 안심시킬 수 있지만, 배 중심 유형들은 주로 자신이 직접 경험하게 되는 것을 더 신뢰한다. 이러한 이유로, 코치들은 모든 코칭 미팅에서 행동화가 되도록 코칭할 필요가 있다. 모든 미팅이 끝날 무렵에 코치가 "오늘의 대화로부터 당신은 무엇을 배웠나요? 그 결과로 당신은 어떤 행동들을 취할 건가요?"라고 물을 수 있다. 그런 다음에, 다음 미팅이 시작될 무렵, 코치는 "지난번 코칭 미팅 이후 어떤 일이 일어났나요? 그 기간 동안 당신은 어떤 행동을 취했나요?"라고 물을 수 있다. 일정 기간을 두고 진보와 행동 단계를 사정하는데 시간을 할애하는 것은 모든 에니어그램 유형의 coachee들에게 중요하다. 그러나 특히 배 중심 유형의 coachee들에게 중요하다.

Ron은 자신의 코치인, Marilyn을 복도에서 우연히 마주치자 말을 건넸다. "잠깐 말할 시간이 좀 되나요? 당신에게 물어보고 싶은 게 있어요."
Marilyn은 Ron의 마음 속에 무엇인가 말하고 싶은 것이 있다는 것을 느꼈다. 그래서 자신의 사무실까지 같이 가도 좋다고 말했다. 심지어 자리에 앉기도 전에, Ron은 문을 닫고 Marilyn에게 물었다. "나의 리더십 스타일에 대한 인터뷰를 통해서 좋은 정보를 얻었나요?"
"'좋은'이라는 게 무슨 뜻인가요?" Marilyn이 물었다. "긍정적인 자료?"
Ron은 대답했다. "무슨 뜻인지 알잖아요! 내가 행동으로 옮길 수 있는 정보 말이에요."

▪ 통제

통제와 관련된 이슈들은 종종 모든 에니어그램 유형들을 위한 발달 과정의 초기에 나타날 뿐만 아니라 대개의 경우, 전 코칭 과정 동안 계속해서 나타난다. 그러한 통제에 관한 이슈들은 누가 미팅 내용과 시간을 정하는가, 코칭 방향에 대한 의견 차이 혹은 의견 충돌이 나타났을 때 누가 우세한 위치에 있는가, 심지어 개인이나 조직의 파워에 있어서 코치와 coachee의 차이점과 같은 이슈도 포함된다. 예를 들어, 만약 coachee가 적극적인 스타일이고 코치는 보다 느긋한 스타일이라면, coachee는 코칭 미팅 동안에 이와 같은 통제력의 불균형에 대해서 강하게 어필할 것이다. 마찬가지로, 만약 coachee는 회사 사장이거나 회사 고위직 간부이고 코치가 외부에서 고용된 전문 코치라면, coachee가 미팅을 통제하고자 할 것이다. 특히 coachee가 듣기 원하지 않는 피드백을 제공한다면 coachee는 더더욱 미팅을 통제하려고 시도할 것이다.

배 중심 유형들-8, 9, 1번 유형-을 코칭할 때, 코치들은 이 유형의 coachee들이 코칭 경험을 통제하고 있다고 느끼기를 원한다는 사실을 반드시 알아야만 한다. 만약 이들이 관리(통제)하고 있다고 느끼지 않는다면, 이 coachee들은 혼란에 빠지고 연약하다고 느끼며, 이러한 느낌에 대한 그들의 반응은 분노, 무반응, 비타협적인 태도로 이어질 것이다. 하지만 코치들은 코칭 과정 혹은 내용의 주된 지배권을 coachee에게 줄 여유가 없다. 그렇게 되면 coachee의 성장 발달을 안내하고 건설적인 피드백을 제공하며 coachee의 도전을 도와야 하는 코치의 영향력이 빼앗기는 것이 되기 때문이다.

그러나 코치들은 어떻게 최적의 조건으로 진행할 것인지, 어떻게 coachee에게 변화를 가져다 줄 것인지에 대해서 말과 행동을 통해 coachee들을 안심시킬 수 있다. 가장 효과적인 발달 행동은 coachee의 완전한 참여와 함께 결정될 것이다. 안심시키는 말이 도움이 되는 반면, 코칭 과정에서 코치와 coachee의 각자의 계획 또한 필요하다.

Marianne은 자신의 매니저로부터 코칭을 받기로 했다. 그러나 약간 망설였다. Marianne은 회사가 자신의 계발에 관심을 보이고 있는 것은 고마웠지만, 그 경험을 통해 어떤 이득을 얻을 수 있을까에 대해서는 전적으로 확신하지 않았다. 게다가, Marianne은 언제 발달을 위한 미팅을 위한 시간을 낼지 궁금했다. Marianne은 발달 과정을 어떻게 진행 할지 상의하기 위해 자신의 매니저인, Susan을 만났을 때, 더 안심이 되었다. Marianne은 Susan이 대화하기 쉬운 사람이란 걸 알게 되었고, Susan이 자기가 할 일이 무엇인지를 잘 알고 있는 사람이라고 믿었다. Susan은 Marianne과 함께 즐거운 시간을 보냈고, Marianne이 매우 협조적인 것 같아 기뻤다.

하지만 발달 미팅 일정을 잡기 시작했을 때, 이들의 관계는 극단적으로 변했다. Susan은 Marianne이 앞으로 2주 동안 함께 모일 수 있는 시간을 낼 수 없다는 것을 알게 되었을 때 실망했다. Susan은 "Marianne은 코칭하기를 정말 하길 원하는 걸까?"하고 궁금해 했다.

한편, Marianne은 Susan이 갑자기 고집스러운 사람이 되어버렸다고 느꼈다. Marianne은 실망감을 느꼈고 "원래 코치는 고객의 요구에 협조하기로 되어있지 않나? 만약 내가 바쁘다고 하면, 바쁜 거야!"라고 생각했다.

서로의 관계가 엉망이 되고 있는 것을 감지한 Susan은 Marianne에게 말했다. "우리가 발달 일정을 상의하기 시작하면, 달라질 겁니다. 서로에게 도움을 줄 수 있는 방향으로 스케줄 조정을 할 수 있지 않을까요?"

Marianne은 대답했다. "지금 당장 너무 바빠서 시간을 내는 게 어려워요." 하지만 그녀가 실제로 생각하고 있었던 것은 이와 같았다: 당신은 날 압박하고 있어요.

■ 정직과 명확성
코칭 방향에 대한 코치와 coachee사이에서의 정직과 명확성은 효과적인 코칭의 초석이 된다. 코치들은 정직하게 피드백해야 하고, coachee와 의사소통하기 위해 수집한 자료는 정확하고 신뢰로워야 한다. 그렇지 않으면, 코치는 물론 코칭 과정까지도 모두 신뢰적일 수가 없다. 또한 코치들은 어떻게 그 과정이 함께 진행되고 있는지, 왜 그들은 그렇게 하고 있는지에 대해서 coachee들이 분명하고 명료하게 알 수 있도록 해야 한다. 명확성과 명료성이 없으면 코치들과 coachee들은 서로 다른 추측과 기대치를 가질 것이고, 비록 의도한 것은 아니지만, 코칭은 서로 다른 두 가지 방향으로 진행될 수 있다.

정직은 배 중심 유형들에게 특히 중요한 가치이다. 이들은 본능적으로 다른 사람들에게서 신뢰성을 감지한다. 8번, 9번, 1번 유형들의 주요 감각 방식은 인식적이거나 감정적이기보다는 본능적이기 때문에, 배 중심 유형의 coachee들은 직접적인 경험을 가장 신뢰한다. 배 중심 유형을 코칭하는 코치들은 특히 솔직할 필요가 있다. 반면 동시에 존경할 줄도 알아야 한다. 게다가, 배 중심 유형들은 명확한 코칭의 과정과 앞으로의 코칭 방향을 아는 것을 다른 유형들보다 훨씬 더 좋아한다. 이러한 사실을 알면 코칭의 과정과 결과가 모두 매우 성공적일 수 있다는 안심을 줄 수 있다.

물론 코치들의 정직성과 명확성은 모든 coachee들에게 중요하다. 코치들이 정직할 때, coachee들과의 신뢰성을 구축시킬 뿐 아니라, coachee들로부터 같은 행동을 장려시키기도 한다. 대화와 정보가 신뢰성에 근거를 두고 있지 않다면, 성공적인 코칭이 되는 것은 거의 불가능하다. 코칭에서의 명확성은 매우 복잡한데, 그것은 코칭의 결과를 미리 알기 어렵고 매우 획기적인 코칭의 순간들은 즉흥적으로 나타나기 때문이다. 동시에 코치들은 알려진 수많은 이슈들 – 예를 들어 역할, 기대치, 기밀 이슈들, 코칭 방법론, 코치의 가능성 –을 명확하게 알려주기 위해 사려 깊은 노력을 기울여야 한다.

Samantha는 코칭하는 동안 자신의 매니저인 Ken으로부터 자신의 행동이 때때로 자신의 업무 효율성이 고위 간부로부터의 신뢰성에 지장을 주는 것 같다는 자신의 동료들의 이야기를 들었을 때 놀랐다. Samantha는 믿을 수가 없어서 어떤 사례를 두고 말하는 것인지 알려달라고 말했고, Ken은 동료들과 함께 회사 회장과의 미팅을 기다리고 있었을 때 일어난 사건을 포함해서, 몇 가지 사례를 예로 들었다. 이들이 스위트룸 대기실로 들어갔을 때, Samantha의 동료들 중 한 명인 Nancy는 Samantha가 패스트푸드 레스토랑에서 산 아이스티가 담긴 플라스틱 컵을 들고 있다는 걸 알아챘다. Nancy는 Samantha에게 귓속말로 "그 컵 버려. 중역실에는 마실 것을 가지고 오면 안 돼. 회장님의 비서가 음료를 줄 거야."하고 속삭였다.

Samantha는 Nancy의 말을 듣고 화를 냈다. 결국 그 컵을 미팅에 가지고 들어갔다. 회장의 비서가 Samantha와 그녀의 동료들에게 음료를 제공했을 때, Samantha는 "전 이미 음료를 가지고 왔습니다." 라고 말하면서, 거절했다. Samantha의 동료들은 예쁜 잔에 담긴 커피와 차를 제공받으면서 그녀의 행동에 당황했다.

Ken이 컵 사건을 언급했을 때, Samantha가 화를 내자 Ken은 놀랐다. Samantha는 "옳고 그름을 판단할 줄 안다구요."라고 말했다.

Ken은 몇 초 정도 기다렸다가 대답했다. "Samantha, 저도 중역실에 가 봤지만 이제껏 아무도 자기 음료나 음식을 가지고 온 적은 없었어요. 난 왜 당신이 이 일에 그렇게까지 강한 반응을 보이는지 궁금하네요."

Samantha는 재빨리 대답했다. "누가 뭐라고 말하든 신경 쓰지 않아요! 내가 올바른 것이고 내가 하고 싶은 대로 할 거에요."

Ken은 대답했다, "그렇다면, 아마도 우리는 옳은 것과 효과적인 것 중에서 선택을 하는 방법에 대해서 이야기를 나눠야겠군요."

Samantha는 처음에는 자신의 행동이 비효율적인 행동이라는 말을 듣는 것에 분개했지만, Ken이 정직하고 명확하게 이야기를 해서 Samantha 스스로로 하여금 그녀가 옳다고 생각했던 행동에 대해 다시 생각하게 만들었다.

아홉 가지 에니어그램 유형과 코칭

    1장에서는 코치들이 그들의 코칭이 매우 탁월함을 확신할 수 있는데 필요한 단계들을 설명하였다.

    2장에서는 세 가지 중심 에너지, 더 구체적으로 말하면 모든 coachee들이 속한 각각의 중심에서 발생한 특별한 코칭 관심사들, 각각의 중심에 형성된 세 가지 에니어그램 유형들이 특정한 코칭 문제에 훨씬 더 강력히 반응하는 방식들을 설명하였다.

    앞으로 전개될 장에서는 코치들이 1, 2장에서 나온 정보를 아홉 가지 각각 다른 에니어그램 유형의 코칭에 어떻게 적용할 수 있는지에 대해 설명할 것이다.

    3장부터 11장에서는 ① 각각의 에니어그램 유형에 대한 깊이있는 상세한 설명 ② 각각의 유형별 coachee들을 코칭할 방법에 대한 개요 ③ 1장에서 다룬 코칭 접근과 기술을 각각 유형별 coachee들에게 사용할 방법에 대한 내용을 제공한다.

    각각의 에니어그램 유형에 대한 심층적인 논의는 다음과 같은 정보를 포함한다.

- 기본적인 설명

- 핵심 믿음

- 정서적 패턴

- 직장에서의 행동

- 각 유형별로 인용한 유명인들의 말

- 하위 유형 : 각 유형의 세 가지 변화 차이

- 날개와 화살표 : 각 유형과 관련된 네 가지 다른 유형들

- 유형에 기초한 세 가지 질문들

하위 유형(subtype)들은 에니어그램 유형들의 세 가지 차이*들을 말한다. 다시 말하면 중심 유형의** 개인들이 그들의 기본 욕구들을 표현하는데 있어서 세 가지 다른 방식들을 사용하는 것을 말한다.

셀프형 하위 유형들은 안락과 안전 문제에 초점을 두고, 그룹형 하위 유형들은 집단에 초점을 두며, 파트너형 하위 유형들은 다른 사람들과의 개인적인 일대일 관계를 강조한다. 각 유형의 세 가지 하위 유형들은 그들의 본질적인 동기와 생각하고 느끼는 패턴들이 비슷하다 할지라도, 다르게 행동할 수 있으므로, 하위 유형들은 사람들의 에니어그램 유형을 더 정확하게 알아내도록 도움을 주기 때문에 중요하다.

당신의 에니어그램 중심 유형 이외에, 당신의 성격에 부가적인 특성들을 추가할 네 가지 연관된 유형들이 있다.

---

* subtype는 하위 유형으로 표기하며, 다음 세 가지 하위 유형 즉
  ① self-preservation subtypes는 셀프형으로
  ② social subtypes는 그룹형으로
  ③ one-to-one subtypes는 파트너형으로 표기한다.
* 한 개인의 에니어그램 성격 유형은 '중심 유형'으로 표기한다.

당신의 중심 유형 양 옆에 두 가지 유형들이 날개처럼 붙어 있다. 화살표들은 당신의 에니어그램 중심 유형으로 향하는 화살표와 중심 유형으로부터 나가는 화살표와 연결된 두 가지 유형들을 나타낸다.

개개인들은 두 날개 유형과 두 화살표 유형을 사용하거나, 이 유형들을 사용하지 않거나, 또는 몇 가지 유형들을 혼합하여 사용할 수 있을 것이다. 또한 같은 에니어그램 유형에 속한 개개인이라도 자신의 날개와 화살표 사용 여하에 따라서 어느 정도 다르게 행동할 수도 있다.

3

에니어그램 1번 유형 코칭하기

1번 유형의 사람들은 완벽한 세상을 추구하며
그들 주변의 모든 사람과 사물 그리고 그들 자신을
향상시키기 위해 열심히 일한다.

중심에너지 : 배

01

1번 유형을
확인하는 방법

사고   감정

핵심 믿음

- 올바르게 일할 만한 가치가 없다면, 그것은 할 가치가 없다
- 대부분의 사람들은 자신의 일을 진지하게 받아들이는 것 같지는 않으나, 그렇게 하는 사람들은 믿을 수 있는 사람들이다.
- 나를 포함해서, 완벽한 사람은 없다. 중요한 것은 개선시키기 위해 끊임없이 노력하고 있다는 사실이다.

정서적 패턴

- 말로는 표현되지 않을 수도 있으나 보통 자신들의 몸짓 언어로 표현될 강한 정서적 반응들을 나타낸다.
- 자주 짜증내고 분개하지만, 자신들의 더 깊은 분노는 통제하려고 애쓴다.

행동

직장에서의 행동

• 모범을 보인다. • 분별력이 매우 높다. • 일을 조직하고 구조화하는 것을 매우 즐긴다.
• 직장에서 휴식을 취하는 것을 힘들어 한다.
• 마지못해 업무를 위임한다.

●●● "통제된 몸"

　자제심이 있으며 매우 구조화된 1번 유형들은 마치 그들 자신이 상황을 통제하고 있는 것처럼 느낀다. 완벽함을 추구하는 사람으로서, 가능한 모든 것이 정확하고 실수가 없도록 노력하는 1번 유형들은 무엇을 말하고, 그것을 어떻게 말하며, 그리고 그것을 전달할 적절한 타이밍과 그 이상의 것들을 모니터한다. 화를 직접적으로 표현하지 않는 것을 포함하여 나무랄 데 없는 행동이라고 믿는 자신들의 내면적인 기준에 부응하기 위해 노력한다. 또 1번 유형들은 구조화된 삶을 살고 매우 조직적으로 일하며 매우 사소한 일까지도 아주 상세하게, 그리고 최대한 잘하려고 열심히 노력한다.

●●● 1번 유형 정서적인 패턴

■ 말로는 표현되지 않을 수도 있으나 보통 자신들의 몸짓 언어로 강한 정서적 반응들을 나타낸다

　1번 유형들은 생각과 의견을 포함한, 강한 직접적 반응과 즉각적인 정서적 반응을 느끼는, 반응적인 에니어그램 유형이다. 몇몇의 1번 유형들은 그들이 생각하고 느끼는 것은 대부분 표현하지만, 또다른 1번 유형들은 자신들의 강한 반응이 분명하게 나타나지 않도록 많이 노력한다. 하지만, 1번 유형들은 매우 표현력이 있는 몸짓 언어를 쓰기 때문에(예를 들어 턱을 당긴다거나, 못마땅하다는 의미의 찡그림 혹은 감사의 미소, 마음에 들지 않는 것이 있을 때 빠르게 뒷걸음질 치는 듯한 움직임 등) 이것은 거의 불가능하다.

■ 자주 짜증내고 분개하지만 자신들의 더 깊은 분노는 통제하려고 애쓴다

1번 유형들은 자신들이 부정적으로 여기는 행동은 하지 않는 등, 행동함에 있어서 모범이 되도록 노력한다. 또 화를 직접적으로 표현하는 것을 좋지 않게 생각한다. 즉 1번 유형의 시각에서는, 모범적인 사람들은 화를 내지 않는다고 본다. 그래도 1번 유형은 사실상 자주 화가 나기 때문에, 그 분노가 표면적으로 나타나는 것을 통제하려고 스스로 애를 쓴다. 1번 유형들이 화를 내는 대상은 무책임한 사람들, 부정직한 사람들, 그리고 1번 유형의 기준과 기대치에 부합하지 않은 사람들로서 아무 일에나 짜증을 내고 분개의 감정을 표출한다.

●●●1번 유형의 직장에서의 행동

■ 모범을 보인다

중요하다고 여기는 분야에서 흠잡을 데 없이 열심히 일하는 1번 유형들은 계속해서 자신들의 행동에 문제가 없도록 노력한다. 그 결과, 다른 사람들이 본받을 수 있는 행동의 기준이 되도록 노력하면서 모범을 보인다. 심지어 화가 났거나 적대감을 가지고 있을 때조차 예의 바르고 품위있게 행동하기도 한다. 때로는 실제적으로 느끼는 감정들이 표출되기도 하지만 이 경우에도 농담에 섞거나 말을 통해서화가 났다는 것을 내비치기도 한다.

■ 분별력이 매우 높다

1번 유형들은 끊임없이 자신과 다른 사람들을 평가한다. 실수나 혹은 어떤 것을 위반했을 때는 매우 강하게 반응한다. 하지만 그들이 큰 성과를 냈을 때는 기쁨을 느낀다. 1번 유형들은 가정 환경이나 살아가면서 터득한 일반적 및 도덕적 행동에 대한 함축적이거나 명시적인 자기만의 법칙들을 고수하면서, 옳다고 여기는 것을

확인하고, 그릇된 정보를 고치며, 또는 개선하기 위한 안을 내고자 노력하는 차원에서 재빨리 말하므로써 자신의 의견을 강력하게 표현한다.

■ 일을 조직하고 구조화하는 것을 매우 즐긴다

1번 유형들은 변형할 수 있는 다면적이고도, 조직화되어 있지 않은 일을 잘 정의된 절차나 명확한 구조와 양질의 결과물로 창조해 내는 것을 좋아한다. 조직하고 구조화하는 것은 1번 유형들을 자극하고 만족시키므로 이들은 실용성, 책임감, 일관성 등을 강조하면서 조직하고 구조화한다.

■ 직장에서 휴식 취하는 것을 힘들어 한다

1번 유형들은 할 일이 있을 때 완전히 몰두해야 하고 가능한 최고의 결과를 내야 할 책임감을 느낀다. 더군다나, 업무가 올바르게 행해지도록 하기 위해 종종 자발적으로 일하기 때문에 일반적으로 많은 양의 업무를 수행한다. 특히 1번 유형들은 스스로가 하는 모든 일을 오류가 없도록 분명하게 완수하는 것에 우선순위를 둔다. 그렇기 때문에 대부분의 1번 유형들은 충분히 쉬고 즐기기 위해서는 일에 대한 책임감으로부터 완전히 벗어날 필요가 있다.

■ 마지못해 업무를 위임한다

1번 유형들은 그날그날의 일을 즐긴다. 이 중에 굉장히 즐기거나 신뢰하는 특정한 업무들이 있으며 이 업무들은 너무 중요하기 때문에 다른 사람들에게 위임하길 꺼려한다. 따라서 이러한 일들이 가능한 잘 처리되길 바랄 뿐 아니라, 1번 유형들은 종종 자신들이 이 일을 할 수 있는 몇 안 되는 사람들 중 한 명이라고 생각한다.

유명한 1번 유형들

제리 세인펠트 (Jerry Seinfeld)	"서점은 사람들이 생각하는 동물이라는 것을 보여주는 유일한 증거들 중 하나예요." "자, 한 번 보세요. 밖에 걸어 다니는 사람들 중 못생긴 사람들은 많아요. 하지만, 어느 누구도 그들에게 솔직하게 말해주지 않기 때문에 그들은 스스로가 못생긴걸 몰라요."
마하트마 간디 (Mahatma Gandhi)	"게으름은 즐겁기는 하지만 고통스러운 것이다. 그러므로 우리는 행복해지기 위해 무언가를 하고 있어야만 한다." "지나치게 순수한 한 남자는 그의 적들을 포함한 다른 사람들을 위해 스스로 희생물이 되었고, 세상의 인질이 되었다. 그것은 완벽한 행동이었다."
힐러리 클린턴 (Hillary Clinton)	"아마도 나의 가장 나쁜 점은, 내가 옳다고 생각하는 것에 과도한 열정을 보이는 것이예요." "성경에는, 사람들이 예수 그리스도에게 얼마나 용서를 해야 하냐고 물었더니, 70번씩 7번 해야한다는 말씀이 있어요. 나는 여러분 모두가 나 역시 그렇게 하고 있다는 것을 알아주었으면 해요."

●●● 하위 유형들 : 1번 유형의 세 가지 변형들

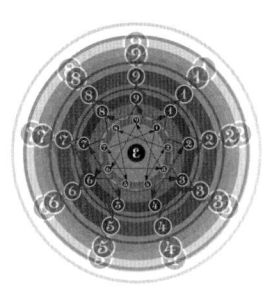

모든 1번 유형들은 완벽함을 추구하고, 실수를 피하고, 만성적인 불만족으로 화를 내고 반드시 그렇게 되지 않아도 될 많은 부분에서는 짜증을 내지만, 1번 유형들의 이러한 특성들은 하위 유형들이라고 부르는 세 가지 뚜렷한 방식으로 설명된다.

① 셀프형 하위 유형인 1번 유형들은 모든 것이 올바르게 구조화되고 체계화되는 것에 집중하고, 구조화와 체계화되지 않는다고 생각될 때, 불안하고 걱정하며 짜증을 낸다. 모든 것이 제대로 통제되고 있기를 원하면서, 모든 것이 올바르게 행해지는 것을 확실히 하기 위한 방식으로써 지나치게 신중하고 정확성을 강조한다.

② 그룹형 하위 유형인 1번 유형들은 스스로를 올바르게 생활하는 역할 모델이라고 생각한다. 그들의 관점으로 특정 관계 집단을 위한 기준을 세운다. 모범이 되어 가르치면서 사회적 제도에 초점을 맞추고, 이 제도를 완벽하게 만들기 위한 방법의 일환으로 제도를 비판하기도 한다.

③ 파트너형 하위 유형인 1번 유형들은 사회를 완벽하게 하기 위해서일 뿐 아니라, 다른 사람들을 완벽하게 하기 위한 강력한 욕구를 가지는데, 특히 자신들과 관련 있는 사람들에게 그렇다. 다른 사람들을 개선시키는 것을 자신의 권리와 책임감으로 인식하며, 강함과 열정을 가지고 계속해서 개선시켜 나간다.

●●●1번 유형의 날개와 화살표

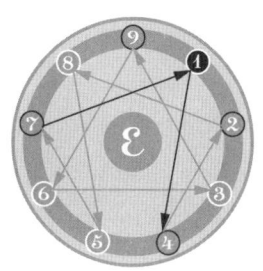

1번 유형들은 쉴 새 없이 열심히 일하고, 특히 그들의 기대치와 맞지 않을 때 자신과 다른 사람들에 대해 상당히 비판적인 1번 유형들은 완벽함을 추구하고 가능한 실수를 피하기 때문에, 매사에 진지하고 외곬수가 될 수 있다. 1번 유형들은 동의하지 않거나 싫어하는 일에 대해서 말하거나 다른 사람들이 그 일을 할 때, 즉각적인 반응을 보인다. 이들의 날개(2번 유형과 9번 유형)와 화살표(4번 유형과 7번 유형)로의 접근은 1번 유형들이 지닌 특징들의 균형을 잡아준다.

■ **1번 유형의 날개**

• 9번 날개 : 9번 날개를 가진 1번 유형들은 휴가를 갈 필요 없이 휴식을 취하고 긴장을 푸는 데에 굉장한 능력을 갖췄다. 다른 사람과 의견이 다를 때 크게 반응하지 않으며, 자기 자신이나 자신이 존경하는 사람들의 의견에 주로 의지하기 보다는, 다른 사람들의 의견을 요청할 가능성이 훨씬 많다.

• 2번 날개 : 2번 날개를 가진 1번 유형들은 더욱 사교적이고 사람들에게 한결같게 따뜻함을 나타내는 것 외에도, 관대하고 인간 중심적이다.

■ **1번 유형의 화살표**

• 4번 유형을 향한 화살표 : 4번 유형과 강한 연결 고리를 가진 1번 유형들은 자기 자신의 내면 경험에 관심을 가지며 따라서 보다 더 자기 성찰적이고 자기 자신의 감정을 인식한다. 게다가, 4번 유형으로의 연결을 통해 1번 유형들은 일, 삶과 심미적 관심에 접근하는 방식에 있어서 독창적이고 창의적이다.

• 7번 유형으로부터 나온 화살표 : 7번 유형과 강한 연결고리를 가진 1번 유형들은 훨씬 더 융통성 있고, 자발적이며, 혁신적이고, 근심 걱정이 없다. 이들은 더욱 재미있는 삶을 산다.

●●●1번 유형을 위한 세 가지 질문들

① 당신이 잘못하고 있는 것에 대해 계속해서 스스로를 비판하거나 (90% 이상을) 때로는 뭔가가 잘 돼가고 있을 때 당신에게 박수를 보내는, 마치 머리속의 녹음기와 같은 내면의 목소리를 가지고 있는가?

② 어느 누구도 완벽해 질 수는 없으며, 심지어 당신 자신도 마찬가지라는 사실을 알고 있지만, 자기 개선에 대한 끊임없는 욕구를 가지고 있는가?

③ 당신이 휴가 중이 아니라면, 휴식을 취하고, 즐겁게 놀고, 당신의 책임감으로

부터 떨어져 있는 것이 어려운가?

1번 유형을 코칭할 때 고려할 점

강점의 영역

- 질적 향상을 위해 노력함
- 구조적임
- 직관적임
- 정직함

발달을 위한 영역

- 반응적임
- 비판적임
- 독선적임
- 인내심이 부족함

코칭 개요

대부분의 1번 유형들은 자기 개선을 받아들이며 실용적이고, 논리적이며, 구체적인 계발 아이디어들을 고맙게 여기기 때문에 코칭 받는 걸 좋아하지만, 비판을 받는다는 것에 매우 예민하며 심지어 중립적인 의견도 마치 가혹한 판단인 것처럼 반응할 수 있다. 1번 유형들은 코치들이 자신에게 솔직하고 정직하기를 원한다. 다른 한편으로는, 1번 유형들은 자기 비판적인 반소(反訴) 경향이 있기 때문에, 코치들은 특히 주의해야만 하고, 직접적 혹은 간접적으로 성과 피드백을 서면으로나 혹은 구두로 전달할 때에 친절해야만 한다. 그렇지 않으면, 1번 유형의 coachee들은 스스로를 비하하는 방식으로 반응을 보이고 화를 내거나 자기 탓을 하게 될 수 있다.

동시에, 1번 유형들은 자신과 다른 사람들이 저지른 실수를 매우 잘 알아차린다. 이들이 스트레스나 불안감을 느낄 때 더욱 그러한 성향을 보인다. 이런 이유로, 코치들이 코칭 과정의 일부로써 1번 유형들에게 제공하는 어떠한 문서라도 문법적, 발음, 혹은 조판상의 오류들이 없는지를 확인하는 것과 그들이 공유하는 어떠한 이야기라도 100% 정확한 정보를 포함하는지를 확인하는 것은 매우 중요하다. 1번 유형들이 형편없이 작성된 문서를 읽거나 상식적으로 납득이 되지 않는 일화를 듣게 되면 그 사람으로부터 받는 모든 구두 및 서면 정보의 타당성을 의심하기 시작하고, 심지어 코치의 전문성에 대해서도 질문하기 시작할 것이다. 1번 유형들이 코칭 미팅 동안 문서를 읽으면서 펜으로 수정하거나 편집하는 것 혹은 그들이 생각하기에 문서가 결함이 있다고 본다면 코치의 정보에 적극적으로 문제를 제기하는 것은 보편적으로 나타나는 일이다.

마지막으로, 1번 유형들은 재빠르게 행동하는 걸 좋아한다. 문제를 바로잡는 것이 그들의 책임이라고 믿으며, 아주 많은 양의 '해야 할 일 목록(To-Do Lists)'에 완료했음을 나타내는 표시를 하는 것에 강박관념을 가지고 있고 그러한 욕구에 얽매인다. 이러한 특성들로 인해 1번 유형들은 조기에 성공을 거둘 수 있으나, 자신이 변화시킬 수 있다고 믿는 직원을 바로잡는 데에 집착하게 될 수 있다. 그래서 이들은 관리할 수 없는 문제를 해결하기 위한 노력에 지나치게 많은 시간과 에너지를 쓴다. 이와 마찬가지로, 1번 유형의 coachee들은 다른 대안을 고려하지 않고 자신이 취하고자 하는 행동 과정을 코치들에게 제시한다. 코치는 다음과 같이 하도록 도와줌으로써, 1번 유형의 coachee들을 지지할 수 있다 :

- 그들이 관리할 수 있는 것과 관리할 수 없는 것을 현실적으로 사정한다.
- 그들이 맨 처음 생각해낸 계획이 최고라고 가정하기보다는 다양한 행동 과정들을 찾아낸다.
- 보다 더 신중해지고 덜 반응을 보이도록 하기 위해 여유를 갖는다.

●●● 첫째 코칭 목표와 coachee의 동기를 확인하라

■ 목표 파악 : 1번 유형들에게 어떤 질문을 할 것인가

1번 유형들은 실용적이고 효과적인 행동을 이끄는 코칭 목표를 좋아한다. 그러나 이들은 목표 달성을 위해 취해야 할 행동들을 결정하는 것과 창조해내는 것 두 가지 전부를 관리하고 있다고 느끼길 원한다.

1번 유형들은 성취하고자 하는 것에 대한 분명한 아이디어를 보통 미리 준비해 오기 때문에, 목표 설정이 1번 유형 코칭에서는 가장 쉬운 측면일 수 있지만, 한편으로는 그것이 가장 어려울 수 있다. 1번 유형들은 일반적으로 자신이 원하는 것이 분명하면서도 굉장히 좁게 목표를 정하는 경향이 있기 때문에 코칭경험으로부터 얻을 수 있는 것이 제한적이다. 그 결과, 코치들은 coachee들이 이들의 포부를 더욱 크고 넓게 하고 더 마음을 열수 있도록, 코칭을 어떻게 진행할 것인지에 관해서 탄력적인 도움을 줄 필요가 있다.

예를 들어, 1번 유형의 coachee들은 코칭의 가치가 정확한 최종 결과나 탐구에도 있다는 사실을 거의 이해하지 못한 채, 대부분의 경우 코칭과정이 어떻게 구조화되어야 할지, 그래서 코칭이 어떤 효과가 있어야 하는지 대한 관심으로 금방 옮겨가게 된다는 것이다. 그러므로 다음의 질문들은 1번 유형들이 목표 설정 과정에 참여하고 그들의 생각의 폭을 넓히도록 돕는 데 유용할 수 있다 :

- 이 코칭을 통해 당신은 자신을 위한 어떤 구체적인 목표를 세우길 원합니까?
- 목표를 추구하는 데 유용하다고 보는 또 다른 장기적인 목표가 있습니까?

1번 유형의 사람들이 두 가지 질문에 대답하면, 그 다음은 목표설정에 자리하고 있는 동기에 대한 질문이 필요하다.

• 당신이 언급한 각각의 목표들이 중요하다고 생각하는 이유는 무엇입니까?

1번 유형 coachee들의 목표를 의논할 때, 코치는 1번 유형으로 하여금 아래에 설명된 주요한 발달 동기 유발 요인들과 특정한 코칭 목표들간에 명백한 연결고리를 만들 수 있도록 도와야만 한다. 왜 각 코칭 목표가 중요한지 논의하다 보면 이 연결고리는 coachee에게 분명해 질 것이다. 만약 그렇지 않다면 코치는 다음 두 가지 중 하나를 할 수 있다 :

① 1번 유형 coachee들에게 질문하라.

"당신이 이 목표를 성취하게 되면 어떤 개인적이고 직업적인 이익을 얻게 됩니까?"

② 목표와 동기 부여 요인과의 연결고리를 직접적으로 설명해 주어라.

"이것은 당신이 압박을 덜 받도록 그리고 자기 자신을 덜 힘들도록 도울 수 있습니다. 그것은 당신에게 중요합니까?"

■ 1번 유형의 발달을 위한 주요한 동기 부여 요소들

• 발달이 필요한 부분을 발견했을 때 그들이 뭔가를 잘못했다고 느끼지 않도록 하면서, 계속해서 그들 자신을 발달시키고 개선시킬 수 있도록 하기

• 보다 더 한결같이 자애로워지고 다른 사람들과 더 가까워지기

• 나름대로의 기준과 근거로 지속적으로 자신을 비판하는 것을 줄이기

• 휴식을 취하고, 더 재미있게 놀며, 특히 실수를 저질렀거나 또는 어떤 상황을 통제할 수 없음을 느끼더라도 보다 더 평화로움을 느끼기

••• 둘째 coachee의 자기 숙달의 수준과 범위에 따른 적합한 코칭 접근법을 사용하라

coachee의 자기 숙달 수준을 알아내는 가장 좋은 방법은 110~113 페이지의 박

스에 제시된 세 가지 수준을 나타내는 행동에 관한 묘사를 읽고 다음 질문에 대답하는 것이다.

① 이 사람의 평균적인 자기 숙달 수준은 어떠한가?
   □ 낮음 □ 중간 □ 높음
② 내가 알고 있는 것은 무엇이며, 어떤 관찰 결과를 바탕으로 이와 같은 결론을 도출하게 되었는가?
③ 이 사람의 자기 숙달 정도는 어떠한가-즉, 개개인의 가장 높고 가장 낮은 수준은?
④ 내가 관찰한 것 또는 이러한 결론이 나오도록 다른 자료로부터 알아낸 것은 무엇인가?

1번 유형들 : 자기 숙달 수준과 발달을 강화시키기 위한 코칭 접근법들

■ 자기 숙달 수준이 높은 1번 유형들-조용한 수용자
• 핵심적인 이해
(불완전한 것을 포함하여 모든 것은 있는 그대로여야 한다.)
높은 자기 숙달을 보인 1번 유형들은 자신의 자기 계발 작업을 진지하게 받아들이고 이해하며, 친구가 되어주고, 내면의 자아비판력을 줄여나간다. 집중적이고 분별력을 갖추고 있으며, 또한 품위, 인내심을 보이며 심지어 결함이 있음에도 모두가 완벽하다고 보는 아이디어를 관대하게 수용한다. 그래서 부정적 반응을 표현하기 전에, 먼저 자신의 부정적 반응을 관찰한다. 그 다음, 그 반응을 공유할지 또는 공유하지 않을지에 대한 선택을 한다. 근심 걱정이 없으며 재미있게 노는 방법을 알고 유머를 자연스럽게 표현할 줄 안다.
• 1번 유형의 자기 숙달을 강화시키기 위한 코칭 접근법들
(확장을 위한 격려와 추가적인 방법들을 제공하라.)
  -긍정적인 면을 강조하라. 그러나 더 중요한 것은, 특히 긍정적인 요소와 부정

적인 요소가 모두 있는 상황에서 그들 스스로가 긍정적인 면을 강조하면, 1번 유형들을 공개적으로 칭찬하라.

- 특히 개인적인 삶이 아닌, 직장 생활에서 유머가 있고 발랄. 명랑할 때, 그러한 유머, 발랄함, 명랑함의 진가를 수용하고 강화시켜라.

- 업무상에서 균형을 맞출 수 있고 지금 즐기고 있는 것보다 훨씬 더 많이 놀 수 있는 제안책을 제시하라.

- 스스로 더 즐기기 위해서, 휴식 기술, 명상, 혹은 아이키도(aikido. 상대방을 잡아서 던지는 형태의 일본식 무술), 산책과 같은 신체 활동을 제안하라.

- 1번 유형들이 일부러 실수하도록 하라 - 예를 들어, 이들의 선반 위에 물건들을 잘못된 위치에 놓기 - 정돈이 필요한 상황을 보고 웃을 줄 아는 것을 배우고 반드시 정확하게 들어맞지 않은 것도 있을 수 있다는 것을 받아들이는 방법을 배우게 하라.

■ 자기 숙달 수준이 중간인 1번 유형들 - 교사

• 주요 관심사

(실수를 하는 것, 불완전한 것)

자기 숙달 수준이 중간인 1번 유형들은 분별력 있고 도덕적인 판단력이 있으며, 독선적이고 반응적이며, 매우 조직적이고 체계적이고, 재치 있고 풍자적이며, 쉽게 화를 내고 분개할 수 있다. 1번 유형들의 일부 혹은 다른 1번 유형들의 실수 하는 사건들 - 특히 1번 유형들의 가치, 높은 기준, 또는 훌륭한 그들의 정신을 훼손하는 실수들 - 은 1번 유형들로 하여금 강한 부정적인 반응을 보이게끔 한다. 이들은 종종 자신의 비판적인 사고와 감정을 깨닫고 다른 사람들로부터 그것들을 숨기려고 노력하지만, 그들은 몸짓 언어를 통해 전달하거나 혹은 사소한 것에 대해 나중에 화를 내는 반응으로 나타낸다. 1번 유형들은 또한 다른 사람들의 뛰어남에 반해서 이 개개인들이 제대로 기능을 하지 않는 행동을 한다는 것을 간과하기도 한다.

- 1번 유형의 자기 숙달을 강화시키기 위한 코칭 접근법들

  (동기를 자극하고 구체적인 발달 행동을 제공하라.)

    - 1번 유형, 다른 사람들, 상황, 환경에서의 긍정적인 면을 강조하라. 1번 유형
    들이 옳지 않은 부분들도 보고 또 긍정적인 면도 보도록 지도하라.

    - 심지어 그 일들이 오류가 없는 완벽한 상황이 아니더라도 자신들이 한 긍정적
    인 일들을 인식하고 내면화하도록 도와라.

    - 1번 유형들이 좌절하고 자기 냉소적이 될 때, 그들 자신에게 얼마나 혹독한지를
    깨달을 수 있도록 하라. 그들 자신에게 더욱 동정심을 갖는 것을 허락해 주어라.

    - 이들의 분노 안에 존재하는 타인과 상황을 향한 깊은 분노를 이해하도록 도움
    을 주어라. 그들이 이러한 깊은 문제들을 분석하도록 하고 완벽함을 위한 그
    들의 탐구가 어떻게 이러한 문제들의 원인이 되는지를 파악하도록 하라.

    - 1번 유형들이 가진 어려운 점에 대해 상세히 의논하는 것을 가능하게 하라. 그
    들의 욕구를 표현하도록 장려하라.

■ 자기 숙달 수준이 낮은 1번 유형들 – 심판자

- 핵심적인 두려움

  (도덕적으로 나쁘거나 악의적이 됨 ; 본질적으로 그들에게 어딘가 잘못된 것이 있음)

  자기 숙달 수준이 낮은 1번 유형들은 너그럽지 못하고, 큰 마음의 상처를 입고,
  융통성이 없고, 변덕스럽고, 불안정하고, 매우 힘들 수 있다. 남에 대해 비판을
  잘 하고 용서를 잘 안 하는 이들은 기소 검사와 판사와 배심관이 하나로 합쳐진
  사람이 된다. 이러한 반응들은 타인들이나 자신들을 겨냥할 수 있으며 심지어
  가볍게 여길 수도 있는 법을 위반하는 것으로 표출될 수 있다.

- 1번 유형의 자기 숙달을 강화시키기 위한 코칭 접근법들

  (지지해 주고, 지침과 경계영역을 제공하라.)

    - 가능하다면, 긍정적인 언어로 당신의 건설적인 피드백을 표현하라. 이들이 취
    할 수 있는 긍정적인 행동을 강조하라.

- 가벼운 어조, 유머, 느긋한 태도를 통해, 그들이 업무와 대인관계를 위해 가벼운 접근법을 취하도록 권장하라.
- 1번 유형이 가진 특징 중 어떠한 융통성 있는 조짐이라도 높혀줄 긍정적인 강화책을 제공하라.
- 1번 유형들이 다른 사람들에 대해 지나치게 비판적이 될 때, 이를 이해하고, 동정하며, 넓은 시각을 갖도록 용기를 주어라.
- 누군가가 저지른 실수로 그들을 벌주고자 하는 coachee의 욕구를 조심스럽게 얘기하라. 이 반응이 정상적이긴 하지만, 이 상황에서 필요하거나 생산적이지는 않다는 것을 설명해 주어라.

  1번 유형 coachee의 자기 숙달 수준에 대한 초기 사정이 이루어지면 그 수준에 적합한 접근 방식을 숙지하고 coachee에게 가장 효과적일 것이라고 여겨지는 방식을 선택하라.

•••셋째 도전적 성장을 이끌어낼 수 있는 코칭 기술을 사용하라

  다음 네가지 코칭 기술에 대해 읽어가면서, 당신이 아는 몇몇 1번 유형들에 대해 생각해 보고, 이들에게 이 기술들을 어떻게 사용할 수 있을지 생각해 보는 것은 도움이 될 것이다. 모든 1번 유형들은 두드러지게 비슷한 점들을 많이 지니고 있지만, 다른 한편으로는 자기 숙달 수준, 감정이입, 날개와 화살표의 사용, 하위 유형, 경험, 연령, 성별, 문화와 같은 요소들에 따라 매우 다르다. 특히, 셀프형 1번 유형들은 불안감을 훨씬 더 많이 드러내고 모든 것이 확실하게 잘 관리되고 잘 진행되고 있는지에 걱정한다. 그 결과, 이러한 하위 유형에 속한 1번 유형을 코칭하는 코치들은 1번 유형들이 초조감과 걱정이 그들의 삶에서 어떻게 작용하는지, 스스로에게 주는 이러한 압박을 어느 정도 줄이기 위해 그들이 할 수 있는 것이 무엇인지 등, 보다 더 많은 것을 깨달을 수 있도록 도와줄 필요가 있다.

■ 머리 중심 에너지를 사용하는 사람들의 도전 : "~라면 어떻게 될까?" 라는 질문

"~라면 어떻게 될까?"라는 도전적 질문은 coachee가 중요하고 존중되어져야 한다고 가정하는 상황에서 효과가 잘 나타난다. — 즉 그것은 정신모델이다. 이러한 가정은 coachee가 의심 없이 받아들이는 믿음과 패러다임의 일부이다. 1번 유형 coachee가 명시적인 혹은 함축적인 가정을 표현하는 것을 들은 후, 코치는 이와 관련해서 "~라면 어떻게 될까?"라는 도전적 질문을 던진다.

다음은 1번 유형을 위한 세 가지 공통의 정신모델, 코치가 각 가정에 도전하기 위해 해야 하는 질문 그리고 1번 유형이 코치의 도전적 질문에 대답했을 때 코치가 어떤 식으로 반응해야 하는지를 순서대로 제시하고 있다.

코치들은 1번 유형들이 설사 "~라면 어떻게 될까?"라는 문제 제기를 좋아한다 하더라도, 이들이 생각하는 올바른 의견들과 방식에 대해서 맞서는 것으로 받아들일 수 있다는 사실을 알고 있어야 한다.

초기에는 그 도전적 기술이 효과적이지 않는 것처럼 보여도, 사실상 코치들이 1번 유형들에게 사용할 수 있는 가장 효과적인 기법일 것이다. 코치가 "~라면 어떻게 될까?"라는 질문을 중립적으로 하면 할수록, 1번 유형들은 더욱더 수용적인 태도를 보일 것이다.

1번 유형들을 위한 "~라면 어떻게 될까?"라는 질문

- 공통의 첫 번째 가정 – "대부분의 사람들은 매우 책임감이 없다."
  - 코치의 도전적 질문

  "만약 다른 사람들에게도 책임감은 있지만, 당신이 하는 것과 마찬가지로 책임감을 보여주지 않고 있는 것이라면 어떻게 될까?"
  - 코치의 도전적 질문 이후의 반응

    – 1번 유형들이 "그건 사실이 아니에요"라고 말하거나 이 도전을 무의미한 것으로 치부하듯이 말한다면, 다음과 같이 말하면서 반응하라 : "책임감이 있다는 것이 정확히 무슨 뜻인지 정의해 보세요. 그러면 우리는 더 깊이 논의를 할 수 있어요." 그 다음, 다음과 같은 질문을 함으로써 1번 유형의 반응을 유심히 지켜 보라. "당신은 이런 것을 언제나 하나요? 당신이 언제나 책임감있게 하지 않은 것들은 무엇인가요? 다른 사람들이 당신이 하는 방식과는 다르게 어떤 방식으로 책임 있는 행동을 했나요?"

    – 1번 유형이 책임감을 나타내는 데에는 다양한 방식이 존재한다는 사실을 인정할 수 있거나 그들의 책임감이 지나치게 강하다는 것을 인식할 수 있을 때, 다음과 같이 말한다. "좋아요, 이제, 당신이 매우 책임감 있게 행동하도록 한 것, 당신과 다른 사람들이 그로 인해 치러야 할 대가, 어떻게 하면 더욱 안심하고 여전히 자기 자신과 자기가 한 일에 대해 만족할 수 있을지 등에 대해서 말해 봅시다."

- 공통의 두 번째 가정 – "올바르게 행하지 않는다면 할 가치가 없다."
  - 코치의 도전적 질문

  "만약 어떤 상황때문에 실수없이 일이 진행될 수 없다면 어떻게 될까?"
  - 코치의 도전적 질문 이후의 반응

    – 만약 1번 유형이 "어떤 상황에도 오류가 없는 일을 가능하게 한다."라고 말한다면, 충분히 좋았고 완벽했지만 늦어서 실수가 발생했을 수도 있는 상황에 대한 예를 제시한다. 그리고 난 후 1번 유형이 대답하도록 하라.

－1번 유형이 또한 이러한 예를 생각해 낼 수 있을 때, 좀 더 깊이 있는 통찰력을 지니고 생각할 수 있도록 하여 궁극적으로 그 일에 대해서 어떻게 생각하고 , 또 그렇게 생각하는 것이 어떤 도움이 될 수 있는지 얘기하도록 한다.

■ 공통의 세 번째 가정－"나보다 뛰어나지 않은 사람에게 업무를 위임할 순 없어요. 그렇지 않다면, 내가 직접 해야 해요."

• 코치의 도전적 질문

"적어도 당신이 할 수 있는 만큼 업무를 처리할 수 있는 사람들에게 위임할 수 있다면 어떻게 될까?" 혹은 "당신이 할 수 있는 수준의 80% 정도로 일을 진행할 수 있는 사람들에게 위임할 수 있다면 어떻게 될까? 그들에게 남은 20%를 채우는 방법에 대해 코칭한다면 어떻게 될까?"

• 코치의 도전적 질문 이후의 반응

－만약 1번 유형들이 다른 사람들이 일을 완벽하게 처리하지 않을 수도 있다는 이유로, 일을 누군가에게 위임하는 것에 대해 고려하는 것을 거절한다면, 다음과 같이 질문하라. "그렇게 확신하고 있다면, 다른 사람들은 어떻게 배우고 성장해 나갈까요? 당신은 어떻게 마음의 긴장을 풀고 쉬는 것을 배울까요?"

－1번 유형들이 업무 위임을 고려하고 있다는 식으로 대답을 할 때, 다음과 같이 말하라. "위임할 수 있는 업무를 한번 살펴보고 당신이 할 수 있는 것의 80% 정도 실력으로 그것을 할 수 있는 사람들을 찾아봅시다."

■ 가슴 중심 에너지를 사용하는 사람들의 도전 : coachee의 방어 기제를 탐색하라

• 1번 유형의 주요 방어 기제 : 반동 형성(reaction formation)

*반동 형성*이란 개개인들이 실제로 원하는 반응과는 완전히 반대 방향으로 반응함으로써 수용할 수 없다고 여기는 자신의 생각, 감정, 행동에 의해 생긴 불안감을 줄이거나 없애기 위해 노력하는 방어 기제이다. 1번 유형의 내면에 존재하는 활발한 비평가적 면모를 가지고 사회 도덕, 전후 사정과 관련된 기대치, 도덕적 원칙 등을 기준으로 무엇을 받아들일 수 있는지를 결정한다. '수용 할 수 없는' 반응으로 여기는 것이 있을 때, 1번 유형의 coachee는 반동 형성을 방어적인 해결책으로 사용한다.

어떤 단계에서는, 반동 형성이 무의식적이고 자동적으로 일어난다. 하지만 어떤 단계에서는, 1번 유형들은 보통 이 행동이 진실과 반대 방향이라는 것을 안다. 그러나 이러한 깨달음은 보통 그 행동이 나타나고 있는 동안에 일어나기보다는, 이미 일이 벌어지고 난 후에 깨닫게 된다. 게다가 놀랍게도 그들이 진실한 감정, 생각, 욕망과 전혀 다른 방식으로 행동하는 것을 인정하는 1번 유형들은 당황하거나, 혹은 그렇게 반응한 것에 대한 부정적인 자아 비판을 거의 드러내지 않는다. 1번 유형에게서 종종 발견되는 예는 그들이 싫어하는 사람에게 특히나 친절하고 정중할 때이다. 더 노골적인 한 예는 – 에니어그램 1번 유형에게만 해당되는 것은 아니지만 – 회사 부패에 맞서 운동을 벌이고, 결국 나중에 기관 돈을 횡령한 것으로 밝혀지는 경우를 들 수 있다.

1번 유형은 자신의 매니저가 분명한 지시와 구체적인 성과 피드백을 해주지 않는 것에 몹시 화가 난다. 하지만, 심지어 공적인 상황 또는 사적인 상황에서도 매니저를 지나칠 정도로 세심히 배려하면서, 계속해서 화기애애하고 품위 있는 태도로 매니저와 소통한다. 예를 들어, 매니저를 자주 칭찬한다. 외부 관찰자의 시각에서 보면, 어쩌면 심지어 가까운 친구라고도 보일 정도로, 이 둘은 아주 좋은 관계를 맺고 있는 것처럼 보인다.

코치의 관점으로 봤을 때, 1번 유형의 반동 형성이라는 방어 기제를 가지고 작업하는 것은 어려울 수 있다. 첫 번째, 코치가 1번 유형의 진실한 감정을 모르기 때문에, 반동 형성 방어기제가 발생하고 있는지는 명백하지 않을 것이다. 이러한 이유로, 코치들은 1번 유형들이 다른 사람들을 묘사할 때 자세하게 들을 필요가 있고, 나중에 비교하기 위해서 이 정보를 기억할 필요가 있다. 예를 들어, 어떤 1번 유형 coachee는 누군가에 대한 강렬한, 계속적인 반감을 표현할 것이다. 그리고 난 후, 그 1번 유형이 반감이 있는 그 사람과 함께 프로젝트를 진행하는 것에 자진해서 동의하는 상황을 경험할 수 있을 것이다. 마찬가지로, 1번 유형 coachee는 생산적인 작업 관계에서 필수적인 자질 목록에 대해 의논할 것이다. 그리고 난 후 그 목록의 특성들을 하나도 가지지 않은 사람과 함께 일을 잘 할 것 같다고 묘사할 것이다. 이 두 가지 상황 모두, 1번 유형의 반동 형성이 작동하고 있는 것으로 볼 수 있다. 이 두 가지 예들은 다음과 같은 1번 유형들이 깊은 발달이슈들에 맞서서 종종 숨기거나 방어하는 반동 형성의 실제 증상 혹은 징후이다.

- 모든것 — 자신, 다른 사람들, 주변 환경 — 을 완벽하게 만들기 위해 정말 열심히 노력하기 보다는 단순하게 받아들이고, 침착하고, 조용해지는 것.
- 세세하게 주의를 기울이고 모든 것이 지속적으로 잘 관리되어야 하는 문제에

서 손을 떼는 것.

- 모든 것을 비판하고 정신적, 감정적, 행동적으로 격한 반응을 보이기보다는 좀더 융통성 있고 느긋해지는 것.

1번 유형의 반동 형성 방어 기제를 가지고 일하기 위해서 코치들은 간접적인 혹은 직접적인 도전을 할 수가 있다. 간접적인 도전은 반응을 높이고 저항은 줄여주기 때문에 종종 간접적인 도전으로 시작하는 것이 낫다. 하지만, 반동 형성이라는 방어 전략은 매우 복잡하기 때문에, 그 전략이 직접적인 방식으로 전해지지 않는다면, 많은 1번 유형들의 도전의 힘을 약화시키게 될 것이다. 코치들은 다음 두 가지 업무를 완수할 필요가 있다. ① 1번 유형에게 자신의 행동이 진실된 반응과 반대라는 사실을 깨닫도록 도와라(이것은 가장 쉬운 부분이다). ② 정중하거나 올바른 행동이지만, 그것은 본질적으로 본심을 가리는 가면 혹은 책략이며 그것 또한 문제점이라는 사실을 인식하도록 하라. 1번 유형들이 이 분야에서 성장하도록 돕기 위해서 코치들은 인내심 있고, 친절하고, 정직하고, 끊임없이 지속할 필요가 있다.

반동 형성에 대한 간접적인 도전
"지난 시간에 당신은 이 사람을 개인적으로 혹은 업무적으로 존경하지 않는다고 말했어요, 그런데 당신은 그와 소통할 때 지나치게 정중하고 우호적으로 행동해요. 내가 어떻게 이해해야 할지 도와주시겠어요?"

반동 형성에 대한 직접적인 도전
"당신은 매우 정직하고 솔직 담백한 스스로에게 자부심을 가지고 있어요. 당신은 그 사람을 엄청나게 좋아하는 것처럼 행동해요. 그러나 이것은 당신이 실제로 느끼는 것과는 반대의 행동이에요. 생각해 보아야 하는 것을 은폐하고자 하는 당신의 행동은 무엇인가요?"

■ 배 중심 에너지를 사용하는 사람들의 도전 : "왜 당신은 그것을 하려고 하는가?"라는 질문

1번 유형 coachee들이 자신과 관련된 무엇인가를 변화시키기를 원한다고 말할 때, 이 질문을 하는 것은 그들의 욕망을 도전적으로 지지하는 방법으로서 효과적이다. 이 기술에 대한 반응으로 1번 유형의 coachee는 자신들의 행동 계획을 변경하거나 기존의 계획에 더 깊게 매진하게 될 것이다. 이 기술은 ① 1번 유형 coachee가 생산적인 행동을 취할 의도를 명백히 밝히거나 ② 1번 유형 coachee가 위험할 수 있거나 자신의 최선의 이익에 반할 수도 행동을 취할 의도를 표현할 때와 같은 두 가지 상황에서 특히 유용하다.

이 기술은 매우 신속하게 행동으로 옮기는 1번 유형들에게 특히 유용하다. 그들은 종종 자신이 옳다고 매우 확신하기 때문에, 상황이 매우 복잡하지 않다면, 1번 유형들은 자기반성을 하거나 혹은 다른 대안들을 고려하는 데 시간을 할애하지 않을 것이다. "왜 당신은 그것을 하려고 하는가?"라는 질문은 이들이 행동하는 데 있어서 더 깊이 생각하고 신중할 수 있을 만큼의 충분히 오랜 시간동안 침착을 유지할 수 있도록 해준다.

1번 유형들을 위한 도전 "왜 당신은 그것을 하려고 하는가?"

■ 생산적인 의도로 행동하려는 1번 유형 – "나는 덜 비판적이고 화도 덜 내고 싶어요."

• 코치의 도전적 질문

"왜 당신은 판단하는 것을 줄이고 화를 덜 내고 싶은가요?"

• 코치의 도전적 질문 이후의 반응

– 만약 1번 유형이 대답을 생각해 내지 못하거나 설득력이 없는 대답을 한다면, "그렇다면 이것을 정말로 하려고 하는 것으로 들리지 않네요. 당신은 그것을 싫어하는 수준을 넘어서, 그것에 대해 비판적이고 분개하는 걸 좋아한다는 것에 대해 생각해 본 적이 있나요?"라고 말한다. 그리고는 대답을 기다린다.

– 1번 유형이 설득력이 있는 반응을 보인다면, "이것은 당신에게 매우 중요한 것으로 들리네요. 만약 당신이 덜 비판적이고 보다 수용적이라면 어떨까요?"라고 말한 후 다음과 같이 말한다. 당신이 어떻게 하면 이렇게 하는 것을 배울 수 있는지에 대해 좀 더 이야기해 보도록 합시다.

■ 비생산적인 의도로 행동하려는 1번 유형 – "난 단지 스스로를 자제하고 내 생각을 스스로 지키려고 해요."

• 코치의 도전적 질문

"왜 당신은 스스로를 자제하고 그 생각을 스스로 지키려고 하나요?"

• 코치의 도전적 질문 이후의 반응

– 만약 1번 유형이 이해가 되는 이유를 든다면, 괜찮다. 그러나 당신은 1번 유형인 그들이 자기를 관리 차원보다는 자제력이 더 필요해서 그러는지 아닌지를 알아내기 위해 다시 물어볼 필요가 있다. 자제력에 관해서는 1번 유형이 여전히 매우 반응적이지만 단지 이러한 반응을 공유하지 않는다는 것을 의미한다. 자기 관리는 1번 유형이 반응적이지 않도록 하는 것을 배우고 있어서 자제할 필요가 없다는 것을 나타낸다. 1번 유형에게 다음과 같이 물어보라. "자제력

을 말하는 겁니까? 아니면 자기관리를 말하는 겁니까? 당신은 정말 덜 반응적으로 일할 겁니까? 어느 것이 자기관리인 것일까요?"

- 1번 유형이 여유롭고 호응적이기보다는 이미 자제력을 가졌기 때문에 더 이상 자제력을 키우는 것이 역효과라는 사실을 알아차렸다는 반응을 보일 때, 이렇게 말하라. "좋아요. 당신이 당신의 반응을 자제하지 않고, 반응을 더욱더 진정시킬 수 있는 방안에 대해 의논해 봅시다."

■ 역설적인 도전 : 변형

대부분의 1번 유형들은 역설과 같은 복잡한 수수께끼를 즐기고 이해한다. 그러나 이들은 너무 경험 중심적이므로 역설적인 도전은 오히려 1번 유형이 역설로 인한 고통을 겪고 있을 때 사용될 필요가 있다. 그렇지 않다면, 역설적인 도전은 추상적인 해석이나 심지어 비판처럼 보일 것이다. 예를 들어, 1번 유형들은 코치의 역설적 도전에 대해 '당신의 모든 문제는 자신의 잘못이다'를 내포한 비난으로 해석할 것이다. 코치는 따뜻함과 연민을 가지고 역설을 표현함으로써 이러한 반응을 최소화할 수 있다. 즉 만약 1번 유형이 역설을 들을 때 방어적인 자세를 취한다면 코치는 부드럽게 "나는 당신이 이미 말한 것을 다른 말로 바꾸어 표현하고 있답니다."라고 말한 후 대답을 기다릴 수 있다.

Nick은 공익사업체에서 고위급 매니저로 일했다. 부서에서 Nick이 하는 일은 매우 세세한 부분까지 정확한 집중력을 요구하는 일이었다. Nick은 그의 팀이 회사의 높은 기준에 부합할 뿐만 아니라 그 기준 이상을 넘어서도록 만들기 위해 단단히 마음을 먹었다. 그런데 Nick은 부하직원의 업무들이 그가 그들에게 제시한 기준에 미치지 못해서 좌절감을 느꼈다. 그리고 또한 부하직원들이 불안함을 느끼며 Nick의 계속적인 비판에 자신감을 잃게 되었다는 부정적인 피드백을 상관으로부터 받았기 때문에, 멘토에게 도움을 청했다.

발달 세션 동안, Nick은 멘토에게 심각한 불안을 느꼈고 잠을 이루기 어려웠다고 말했다. Nick은 자신의 딜레마를 이런 식으로 묘사 했다: "난 아무것도 제대로 할 수 없을 것 같았어요. 내 직원들이 양질의 일을 더 빨리 하도록 요구 했을 때, 그들은 내 상관에게 날 비판해요. 그들의 업무 결과물이 표준 이하일 때, 내 상관뿐만 아니라 동료들로부터도 막대한 압박을 받고, 사장은 세세한 부분까지 관리하기 시작했어요. 그는 나를 믿는다 말하지만, 난 그를 믿지 않아요."

역설에 대한 설명

1번 유형들은 비판, 의구심, 조건 없이 일반적으로 인정받고 존중 받길 바란다. 하지만, 이들은 사람들을 밀어낼 만큼 너무 비판적으로 행동해서, 다른 누군가도 자신들과 마찬가지로, 남을 판단하지 않으면서 그들을 가치 있게 여길 수 있을 거라고는 정말로 생각할 수 없을 것이다.

코치의 역설적 의견

"Nick, 이 문제는 명백히 당신에게 스트레스를 주고 있어요. 그것은 당신 행동을 통해 비판과 판단의 역할을 분석할 기회를 실제로 제공하네요. 예를 들어, 수용 — 당신의 사장, 당신의 부하, 근본적으로 당신 자신으로부터 — 을 향한 당신의 갈망으로 느껴지네요. 그리고 당신의 사장, 당신을 위해 일하는 사람들, 특히 당신 자신을 포함해, 당신의 삶에서 너무 많은 것들을 판단하고 비판하는 여러 가지 방식이 있네요. 당신은 다른 사람들에게 혹은 스스로에게 주기 어려운 것을 다른 사람들에게는 바라는 것 같아요."

〈주의〉
자기 숙달 수준이 낮은 사람들은 역설에 내재한 애매모호함을 다룰 만큼, 충분히 심리적으로 안정적이지 않기 때문에 중간 수준부터 높은 수준의 자기 숙달 수준에 있는 1번 유형에게만 역설적인 도전 방법을 사용하라.

1번 유형의 코칭 사례 연구 요약
Kathryn

•••◆ 코칭 목표와 coachee의 동기를 확인하라

목표를 주어진 시간 내에 성취할 수 있고 coachee의 핵심 동기 유발 요소들 중 한 가지 이상의 요소와 연결될 수 있도록 하라.

Kathryn은 많은 일 때문에 종종 압박감을 느끼고 만성적으로 피곤할 때, 스트레스를 덜 받을 방법을 찾길 원하면서 여전히 모든 것이 잘 행해지길 원한다. 왜 이것이 중요하냐고 질문을 했을 때, Kathryn은 "난 이미 꽤 성공했다고 생각하지만, 인생을 좀 더 즐길 것이고 아마도 더 나은 매니저가 되길 원하기 때문일 거에요."라고 말한다.

●●●Coachee의 자기 숙달 수준과 범위에 따른 적합한 코칭 접근법을 사용하라

coachee가 지닌 자기숙달의 일반적인 수준과 범위를 사정하라.

Kathryn은 대부분의 시간 동안 중간 수준의 자기 숙달에서도 중간 지점에서 활동한다. 그러나 Kathryn이 과도한 업무로 피곤할 때에는, 때때로 중간 수준의 자기 숙달보다 낮은 지점에서 행동한다. Kathryn은 중간 지점보다 훨씬 더 높은 수준으로는 거의 활동하지 않지만, 우수한 업무 결과물을 보고 전율을 느끼거나 혹은 문제 해결에서의 즉각적인 대응, 어려운 업무를 완수한 자신만의 능력을 발견하고 흥분하는 순간이 있다. 이 경우, Kathryn은 내적으로 만족감을 느끼지만 이 순간과 높은 자기 숙달 수준을 혼동하기도 한다. 이러한 이유로, 자신에 대한 Kathryn의 평가는 그녀의 실제 수준보다 다소 높게 나타난다. 따라서 이러한 괴리감을 극복하기 위해서는 Kathryn의 사기를 꺾지 않는 방식으로 코칭이 이루어지는 동안 밝혀낼 필요가 있다.

110~113페이지 박스에 제시된 것들 중 coachee에게 가장 효과적일 수 있는 발달 접근방식을 선택하고 그것들을 시험해 보라.

Kathryn에게는 관심사와 욕구에 대해서 더 이야기하도록 격려가 필요하다. 그러나 이야기한 욕구들은 단지 업무량과 더 많은 잠으로부터 얻는 안도감보다는 깊은 수준이어야만 한다. 왜냐하면 Kathryn이 훌륭한 성과를 내고 책임감 있는 사람이 되기 위해 요구되는 희생에 분노를 느낄 수 있기 때문이다. Kathryn은 업무에 더 많은 재미와 즐거움을 느낄 필요가 있지만, 또한 일과 사람들 자체가 더 즐거움을 주는 요인이라는 사실을 알 필요가 있다. 근무 중에 재미 또는 휴식을 즐기는 것은 Kathryn에게 도움이 될 것이다. 그런식으로 Kathryn이 이미 하고 있는 것에 대해 논의해보고, 그런 다음 그녀와 함께 추가 아이디어를 살펴보라.

••• 도전적 성장을 이끌어낼 수 있는 코칭 기술을 사용하라

이 장에서 언급된 각각의 네 가지 코칭 기술을 어떻게 이용할 것인지에 대해 계획을 하고, 코칭 과정에서 적절한 때에 그것들을 사용하라.

- **머리 중심 에너지를 사용하는 사람들의 도전적 질문 : "~라면 어떻게 될까?"**

coachee가 말하거나 넌지시 내비친 말들 중, 당신이 도전할 수 있는 어떤 정신 모델이나 가정에 대해 들었는가? 당신은 이 "~라면 어떻게 될까?"라는 도전적 질문을 어떻게 표현할 것인가?

다음의 모든 도전들은 Kathryn에게 효과적일 것이다.

"당신이 그 모든 일을 직접하지 않고서도 그 일이 제대로 잘 이루어졌다는 것을 어떻게 확인할 수 있는가?"

"일을 통해 당신이 정말로 재미를 느낄 수 있다면 어떻게 될까? 당신은 어떻게 그렇게 할 수 있을까?"

"업무 중에 당신이 당면하는 부담을 실제로는 즐기고 있다면 어떻게 될까?"

- **가슴 중심 에너지를 사용하는 사람들의 도전적 질문 : 방어 기제를 인식하고 평형을 유지하라**

언제 coachee가 특정한 방어 기제를 사용하는 것을 언제 관찰할 수 있었는가? 직접적인 도전과 간접적인 도전 중 어떤 것이 더 효과적인가? 당신은 이 방어 기제에 관한 도전을 어떻게 표현할 것인가?

Kathryn이 열정적으로 일에 전념하는 것과 그로 인해 기쁨을 느끼는 것은 부분적으로 자유롭고 편안해지고자 하는 깊숙한 욕망에 대한 반동 형성일 가능성이 있다. 이는 사실일 수도 있고 아닐 수도 있지만, 그것은 분석할 가치가 있다. 한 가지 가능한 전략은 1번 유형을 위한 방어 기제로 반동 형성의 개념을 소개하고, Kathryn 자신이 반동 형성을 보일 때 이를 어떻게 인식할 수 있을 것인가에 대해 알아보고, 일에 대한 과도한 집념이 Kathryn이 갈망하는 깊숙한 무엇인가에 대한 반동 형성으로 어떻게 나타나는지에 대해 토론하는 것이다. 만약 Kathryn이 이것이 무엇인지를 인식할 수 있고 그 욕구를 더 직접적으로 충족시킬 수 있다면, 반동 형성 행동을 급격히 줄여야 한다.

간접적인 도전적 질문

"당신은 일에 너무 전념하는 것 같아요. 책임지는 것을 좋아하지 않을 수도 있는 어떤 방법들은 없나요?"

직접적인 도전적 질문

"각각의 에니어그램 유형의 사람들은 그들의 진실한 감정과 욕구를 감추기 위해 가장 자주 사용하는 구체적인 방어 기제를 가져요. 1번 유형들에게는, "그게 반동 형성이예요. 당신이 진실로 생각하고, 느끼고, 필요한 기타 등등의 것과 반대로 행동하는 것이지요. 이것의 한 예는 당신이 몹시 싫어하는 누군가에게 지나치게 친절한 거예요. 당신이 이러한 종류의 반대 행동을 보인 적이 있었던 때의 예들을 생각해 낼 수 있나요?"라는 식으로 이야기를 나눠 보라. 만약 Kathryn이 그렇게 행동 한다고 분명하게 인정한다면, 다음 질문을 해 보라. "일에 책임을 지고 모든 것을 매사에 열심히 하고자 하는 강렬한 욕구가 진정으로 원하는 깊숙한 무엇인가에 대한 반동 형성으로도 어떻게 나타날 수 있는지에 대해 이해할 수 있나요?"

■ 배 중심 에너지를 사용하는 사람들의 도전적 질문 :
  "왜 당신은 그것을 하려고 하는가?"

coachee는 앞으로 어떤 행동을 할 계획이라고 말했는가? 당신은 이것이 현명한 행동 과정이라고 생각하는가? 이에 대해서 "왜 당신은 그것을 하려고 하는가?"라는 도전을 어떻게 표현할 것인가?

"왜 당신은 스트레스를 덜 받고 싶어하는가?"

■ 역설적 도전 : 변형

당신은 coachee에게서 어떤 역설을 관찰했는가? 가장 의미 있는 것을 선택하라. 당신은 이 역설적 도전을 어떻게 표현하겠는가?

"당신은 스트레스를 덜 받고 싶다고 말해요. 하지만 당신은 현재 하고 있는 것을 포기하거나 혹은 휴식을 더 취할 수 있도록 일에 대한 당신의 접근법을 바꾸는 것에 대해서는 이야기 하지 않네요."

> 주의
> 역설적 도전은 자기 숙달 수준이 중간이거나 높은 coachee들에게만 적용해야 한다. 자기 숙달 수준이 낮은 coachee들은 이 수준의 역설적 해결책이 가지고 있는 복잡함과 애매모호함을 다룰 수 있을 만한 심리적인 상태에 있지 않기 때문이다. 깊이 있는 수준의 복잡한 역설들은 불안감을 높일 수 있다. 영향력이 약한 역설들은 이러한 coachee들에게 사용할 수 있지만 코치들은 조심해서 이용해야 한다.

1번 유형들을 위한 발달 활동들

코치들은 다음의 활동들을 1번 유형 coachee들에게 제안할 수 있다.

●●● 핵심 이슈 : 모든 면에서 긍정적인 것을 알아보는 것을 배워라

당신이 부정적인 반응을 가지게 될 때 마다, 그만큼의 긍정적인 것들을 보충하라. 만약 당신이 부정적인 감정이나 생각을 지우거나 깊이 감추고자 한다면, 그것들은 더 강해지거나 일시적으로 더 깊숙한 아래로 숨겨져, 결국 후일에 더 강하게 다시 나타날 가능성이 있다. 하지만, 만약 당신이 긍정적인 반응들을 보충한다면, 부정적 성향의 일부를 완화시킬 수 있고 긍정적인 면을 바라볼 수 있는 당신의 능력이 강화될 것이다.

●●● 날개와 화살표를 통한 확장

■ 9번 날개 : 느긋하게 쉬는 걸 배워라

당신은 스스로 열심히 하도록 몰아붙이고 자기 반성과 자아 비난을 하기 때문에, 특히 압박을 받고 있을 때에는 일하는 중에도 느긋하게 쉬는 걸 배우는 것은 필수적이다. 매일 20분에서 30분을 할애해서 즐거운 것을 하고 휴식을 취하는 데에 투자하라. 당신이 이러한 활동에 대한 시간을 따로 할애해 두면 실천하기 더 쉬울 것이다. 그 시간 동안은 완벽하게 즐겨라. 처음에는 이를 집에서 실천하길 원할 것이다. 그러나 당신이 이것을 직장에서 할 때 특히 가치가 있다.

■ 2번 날개 : 사람에게 관심을 집중시켜라

당신이 다른 사람들과 함께 해야 할 새로운 업무를 시작했을 때, 일반적으로 일하는 방법에서 사람들에게 첫 번째로 집중하고, 일은 두 번째로 집중하는 식의 실험적인 방향으로 바꾸어라. 업무를 바로 시작하기보다는 사람들을 사회적 대화에 참여토록 하는 데 시간을 들여라. 업무를 조직화하는 방법을 제공하는 대신 먼저 사람들에게 그들의 의견을 물어보라.

■ 4번으로 향한 화살표 : 일하는 방식을 더 유동적이게 하라

일정한 간격으로 스스로에게 다음의 질문을 하라. "지금 이 일을 당장하게 된다면 나는 어떤 느낌을 받게 되는가? 나의 깊은 개인적인 경험은 무엇인가? 그것에 대한 어떤 반응을 보이고 있는가? 그것은 나에게 어떤 의미를 부여하는가?" 스스로에게 이러한 질문을 할 때, 당신이 해야만 한다고 생각하는 것으로부터 자유로워지는 데 도움이 되며 덜 구조적이고, 더 자연스럽게 당신의 삶을 구성하는 방식을 시작하는 데 도움이 될 수 있다.

■ 7번으로부터 나온 화살표 : 가능성을 살펴보라

일을 조직하는 최선의 방법은 한 가지뿐이라고 생각하기 시작하고/하거나 아이디어와 대안들이 너무 비실용적이기 때문에 그 아이디어와 대안들이 무가치한 것들로 치부될 때, 다음과 같이 하도록 자신에게 도전하라 : 같은 일을 조직할 때 적어도 세 가지 차원에서 매우 다른 방안들에 대해 생각해 보라. 표면적으로 비실용적인 것처럼 보이는 것이 지니는 가치에 대해서 분명히 표현해 보라. 여기서 한 발자국 더 나아가 가능한 많은 아이디어들을 다른 사람들로부터 이끌어내도록 하면서, 그 일을 어떻게 구성할 수 있을지에 대한 다른 사람의 의견을 물어보도록 하라.

■ 의사소통 : 당신의 '비판적' 언어에 집중하라

판단한 것을 표현하기 위해 당신이 사용한 언어에 주목하라. 예를 들어, *해야한다, 할 의무가 있다, 올바른, 잘못된, 옳은, 실수, 오류*와 같은 단어들이다. 자신이 사용한 비판적인 단어와 문장을 자주 이용했다는 사실을 알아차리게 되었을 때, 융통성과 수용성을 나타내는 단어로 바꾸어 보라. 예를 들어, *할지도 모른다, 될 수 있다, 가능하다.* 설령 당신이 이렇게 하는 것에 동의하지 않더라도, 단정적이거나 단호한 생각보다는, 대안이 되는 관점을 공유하도록 권장하고 다른 사람들의 반응 혹은 의견을 수용하는 단어를 시험 삼아 써보라.

■ 갈등 : 깊게 자리 잡은 분노에 대한 단서로써 당신의 분노 감정을 사용
　　하라

당신이 짜증이나 분노를 느낄 때, 스스로에게 이러한 질문들을 해보라 : *이 사람 혹은 이 상황과 전혀 관계가 없는 것으로 매우 화가 나 있는가? 내가 스스로 지키지 못했다고 생각하는 핵심적인 가치관이 있는가? 내가 내 자신을 어떻게 보는지 혹은 내가 위협당했던 모습을 어떻게 보기를 원하는지?*

■ 팀 : 업무만큼 관계를 강조하라

팀 구성원들이 그들 자신을 소개하고 서로에 대해 파악하도록 제안함으로써 현재 업무에만 집중되어 있는 것에서 대인 관계 강화에도 초점을 맞추도록 한다. 당신 자신과 다른 팀 구성원들로 하여금 건설적인 방식으로 감정과 의견을 표현하도록 북돋우면서, 몇 번의 집단 갈등이 발생하는 동안에도 더욱더 인내심을 보여라.

■ 리더십 : 탁월함을 추구하는 당신의 리더십 재능에 자긍심을 느끼고, 진심으로 위임할 줄 아는 능력을 강화하라

현재 당신이 하고 있는 것보다 일을 다른 사람들에게 더 자주 위임해라. 다음의 내용을 기억해라. 프로젝트의 일정 부분만 위임하기 보다는 *전체업무*를 위임하라. 즉, 그 사람에게 무엇을 기대하고 있는지를 그 사람도 알 수 있도록 목표, 기간, 결과물, 과정에 대한 의논을 시작하라. 정기적으로 살펴보되, 세세한 점까지 관리하지는 마라. 많은 긍정적인 강화책을 주어라. 게다가, 당신이 즐기지 않는 일뿐만 아니라 당신이 즐기는 일도 위임하도록 하라. 당신이 계속해서 다른 사람도 할 수 있는 일을 할 때, 당신의 관심이 필요한 더 중요하고 더 전략적인 것은 하고 있지 않다는 사실을 기억하라.

4

BRINGING OUT THE BEST IN EVERYONE YOU COACH

에니어그램 2번 유형
코칭하기

2번 유형들은 자신이 좋아하는 사람들로부터 사랑 받기를 원한다.
그래서 다른 사람들의 욕구에 맞추어주려고 무척 노력하고 그들의 삶에서
만나게 되는 사건들과 사람들을 조정한다.

중심에너지 : 가슴

01

2번 유형을
확인하는 방법

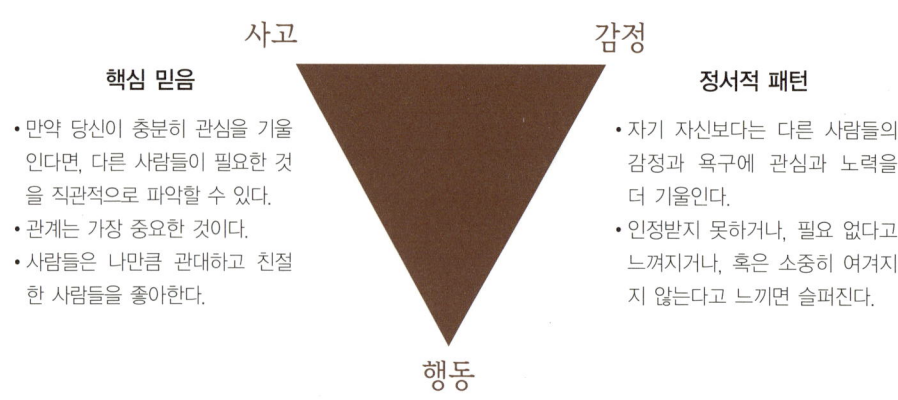

사고　　　　　　　　　　감정

핵심 믿음

- 만약 당신이 충분히 관심을 기울
  인다면, 다른 사람들이 필요한 것
  을 직관적으로 파악할 수 있다.
- 관계는 가장 중요한 것이다.
- 사람들은 나만큼 관대하고 친절
  한 사람들을 좋아한다.

정서적 패턴

- 자기 자신보다는 다른 사람들의
  감정과 욕구에 관심과 노력을
  더 기울인다.
- 인정받지 못하거나, 필요 없다고
  느껴지거나, 혹은 소중히 여겨지
  지 않는다고 느끼면 슬퍼진다.

행동

직장에서의 행동

- 다른 사람들과 공감한다. • 관계에 초점을 맞춘다. • 다른 사람들도 동기를 부여받고 잘
  대우받기를 원한다. • 놀랄 만큼 화가 나고 공격적이 될 수 있다.
- 마치 욕구가 없는 사람처럼 행동한다.

●●● "따뜻한 마음"

2번 유형들은 가슴 중심 에너지를 개개인과 집단의 감정 및 욕구에 집중하기 위해 이용한다. 이것은 2번 유형들이 모든 사람들에게 똑같은 수준의 따뜻함을 나타낸다거나 항상 따뜻하다는 것을 의미하지는 않지만, 이들은 한결같이 따뜻한 경향이 있다. 따뜻함을 나타내는 것은 2번 유형들이 마치 자신들을 사려 깊고 배려심 있는 것처럼 느끼도록 만든다. 이러한 특징들로 인해 다른 사람들은 2번 유형에게 끌리게 된다.

●●● 2번 유형의 정서적 패턴

■ 자기 자신보다 다른 사람들의 감정과 욕구에 관심과 노력을 더 기울인다

2번 유형들은 다른 사람들의 감정과 욕구에 집중함으로써, 다른 사람들을 읽고 그들이 필요한 것을 직관적으로 이해하는 데에 능숙하다. 이것은 2번 유형들이 관심, 시간, 충고, 참조와 추천 및 그 이상의 각종 자원들을 다른 사람들이 활용할 수 있도록 제공하는 데 특별한 도움을 준다. 그러나 다른 한편 남들에게 베푸는 것들 때문에 정작 자기 자신의 진정한 감정과 갈망에는 집중하지 못한다. 사실상, 2번 유형들은 자신의 감정을 참고 억누르며 종종 자신의 깊은 감정을 발견해 내는 데 어려움이 있다. 이들은 분명 감정을 표현하기는 하지만, 이 감정적인 반응들은 종종 2번 유형들 스스로가 실제로 느끼는 것보다는 덜 강하다. 그 결과, 자신의 억눌린 감정들이 쌓여지게 되고, 이 감정들이 마침내 표출될 때는, 상당한 과민 반응으로 나타나곤 한다.

■ 인정받지 못하거나, 필요 없다고 느껴지거나, 혹은 소중히 여겨지지 않는다고 느끼면 슬퍼진다

2번 유형들은 사람들의 선한 의도와 너그러움에 고마워하면서 자기 가치의 의미를 다른 사람들에게 두기 때문에, 다른 사람들이 이런 식으로 자기에게 반응하지 않는다고 느껴지면, 종종 슬픔과 분노를 느낀다.

●●● 2번 유형의 직장에서의 행동

■ 다른 사람들과 공감한다

2번 유형들은 다른 사람들에게 관심과 노력을 집중한다. 다른 사람들이 말하는 내용, 말하는 방법, 그들이 그것을 어떻게 말하는지, 시간이 흐름에 따라 알게 되는 그들의 반응 패턴들에 신중을 기한다. 다른 사람들의 감정에 대한 민감함은 2번 유형이 마치 이러한 감정이 자신의 감정인 양, 다른 사람들의 감정을 인식하고 종종 그 감정을 경험하기 때문이다. 다른 사람들의 감정적 상태를 읽을 수 있는 이러한 능력은 2번 유형들로 하여금 동정심 있고 배려심 있는 사람이 되도록 한다.

■ 관계에 초점을 맞춘다

2번 유형들은 지나치게 관계에 초점을 두고, 대부분이 매우 발달된 대인관계 기술을 가지고 있기 때문에, 자기들이 원하는 사람이라면 그 누구라 하더라도 좋은 관계로 발전시킬 수 있을 것이라고 믿는다. 이들은 만약 누군가가 자신들을 싫어한다는 것을 알게 되면 종종 놀란다. 그래도 만약 자기들이 그 다른 사람을 싫어하는 것이 아니라면, 별 상관없다. 2번 유형들은 자신의 시간과 재원, 종종 자신의 비용을 쓰는 데 있어서도 역시 관대하기 때문에, 과용하거나 과도한 업무에 시달릴 수 있다.

■ 다른 사람들도 동기를 부여받고 잘 대우받기를 원한다

2번 유형들은 다른 사람들을 동기부여시키고 다양한 분야에서 풍부한 조언 – 예를 들어, 감정적인 문제, 대인관계와 관련된 문제, 일과 관련된 문제 그리고 인생 문제 등을 해결하는 방법 – 을 해줌으로써 그들이 자신들의 잠재력에 부응할 정도로 돕는 데에 매우 기쁨을 느낀다. 이들은 주변 사람들이 동료, 사장, 소속된 기관으로부터 잘 대우받을 수 있도록 하기 위해 끊임없이 일관된 노력을 기울인다.

■ 놀랄 만큼 화가 나고 공격적이 될 수 있다

2번 유형들이 주로 화기애애하고, 따뜻하고, 사람들과 쉽게 잘 어울림에도 불구하고, 자신들이 느끼기에 누군가가 자신을 이용해 이득을 얻거나 혹은 자신을 과소평가하는 것 같으면 불안해지고, 고집이 세지고, 심지어 공격적으로 된다. 그럼에도 2번 유형들은 주위사람들 중 누군가가 부당하게 대우받는 것을 인식하게 되면, 이들은 다른 사람을 보호하기 위해서 항의한다.

■ 마치 욕구가 없는 사람처럼 행동한다

2번 유형들은 주로 다른 사람들의 욕구에 관심을 갖기 때문에, 자주 자신들은 마치 욕구가 없는 것처럼 행동하면서, 종종 자신의 욕구를 제대로 인식하지 못한다. 자기 자신이 원하고 필요한 것이 무엇이냐는 질문을 받게 되면, 2번 유형들은 종종 혼란스러워 한다. 2번 유형들은 거의, 직접적으로는 도움을 요청하지 않지만, 그래도 다른 사람들이 자발적으로 그들에게 도움을 주면, 고마움을 느낀다. 동시에, 대부분의 2번 유형들은 타인으로부터 감사, 인정, 가치있는 사람으로 대우받는 느낌을 받기 위해 다른 사람에게는 얼마나 베푸는지 완전히 인식하지 못한다.

유명한 2번 유형들

글로리아 에스테판 (Gloria Estefan)	"당신이 마음속으로 갈망하는 것이 무엇이든지 간에 부디 단호하게 목적을 추구하세요. 그것은 바로 당신의 것입니다." "저는 어떻게 해서든 도울 기회를 갖게 되어 영광스러워요."
빌 코스비 (Bill Cosby)	"저는 어느 배우가 오스카 상을 수상해서 다음과 같은 수상 연설을 하게 되기를 기다리고 있어요. 제가 살아가는 이유를 만들어 준 제 부모님께 첫 번째로 감사하다고 전하고 싶어요." "저는 친구를 위해 이 자리에 왔어요. 초콜렛 Jell-O 두 상자를 가지고 왔어요."
샐리 필드 (Sally Field)	"저는 다른 사람이 내가 어떤 사람이 되기를 원하는지, 어떤 종류의 사람이 되길 원하는지 이해하도록 교육을 받고 자랐어요. 다른 사람의 시각을 통해서 제 자신을 판단하지 않는 데에는 오랜 시간이 걸렸답니다." "당신이 날 좋아한다는 사실을 부인할 수 없어요! 당신은 날 좋아한다고요!"

"

•••하위 유형들 : 2번 유형의 세 가지 변형들

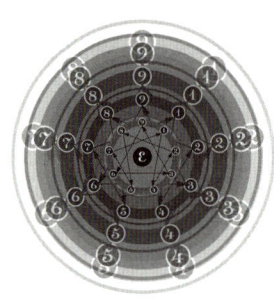

모든 2번 유형들은 자기가치, 개인적인 자부심, 다른 사람들이 자신을 어떻게 대하는지와 관한 것은 매우 중요하다고 느낀다. 다른 사람들을 돕고 긍정적인 방향으로 영향을 미칠 수 있는 데에 가치를 두는 호소력 있는 사람으로 보이길 원한다. 2번 유형들의 이러한 특성들은 하위 유형이라 불리는 세 가지 뚜렷한 방식들로 설명된다.

① 셀프형 하위 유형인 2번 유형들은 자기 보호에 대한 욕구를 부정함과 동시에 자신들을 확실하게 보호해줄 사람들을 끌어들이려고 노력하면서도, 보호욕구는 부정한다. 호소력을 나타냄과 동시에 간교한 속임수가 없다는 것 같이 보이면서 아이들이 하는 것과 같은 방식으로 사람들의 마음을 이끈다. 이 하위 유형 2번들은 친밀한 관계를 좋아하기도 싫어하기도 한다. 그래서 그룹형 하위 유형이나 파트너형 하위 유형보다 사람을 덜 믿는 경향이 있다.

② 그룹형 하위 유형인 2번 유형들은 개개인들보다 집단을 돕는 것에 더 집중해서 노력하며, 나머지 두 하위 유형 즉 셀프형 유형과 파트너형 유형에 속한 사람들보다, 더 지능 지향적이고 영향력이 강한 자리에 놓이는 것에 더욱 편안함을 느낀다. 이 하위 유형인 2번들은 구체적으로 개개인들이 그들에게 어떻게 반응을 보이는지에 덜 신경을 쓰고, 집단이라는 수준의 차원에서 나타나는 반응에 더 초점을 둔다. 이것은 이들이 어떻게 해서든지 집단을 이룬 사람들의 맨 위에 서 있고 싶어하기 때문이다.

③ 파트너형 하위 유형인 2번 유형들은 주로 개인적 관계를 지향하고 또한 중요한 사람들과 파트너들의 욕구 충족을 지향한다. 이들은 중요한 누군가에게 선택 받을 때 자신들이 가치 있다고 느끼며 특정한 개개인들의 욕구를 충족시켜주는 방식으로써 그 사람의 마음을 끌도록 노력한다. 이들은 또한 그 관계를 발전시키고 지속시킬 필요성을 충족시키는 데 매우 의욕을 가진다.

●●● 2번 유형의 날개와 화살표

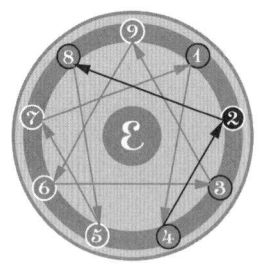

2번 유형들은 자신이 가치 없는 사람으로 느껴지는 것을 피하기 위하여 인정받고 필요한 사람이 되는 것을 추구하기 때문에, 너무 타인 집중적이 되어 그들 자신의 욕구를 간과하기도 한다. 2번 유형들은 자신들과 그들 주위 사람들 모두에게 역효과를 낼 수도 있는 방식으로, 다른 사람들의 마음을 읽을 줄 아는 능력을 이용하면서도, 자신의 진정한 욕구와 동기 부여는 알아채지 못할 수도 있다. 이들의 날개(1번 유형과 3번 유형)와 화살표(8번 유형과 4번 유형)로의 접근은 2번 유형들이 지닌 특징들의 균형을 잡아준다.

■ 2번 유형의 날개

- 1번 날개 : 1번 날개를 가진 2번 유형들은 다른 사람에게 집중하는 것과 자신의 일에 전념하는 것 간 균형을 맞추면서, 상황과 사람들에 대한 더 많은 분별력을 갖고, 세세한 부분에 더욱 유의하며, 단호하게 자기주장을 할 때 다른 사람들이 어떻게 반응할지에 대해 훨씬 덜 걱정하면서, 확신을 가지고 아니라고 말할 수 있는 능력이 증대된다.

- 3번 날개 : 3번 날개를 가진 2번 유형들은 자신이 영향력있는 리더로서 다른 사람의 눈에 띄는 것에 훨씬 더 편안함을 느낀다. 게다가, 이러한 2번 유형들은 그들이 원한 것이 성공적일 것이라고 인정할 때 더 편안함을 느낀다. 사실, 그들은 종종 사랑받는 것만큼 존경받기를 원한다.

■ 2번 유형의 화살표

- 8번 유형을 향한 화살표 : 8번 유형과 강한 연결고리를 가진 2번 유형들은 자

기 자신의 개인적인 힘에 대한 훨씬 더 깊은 감각을 가지며, 과감해지고 더 솔직한 경향이 있으며, 자신의 에너지와 분노에 대한 힘을 느낀다.

- 4번 유형으로부터 나온 화살표 : 4번 유형과 강한 연결고리를 가진 2번 유형들은 다른 사람들의 감정에 집중하는 것만큼 자신의 감정적 반응에도 집중하기 때문에 감정적 깊이가 깊어진다. 이들은 또한 보다 창의적이고 독창적인 경향이 있다.

●●● 2번 유형을 위한 세 가지 질문들

① 당신은 다른 누군가가 무엇을 필요로 하는지는 알지만 당신 자신의 욕구를 분명히 표현하기 어려워한다는 것, 심지어 스스로에게 조차 당신 자신의 욕구를 분명히 표현하기 어려워한다는 것을 직관적으로 알고 있는가?

② 만약 당신이 정말 정직하다면, 거의 모든 사람들이 당신을 좋아하게끔 할 수 있다고 믿는가?

③ 당신이 가장 원하는 방식으로 다른 사람들이 당신에게 반응할 때, 정말로 기분이 좋은가? 그러나 그렇지 않을 때, 특별히 기분이 상하는가?

2번 유형을 코칭할 때 고려할 점		
강점의 영역	**발달을 위한 영역**	
• 감정이입함	• 고분고분함	
• 지원적임	• 간접적임	
• 의욕적임	• 인정받지 못한다고 느낌	
• 따뜻함	• 도를 넘는 경향이 있음	

코칭 개요

스스로에게 집중하는 것을 불편하다고 느끼기 때문에, 2번 유형들은 코칭을 위한 시간을 내기가 어려울 것이다. 종종 너무 바쁘거나 직장에서 다른 사람들을 돕는 일로 너무 스트레스를 받아서 정작 자기 자신의 발달을 위해서는 정서적으로 여유가 없는 편이다. 게다가, 2번 유형들은 사람들이 자신을 좋아하길 원하며, 코칭을 받는 동안 자신들에 대해 무엇인가 비판적이거나 부정적인 면을 듣는 것을 좋게 받아들이지 못한다.

코칭을 하는 장소는 2번 유형들에게 중요하며 코칭의 효과에 크게 기여한다. 일반적으로, 2번 유형들은 집중하는 데 방해되지 않는 곳에서 만나는 것을 선호한다. 2번 유형들은 다른 사람들이 편안하게 느끼도록 돕기 위해 노력하기 때문에, 다른 누군가가 시간을 들여서 2번 유형들의 원하는 것에 대해 생각할 때, 그것을 고마워한다. 다른 유형의 사람들은 해변, 산 혹은 골프장을 선호하는 반면, 많은 2번 유형들은 훌륭한 음식을 제공하는 멋진 레스토랑에서 이루어지는 미팅에 호의적이다. 가장 중요한 것은 2번 유형들을 직장환경으로부터 벗어나게 하는 것이다. 직장 사람들은 다양한 이유로 2번 유형들을 필요로 할 것이고, 그렇게 되면 2번 유형들은 자신이 주요 관심의 대상이 되는 환경에 집중하기 때문이다.

마지막으로, 극도로 화가 났거나, 불안하거나, 슬프지 않다면, 2번 유형 coachee들은 그들이 느끼거나 필요한 무언가를 알아채지만 정확하게 그것이 무엇인지는 잘 알아내지 못한다. 이러한 깊은 반응들이 감춰지기 때문에, 2번 유형들은 끓어 넘치기 시작한 뜨거운 물이 담긴 주전자처럼, 나중에 발생하는 무언가에 과민 반응할 것이다. 효과적인 코치는 이들이 자기자신의 깊은 감정, 욕구, 진정한 반응을 잘 파악할 수 있도록 도와야 한다.

◦◦● 첫째 코칭 목표와 coachee의 동기를 확인하라

■ 목표 파악 : 2번 유형들에게 어떤 질문을 할 것인가

2번 유형들이 코치로부터 자신이 정말로 원하는 것에 대해 질문 받는 것을 좋아함에도 불구하고, 자신의 목표를 알아내는 것을 어려워 할 것이다. 코치들은 2번 유형들이 이 질문에 대한 대답을 찾을 때까지 인내심을 가질 필요가 있다. 종종, 이들의 첫 번째 대답은 이들이 진정으로 원하는 것이 아닐 것이다. 코치들은 몇 번을 캐묻고 자세히 들을 필요가 있을 것이다. 다음의 질문들이 효과적일 수 있다.

• 만약 당신이 코칭을 통해 가장 원하는 세 가지를 말할 수 있다면, 그것은 무엇입니까? 당신은 감정, 기술 혹은 갑자기 마음에 떠오르는 어떤것이든 생각할 수 있습니다. 당신은 왜 우리가 함께 보낸 시간에 만족을 느낍니까?

2번 유형 coachee들의 목표를 의논할 때, 코치는 2번 유형으로 하여금 아래에

설명된 주요한 발달 동기 유발 요인들과 특정한 코칭목표들 간에 명백한 연결고리를 만들 수 있도록 도와야만 한다. 각 코칭 목표가 왜 중요한지 논의하다 보면 이 연결고리는 coachee에게 분명해 질 것이다. 만약 그렇지 않다면 코치는 다음 두 가지 중 하나를 할 수 있다 :

① 2번 유형 coachee들에게 질문하라.

"당신이 이 목표를 성취하게 되면 어떤 개인적이고 직업적인 이득을 얻게 됩니까?"

② 목표와 동기 부여 요인과의 연결고리를 직접적으로 설명해 주어라.

"이것은 당신이 덜 고갈되면서 최고의 당신을 위해 더 집중하도록 도울 수 있습니다."

■ 2번 유형의 발달을 위한 주요한 동기 부여 요소들

• 지치고 위축되는 것을 줄이기.

• 다른 사람들을 더 잘 돕고 더욱 더 도움을 주기.

• 그들이 진정으로 의지할 수 있는 사람들과의 관계를 발전시키기.

• 죄책감이 들거나, 불안해 하거나 혹은 화를 내지 않고 '아니요' 라고 거절할 수 있기.

• 다른 사람들의 반응에 덜 의존적이고 그들 자신의 진정한 내면의 힘과 확실함의 감각에 더 의존하기.

만약 2번 유형 coachee들이 다른 사람들을 더 잘 돕고 잘 섬기는 것에 대해 말한다면 이것은 소중한 의도이기도 하지만, 다른 한편 코칭을 함에 있어 그들 자신을 위해 찾아 볼 몇 가지 어떤 이유들도 있다고 말해 주는 것이 중요하다. 왜냐하면 변화를 향한 주요 동기가 전적으로 다른 사람들에게 더 도움을 잘 주는 것에만 있다면, 코칭을 통해서 coachee들에게 근본적인 변화를 가져다 주기는 매우 어렵기 때문이다. 그렇지 않으면 2번 유형들의 경우, 다른 사람들의 욕구에 더 많은 관심을 갖도록 하게 만들기 때문이다. 즉 2번 유형들이 자신들이 고심할 필요가 있는 발달적인 욕구를 가지고 있다는 사실을 깨달을 때, 이들의 진정한 발달이 이루어진다.

●●●둘째 coachee의 자기 숙달의 수준과 범위에 따른 적합한 코칭 접근법을 사용하라

coachee의 자기 숙달 수준을 알아내는 가장 좋은 방법은 148~150 페이지의 박스에 제시된 세 가지 수준을 나타내는 행동에 관한 묘사를 읽고 다음 질문에 대답하는 것이다.

① 이 사람의 평균적인 자기 숙달 수준은 어떠한가?

　□ 낮음　□ 중간　□ 높음

② 내가 알고 있는 것은 무엇이며, 어떤 관찰 결과를 바탕으로 이와 같은 결론을 도출하게 되었는가?

③ 이 사람의 자기 숙달 정도는 어떠한가 — 개개인의 가장 높고 가장 낮은 수준은?

④ 내가 관찰한 것 또는 이러한 결론이 나오도록 다른 자료로부터 알아낸 것은 무엇인가?

2번 유형들 : 자기 숙달 수준과 발달을 강화시키기 위한 코칭 접근법

■ 자기 숙달수준이 높은 2번 유형들 – 겸손한 섬김이

• 핵심적인 이해

(자신의 노력과는 별개로 발생하는 모든 것에는 깊은 목적이 있다.)

높은 자기 숙달을 보인 2번 유형들은 뭔가를 얻기 위해 주는 것이 아니며, 다른 사람들이 자신을 좋아하도록 만들기 위해 다른 사람들의 삶을 세심하게 조작함으로써, 자기가치를 높히려는 필요성을 느끼지 않는다. 온화하고, 너그럽고, 겸손하고, 포괄적이고, 깊이 동정하는 이들은 단순히 주기 위해 주고, 동시에 자기 자신의 깊은 욕구도 직접적으로 표현한다. 자신의 행복과 따뜻함에 대한 감각을 통해 다른 사람들의 마음을 이끈다.

• 2번 유형의 자기 숙달을 강화시키기 위한 코칭 접근법들

(확장을 위한 격려와 추가적인 방법들을 제공하라.)

– 자신의 삶을 위해 원하는 것에 초점을 두면서, 이들의 개인적 및 직업적 비전과 목표를 발달시키기 위해서 2번 유형들을 위한 도움을 제공하라.

– 일상적으로 자기 가치가 과장되거나, 꺾이는 경험을 한 후, 이들이 마음의 평정 상태를 유지하게 됐을 때, 이를 2번 유형들에게 확인시켜 주어라.

– 자기 자신의 욕구, 의견, 선호도를 표현하나 특히 이것들이 다른 사람들의 선호도에 배치될 때, 긍정적인 강화책을 제공하라.

– 다른 사람들과 관계 – 전화 통화, 이메일, 낯선 사람과의 일상적인 의사소통 등을 포함한 – 를 맺지 않고, 혼자 보내는 시간을 더 늘리도록 장려하라. 그러면 자신들의 감정을 파악할 수 있고, 자신의 경험에 대해 곰곰이 생각해볼 수 있으며, 자신이 할 수 있는 활동에 참여하여 스스로 즐길 수 있다.

– 정신 지능과 신체적인 지능을 자신의 감성 지능만큼이나 많이 사정하고 활용할 때마다 이들을 긍정적으로 확인시켜 주어라.

■ 자기 숙달 수준이 중간인 2번 유형들 – 친구

• 주요 관심사

(자신이 소중하고, 사랑받고, 필요하고, 인정받고, 가치가 있다고 느껴지는 것)

자기 숙달 수준이 중간인 2번 유형들은 종종 많은 친구들을 가지고 있고/있거나 사회적인 집단 혹은 기관의 중심에 있다. 이들은 사람들의 마음을 잘 읽고, 다소 아첨기가 있는 태도를 함께 취하면서 호의를 베풀고, 때로는 진실하지만 때로는 진실하지 않은 마음으로 따뜻하게 대해서 다른 사람들의 관심을 사로잡는 경향이 있다. 이들은 또한 감성적이고, 공격적이면서도 머뭇거리며 주저할 수도 있다. 그래서 '아니요'라고 말하는 것을 어려워 하면서 마치 종종 뒤에서 대인관계와 관련된 역동을 조장한다. 자주 다른 사람들이 얻기를 기대하는, 도움이 되는 조언을 제공하므로써, 이들은 연민 어린 도우미가 될 수 있다.

• 2번 유형의 자기 숙달을 강화시키기 위한 코칭 접근법들

(동기를 자극하고 구체적인 발달 행동을 제공하라.)

- 특히 2번 유형들이 '예'라고 말할 충분한 이유를 가지고 있지 않을 때는 오히려 더 자주 '아니요'라고 말하도록 권장하라.

- 각각의 상황을 세밀히 검토하면서, 자주 다른 사람들을 돕고자 하는 이들의 진정한 동기를 살펴보도록 도와라. 누군가를 돕기 위해 동의를 구하려고 할 때마다, 이들이 동의하기 전에 왜 동의하려고 하는지에 대해 스스로에게 물어볼 것을 제안하라.

- 2번 유형들의 진정한 감정에 대해서 묻고 이들의 감정의 깊이를 인식하도록 도와라.

- 2번 유형들이 지나치게 도움을 주려고 하거나 지나치게 억울해 하는 것 같을 때, 숨겨진 욕구를 찾고 진실한 갈망과 선호하는 것이 무엇인지 표현하도록 만들어라.

- 이들이 자신들보다, 다른 사람들에게 노력을 쏟는 태도에 주목하라. 정기적으로 이에 대해 관심을 갖도록 하라.

■ 자기 숙달 수준이 낮은 2번 유형들-조종자

• 핵심적인 두려움

(사람들에게 원치 않는 존재가 되고, 버려졌으며, 본질적으로 자신이 무가치하다고 여기는 것.)

자기 숙달 수준이 낮은 2번 유형들은 다른 사람들을 통제하기 위해서 죄책감, 책임, 수치심을 이용하는 기술이 뛰어난 조종자들일 수 있다. 이러한 2번 유형들은 심리적인 절망 상태에 빠지며, 다른 사람이 책임감을 느끼도록 만드는 데 노력한다. 이들의 노력들이 좌절될 때, 이러한 2번 유형들은 그들이 원하는 것을 얻기 위해 총력을 다하지만, 자신의 비생산적인 행동에는 책임지지 않을 것이다.

• 2번 유형의 자기 숙달을 강화시키기 위한 코칭 접근법들

(지지해 주고 지침과 경계 영역을 제공하라.)

- 긍정적인 피드백과 평가를 가지고 시작하라. 비판적인 피드백을 제공할 때에는 온화하되 단도직입적으로 표현하라.

- 이들이 조종을 하려는 듯한 행동을 보일 때, 친절하고, 연민 어린 방식으로 2번 유형들에게 문제를 제기하라. 진정한 감정, 욕구, 개인적인 목표를 더 직접적으로 표현하도록 권장하라.

- 자신들을 돌볼 방법들과 다른 사람의 행동에 의존하지 않는 자신의 진정한 욕구들을 알아내도록 도와라.

- 공포와 욕구를 내면에 남겨두지 않기 위해서 이들의 관심사와 의견을 끊임없이 끄집어내라.

- 정기적으로 이들의 욕구와 선호하는 것에 대해 물어보라. 만약 2번 유형들이 욕구가 없다고 말한다면, 미해결의 문제로 남겨두라. 욕구가 없다고 말하는 대답을 일단 수용하지 않고, 이것이 반복되는 패턴이라는 것이 분명해진다면, 나중에 이에 도전하라.

2번 유형 coachee의 자기 숙달 수준에 대한 초기 사정이 이루어지면, 그 수준

에 적합한 접근 방식을 숙지하고 coachee에게 가장 효과적인 것이라고 여겨지는 방식을 선택하라.

•••셋째 도전적 성장을 이끌어 낼 수 있는 코칭 기술을 사용하라

다음 네 가지 코칭 기술을 읽어가면서, 당신이 아는 몇몇 2번 유형들에 대해 생각해보고, 그들에게 이 기술들을 어떻게 사용할수 있을지를 생각해보는 것은 도움이될 것이다. 모든 2번 유형들은 비슷한 기본적인 성격, 특성 그리고 동기를 가지고 있지만, 행동으로 나타나는 데는 차이가 있다. 예를 들어, 몇몇 2번 유형들은 이지적인반면, 다른 2번 유형들은 그렇지 않다. 이들이 자기주장의 수준과 뒤에서 조종하는것보다 나서서 자기의 역할을 하는 것을 편안하게 받아들이는 정도 사이에는 큰 차이가 존재한다. 또한, 자기 숙달 수준, 감정이입, 날개와 화살표의 사용, 하위 유형,경험, 연령, 성별, 문화와 같은 요소들에 따라서도 차이가 있다.

■ 머리 중심 에너지를 사용하는 사람들의 도전 : "~라면 어떻게 될까?"
  라는 질문
"~라면 어떻게 될까?"라는 도전적 질문은 coachee가 중요하고 존중되어져야한다고 가정하는 상황에서 효과가 잘 나타난다 — 즉 그것은 정신모델이다. 이러한 가정은 coachee가 의심 없이 받아들이는 믿음과 패러다임의 일부이다. 2번 유형의 coachee가 명시적인 혹은 함축적인 가정을 표현하는 것을 들은 후, 코치는이와 관련해서 "~라면 어떻게 될까?"라는 도전적 질문을 던진다.
2번 유형들은 일반적으로 그들과 다른 사람들이 어떻게 행동해야만 하는지에대해 굉장히 강한 믿음과 가정을 갖고 있다. 그들은 대인관계와 관련된 규칙들을너무 엄격하게 생각하고 있어서 아마도 처음에는 규칙들에 대한 도전적인 질문을 하는 데에 반대할 것이다.

다음은 2번 유형들을 위한 세 가지 공통의 정신모델과 코치가 각 가정에 도전하기 위해 해야 하는 질문 그리고 2번 유형이 코치의 도전적 질문에 대답했을 때 코치가 어떤 식으로 반응해야 하는지를 순서대로 제시하고 있다.

2번 유형들을 위한 "~라면 어떻게 될까?"라는 질문

- 공통의 첫 번째 가정 – "난 정말로 이것을 거절할 수 없다."
  - 코치의 도전적 질문
  "만약 당신이 이것에 대해서 '아니요' 라고 말한다면 어떻게 될까요?"
  - 코치의 도전적 질문 이후의 반응
  – 만약 2번 유형이 "난 할 수 없어요."라고 말한다면, 이렇게 대답하라 : "만약 당신이 할 수 있다면 어떻게 될까?" 만약 여전히 구체적인 대답이 없다면 다시 질문하라. "당신은 다른 사람들이 부탁하는 모든 것에 언제나 '예' 라고 말합니까? 내게 돈 좀 빌려줄 수 있을까요?" 이 마지막 질문은 2번 유형에게 충격을 주기 위한 농담으로 하는 것이다.
  – 2번 유형이 만약 '아니요' 라고 말할 때 어떤 일이 발생할지에 대해 말할 수 있다면, 물어보라 : "그렇게 함으로써 당신에게 도움이 되는 것은 무엇일까요?"라는 질문의 대답을 들은 후, 물어라 : "당신이 거절할 수 있을 때와 당신이 '아니요' 라고 말하지 않기로 했을 때 당신은 어떻게 자신을 위한 가이드라인을 세울 수 있을까요?" 이 말은 자신이 행동을 할 때 그것은 의무가 아닌, 단지 선택이라는 것을 보여주는 것이다.

- 공통의 두 번째 가정 – "일을 하는 내 능력은 나와 다른 사람들과의 관계에 기반을 둔다."
  - 코치의 도전적 질문
  "만약 당신이 대인관계 이외에 다른 것을 바탕으로 무엇인가를 성취할 수 있다면 어떨까요?"

- 코치의 도전적 질문 이후의 반응

  - 만약 2번 유형이 그러한 상황을 생각해낼 수 없다면, 설득력 있는 비슷한 이야기를 해주어라. 그리고 다음과 같은 질문을 하라. "이와 비슷한 일을 보거나, 겪어본 적이 있습니까?"

  - 만약 2번 유형이 대인관계 이외에 다른 것을 바탕으로 일을 해 낼 수 있다면 어떤 일이 발생할지에 대해 표현할 수 있다면, 심층적인 통찰력을 이끌기 위해 질문을 하라.

- ■ 공통의 세 번째 가정 – "심지어 피곤할지라도 이 사람은 시간을 내서 꼭 만나야 한다."

  - 코치의 도전적 질문

    "만약 다른 사람들을 위해 신경 쓰는 만큼 자기 자신을 위해 신경 쓴다면 어떻게 될까요?"

  - 코치의 도전적 질문 이후의 반응

    - 만약 2번 유형이 그러한 시나리오를 생각해낼 수 없다면, 다음과 같이 질문하라. "도움을 줄 수 없을 정도로 피곤함을 느끼는 순간은 언제인가요?" 2번 유형의 반응을 본 후, 물어보라. "그것은 당신이 진정 원하는 건가요?"

    - 2번 유형이 구체적이고 긍정적인 반응을 보인다면, 물어보라. "당신 자신은 스스로에게 얼마나 중요한가요? 당신보다 다른 사람들이 정말로 더 중요한가요?" 이 대답을 들은 후 다음 질문으로 이어가라. "다른 사람의 욕구와 요구를 당신 자신의 욕구와 자원보다 더 우선시한다면 당신이 치러야 할 대가에 무엇인지에 대해 말해봅시다. 당신은 이렇게 하는 것으로부터 당신이 잃는 것보다 얻는 게 더 많아야만 합니다. 그렇지 않으면 당신은 이 행동을 계속할 수 없을 겁니다."

■ 가슴 중심 에너지를 사용하는 사람들의 도전 : coachee의 방어기제를
탐색하라

• 2번 유형의 주요 방어 기제 : 억압(repression)

억압은 개개인들이 자기 자신들로부터 스스로에 대한 정보를 숨기는 방어 기제이
다. 예를 들어 감정, 갈망, 소망, 혐오감, 두려움, 욕구 등이다. 이것들은 너무 어려
워서 의식적으로는 받아들이지 못한다. 하지만, 억압된 정보는 사라지지 않는다. 대
신에, 그것이 계속해서 개개인의 행동에 영향을 끼치는 동안, 억압된 자료에 대한
표현은 통제되거나 억제된다. 예를 들어, 2번 유형들은 불안감을 느끼게 되면 자신
을 안심시키는 말이나 행동이 필요할 것이다. 그러나 이들은 이러한 지지를 겨우 아
주 최소한의 수준으로 알아챌 것이다. 그리고 이러한 그들의 감정을 살펴보거나 편
안함을 추구하는 대신에, 2번 유형은 괴로워 보이는 다른 사람을 안심시킬 것이다.

억압

2번 유형은 한 달 이상의 긴 근무시간을 보내며 프로젝트의 성공 여부와 다른 팀 구
성원들의 과로를 계속 걱정하면서, 팀을 대신해 과다하게 일하고 있다. 2번 유형이
지치고 좌절할 것 같고 팀을 유지하고 프로젝트가 실패하지 않도록 하기 위해 매우
열심히 일하고 있는 초기 팀의 멤버에 대해 화가 날 수 있다는 것은 분명하지만, 2번
유형은 이에 대해서는 아무 말도 하지 않고 오히려 업무량이 다른 팀의 구성원에 미
치는 영향에만 촛점을 둔다.

2번 유형들이 너무 자주 억압한다는 것은 코칭 과정 동안 누가 봐도 쉽게 알 수
있다. 하지만, 억압된 정보는 쉽게 이용할 수 있거나 2번 유형인 자신들에게 쉽게
접근 가능하지 않기 때문에, 코치들은 이에 대해서 관심을 갖도록 부드럽게 유도
해야 한다. 이것을 하는 가장 좋은 방법은 계속해서 2번 유형들로 하여금 그들의

감정에 대해 물어보는 것이다. 억압의 예는 자신의 욕구보다 코치의 욕구에 집중하는 것, 그 감정이 타당한 것 같지만 그 강도는 지나친 것처럼 보이는 사건에 대해 폭발적인 반응 - 예를 들어, 분노, 깊은 상처, 혹은 높은 불안감 - 을 나타내는 것, 정상적이라기 보다 더 내성적이거나 과잉활동의 조증 증세를 보이는 것 등이 포함된다. 이러한 예들은 다음과 같은 2번 유형의 깊은 발달 이슈들에 맞서서 종종 숨기거나 방어하는 억압의 실제적인 증상 혹은 징후이다.

- 스스로도 욕구와 갈망을 가지고 있다는 사실을 인정하고, 언제나 다른 사람들의 욕구를 충족시키는 것보다 자신들을 돌보는 것에 대한 중요성을 알기.
- 자기 가치를 다른 사람들의 반응에 의존하지 않고, 그들의 자부심을 향한 내면의 기반을 발견하기.
- 대인 관계 속에서 지나치게 독립적 되고/되거나 지나치게 의존적이 되지 않고, 다른 사람에 대한 의존의 필요성과 개인적 및 직업적 관계 모두에 있어서 자율적으로 될 필요성을 통합시키기.

2번 유형들의 억압이라는 방어 기제를 가지고 일하기 위해서, 코치들은 간접적으로 혹은 직접적으로 도전할 수 있다. 간접적인 도전은 반응을 높이고 저항은 줄이기 때문에 종종 간접적인 도전으로 시작하는 편이 낫다. 하지만, 만약 coachee가 준비되거나 혹은 당신이 이 사람과 아주 좋은 관계를 맺고 있다면, 직접적으로 도전하는 것이 더 큰 영향력을 미칠 수 있다. 자기 숙달 수준이 낮은 2번 유형들과 함께 할 때, 이러한 2번 유형들은 더 예민하고, 연약하고, 쉽게 상처받기 때문에, 간접적인 도전이 더 효과적이다. 하지만, 자기 숙달 수준이 높은 2번 유형들은 직접적인 도전에 가장 잘 반응한다.

억압에 대한 간접적인 도전

"내 생각엔, 이것에 대해 당신이 실제로 나와 상의해온 것보다, 이것에 대해 아마 더 많은 감정을 가지고 있는 것 같아요. 이 감정들에 대해서 더 깊이 살펴보시겠어요?"

억압에 대한 직접적인 도전

"난 실제로 당신이, 스스로가 깨달은 것보다 훨씬 더 강렬한 감정을 가지고 있다는 것을 걸 알아요. 당신이 감정을 억압할 때, 그것들은 점점 더 강해져서 결국 폭발하고 맙니다. 당신이 느끼는 것과 얼마나 깊이 이 감정들을 느끼는지에 대해 말하는 것이 당신에게 훨씬 더 건강할 거예요."

■ 배 중심 에너지를 사용하는 사람들의 도전 : "왜 당신은 그것을 하려고 하는가?"라는 질문

2번 유형 coachee들이 자신과 관련된 무엇인가를 변화시키기를 원한다고 말할 때, 이 질문을 하는 것은 그들의 욕망을 도전적으로 지지하는데 효과적이다. 이 기술에 대한 반응으로써, 2번 유형의 coachee는 자신의 행동 계획을 변경하거나 기존의 계획에 더 깊게 매진하게 될 것이다. 이 기술은 ① 2번 유형 coachee가 생산적인 행동을 취할 의도를 명백히 밝히거나 ② 2번 유형 coachee가 위험할 수 있거나 자신의 최선의 이익에 반할 수도 있는 행동을 취할 의도를 표현할 때와 같은 두 가지 상황에서 특히 유용하다.

"왜 당신은 그것을 하려고 하는가?"라고 도전적인 질문을 하면서 2번 유형 coachee들과 일할 때, 코치들은 2번 유형들이 이 질문을 받았을 때 드러낼 불안한 반응들 – 예를 들어, 신경과민 때문에 웃음을 터뜨리거나, 혹은 이 질문에 대답하는 것을 피하기 위한 방법으로서 약간 화를 내는 것 등 – 을 의식할 필요가 있다. 나아가 코치들은 다른 사람들을 돕기 위한 행동을 할 것을 보여주는 식의 대답을 하는 2번 유형들에게 완곡한 표현으로 도전적인 질문을 해야 한다. 예를 들어, 2번 유형인 그들은 단호하게 말하고자 하지만, 다음과 같은 이유를 댈 것이다. "이것은 다른 사람이 자신의 행동을 바꾸는 데 도움이 될 거예요." 코치는 "단지 다른 사람을 위해서가 아닌, 바로 당신 자신을 위해서 하기를 원한다고 말하는 것이 어떨까요?"라고 말할 필요가 있다.

2번 유형들을 위한 도전 "왜 당신은 그것을 하려고 하는가?"

■ 생산적인 의도로 행동하려는 2번 유형 – "언제나 다른 사람들이 하고자 하는 것을 알아내도록 돕는 데 집중하기보다는 내가 정말로 하고 싶은 것을 알고 싶어요."

• 코치의 도전적 질문

"왜 당신은, 다른 사람들이 그들의 비전을 찾도록 도와주기보다, 당신 자신의 비전을 명확하게 하고 싶은가요?

• 코치의 도전적 질문 이후의 반응

– 만약 2번 유형이 대답을 생각해 내지 못하거나 설득력이 없는 대답을 한다면, "당신이 정말로 자신을 위해 무엇인가를 하고 싶다는 것으로는 들리지 않군요."라고 말한다. 그리고는 대답을 기다린다.

– 2번 유형이 설득력이 있는 반응을 보인다면, "이것은 정말로 당신에게 중요한 것처럼 들리는군요. 이것과 당신 자신의 욕구와 갈망에 더 주의함으로써 당신이 얻을 수 있는 것에 대해 더 말해보세요."라고 말한다.

■ 비생산적인 의도로 행동하려는 2번 유형 – "전 이 사람과 맞서기보다는, 그저 내 동료가 하고자 하는 것을 따르고자 해요."

• 코치의 도전적 질문

"왜 당신은 정직하기보다 묵인하길 원하나요?"

• 코치의 도전적 질문 이후의 반응

– 만약 2번 유형이 납득이 되는 이유를 든다면, "당신은 이것이 최상의 선택이라고 확신하는 것처럼 들리는군요. 그러나 이 질문을 할게요 : 이 사람과 맞

서거나 묵인하는 것 이외에 당신이 고려할 만한 대안책들이 있나요?"라고
말하라.
- 2번 유형이 이것은 생산적인 행동이 아니라는 걸 깨닫는다면, 다음과 같이 말
하라. "당신의 이 행동이 진정으로 당신의 최선의 이익에 부합되지 않는다는
사실을 깨닫는 것은 굉장히 좋은 일이에요. 다른 대안책들과 그 대안책들이
지닌 잠재적인 긍정적인 결과와 부정적인 결과에 대해 의논해 봅시다."

■ 역설적 도전 : 변형

몇몇 2번 유형들은 역설적인 문제 제기를 좋아하지만, 일부 사람들은 초기에 이
루어지는 역설적인 도전에 대해 지나치게 복잡하다고 여길 것이다. 후자의 반응을
가진 2번 유형들은 이런 방식으로 자기 자신에 대해 생각해보는 것에 매우 익숙하
지 않을 것이다. 다시 말해, 몇몇 2번 유형들은 습관, 정서적 패턴, 행동에 대한 도
전을 받아들이는 데 어려움이 있다. 이런 점 때문에, 2번 유형 coachee들이 자신
의 성장 욕구를 인정하고 자신의 행동을 기꺼이 살펴 본 다음에, 역설적인 도전을
활용하는 것이 최상의 방법이라고 할 수 있다.

코치가 역설에 대해서 말하면 그것이 초래할 수 있는 영향에 대해 2번 유형들은
곰곰이 생각해보는 것이 특히 중요하다. 2번 유형들은 자신들의 감정과 생각 중
일부에 대해 상의하고자 할 것이다. 또는 몇 번 더 역설에 대해서 설명해주기를 요
청할 수도 있다. 그러나 이러한 논의는 자기반성에 집중할 수 있는 기회를 방해할
지도 모른다.

2번 유형의 역설

Todd는 10년 이상을 대학교에서 학과장 일을 해왔다. 대학교가 종신으로 학과장 역할을 할 수 있는 적임 후보자를 찾을 때 마다, 그 후보자들은 역할에 맞는 업무를 제대로 수행해 내지 못했다. 그래서 Todd는 적합한 종신형 후임자가 나타날 때까지 계속해서 학과장 일을 맡아주길 요청받았다. 이러한 반복적인 순환을 몇 년 동안 겪은 후, Todd는 지쳐서, 좌절감과 분노를 느꼈다. 그는 그의 심정을 멘토에게 다음과 같이 표현했다. "왜 학과장 일이 언제나 저에게로 다시 돌아오죠? 저는 이 대학에 제 자신을 바치고 학교가 곤란한 상황에 처하지 않도록 해야 해요. 그러나 그럴 수 있는 다른 사람이 아무도 없어요. 내가 정말로 원하는 것은 책을 쓰는 거예요. 그런데 시간과 에너지가 없어요. 그만두고 싶지만, 그러면 프로그램이 실패할텐데, 내 동료들을 실망시킬 수 없어요."

역설에 대한 설명
2번 유형들은 진가를 인정받고 지지를 받고, 휴식을 취하고, 자신들의 꿈을 따르고자 하는 등 자신들의 갈망이 실현되길 원한다. 하지만, 이들은 다른 사람들을 돕는데 자신의 시간과 에너지를 너무 많이 써서 종종 자신들이 원하는 바를 다른 사람들에게 거의 표현하지 않으면서, 자신의 욕구가 진정으로 무엇인지와 자신의 갈망을 대단치 않게 생각한다는 사실을 깨닫지 못한다.

코치의 역설적 의견
"휴식과 창의적인 추구를 하고자 하는 욕구가 당신이 학교에 바친 변함없는 헌신으로 대신 충족되고 있는 것이 확실히 보여지네요. 그런데 그러한 결정을 내린 사람이 누구입니까? 당신이 정말 원하는 것과 자신의 행동이 자신을 돌보고 꿈을 추구할 수 있는 능력을 어떻게 방해하고 있는지에 대해 이야기 해봅시다."

〈주의〉
자기 숙달 수준이 낮은 사람들은 역설에 내재한 애매모호함을 다룰 만큼, 충분히 심리적으로 안정적이지 않기 때문에 중간 수준부터 높은 수준의 자기숙달 수준을 갖춘 2번 유형에게만 역설적 도전 방법을 사용하라.

2번 유형의 코칭 사례 연구 요약
Leslie

●●● 코칭 목표와 coachee의 동기를 확인하라

목표를 주어진 시간 내에 성취할 수 있고 coachee의 핵심 동기 유발 요소들 중 한 가지 이상의 요소와 연결될 수 있도록 하라.

Leslie는 재능 있고 똑똑한 마케팅 컨설턴트임에도 불구하고, 자기 혼자서 마케팅 하는 것에 대해서는 매우 불안해 한다. Leslie가 말한 코칭 목표는 매우 가시적인 활동을 할 때 자신감과 편안함을 느끼는 것이다. 예를 들면 많은 사람들 앞에서 연설하는 것, 단지 그녀가 하는 일을 도모하는 것이 아닌, 인간으로서 자신을 고취시킴으로써 과감히 다음 단계로 도전하는 것 등이다. 이것이 왜 Leslie에게 중요한가를 질문했을 때, Leslie는 초조한 듯한 미소를 지으며 망설이다가, "제 생각엔, 기분이 좋아서요. 또한 다른 사람들이 이것을 알았으면 해요." 라고 말했다.

●●●Coachee의 자기 숙달 수준과 범위에 따른 적합한 코칭 접근법을 사용하라

coachee가 지닌 자기 숙달의 일반적인 수준과 범위를 사정하라.

Leslie는 중간 자기숙달보다 높은 범위에 있거나, 심지어 높은 자기숙달에 있을 가능성도 있다고 믿는다. 하지만, Leslie는 중간 자기숙달의 끝에서 시작한 범위에서(예를 들면, 자신이 불안정해지고 변덕스러워질 때, 종종 자신이 신경 쓰는 누군가가 그녀에게 부정적인 방식으로 반응할 때) 높은 자기숙달로 이어지기도 하지만(예를 들면, 자신이 시간을 홀로 보내고 자기반성을 할 때) 보통은 중간 자기숙달의 중간 단계에 있다.

148~150페이지 박스에 나온 것들 중 coachee에게 가장 효과적일 수 있는 발달 접근방식을 선택하고 그것들을 시험해보라.

Leslie는 혼자일 때, 주기적인 쉬는 시간 동안에 자기반성을 하고 있지만, 정기적으로 훨씬 더 많은 자아 탐구를 할 필요가 있다. 모든 코칭 미팅 동안, 자신의 감정, 욕구, 갈망에 대해 확장된 질문을 하라. 특히 Leslie가 자신의 감정, 욕구, 갈망을 살펴보고 싶어하지 않을 때에 더욱 이에 대한 확장된 질문들을 하라. 이때, 단지 자신에게 바로바로 생각나는 반응들이 아닌, 마음속 깊은 곳에서 우러나오는 반응들에 대해 캐묻듯 하라. 다른 사람들이 그녀가 모든 상처와 분개를 살펴보고자 원하지 않는다고 여길 때 혹은 그녀가 인정받지 못하거나 무시당한다고 느낄 때(Leslie가 충분히 인정받지 못한다고 느끼는 다른 방식), 그녀가 느끼는 모든 분개와 상처를 살펴보도록 도와라.

●●● 도전적 성장을 이끌어 낼 수 있는 코칭 기술을 사용하라

이 장에서 언급된 각각의 네 가지 코칭 기술을 어떻게 이용할 것인지에 대해 계획을 하고 코칭 과정에서 적절한 때에 그것들을 사용하라.

■ 머리 중심 에너지를 사용하는 사람들의 도전적 질문 : "~라면 어떻게 될까?"

coachee가 말하거나 넌지시 내비친 말들 중, 당신이 도전할 수 있는 어떤 정신 모델이나 가정에 대한 말을 들었는가? 당신은 이 "~라면 어떻게 될까?"라는 도전적 질문을 어떻게 표현할 것인가?

다음의 모든 도전들은 Leslie에게 효과적일 것이다.

"당신이 이미 연설을 훌륭히 잘 하고 있다면 어떻게 될까 즉, 사실 당신은 이미 토론을 잘 이끌어 나가는 것과 같은 것이다"

"당신이 실제로 어떠한 사람에게 인정을 받으나 그 사람이 그 인정을 다른 방식으로 표현한다면 어떻게 될까?"

"당신이 재능이 많다는 사실을 다른 사람들이 알고 있다는 것을 확인할 필요가 없다면 어떻게 될까?"

■ 가슴 중심 에너지를 사용하는 사람들의 도전적 질문 : 방어기제를 인식하고 평형을 유지하라.

coachee가 특정한 방어기제를 사용하는 것을 언제 관찰할 수 있었는가? 직접적인 도전과 간접적인 도전 중 어떤 것이 더 효과적인가? 당신은 이 방어기제에 관한 도전을 어떻게 표현할 것인가?

Leslie는 자신이 진정한 감정을 억압한다는 사실을 깨닫지 못한다. Leslie는 매우 감정적이다. 그러나 자신의 감정들을 쌓아두었다가 조절하고자 노력한다. 결국, 자기 자신은 물론 주변 사람들을 놀라게 하는 감정의 화산 폭발을 하게 된다. 게다가, Leslie의 감정 중 일부는 깊은 감정을 숨기고 있을 것이다. 예를 들어, Leslie는 실제로 상처받을 때 화가 나게 되며, 실제로 불안할 때에 상처를 받는다. Leslie가 평균적인 중간 자기숙달 수준에서 행동을 할 때에는 간접적인 도전이 최선일 것이다. Leslie가 높은 자기 숙달에 가깝게 행동할 때는, 직접적인 도전이 Leslie에게 가장 영향력 있게 작용할 것이다.

간접적인 도전적 질문

"당신은 이 사건으로 상처받고 있다고 말하는데 왜 그런지 이해할 수 있어요. 상처 이외에, 아마도 당신은 이 일에 대해서 또다른 감정들도 가지고 있을 거예요."

직접적인 도전적 질문

"당신이 감정적인 사람이란 걸 알아요. 그러나 당신의 실질적인 감정의 깊이와 배열을 억누르고 있다거나 억제하고 통제하고 있다는 것을 생각해본 적 있나요?"

■ 배 중심 에너지를 사용하는 사람들의 도전적 질문 : "왜 당신은 그것을 하려고 하는가?"

coachee는 앞으로 어떤 행동을 할 계획이라고 말했는가? 당신은 이것이 현명한 행동 과정이라고 생각하는가? 이에 대해서 "왜 당신은 그것을 하려고 하는가?"라는 도전을 어떻게 표현할 것인가?

"왜 당신은 더 두드러지길 원하는가?"

■ 역설적 도전 : 변형

당신은 coachee에게서 어떤 역설을 관찰했는가? 가장 의미 있는 것을 선택하

라. 당신은 coachee이 역설적 도전을 어떻게 표현하겠는가?

"당신은 다른 사람들이 자신을 홍보하고 드러내는 것을 돕는데 유능하지만, 당신 자신을 밖으로 내놓고 드러낼 때에도 마찬가지로 동일한 의도, 노력, 주의를 쏟지 않는다는 게 얼마나 아이러니한가요?"

2번 유형들을 위한 발달 활동들

코치들은 다음의 활동들을 2번 유형 coachee들에게 제안할 수 있다.

●●● **핵심** 이슈 : 감사함으로 무엇인가를 받기 위해 당신이 취하는 방식들을 살펴보라

병원에서 누군가를 집에 데려다 주었던 일이라든가 혹은 당신이 원했던 것보다 더 오랜 시간 동안 누군가의 말을 들어주었던 일이라든가 등등 당신이 지난주에 다른 사람들에게 한 모든 일의 목록을 작성해 보라. 각 항목 옆에 그 대가로 바라는 것을 적어둔다. 몇 주 동안 계속해서 이 목록을 작성해 보라. 답례로 무엇인가를 얻기 위해 다른 사람에게 주고 있다는 것에 대해 알아채게 됨으로써, 당신의 행동이 단순히 바뀐다는 사실을 알게 될 것이다. 그렇지 않다면 그러한 행동을 계속함으로써 당신이 치르는 대가를 곰곰이 생각해보라.

●●● 날개와 화살표를 통한 확장

■ 1번 날개 : 알아차리는 것을 배워라

당신은 사람들의 감정과 그들의 반응에 높은 가치를 두기 때문에, 당신이 다른 사람들에게 부정적인 영향을 미칠 수 있는 행동을 취해야 할 때 불안감을 느낄 가능성이 있다. 당신이 힘든 결정을 내리기 위해 버둥거릴 때, 당신이 아는 한 가지 사실은 당신이 신경 쓰는 누군가를 바로 잡아 주지만, 결과적으로는 부정적인 영향을 미칠 것이라는 것이다. 스스로에게 물어보라. "기관과 우리 업무에 더 많은 도움이 되기 위해서, 어떻게 하는 것이 가장 최상인가?"

■ 3번 날개 : 존경을 추구하라

당신은 사랑 받기를 원하지만 존경 받는 것도 똑같이 중요하다. 사실상 당신에게 가장 필요한 존경은 다른 사람들의 인식과 관계없이, 당신이 누구인가를 깨닫기 위한 자신으로부터 나온 존경이다. 다음과 같은 질문을 해보라. "난 정말로 내 자신을 존경하는가? 다른 사람들이 나에 대해 생각하는 것과 완전히 별도로 나 스스로 존중을 얻기 위해 내가 해야만 하는 것은 무엇인가?"

■ 8번으로 향하는 화살표 : 다른 사람들이 당신에게 어떻게 반응하는지에 덜 신경 써라

당신이 무엇인가에 반응하거나 조치를 취할 때 보이지 않는 '관중'에 반응하기 때문에, 당신의 행동은 자유롭지 못하고 제한을 받는다. 당신은 당신이 알고 있는 것 이상으로 다른 사람들의 반응을 더 자주 고려할 가능성이 있다. 당신이 행동을 고려하고 다른 사람들의 반응에 대해 생각하기 시작할 때마다, 혹은 당신이 행한, 생각한, 느낀 뭔가에 대해 가책을 느낄 때마다, 이러한 질문들을 하면서 당신 자신과 마주쳐라. "내가 정말로 원하는 것이 무엇인가? 내가 생각하기에 정말로 앞으로 할 최상의 일은 무엇이며, 또 했던 일 중 가장 잘한 일은 무엇인가? 이것에 대한 나의 진정한 감정은 무엇인가?"

■ 4번으로부터 나온 화살표 : 당신 자신의 내면 속을 깊게 들어가보라

15분 간격을 두고 규칙적으로 당신 자신에게 물어라. "이것에 대해 난 어떻게 느끼는가? 내가 필요한 것을 얻고 있는가 혹은 여기서 놓친 것이 있는가?" 이런 방식으로 자신을 잘 살펴보는 것은 당신의 감정과 욕구에 대해 계속적인 자기보고와 경향성에 대한 분석적 기능을 한다.

■ 의사소통 : 당신의 진정한 의도에 대해 분명히 하라

당신이 누군가에게 질문을 하기 전에, 스스로에게 그 질문 너머에 있는 것에 대해 물어보라. 그것은 질문으로써 정말로 세심히 만들어진 표현인가? 그렇다면, 그 질문을 하라. 관계를 형성하기 위해 그 사람에 대해 더 잘 알기 위한 방법인가? 그렇다면, 그 대신에 자신에 대한 것을 그 사람에게 말하라. 질문들은 괜찮다. 동시에 당신의 상호작용을 더 다양하게 만들고 당신의 의도가 당신이 말하는 것과 일치하도록 하는 것 또한 중요하다.

■ 갈등 : 상황으로부터 당신이 배울 필요가 있는 것에 집중하라

당신이 화가 나거나 다른 누군가와 갈등상태에 있을 때, 다른 사람이 아닌 스스로에게 더 집중하라. 쟁점 사안은 다른 사람이 깨달을 필요가 있는 것이 아닌, 당신 자신에 대해 살펴볼 필요가 있는 것이기 때문이다. 다음 질문들을 스스로에게 하라. "이것을 통해 내가 깨달아야 하는 것은 무엇인가? 이 갈등 속에서 내 책임은 무엇인가? 이 사람이 내가 좋아하지 않는 일을 했다고 하더라도 내가 온전히 진실하다면 우리 사이에 어떤 역동적인 것이 나의 일부분이라고 믿는가?

■ 팀 : 당신이 신경쓰는 팀의 목적만큼 팀의 업무에도 관심을 가져라

당신이 생각하는 팀의 가장 중요한 목적을 언급함으로써, 현재 업무에만 집중되어 있는 것에서 대인관계의 강화에도 초점을 맞추도록 한다. 이에 대해서 다른 사람들이 당신에게 동의할 수도 있고 안할 수도 있다. 의견이 일치할 뿐만 아니라 의견이 불일치할 때도 편안하게 받아들이는 법을 배워라.

■ 리더십 : 다른 사람들에게 동기와 서비스를 줄 수 있는 당신의 리더십 재능을 존중하고, 자신을 드러내는 리더가 되기 위해 자신의 의지와 편안함을 강화시켜라

당신이 리더십 역할에 포함된 권한과 당신이 가질 수 있는 개인적인 영향력 모두를 주장하는 것은 중요하다. 그렇게 함으로써 다른 사람들이 당신을 더 쉽게 따르도록 한다. 이로 인해 리더십 역할에 대한 더 많은 존경도 갖게 되고 이렇게 향상된 인정 수준은 팀의 성공과 자신의 직업적 성장을 위해 중요한 역할을 한다. 공식적인 자리에서, 그들의 리더로서 당신 자신을 드러내라. 다른 누군가가 당신을 위해 팀 미팅을 주관하기보다는 당신 스스로 팀 미팅을 운영하라. 당신이 당신의 리더십 역할을 축소시키는 방식들에 유의하라.

5

에니어그램
3번 유형 코칭하기

3번 유형의 사람들은 다른 사람들로부터 존경심과
칭찬을 받기 위해 구체적인 목표를 달성하고 성공적으로
보여지기 위해 자신의 삶을 구성한다.

중심에너지 : 가슴

3번 유형을
확인하는 방법

사고　　　　　　　　　　감정

핵심 믿음

- 세상은 승자를 가치 있게 여기며 패배자를 무시하거나 가치 없이 여긴다.
- 당신이 누구를 알고, 무엇을 아는가도 중요하지만 당신이 사람들에게 어떻게 알려져 있는가는 더욱 중요하다.
- 계속해서 당신의 목표에 집중하라. 그러면 그 밖의 모든 것이 형통할 것이다.

정서적 패턴

- 자신감 있는 태도를 유지 한다.
- 스스로 특히 두려움과 슬픔의 감정과 같은 가장 강한 감정을 지키고, 심지어 자신들로부터도 지키려고 한다.

행동

직장에서의 행동

- 목표와 계획에 매우 집중한다. • 잘 발달된 대인관계 기술을 가진다.
- 스트레스를 받을 때 퉁명스러워지고 성급하게 된다.
- 장애물들로 인해 목표에 차질이 생기면 화가 난다. • 경쟁을 즐긴다.

●●● "타인지향적인 마음"

3번 유형들은 다른 사람들의 존경과 칭송을 받고자 하는 측면에서, 다른 사람들이 자신에게 어떻게 반응하고 있는가에 초점을 맞추기 위하여 가슴 중심 에너지를 사용한다. 대부분의 3번 유형들은 주변 사람들의 심중을 노련하게 읽을 수 있기 때문에, 그들이 바라는 반응을 이끌기 위해서 다른 사람들 눈에 비치는 자신의 모습 - 구체적으로, 말하고 있는 것과 그것을 어떻게 말하고 있는가와 더불어 비언어적인 행동 - 을 바꿀 수 있다. 이러한 이유로 인해, 3번 유형들은 에니어그램에서 '카멜레온' 이라고 불린다.

●●● 3번 유형들의 정서적 패턴

■ *자신감 있는 태도를 유지한다*

3번 유형의 사람들은 성공한 사람들처럼 보이기를 원한다. 이들의 관점에서, 성공한 사람들은 자신감 있어 보인다. 그 결과, 3번 유형들은 정말로 아무것도 자신들을 방해하지 않는 양, 거의 언제나 집중적이고, 긍정적이고, 다소 진지해 보인다. 자신감 있는 사람들은 불안감을 느끼지 않거나 드러내지 않는다고 믿는다. 이들은 연약한 개개인들에게서 나타나는 슬픔과 같은 감정을 겉으로 분명하게 내보이지 않는다. 즉 그들이 하는 일에 여전히 몰두하는 것으로 보이는 동안, 3번 유형의 사람들은 불안, 슬픔, 혹은 분노를 느끼고 있다는 것을 겉으로 보기에 바로 알 수 있는 여러 가지 징후들을 감출 줄 안다. 하지만, 3번 유형이 한동안 극심한 압력을 받고 자신의 공식적인 모습을 더 이상 유지하기가 어려워지면 아주 작은 사건들에도 강한 정서적인 반응을 나타낼 수 있다.

■ 가장 강한 감정은 비밀스럽게 간직한다. 특히 두려움과 슬픔의 감정은 심지어 자기자신들로부터도 보호하려고 한다.

대부분의 3번 유형의 사람들은 자신들이 가지고 있는 감정을 감지할 수 있음에도 불구하고, 이러한 감정들이 무엇인지 그리고 얼마나 깊이 그 감정들을 느끼고 있는지를 정확하게 알지 못한다. 3번 유형들은 본인들이 느끼고 싶어하지 않는 감정을 느낄 때, 흔히 그 감정들을 피하기 위한 방법으로써 일에 몰입한다. 많은 3번 유형들은 자신에게 대단히 중요한 사람들에게는 화를 내기가 어려우며, 보통 분노와 좌절을 슬픔과 불안감보다는 쉽게 느끼며 사실로 인정한다.

●●● 3번 유형의 직장에서의 행동

■ 목표와 계획에 매우 집중한다

3번 유형의 사람들은 자신들이 다른 사람들의 존경과 칭송을 받을 수 있을 것이라고 믿는 구체적인 목표를 분명히 밝히고 또한 이루는 것이 성공의 기반이라고 생각한다. 이들은 성공적으로 보이길 원하는 상태를 염두에 두고 한 목표를 선택한 후, 자신들의 목표에 도달하는 데에 효과적이고 효율적인 계획이라고 생각하는 것을 고안한다. 게다가, 3번 유형들은 실패를 피하고자 하고, 실패가 일어날 것 같은 상황에는 가급적 관여하지 않으려고 하며, 설사 그러한 일이 일어났다고 해도 실패를 '배우는 기회'라고 다시 재구성한다.

■ 잘 발달된 대인관계 기술을 가진다

대부분의 3번 유형들은, 사람들을 대화에 끌어들이며 동시에 사람들을 편안하게 해주도록 노력하면서, 개개인들과 집단 모두에 잘 적응한다. 예를 들어, 3번 유형들은 다른 사람의 관심사를 기억하고 그 사람에게 그 주제에 대한 질문을 함으로써 대화를 시작한다. 집단들이 모인 곳에서 3번 유형들은 그때까지 상호작용에 참여하지 않은 특정한 개개인들에게 말을 건네거나 질문을 할 것이다. 말하는 스타일이 상대적으로 느린 사람과 이야기를 나눌 때 그들의 대화 리듬 속도에 맞춰 자신이 말하는 속도를 줄이나, 굉장히 활발한 사람과 토론할 때에는 보다 활동적으로 변한다.

■ 스트레스를 받을 때 퉁명스러워지고 성급하게 된다

3번 유형들은 스트레스를 받거나, 심신이 지치거나, 혹사당하거나, 혹은 무엇인가 실패할 가능성 – 예를 들어, 작업 프로젝트, 승진 혹은 개인적인 관심 – 이 감지되어 불안해질 때는 그들의 효과적인 사회적 기술이 갑자기 사라진다. 짜증을 잘 내고, 성급하고, 심지어 화를 낸다. 이러한 태도는 갑작스럽게 나타나기 때문에, 사람들을 놀라게 할 수 있다. 만성적인 스트레스가 있는 3번 유형들은 계속적으로 이러한 특성들을 드러낼 것이다. 이 경우에 이들의 사회적 기술은 오랜 시간 동안 정체되어 가시적인 모습을 볼 수 없게 될 것이다.

■ 장애물들로 인해 목표에 차질이 생기면 화가 난다

3번 유형들은 목표를 세우고 실행 가능한 계획을 설정하자마자, 기관이 정한 운영상의 규칙에 따라 활동하기 시작한다. 하지만, 그 규칙이 임의적으로 혹은 더 이상 필요하지 않게 되어 바뀌거나, 혹은 대처할 수 없는 장애물들로 인해 자신의 목표 성취에 차질이 생기면 매우 좌절한다.

■ 경쟁을 즐긴다

3번 유형들은 자신들이 실패를 혐오하는 것만큼 승리를 즐기기 때문에, 대부분의 상황에서 매우 경쟁적이다. 이들은 직장에서든 아니면 레크리에이션 활동에서든, 자신이 우승팀에 속하고자 할 뿐만 아니라 단독 경쟁도 즐긴다.

유명한 3번 유형들

톰 크루즈
(Tom Cruise)

"난 승리보다 패배를 통해 더 많은 걸 배울 수 있다고 생각하는 사람들을 이해할 수 없어요."

"난 마음을 더욱더 진정시키는 걸 배웠어요. 모든 사람은 그들이 하는 것에 압박을 받아요. 아마도, 그래도 내 경우는 조금 다를 거예요, 내가 원하는 것을 다하기에도 시간이 모자라서 압박감을 느낄 시간이 없기 때문이예요."

오프라 윈프리
(Oprah Winfrey)

"내 인생에 있어서 커다란 비밀은 큰 비밀이 없다는 것이에요. 당신의 목표가 무엇이든 간에, 당신이 기꺼이 전력을 다한다면 원하는 것을 성취할 수 있을 거에요."

"난 내가 위대한 사람이 될 운명이라는 걸 언제나 알고 있었어요."

코비 브라이언트
(Kobe Bryant)

"난 게임에서 이기기 위해서는 무엇이든지 할 거예요. 타월을 흔들면서 벤치 위에 앉아 있는 것이든, 물이 든 컵을 팀 동료에게 주는 것이든, 혹은 결승 샷을 때리는 것이든 어떤 것이든지 할 거예요."

"부정적인 모든 것은-압박, 도전-나를 높은 위치로 오르게 하는 기회예요."

●●●하위 유형들 : 3번 유형의 세 가지 변형들

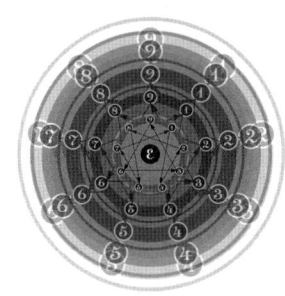

모든 3번 유형들은 다른 사람들로부터 존경과 칭송을 받기 위해서 성공적으로 보여야만 한다. 따라서 이들의 성공 이미지에 맞지 않는 자신들의 모습은 숨김으로써, 사람들을 속이는 것뿐만 아니라, 자신들이 만들어낸 이미지가 실제 자신이라고 믿기 위해 자신도 속임으로써, 어떠한 형태로든 실패를 피한다. 3번 유형들의 이러한 특성들은 하위 유형이라고 부르는 세 가지 뚜렷한 방식들로 설명된다.

① 셀프형 하위 유형인 3번 유형들은 독립적이고, 자율적이며, 근면해 보이도록 노력한다. 그래서 좋은 사람 혹은 이상적인 사람이라는 이미지를 나타낸다. 심지어 이들은 없는 이미지를 만들어내기도 한다.

② 그룹형 하위 유형인 3번 유형들은 구체적인 관계로 이루어진 집단 상황, 즉 자신이 성공적으로 보이길 원하는 집단에서 성공적이고 존경받고 있는 것처럼 보이길 원한다. 그들이 성공적인 사람들과 가까이 있는 것은 3번 유형의 이미지와 사회적 지위 모두를 강화시켜주기 때문에 성공적인 사람들 주변에 있는 것을 좋아한다.

③ 파트너형 하위 유형인 3번 유형들의 일부는, 자신들에게 매우 중요한 사람들에게 어떻게 해서든 매력적으로 보이는 것은 물론 더 나아가 그 사람들이 성공을 이루도록 돕기까지 함으로써, 그들에게 스스로가 성공한 사람으로 인식되기를 원한다.

•••3번 유형의 날개와 화살표

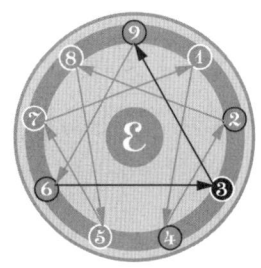

3번 유형들이 칭송과 존경을 추구하고 실패를 피하기 때문에, 이들은 매우 의욕이 넘치고, 목표와 계획에 집착하고, 자신의 업무에 지나치게 자신감을 갖게 되어 자신들이 거둔 성과에 도움을 준 사람들이 누구인지도 잊어버린다. 그 결과, 스스로 자신이 가치 있다는 느낌 — 스스로 혹은 사람들로부터 — 을 진정으로 받지 못한다. 이들의 날개(2번 유형과 4번 유형)와 화살표(9번 유형과 6번 유형)로의 접근은 3번 유형들이 지닌 특징들의 균형을 잡아준다.

■ 3번 유형의 날개

• 2번 날개 : 2번 날개를 가진 3번 유형들은 사람들의 감정에 훨씬 더 예민하고 자신들의 시간과 자원에 훨씬 더 관대하다. 종종 이들은 전문적이고 또는 개인적인 삶에서 사람들을 돕는 데에 집중한다.

• 4번 날개 : 4번 날개를 가진 3번 유형들은 자신에 대한 감정에 훨씬 더 예민하게 관여하며, 또 다른 사람들과의 감정적인 대화도 스스럼없이 나누며, 자신에 대한 깊은 존재감을 가지고, 예술적인 감각으로 표현하거나 예술적으로 감상하며 재정의한다.

■ 3번 유형의 화살표

• 9번 유형을 향한 화살표 : 9번 유형과 강한 연결 고리를 가진 3번 유형들은 그들을 진정시키고 바쁜 일상에서 여유를 느끼기 위해서, 단순히 활동하는 것으로 기쁨을 얻고자 활동에 참가한다. 9번 유형으로 접근하게 되면 3번 유형들은 더 부드럽고 느긋한 마음을 갖게 된다.

• 6번 유형으로부터 나온 화살표 : 많은 3번 유형들이 영리함에도 불구하고 6번
유형과 강한 연결 고리를 갖는 3번 유형들은 보다 강화된 분석적인 능력 및 통
찰력때문에 이들의 평균적인 지능을 끌어올린다. 게다가, 6번 유형과 연결을
가진 3번 유형들은 자신의 감정을 피하고자 하는 방식으로서 일을 하기보다는,
자기 자신의 진정한 반응을 더 잘 깨달아 가는 방향으로 일하는 경향이 있다.

●●●3번 유형을 위한 세 가지 질문들

① 사람들이 당신을 가치 있게 여기고 존경심을 느끼도록 하기 위해, 또 다른 사
람들에게 깊은 인상을 남기기 위해 당신은 어떤 특정한 일들을 하는가?

② 당신은 "존재한다는 것"이 무엇을 뜻하는지도 잘 모르면서, 그 존재의 뜻도
모르는 일을 "하느라" 매우 바쁜가?

③ 당신은 당신이 잘 할 수 있는 활동에만 참여함으로써 실패를 회피하는가, 아
니면 목표에 집중하면서 그 목표를 이룰 수 있다고 확신하는가, 그리고 실패
를 '배우는 기회'라고 생각하며 그 실패를 재구성하는가?

3번 유형을 코칭할 때 고려할 점

강점의 영역	발달을 위한 영역	
• 활동적임	• 경쟁적임	
• 기업가적임	• 퉁명스러움	
• 자신감 있음	• 몹시 집중함	
• 결과 지향적임	• 선택적으로 폭로함	

코칭 개요

    3번 유형들은 종종 코칭 만남을 기대한다. 특히 코칭 만남을 자신들의 업적을 쌓는 것과 훨씬 더 유명해지는 데 도움이 될 만한 것으로 여기며, 실행 가능한 아이디어들을 강조한다면, 이들은 더더욱 코칭 만남을 기대하게 된다. 3번 유형들의 사전에는 '실패'라는 단어가 없기 때문에, 3번 유형들은 좀 더 효과적인 사람이 될 수 있는 기회라는 점에서 간단하되, 친절하면서도 틀이 잡혀져 있다면 다소 부정적인 피드백이라 하더라도 수용도가 높다.

    3번 유형들은 자신이 직면한 문제를 이해했다는 생각이 들면, 심지어 코칭 만남이 끝나기 전이라도, 즉시 조치를 취할 준비가 되어 있다. 문제를 빨리 해결하는 것을 좋아하므로 곧 행동으로 옮긴다. 따라서 코치의 도전적 과제는 3번 유형들이 자신의 속도감을 줄이고, 변화를 위한 어떤 결정을 내리기 전에 시간을 가지고 자신의 내면에 자리한 깊은 감정과 갈망을 생각해보도록 돕는 것이다. 이를 위한 효과적인 방법은 다음과 같은 질문을 하는 것이다 : "당신이 어떤 조치를 취하고자 결정하기 이전에, 잠깐 일의 속도를 늦추면 어떨까요? 그러면 당신은 당신이 풀어야 하는 문제가 무엇인지, 당신이 정말로 하고 싶은 것이 무엇인지를 보다 더 분명하게 알 수 있을 거예요."

　대부분의 3번 유형들은 친구들이 많으며, 몇몇 친구들과의 우정은 수십 년간 이어져 왔지만, 비밀을 털어놓을 만큼 절친한 친구들이 많지 않다. 이런 배경에는 두 가지 이유가 있다. 첫째, 대부분의 3번 유형들은 친구들과 깊은 관계로 발전시킬 수 있는 시간을 갖지 못할 만큼 바쁜 삶을 산다. 둘째, 3번 유형들은 자기의 친구들과 깊은 감정을 공유하기를 꺼려한다. 특히 자신들의 결점과 실패에 연관된 사람들하고는 더더욱 꺼려한다. 그래서 코치는 종종 3번 유형이 비밀도 털어놓는 절친한 친구이자 친구역할을 대신하는 조언자가 된다. 특히, 3번 유형이 코치를 존경하고, 이에 대한 보답으로 코치로부터 자신이 존중받는 걸 느낀다면 더더욱 그러하다. 3번 유형과 이와 같은 상호 관계를 가진 코치들은 3번 유형에게 대단히 긍정적인 영향력을 미쳐야 하는 위치에 놓이게 된다.

　코치들은 스스로를 자신의 일과 지나치게 동일시 하는 것(예를 들어 목표, 계획, 활동을 포함)을 이해하고 개인적으로 치러야 할 대가를 이해하도록 도움으로써, 3번 유형 coachee들을 가장 잘 도울 수 있다. 3번 유형들은 자신들이 하고 있는 것과 성취하는 것의 조화에서 자기의 가치를 가지므로, 존재적 인간으로써 자신이 누구인가를 바탕으로 한 자아 의식에서는 멀어진다.

•••첫째 코칭 목표와 coachee의 동기를 확인하라

■ 목표 파악 : 3번 유형들에게 어떤 질문을 할 것인가

　3번 유형들은 코칭의 가장 초기 단계에서, 자신들의 코칭 목표에 대한 분명한 토론과 확고한 결정이 내려지기를 기대한다. 대부분의 3번 유형들은 구체적인 목표가 없다면, 방향을 잃은 듯한 느낌을 갖는다. 그로 인해 불안하고 혼란에 빠진 느낌이 들게 된다. 몇몇 3번 유형들은 코칭을 위한 목표 구상에 상당히 많은 생각을 하지만, 다른 3번 유형들은 가장 이익이 될 코칭 결과를 결정하는 데 더 많은 도움이 필요하다. 3번 유형들은 직장에서 대개 성공을 거둔 입지에 놓여 있기 때문에 지위, 명예, 이미지 측면에서 오로지 더 성공을 거두는 데만 집중하는 코칭 경험은 3번 유형이 성장하고 발전하는 데 도움이 되지 않는다. 하지만, 실패하고 있는 어떤 일은, 코칭에 참여하는 3번 유형들에게 자신의 가장 의미 있는 발달 영역을 개선하기 위해 노력할 수 있는 절호의 기회가 될 수 있다.

3번 유형들은 목표를 염두에 두고 지속적으로 생각하기 때문에, 다음의 직접적인 질문은 3번 유형의 코칭 포부에 대한 대화를 시작하는 데 사용된다. 이 중에서도 '선택한 각각의 목표가 왜 그렇게도 매우 중요한가?'는 가장 중요한 질문이다. 3번 유형들이 각각의 목표에 대한 질문에 대답하기 시작하면, 또 다른 중요한 추가적인 목표를 생각해낼 것이다.

- 코칭을 하는 당신의 목표는 무엇입니까?
- 당신은 왜 각각의 목표를 선택했나요?
- 당신에게 유용할 것이라고 생각이 드는 다른 추가적인 목표가 있습니까?
- 그 목표들이 주는 이득은 무엇입니까?
- 당신이 언급한 모든 목표들을 고려해봤을 때, 어떤 것들이 당신에게 가장 중요합니까?

3번 유형 coachee들의 목표를 의논할 때, 코치는 3번 유형으로 하여금 아래에 설명된 주요한 발달 동기 유발 요인들과 특정한 코칭목표들 간에 명백한 연결고리를 만들 수 있도록 도와야만 한다. 왜 각 코칭 목표가 중요한지 논의하다 보면 이 연결고리는 coachee에게 분명해질 것이다. 만약 그렇지 않다면 코치는 다음 두 가지 중 하나를 할 수 있다 :

① 3번 유형 coachee들에게 질문하라.

"당신이 이 목표를 성취하게 되면 어떤 개인적이고 직업적인 이득을 얻게 됩니까?"

② 목표와 동기 부여 요인과의 연결고리를 직접적으로 설명해 주어라.

"이를 통해 당신이 바라는 만큼 성공을 거두는 데 도움을 받을 수 있어요. 그러나 당신이 압박을 덜 받고 마음의 긴장을 풀도록 하는 방식으로 이루어진다면 더욱더 도움이 될 거에요."

■ 3번 유형의 발달을 위한 주요한 동기 부여 요소들

• 자신들이 언제나 성공했다고 증명해야 한다는 압박없이도 더욱 성공했다고 느낄 수 있기.

• 더 나은, 더 의미 있는, 더 오래 지속되는 관계를 가지기.

• 사람들에게 지속적으로 깊은 인상을 줄 필요성을 느끼지 않으면서도 마음의 긴장을 풀고 진정할 수 있으며, 스스로의 있는 그대로의 모습으로 살 수 있기.

• 더 깊은 수준에서 스스로를 경험하기.

• 일 혹은 사회적 맥락을 근거로, 자신의 목표는 이러해야 한다고 믿는 것과는 상관없이 자신이 정말로 원하는 것을 스스로 알아내기.

3번 유형 coachee를 코칭하는 코치들이 주목해야 할 점은, 대부분의 3번 유형들은 목표가 합의되자마자, 무의식적으로 코칭 계획을 정의하고 확정하려고 노력한다는 것이다. 물론 3번 유형들은 즉시 목표에서 계획으로 움직이기 때문에 이해가 되는 부분이기는 하지만, 이 단계는 코칭 관계의 현 시점에서 볼 때 시기상조라고 할 수 있다. 왜냐하면 코치와 coachee는 coachee의 목표와 관련되며, 따라서 계발할 이슈들, 즉 얼마나 자주, 오랫동안 그들이 만날 필요가 있으며, 코칭 관계 작업을 코치와 coachee 모두에게 최상으로 만들 수 있는 방법 등이 아직 논의되지 않았기 때문이다.

3번 유형들은 보통 자신들이 하는 모든 것이 능률적이고 효과적이기를 원한다. 이들은 가능한 가장 짧은 시간 안에 이루는 효율성과 바라던 결과를 이루는 효과성을 쉽게 융합시킨다. 그래서 초기 목표보다 coachee의 발달에 더 중요할 수도 있는 새로운 화제들, 주제들, 문제들, 목표들이 나타나면 코칭 과정이 언제나 효율적이라고 느껴지진 않을 것이다. 게다가, 코칭의 특정 부문들이 얼마 동안 이루어질지를 정확하게 예측하는 것은 불가능하다. 왜냐하면 이 문제는 대부분 coachee의 수용성, 문제의 복잡성, 코치의 기술, coachee와 코치의 관계에 달려있기 때문이다. 그러므로 만약 3번 유형 coachee들이 이 단계에 코칭이 어떻게 진행할 것인가에 대해 총체적으로 명확하게 잡고자 한다면, 코치는 3번 유형들을 위한 중요한 코칭 문제를 제기하기 위해 coachee의 고집 – coachee의 목표와 계획 집착 – 을 이용할 수 있다.

●●●둘째 coachee의 자기 숙달의 수준과 범위에 따른 적합한 코칭 접근법을 사용하라

coachee의 자기 숙달 수준을 알아내는 가장 좋은 방법은 183~186페이지의 박스에 제시된 세 가지 수준을 나타내는 행동에 관한 묘사를 읽고 다음 질문에 대답하는 것이다.

① 이 사람의 평균적인 자기 숙달 수준은 어떠한가?
　□ 낮음　□ 중간　□ 높음
② 내가 알고 있는 것은 무엇이며, 어떤 관찰 결과를 바탕으로 이와 같은 결론을 도출하게 되었는가?
③ 이 사람의 자기 숙달 정도는 어떠한가 — 즉, 개개인의 가장 높고 가장 낮은 수준은?

④ 내가 관찰한 것 또는 이러한 결론이 나오도록 다른 자료로부터 알아낸 것은
무엇인가?

3번 유형들 : 자기 숙달 수준과 발달을 강화시키기 위한 코칭 접근법들

■ 자기 숙달 수준이 높은 3번 유형들 – 믿는 사람

• 핵심적인 이해

(모든 사람은 고유한 가치를 가진다. 모든 것에는 자연스러운 흐름과 순서가 있다.)
높은 수준의 자기 숙달을 보인 3번 유형들은 자신이 정말로 누구인가(그들이 성취한 것과는 별개로)와 진정으로 느끼는 것(감정을 감추는 것 대신에)이 무엇인가를 알아내기 위해 자신의 내면을 들여다본다. 이들은 언제나 그리고 매사에 정상에 있다고 느끼지 않으며 다른 모든 사람과 같이 약점을 가지고 있다는 것을 기꺼이 받아들이고자 하기 때문에, 3번 유형들은 전염성 있는 열정, 진실성, 자신감을 갖추고 있다. 게다가, 모든 것이 효율적이고 효과적으로 진행되도록 하는 것이 자신들만의 책임이 아니라는 사실을 이해하기 때문에, 이들은 매우 자발적이다.

• 3번 유형의 자기 숙달을 강화시키기 위한 코칭 접근법들

(확장을 위한 격려와 추가적인 방법들을 제공하라.)

– 완전한 진실성과 정직성을 이끌어내고, 이것이 크고 작은 일을 처리할 때 잘 발휘되면 따뜻하게 인정해 주어라.

– 특히 실패했을 때, 이에 대한 깊은 감정과 함께 자신의 의견을 강도 높게 피력할 수 있도록 계속해서 강화시켜라.

– 훨씬 더 효과적이고 행복한 사람이 될 것이라고 안심시킨 다음, 이 점을 인식하도록 도우면서, 매사에 천천히 임하도록 격려하라.

– ‘행위’가 아닌 ‘존재’를 경험할 수 있는 새로운 방안들을 끊임없이 제공하라. 그리고 코칭 만남이 이루어지는 기간 동안에 이를 실행해 보도록 하고 그 진행 상태에 대해 들을 수 있도록 요청하라.

– 활동상의 특권 혹은 경쟁적인 특성 때문이 아닌, 진정 순수하게 즐길 수 있는

활동이 무엇인지 파악해서 참여하도록 도움을 주라.

■ 자기 숙달 수준이 중간인 3번 유형들 – 스타

• 주요 관심사

(성공했다고 느끼기, 실패를 피하기, 사람들로부터 존경 받기)

중간 수준의 자기 숙달 수준을 보이는 3번 유형들은 보통 대인관계보다는, 목표와 일에 집중한다. 의욕이 넘치고 경쟁적인 이들은 인정받고 싶어하며 경쟁자들을 이기고 싶어한다. 이 수준에 있는 3번 유형들이 종종 우호적으로 보이기도 하지만, 흔히 자신들의 성공을 향한 갈망에 자극을 받는다. 대부분의 경우, 이들로부터 감정적인 반응 같은 것이 보이는 것은 자신들의 상황에서 반드시 그래야 한다고 믿는 반응이지, 이들의 진정한 반응이 아니다. 때로는, 심지어 자신들이 정말로 누구인가를 궁금해 한다.

• 3번 유형의 자기 숙달을 강화시키기 위한 코칭 접근법들

(동기를 자극하고 구체적인 발달할 수 있는 행동들을 제공하라.)

- 행동 모델의 방식으로 스스로에게 계속해서 진실되고 정직하라. 3번 유형들이 그 모델이 효과적이라고 생각할 때, 이들은 다른 사람들의 행동을 모방한다는 것을 기억하라.

- 보통 때 하는 것보다 훨씬 더 정교하고 중립적인 수준으로 자신의 감정을 탐색하고 표현하도록 도와라. 끝내 감추고 있을 어떤 감정을 상세히 살펴보도록 권장하라(예를 들어, 불안감으로 인해 낮은 자존감 문제를 숨길 것이며, 혹은 분노로 인해 슬픔을 숨길 것이다).

- 속도를 늦추도록 권장하라 – 예를 들어, 말하는 속도, 계속해서 참여해야 하는 활동들이다.

- 단순히 일만이 아닌 더 넓은 관점에서 성공을 정의할 때, 이에 대해 확신을 주어라. 관심사, 외부 생활, 강한 신념, 감정에 대해 물어보면서, 왜 이것들이 지속적인 성장에 매우 중요한지를 설명해 주어라.

－결점을 받아들이는 것을 포함하여, 긍정적인 이미지에는 진실되고 정직한 것이 포함된다는 생각을 강화시켜라. 또 이런 식으로 행동하면 3번 유형들을 인정해 주어라.

■ 자기 숙달 수준이 낮은 3번 유형들 계산기

• 핵심적인 두려움

(실패는 가치가 없는 사람으로 여기게 만들기 때문에 나타나는 실패에 대한 극도의 두려움)

가장 낮은 수준의 자기 숙달을 보이는 3번 유형들은 자신의 출세를 방해하는 누구에게나 혹은 어떤 것도 고려하지 않고 자신들이 원하는 건 무엇이든지(일반적으로 성공의 외적인 과시적인 요소들, 예를 들어 돈, 지위 그리고 명예) 쫓는 사람들을 묘사하기 위해 종종 사용되는 다양한 형용사 즉 '허위의', '자기 잇속만 차리는', '기회주의적인' 등으로 묘사된다. 이들이 극도로 고립됨에도 불구하고, 실제로도 자신이 만들어낸 실제와는 다른 허울 혹은 이미지라고 믿음으로써, 내면의 공허함을 숨긴다. 하지만, 그 이미지는 공허한 내부를 숨기는 껍질일 뿐이다.

• 3번 유형의 자기 숙달을 강화하기 위한 코칭 접근법들

(지지해 주고 지침과 경계 영역을 제공하라.)

－일과 전적으로 관련되지 않은 어떤 것을 잘하는 것을 발견함으로써, 이들이 자신의 진정한 본 모습에서 긍정적인 면을 다시 비추어보도록 하라. 그리고 이러한 특성들을 인정하고 단언하라.

－이들의 목표 성취와 성공에 걸림돌이 되는 행동과 관련된 비판적인 피드백을 하라.

－의도와 영향력을 구별하라. 예를 들어, 설사 의도한 것이 아닐지라도, 3번 유형들이 자신의 행동이 기회주의적으로 비칠 수 있다는 것을 깨닫도록 도와라.

－경쟁이 부정적인 특성을 지녔다는 것을 표현하지 말고, 경쟁에 대한 이들의

감정을 분석하라. 건전하고, 생산적인 경쟁과 자신과 사람들 모두에게 비건설
적인 경쟁을 구별하도록 도움을 주어라.
- 기본적인 수준에서 자신의 감정을 탐색하라. "나는 몰라요"라는 대답을 받아
들이지 마라. 그러나 당신이 그들에게 도전할 때에는 부드럽게 하라.

　당신이 3번 유형 coachee의 자기 숙달 수준에 대한 초기 사정이 이루어지면
그 수준에 적합한 접근방식을 숙지하고 coachee에게 가장 효과적일 것이라고 여
겨지는 방식을 선택하라.

●●● 셋째 도전적 성장을 이끌어낼 수 있는 코칭 기술을 사용하라

　다음 4가지 코칭 기술에 대해 읽어가면서, 당신이 아는 몇몇 3번 유형들에 대해
생각해보고 이들에게 이 기술들을 어떻게 사용할 수 있을지를 생각하는 것은 도움
이 될 것이다. 3번 유형들은 특히 그들 자신의 감정에 접근하는 정도가 남들과 매
우 다를 수 있다. 이러한 차이점들은 자기 숙달 수준, 감정이입, 날개와 화살표의
사용, 하위 유형, 경험, 연령, 성별, 문화와 같은 요소들을 근거로 한다.

　■ 머리 중심 에너지를 사용하는 사람들의 도전 : "~라면 어떻게 될까?"
　　라는 질문

　"~라면 어떻게 될까?"라는 도전적 질문은 coachee가 중요하고 존중되어져야
한다고 가정하는 상황에서 효과가 잘 나타난다 ─ 즉 그것은 정신모델이다. 이러
한 가정은 coachee가 의심 없이 받아들이는 믿음과 패러다임의 일부이다. 3번 유
형 coachee가 명시적 혹은 함축적인 가정을 표현하는 것을 들은 후, 코치는 이와

관련해서 "~라면 어떻게 될까?"라는 도전적 질문을 던진다.

　다음은 3번 유형들을 위한 세 가지 공통의 정신모델, 코치가 각 가정에 도전하기 위해 해야 하는 질문 그리고 3번 유형이 코치의 도전 질문에 대답했을 때 코치가 어떤 식으로 반응해야 하는지를 순서대로 제시하고 있다.

3번 유형들을 위한 "~라면 어떻게 될까?" 라는 질문

■ **공통의 첫 번째 가정** – "난 내 자신이 이것에 실패하도록 내버려 둘 수 없어요."
- **코치의 도전적 질문**

  "만약 당신 자신이 실패하도록 내버려 두었다면 어떻게 됐을까?"
- **코치의 도전적 질문 이후의 반응**

  – 만약 3번 유형이 "절대 실패할 수 없어요"라고 말한다면, 이렇게 대답하라. "만약 당신이 실패했다면 어떻게 됐을까요?" 여전히 구체적인 대답이 없다면, 물어 보라. "실패한다는 것은 당신에게 무엇을 뜻합니까?"

  – 3번 유형들이 만약 실패했다면(예를 들어 직장을 잃는 것과 같은) 어떤 일이 발생될 수 있는지를 알아낼 때, 물어보라. "당신 스스로에게 실패하도록 내버려 두었을 때 얻게 되는 이득들이 있었다면 어떻게 됐을까요?" 그런 다음, 이들이 이끄는 결과에 따라 얻을 수 있는 이득들을 살펴보라.

■ **공통의 두 번째 가정** – "난 속도를 늦출 수 없어요. 왜냐하면 속도를 늦추면 모든 것이 멈출 거에요. 프로젝트도 진행되지 않을 거에요."
- **코치의 도전적 질문**

  "만약 당신이 약간만 속도를 늦춰서 당신이 실제로 일을 더 잘 이루어냈다면 어떻게 됐을까요?"
- **코치의 도전적 질문 이후의 반응**

  – 3번 유형에게 이러한 가능성을 고려할 수 없다면, 관련된 재미있는 이야기를 들려주라. 그런 다음 말하라. "당신은 이와 비슷한 이야기가 분명히 있을 거예

요. 그것에 대해 이야기해 보겠어요? 당신은 직장에서의 업무에 속도를 높이
지 않았을 때에도 실제적으로 더 성공했던 경험을 가지고 있었을 거예요."
  - 3번 유형이 속도를 늦춤으로써 얻는 몇 가지 이득들을 말하며 실화를 이야기
    할 때, 물어보라. "어떻게 하면 당신은 이 경험을 보다 현실적인 삶으로 확대시
    킬 수 있을까요?"

■ 공통의 세 번째 가정 – "다른 사람에게 이 일을 맡기면 너무 많은 노력을 해야
  하기 때문에, 내가 이 일을 직접해야 해요."
  • 코치의 도전적 질문
  "만일 당신이 그 일을 직접 하지 않고, 다른 사람이 그 일을 할 수 있게 하였다면
  어떻게 됐을까요?"
  • 코치의 도전적 질문 이후의 반응
    - 만약 3번 유형이 그 시나리오를 생각해낼 수 없다면, 물어보라. "만약 당신에
      게 어떤 일이 발생해서, 그 일을 다른 사람에게 맡길 수밖에 없는 상황이었다
      면 어떻게 됐을까요? 그렇다면 당신은 무엇을 했을까요?"
    - 3번 유형이 구체적이고 긍정적인 반응을 보일 때, 말하라. "좋아요. 어떻게
      하면 당신이 더더욱 그렇게 할 수 있을까요? 이렇게 함으로써 당신, 다른 사
      람, 기관은 어떤 이득을 얻게 될까요?"

■ 가슴 중심 에너지를 사용하는 사람들의 도전 : coachee의 방어 기제
  를 탐색하라

• 3번 유형의 주요 방어 기제 : 동일시(identification)
동일시는 사람이 무의식적으로 다른 사람의 속성과 특징을 자신의 성격과 자아
의식의 일부로 포함시키는 방어 기제이다. 동일시는 가상적인 사람 혹은 존경받는
사람과의 진정한 관계를 형성시킴으로써 자존감을 강화하는 방법이다. 3번 유형

들이 다른 사람의 행동이나 다른 사람이 갖고 있는 생각을 모델로 할 때 자신들이 실제로 그렇게 하고 있다는 것을 깨닫지 못한다. 따라서 자신의 이미지가 누구로부터 받은 것인지를 파악하는 것이 어려워진다. 특히, 3번 유형들은 자신들이 바라던 사회적 의미에서의 존경받는 사람과의 이미지를 스스로 동일시한다. 3번 유형이 동일시하는 이미지는 종종 그들의 상황 변화에 따라 바뀐다.

동일시

3번 유형은 큰 대회에서 발표를 하기 전에 상당히 불안감을 느낀다. 이들은 이 감정을 어떠한 방법으로도 겉으로 드러내지 않고, 침착하고 자신감 있게 보이면서, 설득력 있게 자신감 있는 태도를 보인다. 몇몇 3번 유형들은 불안감을 느끼며 이 불안감을 완전히 숨기고 있다는 걸 알아챌 것이지만, 다른 몇몇은 이런 경우가 아니더라도 괜찮을 것이라고 완전하게 확신할 것이다. 이러한 상황에서, 3번 유형은 성공적인 발표자가 어떠했고, 어떻게 행동했는지에 대한 이미지를 내면화한 후 그 역할을 따라한다.

3번 유형들은 사람들로부터 자신들이 원하는 존경을 받기 위한 방식으로써, 사람들이 하는대로 자신을 동일시한다. 3번 유형들의 동일시하기의 예는 다음과 같다.

- 마치 그것이 자신에 대한 개인적인 비판인 것처럼 자신이 하는 것(업무 성과물, 습관, 행동)에 대한 비판에 과민해지는 것.
- 다양한 집단에서 각각 다른 사람들이 되는 것(형태 바꾸기).
- 단순히 클럽, 사람, 조직, 기관 등이 명성이 있다는 이유로, 클럽에 참여하는 것, 우정을 맺는 것, 그 조직과 기관 회원이 되려고 하는 것.
- 수그러들지 않는 열정 때문에 지나칠 정도로 오랜 시간 동안 일을 많이 하고 업무의 속도를 높이는 것.

- 완전히 진실해지지 않는 것. 예를 들어, 나쁘게 보이는 정보는 없애고, 또 어떤 점에서는 그들의 이미지를 실추할 수도 있는 감정을 보여주지 않는 것.

이러한 예들은 다음과 같은 3번 유형의 더 깊은 발달 이슈들에 맞서서 종종 숨기거나 방어하는 동일시하기의 실제 증상 혹은 징후이다 :

- 스스로에게 더 솔직해지고 사람들과 더 가까워지기 위해서 그들 내면의 생각, 감정, 경험을 깊이 살펴보는 것.
- 어떤 일들이 일어나게 하려고 매우 의욕이 넘치기보다는, 사건과 경험의 흐름을 더 따르는 것.
- 행동하는 것과 존재하는 것의 차이점을 배우는 것, 자신들이 무엇을 하는가가 아닌, 누구인가를 위해 자기 자신을 제대로 인식하는 것.

3번 유형의 동일시 방어 기제를 가지고 일하기 위해서, 코치들은 간접적인 혹은 직접적인 도전을 할 수 있다. 간접적인 도전은 반응은 높이고 저항을 줄여주기 때문에 종종 간접적인 도전으로 시작하는 편이 낫다. 하지만, 감정의 깊이를 갖고 있고 자기 반성적인 3번 유형들과 함께 작업을 할 때에는, 도전이 더 큰 영향력을 가질 것이다.

동일시에 대한 간접적인 도전
"당신은 당신의 일과 당신이 하는 것에 대해 자주 이야기 하는 군요. 이것 외에, 당신이 누구인가에 대한 것보다, 당신이 수행하는 역할이 정말로 어떤 것인지에 관한 것들이 나로 하여금 당신을 더 잘 이해하는 데 도움을 줄 거예요."

동일시에 대한 직접적인 도전

"당신은 당신이 정말로 누구인가보다 당신이 무엇을 하는지와 완전히 동일시하는 것 같군요. 이러한 성공의 이미지 뒤에 있는 당신의 진정한 모습에 대해 내게 이야기 해보세요."

■ 배 중심 에너지를 사용하는 사람들의 도전 : "왜 당신은 그것을 하려고 하는가?"라는 질문

3번 유형 coachee들이 자신과 관련된 무엇인가를 변화시키기를 원한다고 말할 때, 이 질문을 하는 것은 그들의 욕망을 도전적으로 지지하는데 효과적이다. 이 기술에 대한 반응으로써 3번 유형의 coachee는 자신들의 행동 계획을 변경하거나 기존의 계획에 더 깊게 매진하게 될 것이다. 이 기술은 ① 3번 유형 coachee가 생산적인 행동을 취할 의도를 명백히 밝히거나 ② 3번 유형 coachee가 위험할 수 있거나 자신에게 최선의 이익에 반할 수도 있는 행동을 취할 의도를 표현할 때와 같은 두 가지 상황에서 특히 유용하다.

3번 유형들은 매우 행동 지향적이기 때문에, 자신이 원하는 것이 무엇인지 제대로 인식할 수 있도록 도움을 주는 "왜 당신은 그것을 하려고 하는가?"와 같은 도전적인 질문은 대단히 유용할 수 있다. 동시에, 3번 유형들은 행동을 취할 결정을 이미 했을 가능성이 있고 또한 이를 코치에게 단지 알려주고만 있기 때문에, 이 질문에 짜증이 날 수도 있을 것이다. 따라서, 코치들은 이 질문을 받은 후에, 몇몇 3번 유형 coachee들이 짜증을 낼 수도 있다는 점에 대비해야 한다.

3번 유형들을 위한 도전 "왜 당신은 그것을 하려고 하는가?"

■ 생산적인 의도로 행동하려는 3번 유형 – "저는 더욱더 균형 잡힌 생활을 누리고 싶어요. 난 일을 너무 열심히 해요."

• 코치의 도전적 질문

"왜 당신은 당신의 일에서가 아닌, 당신의 생활에서 균형이 잡히기를 원합니까?"

• 코치의 도전적 질문 이후의 반응

– 만약 3번 유형이 대답을 생각해내지 못하거나 설득이 없는 대답을 한다면, "당신이 정말로 원하고 있는 것으로는 들리지 않네요."라고 말하라. 3번 유형이 반응을 보인 후 말하라. "당신의 생활에서 더 가진다는 것은 당신에게 무엇을 뜻합니까?" 그리고는 대답을 기다려라.

– 3번 유형이 설득력 있는 반응을 보인다면 "당신에게 매우 중요한 사안인 것으로 들리네요. 이것에 대해 더 자세히 말해주고, 더불어 당신이 어떻게 진행할지에 대해 현재 생각하고 있는 것에 대해 더 자세히 말해주세요."라고 말하라.

■ 비생산적인 의도로 행동하려는 3번 유형 – "난 내가 이 사람에게, 이 사람 때문에 화가 났다고 말하지 않을 거예요."

• 코치의 도전적 질문

"왜 당신은 솔직한 감정을 이 사람과 공유하길 원하지 않나요?"

• 코치의 도전적 질문 이후의 반응

– 만약 3번 유형이 이해가 되는 이유를 든다면 "당신은 현명한 선택을 한 것으로 들리는군요."라고 말하라.

– 3번 유형이 당신이 생각하기에 현명하지 못한 이유를 든다면 "제 생각엔, 여기에는 당신이 생각하고자 하는 것 이상의 무엇인가가 있는 것 같은데요. 당신은 얼마나 자주 당신의 솔직한 감정을 사람들과 공유하나요?"라고 말하라.

■ 역설적 도전 : 변형

대부분의 3번 유형들은 지적 호기심이 많고 활기차기 때문에, 역설적인 도전을 좋아한다. 그러나 몇몇 3번 유형들은 변형적 역설이 지루하고 시간 낭비라고 느끼기도 한다. 역설적 도전을 싫어하는 3번 유형들은 보통 자기 숙달이 낮은 수준이기 때문에, 이 경우 역설적인 도전을 이용하지 않는 것이 좋다.

코치가 3번 유형을 위해 역설에 대해서 설명한 후, 코치는 조용히 계속적인 질문을 할 준비를 하는 것이 중요하다. 3번 유형들은 대부분의 삶에서 겪었던 내적인 딜레마를 매우 정확하게 보여주는 역설적 도전을 받았을 때, 큰 돌파구를 만날 수 있다.

3번 유형의 역설

Allison은 세간의 이목을 끄는 소송사건과 만족해 하는 많은 의뢰인들을 가진, 매우 성공한 변호사였다. 하지만, Allison의 많은 동료들은 그녀를 경쟁적이고, 자기중심적이고, 신랄한 언변을 가졌다고 여겼으며, Allison은 회사에서의 동료 관계에서 종종 문제를 일으켰다. 다른 변호사들과 보다 더 화기애애한 관계를 갖기를 원했지만, Allison은 자신이 문제가 아니라, 자신을 향한 다른 동료의 태도가 문제라고 믿었다.

코칭을 받기로 한 것은 Allison의 아이디어가 아니었다. 회사의 관리직 파트너의 요청으로 이루어졌다. 하지만, Allison은 코치를 좋아하고 존경하기에 이르렀고 자신의 깊은 감정까지 공유하기 시작했다. "왜 다른 변호사들이 날 좋아하지 않는지를 모르겠어요. 나는 내 친구들로부터 인정을 받아요. 몇 명 회사 동료들과는 굉장히 좋은 관계를 갖고 있어요. 내 의뢰인들이 나를 마음에 들어 하는 것을 알아요. 하지만, 때때로 사무실에서 외톨이가 된 것 같은 느낌을 받아요. 그래서 난 내 의뢰인들과 있거나 사무실로 출근 할 때, 내 사무실 방문을 닫을 때, 내가 할 수 있는 한 열심히 일하는 것으로 존재의 이유를 찾아요."

역설에 대한 설명

3번 유형들은 단순히 자신들이 무엇을 하고 있는가가 아닌, 자신들이 누구인가를 위해 자신이 가치 있게 여겨지기를 원한다. 하지만 이들은 긍정적인 이미지를 자아내도록 노력하고, 성취한 것만 공유하기 때문에, 다른 사람들 눈에 비치는 모습 뒤에 있는, 즉 자신들의 진정한 모습을 정말로 알 수 있는 사람은 아무도 없다.

코치의 역설적 의견

"당신이 말하고 있는 것은 매우 성공적인 사람에 대한 것이에요. 만약 성공이, 유력한 법률회사의 변호사가 되는 것으로 규정된다면 말이죠. 당신은 또한 동료 관계와 관련해서 당혹스럽고 고립된 느낌을 받고 있는 사람으로 묘사하고 있어요. 우리가 코치와 고객으로서 특별한 관계를 가짐에도 불구하고, 만약 내가 당신의 동료라면 내가 어떻게 당신에게 반응할지에 대해 당신에게 말해주고 싶어요. 만약 내가 당신과 함께 일한다면, 난 의욕이 넘치고, 성공적이고, 경쟁적이고, 대단히 재주가 많은 한 사람을 발견하게 될 겁니다. 그러나 난 누가 진짜 Allison인가 하고 궁금할 거예요. 당신은 마음 깊은 곳에 있는 당신이 정말로 누구인지를 몇 명의 사람들에게 보여주고 있나요?"

〈주의〉

자기 숙달 수준이 낮은 사람들은 역설에 내재한 애매모호함을 다룰 만큼, 충분히 심리적으로 안정적이지 않기 때문에 중간 수준부터 높은 수준의 자기 숙달 수준에 있는 3번 유형에게만 역설적 도전 방법을 사용하라.

3번 유형의 코칭 사례 연구 요약
Matt

●●●**코**칭 목표와 coachee의 동기를 확인하라

목표를 주어진 시간 내에 성취할 수 있고 coachee의 핵심 동기 유발 요소들 중 한 가지 이상의 요소와 연결될 수 있도록 하라.

Matt는 균형된 삶을 누리고자 한다. 사실 Matt는 시간의 대부분을 가족과 함께 보내지 못하고, 대단히 의욕적인 방식으로 일하는 데 투자한다는 것을 알고 있다. 게다가, Matt는 여유로운 휴식을 잘 보내지 못한다. 즉 Matt가 자유 시간을 가질 때, 그 시간을 오랫동안 하길 원했던 활동들 – 예를 들어, 마라톤 준비를 위해 조깅하는 것 혹은 지역 미술관에서 40시간의 트레이닝이 요구되는 자원봉사를 신청하는 것 – 로 꽉 채운다. Matt는 왜 삶의 균형을 더 원하느냐고 질문 받았을 때, "제가 생각하기에는 현재의 삶이 균형적인 삶이 아닌 것 같고, 어린 아들과 더 많은 시간을 보내길 원해요."라고 말한다.

●●●Coachee의 자기 숙달 수준의 수준과 범위에 따른 적합한 코칭 접근법을 사용하라

coachee가 지닌 자기 숙달의 일반적인 수준과 범위를 사정하라.

Matt는 중간 수준의 자기 숙달에서 중간 지점보다 약간 위에 있다. Matt는 자신의 습관에 대해 굉장히 잘 인식한다. 예를 들어, 스스로가 만들어내는 실질적인 스트레스는 과도하게 일하는 것이며, 활동적인 시간으로 여유 시간을 채우려고 하는 성향(이를테면 지칠 때까지 멈출 줄 모르는 성향)들이다. 동시에, Matt는 자신의 모든 정서적 반응을 사람들과 공유하지는 않지만, 대체로 자신이 느끼고 있다는 것을 인지한다. Matt의 가장 낮은 자기 숙달 수준은 그의 평균 수준(여전히 중간 수준의 자기 숙달)보다 약간 밑이다. 주로, Matt가 아들과 시간을 보내거나 가끔씩 자신을 위해서 휴식을 취하고 생각할 시간을 낼 때, 높은 자기 숙달을 보이기도 한다.

183~186페이지 박스에 제시된 것들 중 coachee에게 가장 효과적일 수 있는 발달 접근 방식을 선택하고 그것들을 시험해보라.

Matt는 일정을 구조화하는 것을 좋아한다. 그렇지 않으면 불안감을 느낀다. Matt에게 속도를 늦추고 매일 한 시간 동안 자신이 즐기는 무엇인가를 하도록 권장하는 것은 틀림없이 긍정적으로 반응을 보일 만한 중요한 일이다. Matt는 자신이 자기의 임무를 하지 않은 것을 인정하고 싶어하지 않을 것이기 때문에 각각의 코칭 만남에서 이를 보고하도록 하면 이러한 행동이 강화될 것이다. 점차적으로, Matt가 계획없이 휴식을 취하고 속도를 늦추는 것을 배우게 한 다음 Matt가 매번 이렇게 할 때마다, 그를 강화시켜라. Matt의 관심사와 취미, 더불어 그의 가치와 그가 가장 신경 쓰는 것에 대해 말하도록 함으로써 업무 외적으로 Matt는 정말로 누구인가를 살펴보도록 하라. 이것은 Matt가 해야 한다고 느끼는 일을 하는 것이 아닌, Matt가 사랑하는 일을 하는 것에 대한 그의 열정에 불을 붙일 것이다.

●●● 도전적 성장을 이끌어낼 수 있는 코칭 기술을 사용하라

이 장에서 언급된 각각의 네 가지 코칭 기술을 어떻게 이용할 것인지에 대해 계획을 하고, 코칭 과정에서 적절한 때에 그것들을 사용하라.

■ 머리 중심 에너지를 사용하는 사람들의 도전적 질문 : "~라면 어떻게 될까?"

coachee가 말하거나 넌지시 내비친 말들 중 당신이 도전할 수 있는 어떤 정신 모델이나 가정에 대해 들었는가? 당신은 "~라면 어떻게 될까?"라는 도전적 질문을 어떻게 표현할 것인가?

다음의 모든 도전들은 Matt에게 효과적일 것이다.

"만약 당신이 해야 하는 모든 것의 일정을 잡아야만 하는 것이 아니었다면 어떻게 됐을까요?"

"당신의 아들을 위해 보낼 시간이 실제로도 없었다면 어떻게 됐을까요?"

"실제로 휴식을 취할 수 없었다면 어떻게 됐을까요?"

■ 가슴 중심 에너지를 사용하는 사람들의 도전적 질문 : 방어 기제를 인식하고 평형을 유지하라

언제 coachee가 특정한 방어 기제를 사용하는 것을 관찰할 수 있었는가? 직접

적인 도전과 간접적인 도전 중 어떤 것이 더 효과적인가? 당신은 이 방어 기제에 관한 도전을 어떻게 표현할 것인가?

Matt는 자신이 하는 역할뿐 아니라 자신의 일과도 자신을 동일시한다. 예를 들어, 팀 멤버로써 강력히 기여하는 것, 영향력이 큰 고용인, 좋은 아버지, 좋은 남편 등등이다.

간접적인 도전적 질문

"만약 당신에게 온전히 자유롭게 누릴 수 있는 이틀이 주어진다면, 그리고 이 기간 동안 있는 그대로의 당신을 보여줄 수 있는 방식대로 쓸 수 있다면, 그 시간을 어떻게 쓸 것인가요?"

직접적인 도전적 질문

"당신이 하는 역할의 관점에서 자신에 대해 이야기를 하면서, 당신이 하는 것과 자신을 동일시하는 것 같군요. 그러나 당신의 역할, 당신이 하는 것과는 별도로 당신이 누구인가에 대해서는 이야기 하지 않는 것 같군요. 이러한 역할들과는 다르게 당신은 누구입니까?"

■ 배 중심 에너지를 사용하는 사람들의 도전적 질문 : "왜 당신은 그것을 하려고 하는가?"

coachee는 앞으로 어떤 행동을 할 계획이라고 말했는가? 당신은 이것이 현명한 행동 과정이라고 생각하는가? 이에 대해서 "왜 당신은 그것을 하려고 하는가?"라는 도전을 어떻게 표현할 것인가?

"당신은 왜 당신의 생활에서 더욱더 균형을 가지길 원하나요? 왜 '삶을 즐기고 감상하길' 원하나요?"

■ 역설적 도전 : 변형

당신은 coachee에게서 어떤 역설을 관찰했는가? 가장 의미 있는 것을 선택하라. 당신은 이 역설적 도전을 어떻게 표현하겠는가?

"당신은 보다 균형 잡힌 생활을 누리길 원한다고 말하네요. 제 생각엔, 당신은 삶의 균형을 원하지만, 모든 근무 시간을 일과 활동으로만 할애하네요."

주의

역설적 도전은 자기 숙달 수준이 중간이거나 높은 coachee들에게만 적용해야 한다. 자기 숙달 수준이 낮은 coachee들은 이 수준의 역설적 해결책이 가지고 있는 복잡함과 애매모호함을 다룰 수 있을 만한 심리적인 상태에 있지 않기 때문이다. 깊이 있는 수준의 복잡한 역설들은 불안감을 높일 수 있다. 영향력이 약한 역설들은 이러한 coachee들에게 사용할 수 있지만, 코치들은 조심해서 이용해야 한다.

3번 유형들을 위한 발달 활동들

코치들은 다음의 활동들을 3번 유형 coachee들에게 제안할 수 있다.

●●● 핵심 이슈 : 날마다 당신 자신을 파악하는데 시간을 할애하라

오직 당신의 존재를 위해 매일 적어도 30분씩 쓰는 것을 약속하라. 이것은 일하지 않거나 혹은 당신이 외부적인 일(영화 관람 혹은 쇼핑)에 초점을 두는 활동을 하는 것을 의미한다. 만약 당신이 존재하는 것이 무엇인지 이해가 잘 안 된다면, 당신과 매우 다른 세 명의 사람들에게 "이 개념을 어떻게 이해하고 있으며 어떻게 그들은 존재의 단순성을 부여하느냐"고 물어보라. 그리고 그들이 제안한 아이디어들을 시험 삼아 해보라.

●●● 날개와 화살표를 통한 확장

■ 2번 날개 : 더 많은 개인적인 따뜻함과 공감을 보여라

누군가와 대화를 나눌 때, 스스로에게 물어라. 이 사람이 가지고 있을 다양한 감정들은 무엇인가? 누군가가 어려운 상황이나 감정적인 상황에 대해 당신과 의논할 때, 다른 사람이 말하는 것에 깊은 감정들이 내포된 사실에 특히 강조점을 두면서, 당신이 들은 내용을 바꾸어 표현해 보라. 예를 들어, 어떤 사람이 사람들 앞에서 품위를 손상 당한 경험에 대해 논의할 때, "틀림없이 끔찍한 느낌을 받았겠군요. 당신은 상처받고 화났겠네요."라고 말해라.

■ 4번 날개 : 당신의 창의성을 이용하라

모든 예술가들은 텅 빈 페이지에서부터 시작한다. 단순히 뭔가를 하면서 시작한다. 글쓰기, 그리기 혹은 사진 찍기 등을 시작하라. 특정한 예술적인 표현 수단에 익숙해진 후, 당신은 꽃, 아름다움, 도전, 고통, 역설적인 상황, 세대 등과 같은 주제를 고를 수 있다. 이 주제들을 표현할 수 있는 다른 방법을 찾아라. 이 주제에 대한 생각을 표현할 수 있는 다른 대안을 찾도록 노력해 보라. 다른 사람들로부터 당신이 한 것을 평가 받기 위해서가 아닌, 오로지 당신 자신을 위해 하고 있다는 사실을 기억하라. 진행 과정을 즐겨라. 만약 그 과정을 통해 나타난 결과물이 또한 당신을 기쁘게 한다면, 그것은 정말 단지 보너스일 뿐이다.

■ 9번으로 향한 화살표 : 진정한 인간성을 배워라

당신이 한 일 혹은 당신이 하려고 하는 일에 대해 이야기하기 시작할 때를 주목하고, 대화를 다른 사람들에게 다시 집중하라. 당신의 노력에도 불구하고 원한 바대로 성공을 거두지 못했기 때문에 불편함을 느끼거나, 당신이 한 일이 잘 되어서 흥분을 느낄 때, 자신에게 이렇게 말하라. 인간으로서 내 가치는 내가 하는 일도,

다른 사람이 하는 일에도 기반을 두고 있지 않다. 마지막으로, 보통 당신이 보기에 성공했다고 생각이 안 드는 회사 동료들과 시간을 보내라. 그냥 사람들로서 그들을 알아가고 그들이 성공해 온 것과는 별개로, 그들에 대해서 무엇이 특별하고 무엇이 독특한지를 발견하도록 노력하라. 순전히 인간으로서 그들에게 관심과 노력을 집중하라.

■ 6번으로부터 나온 화살표 : 완전히 정직해지도록 자신에게 몰두하라

비록 당신이 생각하기에 스스로가 정직하다고 생각하더라도 새로운 방식으로 정직이라는 개념을 이해하라. 정직이란 단순히 마음에 있는 걸 말하는 것 이상이다. 정직성과 진실하게 말하는 것은 스스로에게 완전하게 정직해지는 능력과 사람들과 기꺼이 대화하고자 하는 의지를 포함한다. 당신에게 있어서 문제란 부정적인 면을 없애거나 중요시하지 않으며, 긍정적인 면은 강조하는 방식으로, 당신 자신 혹은 환경에 대한 정보를 형성하는 당신의 경향이다. 매일, 자신과 새로운 사람에 대한 당신의 반응에 대해 모든 진실을 말하라.

■ 의사소통 : 당신의 감정을 보여라

사람들에게 자신에 대한 이야기를 들려주어라. 그러나 당신에게 정말로 중요했던 사건과 같이, 당신이 성취한 것에 대해서만 이야기 하지는 마라. 사건만 전달할 것이 아니라, 당신이 사건에 대해 가졌던 감정도 전달하라. 예를 들어, 당신이 보통 "저는 어제 승진 했어요"라고 말할 경우, 이렇게 말할 수 있다. "오늘 너무 행복해요 – 제가 정말로 원했던 승진을 했거든요. 이 상황을 믿을 수가 없어요."라고 말이다.

■ 갈등 : 당신이 화가 났을 때 당신의 깊은 감정을 살펴보라

당신이 화가 난 걸 느낄 때, 원인이 될 수 있는 깊은 문제들 중 일부를 살펴 보

라 : 사람들 앞에서 나쁘게 보이는 것, 다른 사람과 경쟁하는 것. 능력이 있어 보이기보다는 능력이 없어 보이는 것, 마치 실패한 사람들의 일이 당신의 형편없는 모습을 반영하는 것처럼, 어떠한 방식으로든 실패한 것으로 보이는 사람들을 싫어하는 것 등이다. 스스로에게 물어 볼 질문들은 이와 같다 : "내게 정말로 중요한 분야에서 성공적으로 보이는 것이란 무엇인가? 이것이 나의 영원한 목적이 아니라면, 난 어떻게 달라질 것인가? 내 생각, 감정, 행동을 어떻게 변화시킬까? 만약 내가 사람들에게 깊은 인상을 주는 것에 대해 덜 신경 쓴다면, 어떤 일이 일어날까?"

■ 팀 : 길어지는 토론에 안달하기보다는, 팀의 차이를 이용하도록 도와라

서로 다른 차이를 효과적으로 처리하는 것이 팀의 궁극적인 성공에 필수적이라는 사실과 사람들과의 관계 문제는 업무와 관련된 사람들만큼이나 중요하다는 사실을 스스로에게 상기시켜라 : 사람들로 하여금 그 문제에 대해 대화를 나누도록 격려하고, 또한 당신 자신의 반응을 기꺼이 표현하라.

■ 리더십 : 결과를 도출하는 당신의 리더십 재능을 존중하고, 사람들과 일에 동등하게 관심을 갖도록 당신의 능력을 강화시켜라

목표 성취와 효율성 모두에 집중하게 되면, 일에 있어서의 당신이 해야 하는 일의 비중을 감소시킬 수 있다. 매번 당신이 결정을 내릴 때마다, 사람-영향 분석을 한 후 그 결과를 매우 심각하게 고려하라.

6

에니어그램 4번 유형
코칭하기

4번 유형들은 내적인 세계와 다른 사람들과의 깊은 관계를 원한다.
그들은 자신의 감정과 개인적인 경험을 있는 그대로 표현할 때,
가장 살아있다고 느낀다.

중심에너지 : 가슴

01

4번 유형을
확인하는 방법

사고

감정

핵심 믿음

- 자신의 개인적인 경험을 제대로 파악하지 않는다면, 의미 있거나 완전히 이해할 수 있는 것은 아무 것도 없다.
- 다른 사람과 깊은 무엇인가를 공유하는 것만큼 더 대단한 감정은 없다.
- 삶은 즐거움과 고통으로 가득 차 있다. 완전한 인간이 되기 위해서는 즐거움과 고통이 결합되어야만 한다.

정서적 패턴

- 변화무쌍한 감정 반응을 겪는다. 그중 많은 감정은 마음 속에 남아있다.
- 다른 사람들이 자신을 어떻게 대하는지를 잘 알며 좋지 않은 감정을 최소화하고자 노력한다.

행동

직장에서의 행동

- 자기 성찰을 많이 한다. • 유일하거나 특별해지기를 원한다.
- 감정의 기복이 심하다. • 자기 자신에 관한 언급 언어를 사용한다.
- 영감을 추구하고 이해받기를 원한다.

●●● "예민한 마음"

비록 자신의 감수성이 스스로의 내적 반응과 감정에 주로 초점을 두고 있다고 해도 4번 유형들은 모든 에니어그램 유형들 중 가장 예민한 유형에 속한다. 많은 4번 유형들은 다른 사람들의 감정 - 특히 깊은 감정과 심오한 경험을 포함 - 에도 예민하다.

●●● 4번 유형의 정서적 패턴

■ 변화무쌍한 감정 반응을 겪는다. 그 중 많은 감정은 마음 속에 남아있다

4번 유형들은 미래의 포부와 시나리오뿐만 아니라 과거에 일어난 일을 되새기고 다시 되씹어 보면서 풍부하고, 활발하며, 드라마틱한 삶을 산다. 많은 4번 유형들은 자신의 내적인 세계를 다음과 같이 묘사한다 : 총천연색으로 영화에 삽입된 사운드 트랙들과 함께, 마치 내가 동시에 다양한 영화를 보고 있는 듯해요. 대부분의 4번 유형들은 자신의 내적 경험을 다양한 다른 사람들에게 전달하기 위해 최선을 다하지만, 다른 사람들은 선택적으로 받아들인다. 게다가, 그들 안에서 발생하는 것은 복잡하고 계속해서 바뀌기 때문에, 자신의 모든 내적 경험을 다른 사람들이 알아들을 수 있는 방식으로 표현하는 것은 어려울 수 있다.

■ 다른 사람들이 자신을 어떻게 대하는지를 잘 알며, 좋지 않은 감정을 최소화하고자 노력한다

4번 유형들은 자신들이 다른 사람들과 구분되는 무엇인가가 자신들의 내부에 존재한다고 생각한다. 이들은 종종 이것을 결점으로 해석하기도 하지만, 이 차이점은 본인을 유일하거나 다른 사람들보다 훨씬 더 낮게 만드는 것이라고 여길 수 있다. 좋지 않은 감정에 대한 그들의 예민함은, 마치 자신에 대한 부정적인 자료가 사실인 양, 자신에 대한 부정적인 정보는 받아들이지만, 자신들에 대한 긍정적인 정보는 자아 의식으로 받아들이거나 통합시키지 않고 거부하는 성향과 연결된다. 부정적인 자료를 너무 심하게 내면화하는 것은 4번 유형들이 내적으로 고통스런 느낌들을 기억하게 하고, 자신에 대한 부정적인 면을 암시하는 모든 것에 반응을 보이도록 만든다.

●●●4번 유형의 직장에서의 행동

■ 자기 성찰을 많이 한다

4번 유형들은 철저하고 상세한 자기 성찰과 대인 관계에 관련된 진정한 대화를 통해 사건의 진정한 의미를 이해하려고 애쓴다. 근본적으로, 4번 유형들은 다른 어떤 것보다 그들 자신의 내적 경험과 감정을 신뢰하지만, 동시에 자신들의 개인적 반응이 충분히 보편적인지, 또는 아닌지에 대해 궁금해 한다.

■ 유일하거나 특별해지기를 원한다

4번 유형들은 어떻게 해서든 다르고 특별하게 보이길 원한다. 미묘한 차이와 절묘함에 예민한 4번 유형들은 세상을 예술가적인 상징적 의미에 대한 감수성을 통해 바라보며, 실제로 4번 유형에 해당되는 많은 사람들이 예술가이다. 예를 들어 음악, 시각 예술, 글쓰기, 영화 제작, 춤(무용/댄스) 등이다.

■ 감정의 기복이 심하다

4번 유형들은 상호작용이 의미 있다고 느껴져서 오랜 시간 동안 깊은 관계를 맺을 때, 심지어 기분 변화가 심하거나, 극적이거나, 혹은 감정적으로 예측이 불가능해지면서, 갑자기 자신의 세계로 침잠할 수 있다. 이 회피성 원동력은 관계 속에서 가장 분명히 드러나며 '밀고 당기기'라고 불린다. 4번 유형들은 우선 굉장한 강렬함을 가지고 다른 사람을 사로잡을 것이며, 그런 다음 두려움과 불안함 때문에 그 다른 사람을 밀어낼 것이다. 그 다른 사람이 관계를 끝내려고 할 때, 4번 유형들은 그 사람을 다시 관계 속으로 끌어당기도록 노력한다. 이러한 밀고 당기기 순환은 무한정 계속될 수 있다.

■ 자기 자신에 관한 참고 언어를 사용한다

다른 어떤 에니어그램 유형보다 4번 유형들은 더 자주 개인적인 이야기를 말하고 나, 내게, 나의, 내 것과 같은 단어들을 자주 사용한다. 이러한 커뮤니케이션 유형의 목적이 자신들과 다른 사람들과의 관계를 확립하고자 하는 것인 반면, 이 행동은 또한 대화를 다시 자신들에게 하는 것으로 설명될 수 있다.

■ 영감을 추구하고 이해받기를 원한다

그 무엇보다도, 4번 유형들은 다른 사람들로부터 탁월하고, 창의적이고, 이해 받는 느낌을 좋아한다. 그들은 다른 사람들이 똑같이 느끼도록 돕는 것을 즐거워한다. 하지만, 그들은 이러한 것들이 부족하다고 느낄 때 예를 들어, 관심 없는 일이나 반복적인 업무를 해야 할 때 혹은 재미없어 못마땅한 주제에 대해 오랫동안 대화를 나누어야 할 때 지루해 하고, 좌절하고, 환멸을 느끼고, 낙담하게 된다.

유명한 4번 유형들

조니 뎁
(Johnny Depp)

"삶의 가치에는 네 가지 질문들이 있어요. 무엇이 무서운가? 영혼은 어떻게 형성되는가? 삶을 살아가는 가치가 무엇인가? 정말 하고 싶어하는 것은 무엇인가? 각각의 대답은 똑같아요. 오직 사랑이죠."

"10대 때 난 매우 불안정했어요. 결코 선택할 엄두를 내지 못했기 때문에 절대 자연스럽게 어울리는 타입의 남자가 아니었죠. 난 모든 면에 재능이 없다고 확신했지요. 그 생각 때문에 내 모든 야망은 사라지게 되었죠."

다이애나 왕세자비
(Princess Diana)

"난 심지어 당신이 자신을 아는 것보다 더 많이 사람들의 고통, 사람들의 아픔 등을 이해해요."

"나는 숨기지 않고 솔직하게 말해요."

안소니 홉킨스
(Anthony Hopkins)

"이별이 그렇게 아픈거라면 왜 사랑하나요? 내가 살아온 인생 말고는, 더 이상 어떤 답도 갖고 있지 않아요. 지금은 고통도 행복의 일부가 되죠."

"난 괴물 역할도 잘 할 수 있어요. 난 괴물들도 미치광이들도 이해해요."

••• 하위 유형들 : 4번 유형의 세 가지 변형들

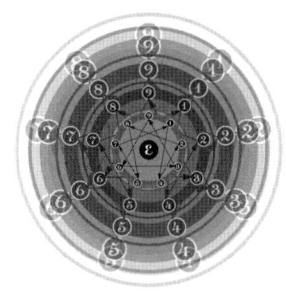

모든 4번 유형들은 결핍이나 좋지않은 느낌을 피하기 위해 자신의 내부 세계와 다른 사람들과의 깊은 감정적 연결을 갈망한다. 자기 자신들 안에 뭔가 부족한 것이 존재한다고 믿기 때문에 – 비록 이것이 무엇인지 정확히 규명하지 못하지만 – 4번 유형들은 무엇이 잘못된 건지를 알아내기 위한 방법으로, 부러움이라고 불리는 것에 주목해서 의식적·무의식적으로 자신들을 다른 사람들과 비교한다. 그 결과 우월하거나, 부족하거나, 혹은 두 가지 모두를 느낀다. 4번 유형들이 이러한 특성들은 하위 유형이라 부르는 세 가지 뚜렷한 방식으로 설명된다.

① 셀프형 하위 유형인 4번 유형들은 내면의 괴로움을 견디는 미덕으로써 충분히 괜찮다는 사실을 증명하기 위한 방식으로 조용히 고통을 참는 방법을 택한다. 게다가, 이들은 흥분되고 열정을 느끼고 자신들이 다른 사람들만큼 괜찮다는 느낌을 받기 위한 방법으로 끊임없는 활동과 무모한 행동에 관여한다. 모든 세 가지 하위 유형들 중에서, 셀프형 유형인 4번 유형들은 겉으로 보기에는 4번 유형의 다른 두 가지 하위 유형들 만큼 질투심이 많거나 예민하게 보이지 않는다.

② 그룹형 하위 유형인 4번 유형들은 자신들의 결점뿐만 아니라, 자신들이 속한 집단의 이해와 공감을 얻는 데 집중한다. 이들은 자신의 고통과 슬픔에 대한 이해와 공감을 원한다. 동시에 자신이 집단에서 소외됐다고 느끼거나, 집단의 큰 부분을 차지하지 않는다고 느끼면서도 집단에 대한 자신의 진심 어린 공헌에 대해 인정을 받고 싶어 한다.

③ 파트너형 하위 유형인 4번 유형들은 자신의 욕구와 감정을 표면적으로 표현하도록 압박을 느끼며 관심을 얻고, 자신들의 입장과 업적에 대해서 듣고 인

정받기 위해 다른 사람들과 치열한 경쟁을 벌일 수 있다. 승리는 이해 받기 위한 또 다른 수단으로 여겨지며, 정상에 오르는 것은 다른 사람들과 지속적으로 비교하는 것을 해결하기 위한 방법으로 보인다.

●●● 4번 유형의 날개와 화살표

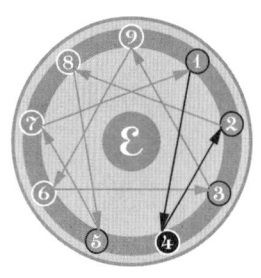

4번 유형들은 자신의 감정을 표현하고, 다른 사람들과 깊은 관계를 맺고, 거부감이나, 충분히 좋지 않거나, 부족한 느낌을 피하고자 하는 강한 갈망을 느끼기 때문에, 극심하게 감정적이고 주관적이 될 수 있다. 4번 유형들은 크게 기뻐하고 절망하기 쉽고, 자신의 갈망과 의도를 드러내는 데 어려울 수 있다. 이들의 날개(3번 유형과 5번 유형)와 화살표(2번 유형과 1번 유형)로의 접근은 4번 유형들이 지닌 특징들의 균형을 잡아준다.

■ 4번 유형의 날개

- 3번 날개 : 4번 유형들이 3번 날개를 가질 때, 더 목표 지향적인 행동을 보이고, 더 높고 더 일관된 에너지 수준을 가지며, 침착성과 자신감을 더욱더 드러내고, 가시적인 것으로부터 도망치거나 그것에 대해 양립되는 감정을 느끼기보다는 자신이 매우 돋보이는 것에 더욱 편안해 한다.

- 5번 날개 : 5번 날개를 가진 4번 유형들은 보다 객관적이고 분석적이다. 이 특징은 다른 사람들과 관련시킬 때 보다 주관적인 감정 방식과 대조를 이룬다. 게다가 이들은 더 깊이 생각한 후, 덜 반응적인 관점으로 상황을 지각하는 향상된 능력을 가지며 종종 자제력과 자기 억제력을 더 많이 보인다.

■ 4번 유형의 화살표

• **2번 유형을 향한 화살표** : 2번 유형과 강한 연결고리를 가진 4번 유형들은 보통 자신의 내면적인 반응과 개인적인 경험에 초점을 두기 때문에 다른 사람들의 마음을 알아낼 수 있는 능력을 강화시킨다. 이렇게 다른 사람들에게 높아진 관심은 4번 유형들이 상호작용에 보다 반응적이고 보다 한결같이 되도록 돕는다.

• **1번 유형으로부터 나온 화살표** : 1번 유형과 강한 연결고리를 가진 4번 유형들은 주로 자신의 감정적인 반응에 근거를 두고 평가를 내리기보다는, 보다 객관적이고 사람과 사건들에 대한 분별력을 가지게 된다. 이러한 특징은 4번 유형의 사람들에게 증가된 균형 감각, 감정적이고 정신적인 판단력, 세부적인 사항까지 잘 고려할 수 있는 관심을 갖도록 해준다.

•••4번 유형을 위한 세 가지 질문들

① 당신이 강렬한 것을 느낄 때 계속해서 당신의 생각, 느낌, 감각 등을 다시 되뇌이면서, 매우 오랜 시간 동안 강렬하게 당신의 감정을 계속 유지하는가?
② 당신은 우울하다는 감정을 하나의 즐거운 경험으로 여기기도 하는가?
③ 당신은 계속해서 다른 사람들과의 깊은 유대 관계를 찾는가? 이러한 유대 관계가 어려워졌을 때 흥분하며 속상해 하는가?

4번 유형을 코칭할 때 고려할 점

강점의 영역

- 고무적임
- 창의적임
- 자기 성찰적임
- 표현력이 있음

발달을 위한 영역

- 강렬함
- 자의식이 강함
- 기분 변화가 심함
- 죄책감에 시달림

코칭 개요

4번 유형들은 피드백에 대한 반응이 다양하게 나타날 수 있다. 그러나 거의 모든 4번 유형들은 자신에게 결함이 있다고 느끼게 할 부정적인 피드백에 대해 우려할 것이다. 부정적인 관점이 정확한 것인지 아닌지, 또한 자신들에 대한 긍정적인 정보를 무시하거나 경시한다는 사실을 판단할 수 있도록 도와주는 효과적인 여과 장치가 부족하기 때문에, 피드백을 받는 것은 이들에게 도전일 수 있다. 그러므로 부정적인 피드백을 뭔가 자신에게 문제가 있다는 사실이 확인된 것으로 받아들인다. 긍정적인 피드백은 잠시 동안만 생각은 할 것이다. 그러나 곧, 긍정적인 피드백의 그 어떤 것도 자아 인식으로 통합되지 않고, 그 긍정적인 정보도 재빨리 거부할 것이다. 피드백을 받을 때 이 자동적인 '부정적인 것의 주입 혹은 긍정적인 것의 거부' 양상 때문에 코치는 4번 유형들이 종종 제공된 정보의 진실과 정확성을 구분하도록 도울 필요가 있다. 4번 유형들은 공감하고 이해심 있는 코치들을 선호할 것이며, 이들에게는 따뜻하면서도 객관적이고 직접적인 코치들이 가장 적합할 것이다.

4번 유형들은 피드백 듣는 것을 언제나 좋아하지는 않지만, 진실을 듣는 것에는 고마워 한다. 대부분의 4번 유형들은 깊숙한 내면에서 현실을 불균형하게 인식할 수 있다는 것과 다른 사람의 조언에 귀 기울일 필요가 있다는 것을 이해한다. 신뢰할 수 있는 코치는 이러한 성격유형의 사람들에게 도움을 제공하는 데 이상적인 위치에 있으나 적절한 타이밍은 필수적이다. 부정적인 정보를 의논하는 최적의 순간은 4번 유형 coachee들이 그 정보에 대해서 어떻게 느끼고, 무엇을 인식했는지를 표현한 바로 직후이다. 이때, 친절하고 명확하게 설명해준다면, 4번 유형들은 보통 코치가 말하는 것을 잘 받아들인다.

●●● 첫째 코칭 목표와 coachee의 동기를 확인하라

■ 목표 파악 : 4번 유형들에게 어떤 질문을 할 것인가

어떤 4번 유형들은 길게 이야기 하는 걸 좋아하고 어떤 4번 유형들은 조용하고 보다 내성적인 경향이 있다. 일부는 때때로 수다스러워지고 내성적일 수 있다. 말하기를 좋아하는 4번 유형들은 코치가 자신이 하는 말 모두를 자세하게 들어주기를 원한다(이것은 시간이 좀 걸릴 수 있다). 반면 조용한 4번 유형들은 자신의 코칭 목표에 대해 그들로부터 분명한 반응을 얻기 위해서 코치들이 많은 질문들을 해 주기를 원한다. 하지만, 모든 4번 유형들은 이해받기를 원하고 개인적인 가치와 깊은 의미를 향한 탐구에 의해 의욕이 넘치길 원하기 때문에, 다음의 질문들은 효과적이다 :

• 당신은 앞으로 있을 코칭 경험에 대해 생각해 볼 때, 우리가 시간과 노력을 투자한 결과로 당신이 가장 이루고자 하는 것이 당신에게는 어떤 의미가 있습니까?

• 왜 이것들이 당신에게 매우 중요한지에 대해 내가 이해하도록 해주세요.

4번 유형 coachee들의 목표를 의논할 때, 코치는 4번 유형으로 하여금 아래에 설명된 주요한 발달 동기 유발 요인들과 특정한 코칭 목표들 간에 명백한 연결고리를 만들 수 있도록 도와야만 한다. 왜 각 코칭 목표가 중요한지 논의하다보면 이 연결고리는 coachee에게 분명해 질 것이다. 만약 그렇지 않다면 코치는 다음 두 가지 중 하나를 할 수 있다.

① 4번 유형 coachee들에게 질문하라.

"당신이 이 목표를 성취하게 되면 어떤 개인적이고 직업적인 이익을 얻게 됩니까?"

② 목표와 동기 부여 요인과의 연결 고리를 직접적으로 설명해 주어라.

"이것은 당신이 훨씬 더 자기 수용적이 되도록 도울 것이고 당신이 당신의 꿈에 대해 더욱 분명해 질 수 있도록 할 겁니다."

■ 4번 유형의 발달을 위한 주요한 동기 부여 요소들
• 가장 깊숙한 부분까지 자신들에 대해 더 많이 알고 더욱 진정으로 자기 수용적이 되도록 돕기.
• 깊고 의미 있는 상호작용에 계속 관여할 필요 없이, 다른 사람들과 지속적인 연락을 할 수 있기.
• 변덕, 감정적인 반응, 반응성을 줄이기.
• 어떤 일들이 일어나게 할 수 있다는 생각의 실현 가능성을 더 많이 느끼고, 어떤 일들이 그들에게 일어난 것을 느끼기보다는 자신의 꿈을 실현하기.

••• 둘째 coachee의 자기 숙달의 수준과 범위에 따른 적합한 코칭 기술을 사용하라

coachee의 자기 숙달 수준을 알아내는 가장 좋은 방법은 218~221페이지의 박스에 제시된 세 가지 수준을 나타내는 행동에 관한 묘사를 읽고 다음 질문에 대답하는 것이다.

① 이 사람의 평균적인 자기 숙달 수준은 어떠한가?
　　□ 낮음　□ 중간　□ 높음
② 내가 알고 있는 것은 무엇이며, 어떤 관찰 결과를 바탕으로 이와 같은 결론을 도출하게 되었는가?
③ 이 사람의 자기 숙달 정도는 어떠한가? 개개인의 가장 높고 가장 낮은 수준은?
④ 내가 관찰한 것 또는 이러한 결론이 나오도록, 다른 자료로부터 알아낸 것은 무엇인가?

4번 유형들 : 자기 숙달 수준과 발달을 강화시키기 위한 코칭 접근법들

■ 자기 숙달 수준이 높은 4번 유형들 – 감상가

• 핵심적인 이해

(모든 것은 의미와 의의를 가진다. 모든 사람은 가장 깊은 수준에서 관련되어 있다.)
높은 자기 숙달을 보인 에니어그램 4번 유형들은 중심성, 평온함, 침착함을 내뿜는다. 삶이 가져다 주는 기쁨과 슬픔 모두에게 열린 자세를 견지하기 때문에 이들의 예술적인 표현은 보편적이다. 이들은 자신이 부족한 것을 안타까워하기보다는, 자신이 가진 것에 대해 깊이 고마워한다. 이러한 4번 유형들은 내면의 전체성과 지조를 보여준다. 그들의 온화한 공감과 진정한 관심으로 인해 사람들이 끌린다. 자신의 경험을 심도 있게 생각하고, 다른 관점의 사람들이 말하는 의

미도 이해하고, 관련 있는 문맥적인 요소들을 검토하기 때문에 어려운 도전에 직면했을 때, 감정적인 혼란 상태로 들어가지 않는다.

• 4번 유형의 자기 숙달을 강화시키기 위한 코칭 접근법들

〈*확장을 위한 격려와 추가적인 방법들을 제공하라.*〉

- 4번 유형의 강점, 참된 진실성, 실제 감정(과도한 감정적 반응을 넘어선), 정서적 직관력 등을 긍정적으로 강화하라.
- 특히 자신들의 공헌에 대해 말해주기를 기대하거나 요구하지 않을 때조차, 그 공헌에 대해 말해 주어라.
- 4번 유형들이 자신의 통찰력, 모든 능력, 창조성을 존중하고 이용하도록 권장하라 : 아이디어와 꿈을 현실로 만들기 위해서는 행동으로 옮겨야 한다는 사실을 깨닫도록 도와라.
- 사실인 긍정적인 피드백을 받아들이고 내면화하는 방법과 사실이 아닌 부정적인 피드백을 걸러내는 방법을 가르쳐라.
- 매일같이 최상으로 효과가 있는 방법이 무엇이든지 간에 - 예를 들어, 예술적인 표현, 운동, 명상, 혹은 저널 쓰기 등 - 그 방법을 이용함으로써 이들의 감정적인 균형을 유지하는 것이 중요하다고 강조하라.

■ 자기 숙달 수준이 중간인 4번 유형들 - 독특한 개인

• 주요 관심사

(중요하다고 느끼고 특별하다고 느끼며 의미를 찾음)

자기 숙달 수준이 중간인 4번 유형들은 의미 있는 관계와 진정한 대화를 추구할 때 감정적이거나 혹은 자기 감정을 표현하지 않을 수도 있다. 이들은 또한 내적인 경험, 괴로움, 의미 추구 등을 예술적 표현으로 변형시켜, 상당한 상상력을 키울 수 있다. 4번 유형의 사람들은 대화에서 나, 내게, 내 것과 같은 단어를 자주 사용하고 개인적인 이야기를 많이 하며, 대화를 자기 중심으로 흘러가도록

하면서 자주 자기 참고적인(self referencing) 표현을 한다. 자신이 우월한지 혹은 부족한지를 알아내기 위해 계속해서 자신들을 다른 사람들과 비교하는 4번 유형들은 자기 수용적이 되기 어렵다. 갈망하고, 기분 변화가 심하고, 때로 우울하기 때문에 4번 유형들의 사람들은 또한 사색적이고, 감정 이입적이고, 재능을 가질 수 있다.

• 4번 유형의 자기 숙달을 강화시키기 위한 코칭 접근법들
〈동기를 자극하고 구체적으로 발달할 수 있는 행동들을 제공하라.〉
 - 자신이나 다른 어떠한 사람도 세계의 중심에 아니라는 사실 - 모든 것이 그들과 관련해서 발생하지는 않는다 - 을 깨닫도록 도와라.
 - 4번 유형, 다른 사람들과 상황 안에 존재하는 긍정적인 면에 집중하라. 오로지 부정적인 면과 놓친 것에 초점을 두는 것이 아니라, 긍정적인 면에 초점을 두도록 도와라.
 - 자신의 감정과 대인관계의 중요성을 인정하라. 그러나 생산적인 행동으로 도움이 되는 범위 내에, 다른 사람들과의 관계와 감정을 맺도록 강조하라.
 - 4번 유형들이 너무 자기 집중적이거나 부정적일 때, 유머로 가볍게 대화를 하라.
 - 무엇이 가능한가보다는, 있는 그대로를 받아들이고 소중하게 생각하는 모형을 만들라. 4번 유형들이 일상적으로 매일 하고 있는 활동에서 의미와 기쁨을 찾도록 도와라. 이를 통해 과거 혹은 현재에 초점을 두는 것이 아니라, 의식적으로 현재에 있는 것과 관련시켜라.

■ 자기 숙달 수준이 낮은 4번 유형들 - 눈에 보이지 않는 결함이 있는 사람

• 핵심적인 두려움
(고유한 결함이 있고 완전히 단절된 존재)
자기 숙달 수준이 낮은 4번 유형들은 억울해 하고, 우울하고, 감정적으로 변덕이 심하고, 과민하고, 자신에게만 몰두한다. 그들이 모욕을 당했거나 혹은 거절

받았다고 여기는 경우 깊이 상처받았다고 느낀다. 이들의 부정적인 자아 인식으로부터 그들 자신들을 해방시킬 수 없을 때, 특정한 경우 개개인에서, 보편적인 경우 삶 전체가 의도적으로 자신을 해치려고 했다고 비난하면서, 고통스럽거나, 수치를 느끼거나, 외톨이가 되거나, 분노로 가득 차 있거나, 내성적이거나 혹은 굉장히 공격적으로 될 수 있다. 다양한 예술적 형태들로 자신들을 표현하는 반면, 그들의 예술은 피할 수 없는 것으로 느껴지는 비극적인 특징을 가진다.

- 4번 유형의 자기 숙달을 강화시키기 위한 코칭 접근법들
  (지지해 주고 지침과 경계영역을 제공하라.)
  - 4번 유형의 감정을 인정하라. 그러나 긍정적인 행동을 취하도록 도와라.
  - 가능한 한 긍정적인 피드백을 제공하라. 4번 유형들이 긍정적인 면을 내면화하도록 권장하고 부정적인 면을 지나치게 내면화하고 있다는 사실을 인식하도록 권장하라.
  - 이들의 자기비판 혹은 낮은 자기가치 의식을 받아들이지 마라 : 그들이 잘한 것을 당신에게 말하도록 권장하라.
  - 스스로를 탓함으로써 부정적인 정보를 지나치게 내면화하고 있을 때, 상황이나 혹은 책임을 공유한 다른 사람들에게 초점을 둠으로써 4번 유형들이 문제를 더 외면화하도록 도와라. 4번 유형들이 다른 사람들을 탓함으로써 그들의 생각·감정을 지나치게 표면화하고 있을 때, 현실적으로 자신들의 책임에 집중하도록 도와라.
  - 4번 유형의 고립 성향에 주의를 기울여라 : 그들에게 관심을 보이고 그들이 생각하고 느끼고 있는 것을 물어라.

4번 유형 coachee의 자기 숙달 수준에 대한 초기 사정이 이루어지면, 그 수준에 적합한 접근방식을 숙지하고 coachee에게 가장 효과적일 것이라고 여겨지는 방식을 선택하라.

●●● **셋**째 도전적 성장을 이끌어낼 수 있는 코칭 기술을 사용하라

다음 네 가지 코칭 기술에 대해 읽어가면서, 당신이 아는 몇몇 4유형들에 대해 생각해 보고, 이들에게 이 기술들을 어떻게 사용할 수 있을지를 생각해 보는 것은 도움이 될 것이다. 모든 4번 유형들은 눈에 띠게 비슷한 점들을 지니고 있지만, 이들의 행동은 에니어그램 하위 유형에 따라 다양하다. 예를 들어, 셀프형 하위유형인 4번 유형들은 기분이나 감정의 기복이 심할 수 있으며, 그룹형 하위 유형인 4번 유형들은 보다 더 내성적인 경향이 있으며, 파트너형 하위 유형인 4번 유형들은 가장 감정적이고 열정적인 경향이 있다. 4번 유형들은 또한 자기 숙달 수준, 감정이입, 날개와 화살표의 사용, 하위 유형 경험, 연령, 성별, 문화와 같은 요소들에 따라 약간의 차이를 보인다.

■ 머리 중심 에너지를 사용하는 사람들의 도전 : "~라면 어떻게 될까?"
  라는 질문

"~라면 어떻게 될까?"라는 도전적 질문은 coachee가 중요하고 존중되어져야 한다고 가정하는 상황에서 효과가 잘 나타난다 — 즉 그것은 정신모델이다. 이러한 가정은 coachee가 의심 없이 받아들이는 믿음과 패러다임의 일부이다. 4번 유형 coachee가 명시적 혹은 함축적인 가정을 표현하는 것을 들은 후, 코치는 이와 관련해서 "~라면 어떻게 될까?"라는 도전적 질문을 던진다. 다음은 4번 유형들을 위한 세 가지 공통의 정신모델, 코치가 각 가정에 도전하기 위해 해야 하는 질문 그리고 4번 유형이 코치의 도전적 질문에 대답했을 때 코치가 어떤 식으로 반응해야 하는지를 순서대로 제시하고 있다.

■ 공통의 첫 번째 가정-"일이 잘 풀리지 않을 거예요."

• 코치의 도전적 질문

"만약 일이 잘 된다면 어떻게 될까?"

• 코치의 도전적 질문 이후의 반응

-4번 유형이 "잘 안 풀릴 거예요."라고 말한다면, 다음 질문을 해라 : "당신은 그럴 것이라는 것을 어떻게 아나요?" 그런 다음, 조용히 기다린다. 4번 유형이 일이 잘 되지 않았던 절망적인 이야기를 가지고 대답하면, 다음 질문을 해라. "일이 잘 되었던 때에 대해 생각해 본 다음, 내게 이야기해 주시겠어요?"

-4번 유형이 만약 일이 잘 진행된다면 어떤 일이 발생할지에 대해 말할 수 있을 때, 다음과 같이 말하라. "좋아요. 이제 당신이 긍정적인 결과의 가능성을 높이기 위해 할 수 있는 것뿐만 아니라, 당신이 바라는 만큼 일이 잘 처리되지 않을 때에도 당신이 할 수 있는 것에 대해 의논해 봅시다."

■ 공통의 두 번째 가정-사람들은 내가 경험하고 있는 것을 실제로 이해해 주지는 않아요."

• 코치의 도전적 질문

"다른 사람들이 정신적으로, 정서적으로 당신을 정말로 이해하고 있다면 어떻게 될까요?"

• 코치의 도전적 질문 이후의 반응

-4번 유형이 그러한 상황을 생각해 내지 못한다면, 다른 사람이 자신을 제대로 이해하지 못한다고 느꼈지만, 사실은 다른 사람이 자기가 자신을 이해했던 것보다 훨씬 더 잘 이해했던 시기에 대한 설득력 있는 이야기를 해주어라. 그런 다음 말하라. "이런 일이 당신에게 일어난 적이 있다고 생각합니까?"

-만약 다른 사람들이 자신을 이해할 수 있다면 어떤 일이 일어날 지에 대해 4번 유형이 분명하게 표현할 수 있을 때, 물어라. "이러한 가능성을 높이기 위

해 당신이 할 수 있는 것은 무엇입니까? 다른 사람이 자신을 이해하지 못하도록 실제로 당신은 어떻게 행동하고 있습니까?"

- 공통의 세 번째 가정 – "다른 사람들은 나만큼 깊고 완벽하게 인생 경험을 추구하지 않아요."
  - 코치의 도전적 질문
  "만약 다른 사람들이, 단지 당신이 하는 것과 똑같은 과정을 거치지 않을 뿐이지, 실제로 깊고 완벽하게 인생 경험을 추구한다면 어떻게 될까?"
  - 코치의 도전적 질문 이후의 반응
  – 4번 유형이 이를 사실로 받아들이지 않는다면, 물어라. "정말로, 당신은 그렇다는 것을 어떻게 압니까?"
  – 4번 유형이 구체적이고 긍정적인 반응을 보인다면, 말하라. "자신의 경험에 대해서 깊이 생각할 때, 당신이 실제로 지나치게 강조하고 있다거나 무심결에 다른 뭔가를 숨기고 있을지도 모른다고 생각해 본 적이 있습니까?"
  힌트 : 많은 4번 유형들은 생각하고 싶지 않은 더 깊은 감정을 숨기거나 감추기 위해서 감정을 표현한다는 것을 활용한다.

많은 4번 유형들은 "~라면 어떻게 될까?"라는 도전적 질문은 새로운 방식 – 즉 그들의 감정뿐만 아니라 그들의 마음을 이용하는 – 으로 생각하고 자기 반성적이 되도록 만들기 때문에 이러한 도전적 질문을 좋아한다. 동시에 어떤 4번 유형들은 그러한 도전을 현실에 대한 그들의 관점을 거부하거나 부인하는 것으로 받아들이면서, 자신의 가정에 대한 문제 제기를 받는 것을 좋아하지 않는다. 만약 이러한 일이 발생한다면, 코치는 "당신의 가정이 상황을 감지하는 유일한 방법이 아니라면 어떻게 될까요?"라고 말할 수 있다.

■ 가슴 중심 에너지를 사용하는 사람들의 도전 : coachee의 방어 기제
  를 탐색하라

• 4번 유형의 주요 방어 기제 : 함입(Introjection)

함입은 4번 유형들에게 이용할 때 반직관적인 방어 기제로써 기능한다. 불안, 고통을 느끼게 해주는 비판적 정보와 부정적인 경험을 거부하는 대신, 그 부정적인 정보를 자기 것으로 받아들인다 - 4번 유형들은 이러한 부정적인 자료를 자아의식으로 완전히 받아들이고, 내면화하며, 자신들의 일부로 포함시킨다. Gestalt 치료의 아버지인 Fritz Perls(프릿츠 펄스)는 이 현상을, 사실인 정보와 사실이 아닌 정보를 구별하지 못하고 전체적인 것을 사실로 받아들이는 것으로 본다. 고통스러운 정보를 처리하고 외적인 위협을 중성화하는 방법을 통해 4번 유형들은 자신들에 대한 부정적인 정보를 받아들인다 — 그리고 긍정적인 자료는 거부한다. 그들은 다른 사람들로부터 받은 비판과 거절에 반응해야 하는 것 보다, 자신이 자초한 피해를 해결하는 것을 더 선호한다.

4번 유형들은, 누군가가 그들 때문에 화가 나 있거나 어떤 점에서는 부족함이 있다는 단서를 무의식적으로 찾으면서, 계속적으로 그런 점들만 받아들인다. 방어기제는 그들이 곧 닥칠 부정적인 피드백에 대해 불안해 할 때나 혹은 다른 사람들과 가까워진 다음 그들로부터 거부당하는 것에 대해 걱정할 때, 가장 강하게 작용한다. 무엇을 내면화할지와 무엇을 심각하게 받아들이지 않을지를 구별하는 정확한 경계선이 부족하기 때문에, 부정적인 자료는 받아들이지만 긍정적인 정보는 거부하는 그들의 성향과 결합되어, 대부분의 4번 유형들은 계속해서 충분히 좋지 않은 감정을 대비하여 방어한다.

아이러니컬하게도, 4번 유형들은 부정적인 정보를 막기 위해 사용하는 바로 그 방어 기제가 사실은 자신들이 부정적인 자아 인식을 내면에 저장하도록 만든다는 사실을 깨닫지 못한다. 4번 유형의 방어 기제인 함입의 예는 다음의 상황과 같다 : 다른 사람들이 줄 수도 있는 부정적인 반응에 굉장히 예민한 것, 완전히 이해

받고자 하는 강한 갈망을 가지는 것, 자기 자신들을 상세하게 표현해야 하는 것, 자기들이 생각하기에 다른 사람들이 자신들이 말하고 있는 것을 제대로 이해하지 못하거나 공감대를 형성하지 않을 때 깊이 상처받는 것, 자신들이 느끼는 것을 과대 인식하고 다른 사람의 감정을 이해하기보다는, 그들 자체가 그들의 감정이라고 믿는 것, 누군가가 자신들 때문에 속상하거나 자신들이 불안감을 느낄 때 자신들이 아닌 다른 사람들을 탓하는 경향이 있는 것, 그래서 상처와 책임을 다른 누군가에게 전가시키는 것 등이다. 이러한 예들은 다음과 같은 4번 유형들의 더 깊은 발달 이슈들에 맞서서 숨기거나 방어하는 함입의 실제 증상 혹은 징후이다.

- 진실이 오로지 감정의 영역 안에 있다고만 생각하지 않고, 마음의 평정을 찾기 위해서 객관성을 정서에 통합시키는 것.
- 부정적 자료를 전적으로 받아들이지 말고, 또 분별력 없이 긍정적인 정보를 거부하지 말고, 그들이 어떤 점에서는 우월하거나 혹은 부족하다고 느끼도록 자신들을 다른 사람들과 계속해서 비교하지 말고, 자기 가치에 대해 깊고 진정한 의식을 느끼는 것.
- 주로 자신들과 그들 자신의 감정과 내면의 경험에 집중하는 대신에, 자신들과 다른 사람들을 동시에 똑같이 집중할 수 있는 것.

함입

4번 유형이 좋아하는 사람이 업무적인 상황에서 자신에게 거의 주의를 기울이지 않는다. 그러나 이것을 무시하거나 그들의 관계와는 별도로 이 사람의 삶에 무슨 일이 일어나고 있을까를 궁금해 하는 대신, 4번 유형은 상호작용이 제대로 이루어지지 않은 것을 개인화하고, 그 사람이 자신에게 화가 났거나 혹은 자신을 좋아하지 않는다고 가정하며, 그런 다음 며칠 동안 이것에 대해 고민한다.

4번 유형의 방어 기제인 함입을 가지고 작업하는 것은 복잡할 수 있다. 4번 유형들이 이 방어 전략을 노골적으로 사용하고 있을 때, 보통 고조된 정서 상태에 있고 마음의 상처, 분노 그리고 불안함을 느끼고 있다. 이때에, 4번 유형들은 코치가 어떠한 방식으로든 4번 유형이 뭔가 잘못했다고 은연중에 내비치며 말하는 것이 무엇이든, 큰 반응을 보이게 될 것이다. 4번 유형은 화가 났을 때, 그 분노를 코치에게 바로 표현하지 않을 것이다(반면에 4번 유형들이 슬픈 감정을 느낄 때, 굉장히 내성적이 될 것이다).

코치들이 함입이라는 도전적 방어 기제를 가지고 작업할 때 주의와 용기를 가지고 진행해야 하지만, 그렇게 하는 것은 4번 유형 coachee의 성장 궤도에 있어 엄청나게 긍정적인 영향을 미칠 수 있다. 간접적인 도전은 반응을 높이고, 저항을 줄일 수 있기 때문에, 간접적인 도전부터 시작하는 것이 가장 좋다. 하지만, 만약 4번 유형이 자신이 거의 모든 부정적 자료를 받아들인다는 사실을 이미 알고 있으며 만약 당신이 그 coachee와 아주 좋은 관계를 가진다면, 직접적인 도전이 더 큰 영향력을 가질 것이다.

함입에 대한 간접적인 도전

"당신이 부정적인 피드백을 받을 때, 매우 깊이 받아들이는 것 같아요. 그러나 뭔가 긍정적인 것이 있을 때는, 그 순간에는 즐거워 하지만 곧 잊어버리는 것 같아요. 당신이 생각하기에도 그런가요?"

함입에 대한 직접적인 도전

"당신은 부정적일 수 있는 모든 것을 내면화하는 반면에, 긍정적인 것은 무가치한 것으로 치부하거나 오로지 부분적으로만 받아들이는 것 같아요. 당신이 매우 쉽게 상처받거나 가치가 없는 느낌이 드는 건 너무 당연해요. 당신은 여과 장치를 갖춘 새롭고, 또 분명한 경계선을 정해서 긍정적인 자료와 부정적인 자료 모두를 받아들이되, 오직 정확하고 유용하게 받아들일 수 있어야 합니다."

■ 배 중심 에너지를 사용하는 사람들의 도전 : "왜 당신은 그것을 하려고 하는가?"라는 질문

4번 유형 coachee들이 자신과 관련된 무엇인가를 변화시키기를 원한다고 말할 때, 이 질문을 하는 것은 그들의 욕망을 도전적으로 지지하는 방법으로 효과적이다. 이 기술에 대한 반응으로써, 4번 유형의 coachee는 자신들의 행동 계획을 변경하거나 기존의 계획에 더 깊게 매진하게 될 것이다. 이 기술은 ① 4번 유형 coachee가 생산적인 행동을 취할 의도를 명백히 밝히거나 ② 4번 유형 coachee가 위험할 수 있거나 자신에게 최선의 이익에 반할 수도 있는 행동을 취할 의도를 표현할 때와 같은 두 가지 상황에서 특히 유용하다.

4번 유형들은 자신들이 왜 하기를 원하는지 혹은 하지 않기를 원하는지에 대해 생각하는 것을 항상 좋아하기 때문에 이러한 타입의 도전적 질문을 좋아함에도 불구하고, 코치는 이들의 선택에 대한 가장 깊고 명확한 이유를 더 자세히 설명하는 것이 중요하다. 따라서 다음의 두 가지 예들 속에서 입증된 것과 같이, 코치는 말한 근거 뒤에 숨은 이유를 물어볼 필요가 있을 것이다.

4번 유형들을 위한 도전 "왜 당신은 그것을 하려고 하는가?"

■ 생산적인 의도로 행동하려는 4번 유형 - "나는 덜 감정적이기를 원해요."

• 코치의 도전적 질문

"왜 당신은 덜 강한 감정으로 반응하거나 또는 덜 자주 강한 감정적 반응을 보이길 원합니까?"

• 코치의 도전적 질문 이후의 반응

- 만약 4번 유형이 대답을 생각해 내지 못하거나 설득력이 없는 대답을 한다면, "당신이 정말로 원하는 것처럼 들리지 않네요. 당신은 감정에 초점을 두는 것을 좋아할지도 모른다는 생각을 해본 적이 있나요?"라고 말한다. 그리고는 대답을 기다려라.

– 4번 유형이 설득력이 있는 반응을 보인다면, "당신은 이것이 당신의 삶에 어떻게, 왜 커다란 변화를 가져다 줄지를 이해한 것 같군요. 어떻게 하면 당신이 이렇게 하는 것을 배울 수 있는지에 대해 이야기 해봅시다."라고 말하라.

■ 비생산적인 의도로 행동하려는 4번 유형 – "난 다른 사람들에게 너무 많은 걸 기대해서 사람들과 가까워지려고 하지 않아요."

• 코치의 도전적 질문

"당신의 기대치를 낮추는 방법으로서 왜 스스로 다른 사람들을 멀리하기를 원합니까?"

• 코치의 도전적 질문 이후의 반응

– 만약 4번 유형이 이해가 되는 이유를 든다면 "당신은 아마도 사람들에게 높은 기대치를 갖고 있으며, 그들과의 관계에서 실망해왔군요. 가까워지는 대신에, 당신의 기대치를 살펴보는 것을 고려해 본 적이 있나요?"라고 말한다.

– 만약 4번 유형이 그 행동은 비생산적이라는 것을 알게 되었다는 반응을 보인다면 다음과 같이 말하라. "이제 당신은 이것이 정말로 원하는 것을 얻게 해주지 않을 것을 알았으니, 어떤 대안책들을 생각해 볼 수 있습니까? 그 대안책들의 결과는 어떨까요?"

■ 역설적 도전 : 변형

역설들은 복잡하고 도전 의식을 북돋우기 때문에 4번 유형들은 종종 역설을 좋아한다. 하지만, 4번 유형들이 자신의 행동에 대한 역설적인 면을 실제로 통합시키고 받아들이거나, 또는 단지 자신들에 대한 흥미로운 정보라는 이유로 역설에 반응하지 않는 것은 중요하다. 당신이 이러한 일이 발생할 것이라고 생각한다면, 역설적인 문제 제기를 중단하고 4번 유형에게 이 질문을 하라. "난 이것이 아주 흥미롭다는 걸 알아요. 당신은 스스로에게 이것을 물어볼 필요가 있어요. 정말로 문제와 어려움 등을 자초한 이 역설적인 상황에서 계속 살기를 원합니까?"

4번 유형의 역설

Julie는 엔터테인먼트 산업에서 생산 관리 책임자로 이제 막 일을 하게 되었는데, 재미있고 재능 많은 개개인들로 구성되어 높은 성과를 자랑하는 팀의 일부가 되어서 몹시 흥분되었다. 하지만, 몇 달이 지난 후 Julie의 흥분은 사라지기 시작했고 Julie가 팀 멤버들의 업무량이 매우 불균형하게 분배되었다는 걸 알게 되면서 분노가 표출됐다. Julie는 기꺼이 새로운 프로젝트를 돕고 있었으며 스스로 녹초가 되도록 일을 하고 있었던 반면, 다른 팀 멤버들은 추가적인 업무를 거의 솔선해서 하지 않았다. Julie의 몇몇 팀 동료들이 짜증나게 하고 있었다. 한 동료는 너무 비판적이고, 다른 동료는 끊임없이 이야기하고, 1/3정도는 팀 미팅 동안 까다롭거나 관련 없는 질문을 계속해서 얘기했다.

좌절한 Julie는 매니저에게 말했다. "어째서 사람들은 약속한 것을 지킬 수 없나요?" Julie는 불평했다. "뭐가 잘못인가요? 제 잘못인가요, 아니면 그들 잘못인가요? 그들은 적당히 하는 것을 넘어서 박차를 가할 필요가 없다고 생각할 때, 나는 왜 그렇게 열심히 일해야 하나요? 난 이 팀을 아주 많이 좋아했었죠. 그러나 지금은 단 하루도 불안해 하지 않거나 혹은 성마른 소리를 내지 않고 버틸 수 있을지가 의심스러워요." 그녀는 잠시 멈췄다가, 다음과 같이 덧붙였다, "아마도, 난 내 팀 동료들 중 한 사람에게 말해서 그에게 예민하게 대한 것에 대해서 사과해야겠어요. 나는 그와 매우 동떨어져 있으며 내가 한때 이례적일 정도로 우수하다고 생각했던 팀으로부터 고립된 느낌이 들어요."

역설에 대한 설명

4번 유형들은 사람들과 깊고 지속적인 관계를 갖기를 원한다. 그러나 이들의 행동은 타인과 다르고, 독특하고, 따로 떨어진 느낌이 들고자 하는 이들의 갈망을 자주 반영한다. 4번 유형들은 너무 가까워지면, 밀고 당기는 행동을 하고, 그들이 실망하거나 거절당한 느낌이 들 때, 사람들을 멀리한다. 모든 이러한 행동들은 곧 다른 사람들이 그들을 떠나도록 만든다.

코치의 역설적 의견

"그건 지극히 기분 변화의 문제이군요. 당신은 이 팀과 밀접한 관계를 맺기를 원하고 매우 가깝기도 해요. 그리고는 갑자기 이 팀과 매우 소원해져요. 잠시 동안 팀이 했던 일을 구분하세요. 당신이 하고 있는 일에 집중하세요. 당신은 어떻게 이 팀에서 벗어날 것인가요? 당신은 그들이 당신을 떠나게 하도록 하는 어떤 행동을 하나요?"

〈주의〉

자기 숙달 수준이 낮은 사람들은 역설에 내재한 애매모호함을 다룰 만큼, 충분히 심리적으로 안정적이지 않기 때문에 중간 수준부터 높은 수준의 자기 숙달 수준에 있는 4번 유형에게만 역설적인 도전 방법을 사용하라.

4번 유형의 코칭 사례 연구 요약
Gary

●●● 코칭 목표와 coachee의 동기를 확인하라

목표를 주어진 시간 내에 성취할 수 있도록 하고 coachee의 핵심 동기 유발 요소들 중 한 가지 이상의 요소와 연결될 수 있도록 하라.

Gary는 컴퓨터 기술 보조 사원으로 생계를 꾸려나감에도 불구하고, 컴퓨터 그래픽 분야를 하고 싶어하는 열정을 가지고 있다. 그 결과, 어째서 자신이 가장 관심 있는 분야에서 경력을 쌓지 않았는가에 대해 알고자 한다. 왜 이것이 자신에게 중요하냐는 질문을 받을 때, Gary는 "모든 사람은 그들이 사랑하는 일을 할 때 가장 행복하지 않습니까?" 라고 언급한다.

●●●Coachee의 자기 숙달의 수준과 범위에 따른 코칭 접근법을 사용하라

coachee가 지닌 자기 숙달의 일반적인 수준과 범위를 사정하라.

Gary는 자기 숙달 수준 범위가 광범위하지만, 보통 중간 수준의 자기 숙달 중간 지점에서 행동한다. Gary가 깊이 실망했을 때 낮은 자기 숙달에 가깝게 행동한다. 그러나 Gary가 원기를 회복하고 친구들을 위해 컴퓨터 그래픽을 하는데 참여할 때 중간 자기 숙달의 높은 범위로 이동한다. 하지만, Gary의 자기 숙달 수준에 대한 자기인식은 잘못되었다. 즐거운 시간 동안, 그가 높은 자기 숙달에 있다고 생각 한다 : 문제가 있다고 느낄 때, Gary는 여전히 중간 자기 숙달의 중간 지점에 있다고 믿는다. Gary는 또한 일반적으로 중간 수준의 자기 숙달보다 높은 범위에 있다고 믿는다. 유감스럽게도, Gary는 필요한 발달 작업이 있다고 생각하지 않기 때문에 이러한 잘못된 이해는 그의 성장을 방해한다.

218~221페이지의 박스에 제시된 것들 중 coachee에게 가장 효과적일 수 있는 발달 접근방식을 선택하고 그것들을 시험해보라.

Gary에게 사용할 가장 중요한 접근법은 자기 숙달 수준에 대한 왜곡된 인식을 부드럽게 표현하는 것이다. ― 평균 수준과 범위. 이것은 세 가지 방식으로 행해질 수 있다 : ① 4번 유형들을 위한 자기 숙달 수준을 그에게 보여주기. ② Gary가 자신의 자기 숙달 수준을 더 정확하게 사정하도록 유도하기. ③ Gary가 성장할 수 있는 충분한 가능성을 가지고 있다는 사실을 스스로 깨닫도록 돕기. 이에 대한 저항을 예측할 수 있어야 하고 무엇이 스스로를 보다 현실적인 사정과 다르게 여기도록 하는지를 Gary에게 물어봄으로써, 저항을 줄일 수 있어야 한다. 주목할 것은, Gary는 부족하다고 느끼는 감정으로부터 자신을 방어하기 위한 방법으로 이렇게 할 것이라는 것이다. 게다가, 그가 친구들을 위해 컴퓨터 그래픽을 해왔던 즐거운 경험과 직장에서 받은 피드백 등을 포함해, Gary가 자신의 삶과 긍정적인 일의 요소에 집중하도록 도와라.

●●● 도전적 성장을 이끌어낼 수 있는 코칭 기술을 사용하라

이 장에서 언급된 각각의 네 가지 코칭 기술을 어떻게 이용할 것인지에 대해 계획을 하고, 코칭 과정에서 적절한 때에 그것들을 사용하라.

■ 머리 중심 에너지를 사용하는 사람들의 도전적 질문 : "~라면 어떻게 될까?"

coachee가 말하거나 넌지시 내비친 말들 중, 당신이 도전할 수 있는 어떤 정신 모델이나 가정에 대해 들었는가? 당신은 이 "~라면 어떻게 될까?"라는 도전적 질문을 어떻게 표현할 것인가?

다음의 모든 도전들은 Gary에게 효과적일 것이다.

"만약 당신이 전문직으로서 컴퓨터 그래픽 직업에 전념했다면 어떻게 되었을까요?"

"만약 당신은 본인이 인정하는 것 이상으로 당신의 기술 보조 업무의 특정 부분이 정말로 좋다면 어떻게 될까요?"

"만약 당신이 당신의 열정을 따를 용기와 단련법을 가졌다면 어떻게 될까요?"

■ 가슴 중심 에너지를 사용하는 사람들의 도전적 질문 : 방어 기제를 인식하고 평형을 유지하라

언제 coachee가 특정한 방어 기제를 사용하는 것을 관찰할 수 있었는가? 직접

적인 도전과 간접적인 도전 중 어떤 것이 더 효과적인가? 당신은 이 방어 기제에 관한 도전을 어떻게 표현할 것인가?

Gary는 긍정적인 피드백을 받는 걸 어려워한다. 그는 긍정적인 정보에 의문을 갖고 그 정보를 무가치한 것으로 치부한다. 혹은 그는 긍정적인 정보를 이용해 자신의 기분을 매우 좋게 만든다 – 실제로는, 받은 피드백과 전혀 균형이 맞지 않을 정도로 – 그러나 곧 좋은 감정을 완전히 소멸시켜 버린다.

간접적인 도전적 질문

"당신은 자신에게 일어난 부정적인 일들에 대해 내게 많이 말하네요. 하지만 긍정적인 것들에 대해서는 훨씬 더 적게 말하네요. 자신을 묘사할 때 그것 또한 사실이죠. 내가 말하고 있는 것에 대해 어떻게 생각하세요?"

직접적인 도전적 질문

"당신이 뭔가 부정적인 것을 들을 때 마다 혹은 듣게 될 것이라 예상할 때마다, 이로 인해 상당히 상처를 받고 때로는 화를 내기도 하지만, 반면 긍정적인 정보는 거의 받아들이지 않는다는 사실에 난 주목했어요. 당신은 긍정적인 정보를 듣지만 그걸 내면화하지 않아요. 당신은 당신이 두 가지 스위치 – 언제나 부정적인 정보에 대해서 작동하는 스위치, 언제나 긍정적인 정보에 대해서 작동하는 스위치 – 를 가지고 있다고 생각해 봤나요? 내 생각엔 당신은 새로운 스위치들이 필요해요. 이 스위치들은 밝기를 조절할 수 있는 스위치이기 때문에, 당신이 정보의 원천과 정확성에 따라 그것들을 서서히 조절할 수 있을 것입니다."

■ 배 중심 에너지를 사용하는 사람들의 도전적 질문
: "왜 당신은 그것을 하려고 하는가?"

coachee는 앞으로 어떤 행동을 할 계획이라고 말했는
가? 당신은 이것이 현명한 행동 과정이라고 생각하는가?
이에 대해서 "왜 당신은 그것을 하려고 하는가?"라는 도전
을 어떻게 표현할 것인가?

"왜 당신은 보조 기술직을 그만두고 정규직 컴퓨터 그래픽
아티스트가 되길 원합니까?"

■ 역설적 도전 : 변형

당신은 coachee에게서 어떤 역설을 관찰했는가? 가장 의미 있는 것을 선택하
라. 당신은 이 역설적인 도전을 어떻게 표현하겠는가?

변형적인 도전은 Gary가 중간 수준의 자기 숙달보다 낮은 범위에 있을 때에는
적합하지 않다. 그러나 중간 수준의 자기 숙달의 높은 범위에서 행동하고 있을 때
에는 매우 유용하다.

"당신은 스스로에게 개인적인 의미를 주는 일을 하고 싶다고 말하네요. 당신은
컴퓨터 그래픽에 이러한 독특한 재능을 가지고 있어요. 하지만 당신이 가장 사랑
하는 일을 향해 전진하지 않는군요."

4번 유형들을 위한 발달 활동들

코치들은 다음의 활동들을 4번 유형 coachee들에게 제안할 수 있다.

●●●핵심 이슈 : 다른 사람들의 긍정적인 자질과 성과를 통해 즐거움을 느껴라

이를 위한 반직관적인 방식은 먼저 스스로의 긍정적인 자질과 업적을 진심으로 좋아하는 것이다. "나도 똑똑하지만, 그가 더 똑똑해" 혹은 "난 감정이입을 잘 하지만, 내 자신에 대해 생각하는 데 시간이 많이 걸려."와 같은 어떠한 경고 혹은 구실을 이용하지 마라. 그냥 당신 자체를 즐겨라. 당신이 이렇게 할 수 있다면, 자신이 다른 사람들의 자질과 업적의 진가를 알아보도록 하라. 매일, 당신 자신에 대해 긍정적으로 생각하고, 그런 다음 당신 자신을 남과 비교하는 일 없이, 긍정적으로 생각할 다른 사람을 선택하라.

••• 날개와 화살표를 통한 확장

■ 3번 날개 : 계속해서 당신 자신을 관장하라

"난 내가 매우 감정적이라고 느끼고 있다. 그러나 내 감정이 더 커지도록 하지는 않을 것이다. 당장 어떤 업무에 내가 관심을 기울여야 하는가?"라고 스스로에게 말함으로써 당신의 감정이 당신이 해야 할 필요가 있는 일을 방해하지 않도록 하는 방법을 당신은 배울 수 있다. 당신의 감정이 더 커지고 있다고 느낄 때마다 스스로에게 그 질문을 다시 하라.

■ 5번 날개 : 당신의 정신적인 명확성을 가치 있게 여겨라

당신이 자신의 감정적인 반응과 경험을 가치 있게 여김에도 불구하고, 매우 발달된 분석적인 기술을 가지고 있다 하더라도, 당신의 마음상태에는 덜 관심을 둘 수도 있다. 하지만, 당신의 마음과 당신의 가슴 모두(배 포함)에 독특한 지혜가 있다. 계획을 위해 당신의 정신적인 민첩성을 이용하라. 예를 들어, 다음 기회에 결론을 내릴 필요가 있을 때, 당신이 어떻게 결론을 내릴지와 어떻게 실행 계획을 세울지를 위한 체계적인 과정을 계발하라. 마찬가지로, 다음에 당신은 아름다운 예술 작품을 보았거나, 훌륭한 연극 구경을 가거나, 좋은 영화를 보거나 혹은 좋은 음악 작품을 감상하라. 그 경험을 즐기는 것과 더불어 예술가가 사용했던 것 중 당신이 보거나 들은 것의 특성에 기여한 구성 요소를 분석하라.

■ 2번으로 향한 화살표 : 다른 사람들에게 집중하라

당신 자신보다 다른 사람들에게 더 집중함으로써, 당신은 자신의 틀을 넘어 다른 사람들의 세상으로 발돋움할 수 있다. 당신이 자기 내부로 들어간 다음 자신의 반응을 유지하는 데 상당히 많은 시간을 쓸 것 같다고 깨달을 때, 멈추고 다음의 질문들을 스스로에게 하라. "누군가 가급적이면 당신의 감정적 반응을 일으킨 사건에 직접적으로 관련된 사람은 무엇을 경험하고 있는가? 그 또는 그녀가 필요한 것은 무엇인가?"

■ 1번으로부터 나온 화살표 : 일을 잘 처리하라

창의적이면서 의미 있다고 생각되는 업무를 하기 위해, 흥미 없거나 재미없다고 여기는 업무를 미루면서, 자신의 관심을 먼저 따른다 하더라도, 당신은 다음의 것들을 함으로써 흥미가 없는 일들을 쌓아 두는 성향을 극복할 수 있다.

① 업무 계획을 만들어라.

② 지루한 업무를 처리하기 위해서 매일 일정한 시간을 할애하라.

③ 지루한 업무가 쌓이지 않기 위해서 일상적인 업무를 즉각 처리하라.

④ 재미없는 일을 발달의 기회로 여기며 일상적인 업무에서 기쁨과 만족감을 찾아라.

■ 의사소통 : 당신 자신에 관한 참고 언어를 줄여라

당신이 사용하는 나, 나의, 내게 나 자신 과 같은 자기 참고적 언어의 수를 줄여라. 덜 개인화됐지만 보다 객관적인 언어를 사용하라. 당신 자신에 대한 일화를 더 적게 말하라. 당신이 말하는 것들을 훨씬 더 짧게 만들어라.

■ 갈등 : 당신의 분노를 어떻게 당신의 자기 발달 이슈들과 관련시킬지를 탐구하라

성장은 외부적인 요인에서 이루어지지 않는다. 예를 들어, 다른 사람이 당신에 대해 덜 거부하도록 하는 것, 당신의 입지를 향상시킴으로써 한 순간 즉각적으로 다른 사람을 부러워하는 감정을 줄이는 것, 당신의 이미지를 바꾸는 것, 혹은 다른 사람들이 어떤 점에서는 당신을 특별하게 대우하도록 하는 것 등이다. 이러한 전략들이 당신의 걱정거리를 금방 덜어주기는 하지만, 진정한 장기적인 성장을 뒷받

침해주지는 않는다. 거부감에 대한 분노와 예민함을 살펴볼 때, 당신의 삶에 부러움(끊임없는 비교)이 하는 역할을 이해할 때, 모든 사람은 특별하고 다른 누군가보다 더 부족하거나 흠 하나 없는 사람은 없다는 사실을 받아들일 때 진정한 성장이 이루어진다.

■ 팀 : 팀 진행에 맞게 일하는 데 있어서 당신의 강점을 균형 잡힌 시각으로 보라

근본적인 팀 문제에 대한 당신의 예민함을 존중하고 활용하는 것도 중요하지만, 모든 문제가 철저하게 조사될 수 있을 정도로 논의하는 것이 아닌, 팀의 업무 진행을 더 이상 지연시키지 않을 정도로만 논의할 필요가 있다는 사실을 기억하는 것도 똑같이 중요하다. 효율적이면서 효과적인 방법들을 사용하면서, 문제 확인과 해결을 용이하게 하는 당신의 능력을 실천하라.

■ 리더십 : 열정을 추구하는 당신의 리더십 재능을 존중하고, 완전하게 균형 잡힌 일관성 있는 리더가 되기 위해 당신의 능력을 강화시켜라

직원들은 자신의 리더가 예측 가능하고, 균형 잡히고, 일관성 있기를 원한다. 사람들만큼이나 업무와 기관에 집중하라. 자신보다 이 두 가지 영역에 더 집중하라. 당신의 감정적인 삶이 당신을 위해 일하는 사람들에게 부정적인 영향을 끼치지 않도록, 감정적으로 균형 잡힌 삶을 누릴 수 있는 방법 – 예를 들어, 매일 산책, 명상, 당신이 터놓고 말 할 수 있는 친구들과의 대화, 혹은 코칭 – 을 찾아라.

7

에니어그램 5번 유형
코칭하기

5번 유형들은 정보와 지식에 목말라하고
타인들과 연관되는 것을 최소화시키기 위해 정서적인
초연함을 사용한다.

중심에너지 : 머리

5번 유형을
확인하는 방법

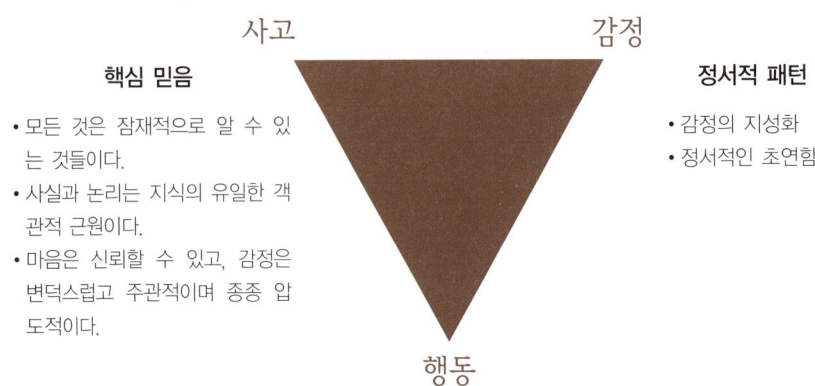

사고　　　　　　　　　　　**감정**

핵심 믿음　　　　　　　　　　　**정서적 패턴**

- 모든 것은 잠재적으로 알 수 있는 것들이다.
- 사실과 논리는 지식의 유일한 객관적 근원이다.
- 마음은 신뢰할 수 있고, 감정은 변덕스럽고 주관적이며 종종 압도적이다.

- 감정의 지성화
- 정서적인 초연함

행동

직장에서의 행동

- 정보와 지혜를 추구한다. • 이지적으로 되고자 한다. • 위기 상황에서 침착하다.
- 쉽게 지친다. • 자신을 믿고 개인적이다.

••• "구획화하는 마음"

5번 유형들은 마치 나중에 열어볼 수 있는 컴퓨터의 파일 폴더처럼 정신적 범주를 사용하여 정보를 받아들이고 저장하는 과정에서 구획화라고 불리는 독특한 방식으로 자신들의 마음을 사용한다. 예를 들면, 5번 유형들은 자신들의 친구들이 서로간에 절대로 만나지 않을 수도 있다라는 식으로 사람, 사건, 그리고 경험까지도 구획화한다. 그리고 5번 유형들은 흔히 자신들의 사생활에 대한 이야기를 직장에서 거의 하지 않거나 또한 자신들의 직장 생활에 대한 이야기를 집에서 거의 하지 않는 식으로 집과 직장 생활을 별개의 것으로 간주한다.

••• 5번 유형의 정서적 패턴

■ 감정의 지성화

대부분의 5번 유형들은 어떤 것에 대해 느낀다고 말하는 대신 생각한다고 말하는 식으로, 정서적 반응을 직접적으로 표현하기보다는 인지적인 방법으로 경험하고 이야기를 한다. 만약 어느 5번 유형에게 승진하지 못했을 때 어떤 생각이 드느냐고 묻는다면, 5번 유형은 어떤 분노나 실망감을 고백하기보다는 "내 생각에 승진은 정치적인 결정에 의한 것 같아요."라고 말할 수도 있다. 많은 5번 유형들은 자신들이 어떻게 느끼는지에 대해 질문을 하면 혼란스러워 하면서, 그들의 생각과 감정을 구분하는 것을 어려워 한다.

■ 정서적인 초연함

비록 많은 사람들이 어느 정도는 자신들의 감정을 분리시킬 수도 있지만, 이러한 분리는 5번 유형들의 정서적인 초연함과는 다른 것이다. 즉 5번 유형들은 감정이 발생하는 순간 거의 전적으로 자신들의 감정으로부터 분리시켜, 자신들이 혼자 있고, 원할 때 그 감정들의 일부만을 선택적으로 재검토하고 재경험한다. 5번 유형들의 정서적인 초연함은 아동기 때부터 감정을 다루기 위해 사용해 온 방법으로써, 자신들의 자동적이고도 습관적인 것으로 자신들의 감정으로부터 거의 완전한 차단을 의미한다.

●●● 5번 유형의 직장에서의 행동

■ 정보와 지혜를 추구한다

5번 유형들은 자신들이 관심 있어 하는 영역에서의 상세한 지식에 목말라 하고, 이러한 정보에 대한 구획화는 그 정보를 이해하고, 저장하며, 이후에 사용할 수 있도록 돕는다. 지식이 필요할 때 이들은 서로 다른 부분이 각기 다른 부분에 순서적이고 논리적인 과정을 통해 영향을 주는 순서도(flowchart)처럼 정보를 생각해내고 시스템적 관점을 사용하여 정보를 조직화한다.

■ 이지적으로 되고자 한다

5번 유형들은 매우 이지적이고, 분석적이며, 논리적으로 보이고, 어떤 5번 유형들은 스스로 자신들을 외부에서 관찰하는 것처럼, 자신들의 몸속에 완전히 존재하고 있지 않은 것처럼 보일 수도 있다.

■ 위기상황에서 침착하다

5번 유형들은 객관성의 유지와 감정적으로 분리될 수 있는 능력으로 인해 위기상황에서 비상할 정도로 안정적이고, 감정에 지배되지 않으며, 냉철하다.

■ 쉽게 지친다

5번 유형들은 대부분의 비지성적(非知性的)인 인간관계를 가치 있고 즐겁다고 여겨도 "진이 빠진다"라고 생각한다. 그래서 이후 이들은 힘을 재충전하고 내적 자원을 다시 채우기 위해 자신들만의 시간을 필요로 한다.

■ 자신을 믿고 개인적이다

5번 유형들은 극단적일 정도로 자율적이고 독립적이며, 이들은 자기 개인의 사생활에 매우 가치를 둔다. 그렇지만, 무엇을 사적인 정보로 여기는지에 대해서는 5번 유형들 사이에서도 광범위한 견해의 차이가 존재한다.

유명한 5번 유형들

빌 게이츠 (Bill Gates)

"내가 어렸을 때 정말 많은 꿈을 가졌었는데, 책을 많이 읽을 수 있는 기회가 많았기 때문에 그러한 꿈을 꿀 수 있었다고 생각합니다."

"내 직업에는 배우는 것이 포함되기 때문에 내 직업이 마음에 듭니다. 새로운 것들을 이해하려고 노력하는 똑똑한 사람들 주변에 있는 것을 좋아합니다."

로라 부시 (Laura Bush)

"내가 20대였을 때, 도서관에서 매일 12시간씩 시간을 보낼 정도로 책벌레였어요. 내가 어떻게 조지(George)를 만났는지 잘 모르겠어요."

"책의 힘은 혼자만의 행동을 공유하는 비전으로 바꾼다는 데 있어요. 우리에게 책이 있는 한, 우리는 혼자가 아니예요."

찰스 왕세자 (Prince Charles)

"내가 알고 싶은 것은 실질적으로 엘리트라는 것이 무슨 문제가 있느냐는 것입니다.

"나는 산책 나와서 식물들에게 정말로 말을 걸어요 – 식물들과 대화를 하는 것은 매우 중요하죠. 식물들이 내게 대답을 한다는 것을 알 수 있죠."

●●●하위 유형들 : 5번 유형의 세 가지 변형들

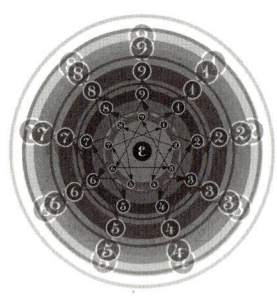 모든 5번 유형들은 지식과 지혜를 얻고자 하는 강렬한 욕구를 가지고 있고, 강요와 힘으로 인한 피해를 피하고자 하는 비슷한 강도의 욕구도 있다. 예를 들어 정보, 물리적 공간, 정서적인 자유스러움, 인격의 힘, 자원 등과 같이 자신들이 앞으로 필요로 할 것이라고 생각하는 모든 것을 보호하고 저장하려고 한다.

① 셀프형 하위 유형인 5번 유형들은 우선적으로 타인으로부터 간섭을 받고 육체적으로 정열적으로 과도하게 일을 해야만 하는 것에 대해 염려한다. 어떤 면에서 보면, 이들은 자신들만의 불충분한 자원들을 지키는 것과 동일한 방법으로 타인들과의 관계도 몰래 쌓아둔다.

② 그룹형 하위 유형인 5번 유형들은 자신들만의 대단하고 초 이상(super-ideals)을 공유하는 사람들과는 깊은 유대관계를 맺기를 원하지만, 자신들이 믿고 있는 것과 같은 맥락이 아닌 방식으로 삶을 살도록 강요를 당하면 인간관계를 끊어버린다. 비범한 사람들을 찾는 데 초점을 맞춘 후, 자신들의 관점에서 상위 가치가 있다고 여겨지는 공유된 생각과 인간관계를 형성한다.

③ 파트너형 하위 유형인 5번 유형들은 자신들이 믿고 신뢰할 수 있는 다른 한 사람과의 강하고 깊은 인간관계를 추구하며, 이 사람과 이 사람과의 특별한 관계를 자신들끼리 독점한다.

•••5번 유형의 날개와 화살표

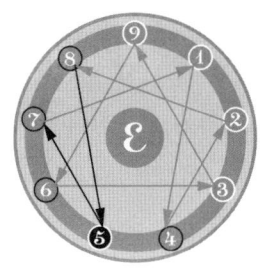

5번 유형들은 지식과 지혜를 추구하기 때문에, 이들은 제한된 정서적 표현을 가지고 있고, 높은 수준의 자율성이 없는 일에는 반항심을 보이며, 조직 내에서는 낮은 가시성(visibility)을 강력하게 선호하고, 우선적으로 충분한 정보를 모으고 분석을 한 이후에야 행동으로 옮기므로 행동을 취하는 데 시간이 오래 걸린다. 이들의 날개(4번 유형과 6번 유형)와 화살표(7번 유형과 8번 유형)로의 접근은 5번 유형들이 지닌 특징들의 균형을 잡아 준다.

■ 5번 유형의 날개

• 4번 날개 : 4번 날개를 지닌 5번 유형들은 훨씬 더 정서적으로 민감하고 표현적이며, 또한 미학적 관점을 가지고 있다. 예를 들어 시를 짓거나, 소설을 쓰거나, 영화 대본을 쓸 수도 있고 사진작가나 예술가처럼 본인들 스스로가 예술적 활동에 참여하고 있을 수도 있다.

• 6번 날개 : 6번 날개를 지닌 5번 유형들은 팀에 기꺼이 합류하고 강조하며, 충성심에 더 큰 가치를 부여하는 경향이 있음과 동시에 한층 강화된 직관적인 통찰력을 가지고 있을 수도 있다. 비록 다른 많은 5번 유형들 또한 꽤나 통찰력을 가지고 있을 수도 있지만, 6번 날개의 5번 유형들이 지닌 통찰력은 사실들을 통합하고 외연적인 분석을 통해 얻어진 것이라는 점에 차이가 있다. 5번 유형들이 6번 날개를 가지고 있을 때의 통찰력은 즉각적인 과정의 결과로써 더 빨리 생긴다.

■ 5번 유형의 화살표

• 7번 유형을 향한 화살표 : 7번유형과 강한 연결고리를 가진 5번 유형들은 쾌활

하고 자발적이다. 연기자들이 특정한 배역을 연기하듯이 매우 눈에 띄는 활동을 하는 데 있어 훨씬 더 편안함을 느끼고, 사회적인 상호작용에 있어서도 더 깊게 참여한다.

• 8번 유형으로부터 나온 화살표 : 8번 유형과 강한 연결고리를 가진 5번 유형들은 더 깊은 인격의 힘을 과시하고 덜 머뭇거리고 더 위험을 감수하려 하며 배짱이 있고, 더 빨리 행동으로 옮긴다.

●●●5번 유형을 위한 세가지 질문들

① 상황이 정서적이고 강렬하고, 압도적으로 변할 때, 그 순간에 느껴지는 당신의 감정들과 자동적으로 분리가 된 이후에, 당신이 원하는 시간과 장소에서 그 감정들 중의 일부를 다시 떠올릴 수 있나요?

② 당신은 삶 속에 완전히 참여하기보다는 삶을 관찰하는 편인가요?

③ 당신은 초대받지 않은 다른 사람들이 당신에게 접근하지 못하게 한다는 것을 납득시키기 위해 자신과 그 사람들 사이에 눈에 보이지 않는 경계선을 설정하나요?

5번 유형을 코칭할 때 고려할 점

강점의 영역	발달을 위한 영역
• 분석적임	• 매우 사적(私的)임
• 객관적임	• 분리됨
• 체계적임	• 지나치게 자율적임
• 전문적임	• 인간관계를 소홀히 함

코칭 개요

　5번 유형들이 코칭에 앞서 자기 발달을 위해 꽤나 많은 시간과 노력을 들이지 않았다면, 흔히 매우 민감한 코칭 사안들에 대해서는 매우 냉철한 방식으로 논의한다. 이러한 방식은 5번 유형이 코치와 장기적으로 정서적인 대화를 나눌 때, 자신들에게 중요한 사안들을 논의하거나, 자신들이 받은 부정적인 피드백을 걱정할 때 특히 그렇다. 이런 모습은 5번 유형으로 하여금 자신들의 감정을 표현하는 방법을 배울 수 있도록 도우면서도 압박을 느끼지 않도록 신경을 써야 하는 코치에게는 도전적인 과제가 된다. 5번 유형들은 자신들의 감정을 타인과 공유하는 것을 자제하는데, 이마저도 그 타인을 완전히 신뢰할 때에만 유일하게 감정을 공유한다. 따라서 5번 유형의 신뢰를 얻기 위해서는 몇 년이 걸릴 수도 있다. 사실, 대부분의 5번 유형들은 가까이 다가오는 그 어떤 요구에도 거부감을 보인다.

　이렇듯 곤혹스런 상황에서 우회하기 위해서 코치는 5번 유형이 어떤 것에 대해 특정한 감정을 가지지 않는 것처럼 보일 때 다음과 같이 할 수 있다. 우선, 5번 유형들에게 그들이 무슨 생각을 하는지 물어본다. 비록 많은 5번 유형들이 무슨 느낌을 받느냐는 질문을 받으면 망설이지만, 이들은 종종 자신들이 어떻게 느끼는지에 대한 의견을 제시하면서 자신들의 생각에 대한 질문에 대답을 하곤 한다. 5번 유형들이 자신들은 그 주제에 대해 아무런 생각이 없다고 말할 때, 코치는 미묘하게 유머를 사용 "음, 만약 당신이 감정을 느꼈더라면, 그 감정은 무엇일까요?"라고 물어볼 수 있다.

그 밖에, 5번 유형들은 코칭 미팅이 이루어지는 동안에 자신들이 받은 정보들을 구획화한다. 그래서 어떤 하나의 자료에 접하면 그것을 자신들의 마음속에 분류해서 저장한 후, 이 두 가지 자료의 연관성을 보지 않고 다음 자료를 반드시 살펴본다. 코치는 "지금 이 정보와 이전 자료와의 연관성을 이해하시나요?"라는 간단한 질문을 하거나 두 종류의 자료 사이의 직접적인 관계를 보여주는 의견을 제시하면서 5번 유형 coachee로 하여금 이런 연결고리를 만들 수 있도록 도울 수 있다. 예를 들어, 코치는 "사람들이 당신의 행동을 이런식으로 받아들이는 이유는 조금 전에 나누었던 피드백과 관련이 있을 거예요. 그 연결고리를 이해하시나요?"라고 말할 수도 있다.

••• 첫째 코칭 목표와 coachee의 동기를 확인하라

■ 목표 파악 : 5번 유형들에게 어떤 질문을 할 것인가

5번 유형들은 자신들이 코치와 매우 친해지기 이전에는 자신들의 감정에 대한 질문들을 받는 것을 좋아하지 않기 때문에, 코치는 코칭 관계의 초기에 다음과 같은 간단한 질문을 할 수 있다.

- 코칭에서 가장 중요한 목표들은 무엇이라고 생각합니까?
- 왜 각 목표가 중요하다고 생각합니까?

5번 유형 coachee들의 목표를 의논할 때, 코치는 5번 유형으로 하여금 아래에 설명된 주요 발달 동기 유발 요인들과 특정한 코칭 목표들 간에 명백한 연결고리를 만들 수 있도록 도와야만 한다. 왜 각 코칭 목표가 중요한지 논의하다 보면 이 연결고리는 coachee에게 분명해 질 것이다. 만약 그렇지 않다면 코치는 다음 두 가지 중 하나를 할 수 있다.

① 5번 유형 coachee들에게 질문하라.

"당신이 이 목표를 성취하게 되면 어떤 개인적이고 직업적인 이익을 얻게 됩니까?"

② 목표와 동기 부여 요인과의 연결 고리를 직접적으로 설명해 주어라.

"이에 대한 인식을 통해 타인과 더 편안하고 예측가능하게 상호작용할 수 있도록 도와줄 거예요"

■ 5번 유형의 발달을 위한 주요한 동기 부여 요소들

• 체계적인 구조를 사용해 스스로에 대해 진실하게 더 잘 알기.
• 타인의 감정을 더 잘 이해하고 짐작해 보기.
• 타인과 상호작용하는 것을 더 편안하게 느끼고 더 많은 예측을 하기.
• 조직 내에서 자신들의 재능과 기술에 대해 더 잘 인정받게 되기.

●●● 둘째 coachee의 수준과 자기 숙달의 수준과 범위에 따른 적합한 코칭 접근법을 사용하라

coachee의 자기 숙달 수준을 알아내는 가장 좋은 방법은 252~255페이지의 박스에 제시된 세 가지 수준을 나타내는 행동에 관한 묘사를 읽고 다음 질문에 대답하는 것이다.

① 이 사람의 평균적인 자기 숙달 수준은 어떠한가?

　□ 낮음　□ 중간　□ 높음

② 내가 알고 있는 것은 무엇이며, 어떤 관찰 결과를 바탕으로 이와 같은 결론을 도출하게 되었는가?

③ 이 사람의 자기 숙달 정도는 어떠한가—즉, 개개인의 가장 높고 가장 낮은 수준은?

④ 내가 관찰한 것 또는 이러한 결론이 나오도록 다른 자료로부터 알아낸 것은 무엇인가?

5번 유형들 : 자기 숙달 수준과 발달을 강화시키기 위한 코칭 접근법들

■ 자기 숙달 수준이 높은 5번 유형들—통합적인 마법사

• 핵심적인 이해

(진실한 지혜는 생각과 느낌, 행동의 통합을 필요로 하며, 직접적인 경험으로부터 나온다.)

삶을 아득히 먼 곳에서 관찰하는 것이 아니라 삶 속에 완전히 침잠하여 매 순간에 느껴지는 자신들의 감정을 충분히 느끼기 위한 방법을 개인적으로 배워왔다면, 이들은 활기차고, 자연스러우며, 즐겁고, 상상력이 풍부하게 된다. 이들의 지혜는 머리와 가슴, 배 에너지의 완전한 통합으로부터 발생한다. 이들 5번 유형은 우선적으로 이성적인 방식으로 존재하는 상태에서 아이디어, 느낌, 경험을 위한 전파력이 있는 열정으로 옮겨가게 된다.

• 5번 유형의 자기 숙달을 강화시키기 위한 코칭 접근법들

(확장을 위한 격려와 추가적인 방법들을 제공하라.)

－5번 유형이 자신의 개인적인 이야기와 진심 어린 행동을 공유할 때마다 긍정적인 강화를 제공하고, 이들이 이러한 행동을 인식하고 반복할 수 있도록 어떻게 그렇게 했는지에 대해 이해할 수 있도록 도와주어라.

－5번 유형이 coachee인 당신에게나 타인에게 시간, 정보, 지적이나 정서적 지지 등 스스로를 더 보여줄 때마다 그러한 사실을 인지하고 확인해 주어라.

- 5번 유형이 머리와 가슴, 배 에너지를 사용하여 코치인 당신과 온전히 함께 있을 수 있도록 격려하라. 다시 말해, 자신들의 생각을 공유하고, 자신들의 진실한 감정을 표현하고, 개인적으로 강하고 행동위주가 되는 것을 의미한다.
- 5번 유형으로 하여금 자연스러울 수 있도록 격려하라. 예를 들어, 즉흥적인 연기 수업이나 코미디 수업을 수강하거나 친구와 함께 카니발 축제에 가서 그저 재미있게 놀도록 제안하라.
- 미소짓는다던가 이들이 당신을 필요로 할 때 함께 있어줄 수 있다든가. 아니면 엄격하지 않으면서도 온전하고 진실한 짧은 의견 등 당신의 작은 동작이 5번 유형에게는 큰 의미가 된다는 것을 기억하라.

■ 자기 숙달 수준이 중간인 5번 유형들 – 외딴 곳에 있는 전문가

• 주요 관심사

(내적 자원과 힘을 유지하고, 사생활을 보전하며, 유능함을 느끼기 위해 지식을 축적하는 것)

중간 수준의 자기숙달을 지닌 5번 유형들은 외딴 곳에 있는 것 같고, 독립적이며, 자신들의 시간과 에너지, 그리고 자율성을 지키며, 뜻밖의 일들은 싫어하는 것처럼 보인다. 이들은 자신들이 주목의 대상이 될 수 있는 상황은 물론 사적인 정보를 밝혀야만 하는 상황을 회피한다. 순간순간의 감정에서 벗어나, 이후에 자신들이 혼자 있고 편안하다고 느낄 때 자신들의 감정으로 재연결할 수 있다. 비록 이들은 자신들이 믿는 몇 안 되는 사람들과 매우 자연스러울 수는 있지만, 자신들이 흥미를 갖는 것들에 대한 지식이 목마른 5번 유형들은 자신들의 욕구를 최소화하고 스스로를 보호하고 통제하려는 경향이 있다.

• 5번 유형의 자기 숙달을 강화시키기 위한 코칭 접근법들

(동기를 자극하고 구체적인 발달 행동을 제공하라.)

- 공간, 시간, 사생활을 공유하는 것에 대한 5번 유형 자신의 경계를 존중하되, 이들의 성장을 위해 피드백과 유머와 이야기를 통해 이러한 경계를 부드럽게

밀어내라.

- 5번 유형과 코치의 신뢰가 있는 인간관계는 시간을 들여야 만들어진다는 것을 기억하고, 5번 유형들의 신뢰에 관한 수용력을 넓힐 수 있는 방법들을 제안하며, 코치와의 관계를 모델로 이용해서 어떻게 수용력을 넓힐 수 있을지를 알려 주어라.

- 5번 유형들에게 피드백을 할 때 이들이 하나의 주제에서 다른 주제로 이동하기 전, 5번 유형이 하나의 주제에 대한 자료를 소화할 수 있도록 원한다면 혼자 있을 수 있는 시간을 제공해라.

- 특히 감정을 표현하는 부분이라든가 이전에는 사적이었던 정보를 공유하는 등 자신들만의 안전한 공간에서 나오려고 할 때 긍정적인 강화를 해라.

- 요청 사항을 강요가 아닌 질문의 형태로 말하라. 그렇지 않으면 5번 유형들은 위축될 것이다.

■ 자기 숙달 수준이 낮은 5번 유형들 – 두려워하는 전략가

• 핵심적인 두려움

(무력하고, 무능하며, 고갈되고, 불시에 추월 당하는 것)

낮은 자기 숙달 수준을 보이는 5번 유형들은 두려워하고, 위축되며, 고립감을 느낀다. 적대적이고 불안한 이들은 타인들이 자신들에게 손해를 입힐 계획을 세우고 있다고 믿게 되며, 그 결과 자신들이 상상해서 자신들에게 닥칠 일들을 속여 넘기기 위한 방법으로써 타인에게 손해를 입힐 계획을 세우게 된다. 비밀스럽고 내파적인 5번 유형들은 타인과의 상호작용으로부터 스스로를 분리시켜, 자신들의 감정에 극도로 제한적인 접근만을 하게 된다. 이들의 의식은 지나치게 활성화되어 정신 과정은 자신들 스스로에게도 통제하지 못하는 것처럼 보이게 된다.

• 5번 유형의 자기 숙달을 강화시키기 위한 코칭 접근법들

(지지해 주고, 지침과 경계 영역을 제공하라.)

- 예를 들어 5번 유형이 간단한 대화를 하기 위해 코치에게 연락할 수 있도록 시간이 되는 때를 알려주거나, 코칭 미팅을 할 때마다 2분씩 감정에 대해 말할

수 있는 시간을 만들어서, 5번 유형들이 정기적으로 의사소통을 하되 이들의
시간과 사생활은 존중하여 완전히 위축되는 것을 방지할 수 있도록 도와라.
- 5번 유형이 지닌 분석과 객관성은 상사나 팀, 손님들과의 상호작용에 있어서 5
번 유형이 지닌 본질과 관계가 있으므로 이들이 지닌 강점의 가치를 강화하라.
- 5번 유형들이 자신들의 대립관계에 있는 사람을 대응하기 위한 전략을 짜기
시작하면, 이런 행동이 지닌 잠재적인 해로운 손해를 인식할 수 있도록 돕고
더 긍정적인 접근방식을 생각할 수 있도록 도와라.
- 적당한 수준의 사생활 정보를 나누는 것에 대한 모델을 보여주고, 5번 유형도
똑같이 그렇게 하도록 종용하라.
- 꼭 해야만 한다는 요구를 하지 않으면서 5번 유형이 무슨 생각을 하고 어떤
감정을 느끼는지에 대해 대화를 할 수 있도록 해라.

5번 유형 coachee의 자기 숙달 수준에 대한 초기 사정이 이루어지면, 그 수준
에 적합한 접근 방식을 숙지하고 coachee에게 가장 효과적일 것이라고 여겨지는
방식을 선택하라.

••• 셋째 도전적 성장을 이끌어내 수 있는 코칭 기술을 사용하라

다음 네 가지 코칭 기술에 대해 읽어가면서, 당신이 아는 몇몇 5번 유형들에 대
해 생각해보고, 그들에게 그 기술들을 어떻게 사용할 수 있을지를 생각해보는 것
은 도움이 될 것이다. 비록 5번 유형들이 많은 유사성을 가지고 있지만, 이들은 자
기 숙달 수준, 감정 이입, 날개와 화살표의 사용, 하위 유형, 경험, 연령, 성별, 문
화 등의 요소들에 따라 매우 다양하다.

■ 머리 중심 에너지를 사용하는 사람들의 도전 : "～라면 어떻게 될까?"
라는 질문

"～라면 어떻게 될까?"라는 도전적 질문은 coachee가 중요하고 존중되어져야 한다고 가정하는 상황에서 효과가 잘 나타난다 — 즉 그것은 정신모델이다. 이러한 가정은 coachee가 의심 없이 받아들이는 믿음과 패러다임의 일부이다. 5번 유형 coachee가 명시적 혹은 함축적인 가정을 표현하는 것을 들은 후, 코치는 이와 관련해서 "～라면 어떻게 될까?"라는 도전적 질문을 던진다. 비록 5번 유형들은 주로 자신들이 강하게 믿고 있는 몇 가지 큰 신념들과 전제들을 가지고 있고 처음에는 이들이 도전을 받는 것에 망설일 수도 있지만, 동시에 많은 5번 유형들은 자신들의 생각들을 다른 관점에서 살펴볼 수 있도록 질문을 받는 것을 감사하게 여긴다.

5번 유형들을 위한 세 가지 공통의 정신모델과 각 가정에 도전하기 위해 코치가 해야하는 질문, 그리고 5번 유형이 코치의 도전적 질문에 대답을 했을 때 코치가 어떤 식으로 반응해야 하는지를 순서대로 제시하고 있다.

5번 유형들을 위한 "～라면 어떻게 될까?" 라는 질문

■ 공통의 첫 번째 가정 – "유일하게 신뢰하는 것은 논리뿐이다."
  • 코치의 도전적 질문
    "만약에 당신이 논리 이외에 신뢰할 수 있는 것이 있다면 그것은 무엇인가요?"
  • 코치의 도전적 질문 이후의 반응
    – 만약 5번 유형이 "아무 것도 없어요"라고 대답한다면, "아무것도 없다고요?"라고 대답한다. 만약 5번 유형이 여전히 구체적인 대답을 하지 않는다면, "논리 이외에는 신뢰할 수 있는 것이 아무것도 없나요? 적어도 조금만이라도요?"라고 물어라.
    – 5번 유형이 몇 가지 예를 든다면, "그런 경우 당신에게 어떤 이익이 있을까요?"라고 물어라. 대답을 들은 이후, "논리처럼 어떻게 해야 당신이 그것을 신

뢰할 수 있도록 배울 수 있을까요?"라고 물어라.

■ 공통의 두 번째 가정 – "감정은 직장과는 아무런 관련도 없어요."
  • 코치의 도전적 질문
  "만약 당신과 타인의 감정이 직장에 큰 영향을 미칠 수 있다면 어떨까요?"
  • 코치의 도전적 질문 이후의 반응
  – 만약 5번 유형이 그러한 시나리오를 생각할 수 없다면, 그와 비슷한 맥락의
  이야기를 해준 후, "혹시 이와 비슷한 일을 보았거나 경험한 적이 있나요?"라
  고 물어라.
  – 5번 유형이 감정이라는 것이 직장에서 중요할 수도 있다는 식의 상황을 명료
  하게 표현한다면, 그 다음 더 깊은 통찰력을 이끌어낼 수 있는 질문을 해라.

■ 공통의 세 번째 가정 – "그들 자신의 관심을 채워줄 수 있는 일 외에는 그들에게
  다른 어떤 것을 하도록 기대할 수 없다"
  • 코치의 도전적 질문
  "만약 이기심 이외의 이유로 인해 당신이 타인을 신뢰할 수 있었다면 어떨까요?"
  • 코치의 도전적 질문 이후의 반응
  – 만약 5번 유형이 그러한 시나리오를 생각할 수 없다면, "당신은 타인에게 영
  향력을 미쳤던 어떤 일을 했었는데 그 일이 순전히 당신의 이기심만을 위한
  것이 아니었을 때가 있었나요?"라고 물어라.
  – 5번 유형이 구체적이고 긍정적인 반응을 보인다면, "이러한 결과가 당신에게
  얼마나 중요한가요?"라고 물어라. 5번 유형이 대답을 한다면 바로 그 다음에
  "당신에게는 중요해 보이지 않아도 다른 사람들에게 당신이 그들을 신뢰할 수
  있기를 원한다는 것을 알리는 방법을 의논해 보지요."라고 말하라.

■ 가슴 중심 에너지를 사용하는 사람들의 도전 : coachee의 방어 기제를 탐색하라

• 5번 유형의 주요 방어 기제 : 격리(isolation)

*격리*는 당황스러운 느낌과 텅 빈 것 같은 느낌을 회피하기 위해 5번 유형들이 사용하는 방법이다. 이들은 자신들의 마음 속으로 후퇴하고, 스스로를 감정으로부터 단절시키며, 전체나 연관된 부분으로부터 자신들의 일부를 고립시켜 구획화함으로써 스스로를 격리시킨다. 예를 들어, 5번 유형들은 자신들의 감정으로부터 생각을 분리하거나 행동으로부터 감정을 분리하며, 자신들의 사생활과 직장생활을 분리한다. 또한 5번 유형들은 스스로를 타인으로부터 격리시킬 수도 있고 자신들의 친구들이 서로를 절대 만나지 못하도록 인간 관계마저 격리시킬 수도 있다. 실제로 일부 5번 유형들은 비밀스런 삶을 가지기도 한다.

격리

어떤 사람이 5번 유형과 중요한 이슈에 대해 논의하기를 원하고, 그 이슈는 정서적 내용을 포함한다. 어떤 감정이든지 감정을 느끼는 것을 요구하는 논의에 참여하기보다, 어떤 감정이라도 느끼고 있다는 것을 인식하지 못할 뿐만 아니라 그 사람에 대한 감정이입을 전혀 느끼지 못할 정도로 감정으로부터 분리될 수 있을 만큼 이 5번 유형은 완전히 지적으로 변한다. 다시 말해, 5번 유형은 다른 사람으로부터 완전히 단절되었지만 더 중요한 것은 자기 자신으로부터도 단절되었다는 것이다.

5번 유형들은 정기적으로 미묘하고 또 뻔한 방법으로 격리를 보여주곤 하는데, 코칭의 맥락에 있어 격리가 명확한 방법으로 발생할 때까지 기다려야만 그 예가 추상적인 것이 아닌 구체적인 예가 되므로 기다리는 것이 최선이다. 5번 유형에게 있어 추상적인 것은 과도한 지성화의 또 다른 형태이므로 구체적인 예가 특히 중

요하다. 5번 유형의 격리 방식은 완전히 무(無)감정한 태도로 매우 부정적이거나 매우 긍정적인 코칭 자료에 대응하는 것, 일반적으로 누군가를 화나게 할 수 있는 무엇인가에 대해 정서적으로 중립적이거나 공허한 듯한 모습, 자신들이 어떤 감정을 느낀다고 인정하는 주제에 대해 논의하기를 거절하는 것, 정상보다 훨씬 더 멀리 떨어져있는 듯 보이거나 제거된 듯한 모습 등의 예를 포함한다. 이런 예들은 다음과 같은 5번 유형의 깊은 발달 문제들을 숨기거나 이로부터 자신을 보호하려는 격리의 실제 증상 혹은 징후이다.

- 자동적으로 자신들의 정서적 반응으로부터 격리되는 것보다는 실시간으로 정서적인 참여를 하는 방법을 배우는 것.
- 자신들의 생각, 감정, 사적인 경험 등 자신에 대한 더 많은 이야기를 타인과 함께 공유하려는 의지를 갖는 것.
- 주변에 머무르는 것이 아니라 어떤 사건이나 대인관계에서의 상호작용, 조직에서의 중심이 되는 것.

격리라는 5번 유형의 방어 기제를 다루려면, 코치들은 간접적인 도전이나 직접적인 도전 중에서 하나를 사용할 수 있다. 간접적인 도전이 높은 반응과 적은 저항을 이끌어내므로 이 도전부터 먼저 시작하는 것이 주로 유용하지만, 만약 5번 유형이 준비가 되었거나 당신이 이 사람과 훌륭한 인간관계를 맺고 있다면 직접적인 도전이 더 큰 영향력이 있을 것이다.

격리에 대한 간접적인 도전

"당신은 제게 이것에 대해 어떻게 생각하는지 물어봤지만, 당신이 어떻게 느끼는지에 대해서는 잘 모르겠어요. 가끔씩 당신은 생각과 감정을 분리시키지만, 사실 그것들은 서로 연결이 되어 있어요. 왜 사실은 생각과 감정, 행동이 분리될 수 없는지를 보면서 당신이 무슨 생각을 하는지, 어떤 감정을 느끼는지, 당신의 행동에 대해 한번 말해보도록 하죠."

격리에 대한 직접적인 도전

"당신은 연결되어 있는 것들을 분리시키고 있고 그 결과 스스로를 격리시키고 있어요. 방금 전에 당신은 미팅에 참석하지 않고 직장에서 인간관계를 넓히려는 노력을 하지 않음으로써 스스로를 타인으로부터 어떻게 격리시키거나 분리시켰는지를 설명했어요. 무엇 때문에 당신이 그런 행동을 하게 되었나요?"

■ 배 중심 에너지를 사용하는 사람들의 도전 : "왜 당신은 그것을 하려고 하는가?"라는 질문

5번 유형 coachee들이 자신의 무엇인가를 변화시키기 원한다고 말할 때, 이 질문을 하는 것은 이들의 욕구를 지지하는 도전의식을 자극하는 데 효과적이다. 이 기술에 대한 반응으로써, 5번 유형의 coachee는 자신들의 행동 계획을 변경하거나 기존의 계획에 더 깊게 매진하게 될 것이다. 이 기술은 ① 5번 유형 coachee가 생산적인 행동을 취할 의도를 명백히 밝히거나 ② 5번 유형 coachee가 위험할 수도 있거나 자신의 최선의 이익에 반할 수도 있는 행동을 취할 의도를 표현할 때와 같은 두 가지 상황에서 특히 유용하다.

5번 유형 coachee들과 함께 할 때, 코치들은 5번 유형 coachee들이 나타낼 수도 있는 비생산적인 비활동 상태에 염두를 둔 다음, "왜 당신은 그것을 하려고 하는가?"라는 질문을 할 필요가 있다. 예를 들어, 5번 유형 coachee가 자신의 멘토에게 자신은 자기 부서에서 더 높은 지위를 원하지만 이러한 사실을 자신의 상사에게 언급하는 것을 꺼려하고 있다고 말했다. 이 멘토는 "왜 이러한 내용을 상사에게 말하는 것을 원하지 않나요?"라고 말했다.

5번 유형들을 위한 도전 "왜 당신은 그것을 하려고 하는가?"

■ 생산적인 의도로 행동하려는 5번 유형−"나는 동료들에게 더 표현적인 사람이 될 거예요."

- 코치의 도전적 질문

  "왜 당신은 더 표현적인 사람이 되기를 원하나요?"

- 코치의 도전적 질문 이후의 반응

  − 만약 5번 유형이 대답을 생각해 내지 못하거나 설득력이 없는 대답을 한다면, "방금 전의 대답은 당신이 정말로 원하는 것처럼 들리지 않네요."라고 말하라. 그리고는 대답을 기다려라.

  − 5번 유형이 설득력이 있는 반응을 보인다면, "그것은 당신에게 정말로 중요한 것처럼 들리네요. 이것에 대해 제게 더 말을 해 주시고, 왜 그것이 그리도 중요한지, 그것을 어떻게 할 것인지에 대한 당신의 현재 생각도 말해 주세요."라고 말하라.

■ 비생산적인 의도로 행동하려는 5번 유형−"나는 팀원들과 원만하지 않은 대인관계에 대해 어떠한 행동도 할 계획이 없어요"

- 코치의 도전적 질문

  "왜 당신은 이런 인간관계에 대해 아무것도 하기를 원하지 않나요?"

- 코치의 도전적 질문 이후의 반응

  − 만약 5번 유형이 이해가 되는 이유를 든다면, "방금 전의 대답은 당신에게 좋은 결정처럼 들리네요."라고 말하라.

  − 만약 5번 유형이 당신이 생각하기에 현명하지 못한 이유를 든다면, "당신에게는 이것이 현명한 일인 것처럼 믿을수도 있지만, 당신이 그렇게 하기 전에, 당신이 이것을 행동으로 옮기고, 차후에 그 결과에 대해 후회를 하기 전에 발생 가능한 부정적인 영향력에 대해 이야기를 해 보죠."라고 말하라.

■ 역설적 도전 : 변형

5번 유형들은 역설적인 도전을 좋아하는데, 그 이유는 본질적으로 상반된 딜레마가 이들의 생각을 자극하고 자신들의 상황에 대한 복잡하고 통찰력 있는 이해를 도와주기 때문이다. 비록 5번 유형들의 도전이 자신들에게 가장 큰 장애물일 수도 있다는 것을 깨닫기 전에 역설적 도전을 활용하는 것이 최선일 수도 있겠지만, 대부분의 5번 유형들은 코치가 관찰한 5번 유형의 과거 행동들에 기반한 역설을 제시할 때 응답을 잘 얻을 수 있다.

코치가 역설을 제시한 이후, 5번 유형에게 그것에 대해 생각할 수 있는 조용한 시간을 주는 것이 필수적이다. 5번 유형들은 질문할 것이 생기면 질문을 할 것이지만, 이들은 주로 역설을 지적인 도전이라고 여기므로 자기 스스로 내면에서 해결하려고 노력할 것이다. 그러나 부가적인 정보를 더할 수도 있고 질문을 할 수도 있으며 또는 관련된 부가적인 통찰력을 제시할 수도 있는 코치는 5번 유형 coachee들이 자신들의 통찰력을 코치와 함께 공유할 수 있도록 힘써야 할 필요가 있다.

5번 유형의 역설

보건의료 관리자인 Justin이 자신의 멘토인 Victor를 만났을 때 배척당하고 있는 것처럼 보였다. Justin은 "저는 방금 승진을 하지 못했어요. 어떻게 저 대신 Evan이 뽑힐 수가 있을까요? 저는 Evan보다 더 오래 여기에서 일했고 지식이나 경험, 기술, 무엇보다도 정직함에 있어서까지 모든 면에서 Evan을 능가해요. Evan은 정말 야비하고 자신의 이익을 위해서라면 자신의 어머니까지도 멀리 팔아 버릴 사람이예요." 라고 설명했다.

Victor는 "그래서 그 사람들은 당신에게 어떤 설명을 해주었나요?"라고 물었다.

Justin 은 "그 사람들은 Evan이 얼마나 이 조직 내에서 사람들을 알고 있는지에 대한 이야기를 해 주었고, 특히 부회장을 안다는 이야기를 하더군요. 그 사람들이 부회장에게 연락을 했다는 것은, 이번 결정이 정치적이라는 것이죠."라고 대답했다.

역설에 대한 설명

5번 유형들은 삶을 완전히 경험하기를 원하고 타인들과도 진정으로 연결되기를 원하지만, 삶을 먼 곳에서 관찰하는 이들의 자세와 자신들의 감정으로부터의 단절은 이들이 삶에 완전히 참여하는 것과 타인과의 깊은 관계를 맺는 것을 방해한다.

코치의 역설적 의견

"조직 내에서의 정치는 힘든 것이고 때론 보기에 흉하기도 하지만, 정치는 많은 조직 내부의 결정에서 중요한 역할을 하지요. 또한 정치는 사람들이 서로에게 영향을 미치는 상호적인 인간관계라고 여길 수도 있어요. 당신이 영향력 네트워크에서 어디에 위치해 있는지, 당신의 어떤 행동이 승진에 필요한 인간관계로 발전시키는 데 있어 당신을 방해하는지 등 당신의 조직적 인간관계를 살펴보도록 하죠."

〈주의〉

자기 숙달 수준이 낮은 사람들은 역설에 내재한 애매모호함을 다룰 만큼, 충분히 심리적으로 안정적이지 않기 때문에 중간 수준부터 높은 수준의 자기 숙달 수준을 갖춘 5번 유형들에게만 역설적 도전 방법을 사용하라.

03

5번 유형의 코칭 사례 연구 요약
Amanda

●●● 코칭 목표와 coachee의 동기를 확인하라

목표를 주어진 시간 내에 성취할 수 있도록 하고 coachee의 핵심 동기 유발 요소들 중 한 가지 이상의 요소와 연결될 수 있도록 하라.

Amanda는 자기 직원들의 정서적 반응을 더 정확하게 인식하기를 원한다. 이것이 왜 중요한지 물었을 때, Amanda는 "매니저로서 감정을 더 효과적으로 이해해야만 하는데, 나는 그렇지 않다는 것을 알아요." 왜 이것이 리더십 역할을 하는 Amanda가 아닌 한 인간으로서 그녀에게 중요한지를 물었을 때, Amanda는 대답을 생각해 내지 못했다.

●●● Coachee의 자기 숙달 수준과 범위에 따른 적합한 코칭 접근법을 사용하라

coachee가 지닌 자기 숙달의 일반적인 수준과 범위를 사정하라.

Amanda는 일반적으로 중간 수준의 자기 숙달에서도 중간 정도에 위치에 있고, 비록 이보다 낮은 수준에서 드물게 반응하기는 하지만 Amanda는 거의 높은 자기숙달 수준에 해당하는 반응을 가지고 있기도 하다. Amanda는 자신이 좋아하고 신뢰하는 직장 사람들에게는 따뜻하지만, 대체로는 거리감을 두는 듯 하다. 코칭 세션 동안, Amanda는 정서적 반응을 할 수 있었지만, 자신이 강한 느낌을 받을 때만 반응을 했고, 그렇지 않으면 대답을 하기 전에 그녀의 정서에 대해 여러 번 질문을 해야만 했다.

252-255페이지 박스에 나온 것들 중 coachee에게 가장 효과적일 수 있는 발달 접근방식을 선택하고 그것들을 시험해보라.

Amanda는 코칭을 할 때 특히 풍자와 같이 유머에 가장 잘 반응했다. 비록 그녀는 외향적이고 말이 많지만, 특히 중요한 피드백을 받은 이후이거나 자신이 의미 있는 통찰력을 갖게 되었을 때 그것들에 대해 충분히 생각할 수 있는 혼자만의 시간을 필요로 했다. Amanda가 감정을 표현할 때 긍정적인 강화를 더 많이 사용하지만, 긍정적인 피드백을 받을 때는 쉽게 부끄러워하였다. 긍정적인 피드백을 받는 것을 편안하게 받아들여야 할 필요가 있으므로 처음에는 피드백을 적게 주어라.

●●● 도전적 성장을 이끌어낼 수 있는 코칭 기술을 사용하라

이 장에서 언급된 각각의 네 가지 코칭 기술을 어떻게 이용할 것인지에 대해 계획을 하고, 코칭 과정에서 적절한 때에 그것들을 사용하라.

■ 머리 중심 에너지를 사용하는 사람들의 도전적 질문 : "~라면 어떻게 될까?"

coachee가 말하거나 넌지시 내비친 말들 중, 당신이 도전할 수 있는 어떤 정신 모델이나 가정에 대해 들었는가? 당신은 이 "~라면 어떻게 될까?"라는 도전적 질문을 어떻게 표현할 것인가?

다음의 모든 도전들은 Amanda에게 효과적일 것이다.

"만약에 타인의 감정을 이해하는 방법을 배우는 것이 당신의 매니저 역할은 물론 당신에게도 개인적인 이득을 가져다 준다면?"

"만약에 당신 자신의 감정을 더 잘 이해하고 추측할 수 있는 방법을 배운다면?"

"만약에 당신이 스스로에 대해 생각하는 것보다 훨씬 더 타인의 감정을 읽는 것에 능숙하다면?"

■ 가슴 중심 에너지를 사용하는 사람들의 도전적 질문 : 방어 기제를 인식하고 평형을 유지하라.

coachee가 특정한 방어 기제를 사용하는 것을 언제 관찰할 수 있었는가? 직접적인 도전과 간접적인 도전 중 어떤 것이 더 효과적인가? 당신은 이 방어 기제에 관한 도전을 어떻게 표현할 것인가?

Amanda는 조직 내에서 많은 사람들을 알고 있고 많은 사람들로부터 존경도 받고 있으며, 또한 건강한 결혼생활을 하고 있고, 자신이 격리되었다고 생각하지 않을 때는 특별히 더 말이 많아진다.

Amanda가 격리를 사용할 때는 감정으로부터 생각을 분리시킬 때 가장 분명하게 드러난다. Amanda는 매우 안정적이고 외향적이기 때문에, Amanda와 그녀의 코치는 강한 인간관계를 갖고 있으므로 간접적인 도전이든 직접적인 도전이든 모두 효과적일 것이다.

간접적인 도전적 질문

"당신이 당신의 삶을 살면서 생각과 감정을 동시에 가져본 적이 언제였는지 제게 말해줄 수 있나요?"

직접적인 도전적 질문

"당신은 당신의 생각으로부터 감정을 분리시키거나 격리시키고 있지만, 사실 당신은 그 두 가지를 동시에 가지고 있어요. 당신은 그 둘을 동시에 경험하고 인지하는 연습이 필요한 것 같네요."

■ 배 중심에너지를 사용하는 사람들의 도전적 질문 : "왜 당신은 그것을 하려고 하는가?"

coachee는 앞으로 어떤 행동을 할 계획이라고 말했는가? 당신은 이것이 현명한 행동 과정이라고 생각하는가? 이에 대해서 "왜 당신은 그것을 하려고 하는가?"라는 도전을 어떻게 표현할 것인가?

"왜 당신은 당신을 위해 일하는 사람들의 정서적 반응을 이해하고 추측하기를 원하는 건가요?"

■ 역설적 도전 : 변형

당신은 coachee에게서 어떤 역설을 관찰했는가? 가장 의미 있는 것을 선택하

라. 당신은 이 역설적 도전을 어떻게 표현하겠는가?

"당신은 특히 당신을 위해 일하는 사람들과 더 인간관계를
맺고 싶다고 말하지만, 여러 면에서 볼 때, 예를 들어 스스
로가 어떻게 느끼는지를 모르고 당신의 정서적 반응을 타인
과 공유하려는 의지가 없을 정도로 당신은 스스로와도 완전
한 관계를 갖고 있지 않은 것 같아요. 자기 자신과의 관계를
먼저 해결하지 않으면서 어떻게 타인과의 관계를 더 잘 맺
을 수 있을까요?"

5번 유형들을 위한 발달 활동들

코치들은 다음의 활동들을 5번 유형 coachee들에게 제안할 수 있다.

●●● **핵**심 이슈 : 당신의 감정을 연결하고 표현하라

한 3일 동안, 깨어 있는 시간들 중 한 시간에 한번씩 스스로에게 나는 무엇을 느끼고 있는가?라고 질문해 보라. 이 때, 한 단어로는 대답하지 않는다. 그 다음 스스로에게 그리고 그 이외에 나는 무엇을 느끼고 있는가?라고 물어라. 3일이 지난 후, 스스로에게 두 가지 질문을 계속 하지만 스스로가 지나치게 분석적이라는 사실을 인식함과 동시에 질문해 보라. 위에서 언급한 과정을 6개월 동안 지속한다.

●●● 날개와 화살표를 통한 확장

■ 4번 날개 : 타인들과 더 깊은 수준에서 연결하라

당신이 알고 있는 사람들 중 행복하게 보이고, 더 걱정을 많이 하는 것처럼 보이며 또는 평소보다 화가 난 것처럼 보이는 사람을 관찰할 때마다 그 사람에게 "당신은 행복해 보여요, 또는 염려하거나 화가 난 것처럼 보여요."라고 말하면서 그 사람과 사적인 대화를 나눌 수 있게 될 것이다. 일반적으로 그 사람은 당신에게 더 많은 이야기를 해 줄 것이다. 그 사람이 말을 할 때, 당신의 호기심을 나타낼 수 있는 몇 가지 간단한 질문을 하거나 그 사람이 말하는 것에 대한 당신의 반응을 공유하라.

■ 6번 날개 : 집단에 집중하라

당신이 집단에 참여하게 될 때, 스스로에게 어떻게 해야 내가 이 집단에 더 많이 기여할 수 있을까? 집단이 내게 필요로 하는 것은 무엇이고, 나는 어떻게 해야 그 방식대로 기여할 수 있을까? 나의 충성심과 기여하는 것을 집단구성원에게 어떻게 보여줄 수 있을까? 라고 질문하라.

■ 7번으로 향한 화살표 : 더 자연스러워져라

당신이 잘 아는 사람들과 더 자연스러울 수 있도록 연습하라. 매일 하나의 사건이나 상호작용을 선택한 후, 스스로에게 "나의 경계심을 낮추고 이 순간 생각나는 말이나 행동을 그냥 할 것이다."라고 말한다. 하루의 일과를 정리할 때가 되면, 이 경험을 다시 생각해 보고, "내가 어떻게 했었지? 자연스러웠나? 이 일 때문에 발생한 긍정적인 일은 무엇이었지? 이 일의 결과로써 부정적인 일들도 발생했었나?"라는 질문들을 스스로에게 해본다. 스스로가 자연스러워지는 것에 대해 편안해 지면, 친구들과 동료들에게 그 범위를 넓혀가며 계속 연습을 한다. 위에서 언급한 활동을 스스로가 자연스럽게 할 때까지 매일 지속한다.

■ 8번으로부터 나온 화살표 : 더 많은 공간을 확보하라

평소에 하는 것보다 훨씬 더 많은 공간을 확보하라. 다시 말해, 당신이 코칭 관련 미팅이나 다른 사회적 모임에 참석하고, 사회자가 아니라면, 숨을 깊게 들이마시고 자신의 신체적 존재감을 유지하며, 마치 스스로가 사회자인 것처럼 자신의 모든 주의를 모든 대화와 상호작용에 둔다. 이렇게 하는 것은 5번 유형이 항상 현재에 머물러 있을 수 있도록 할 것이다.

■ 의사소통 : 더 따뜻함을 가지고 의사소통하라

당신이 타인과 직접적으로, 전화를 통해, 또는 이메일을 통해 의사소통을 할 때, 당신이 말을 하거나 글을 쓸 때처럼 가슴을 통해 숨을 내쉬도록 하라. 이렇게 하면 당신이 당신의 감정과 연결이 되도록 해줄 것이고, 그 결과 더 따뜻한 사람이 될 것이다.

■ 갈등 : 당신이 당혹스러워지자마자 무엇인가를 말하라

아무리 작은 일이라도 어떤 일이 발생함과 동시에 그 일에 대해서 주도적으로 당신의 관심사를 공유할 것이라고 다짐하라. 그러면 그 사람들은 일을 간섭이라고 여기는 것보다, 당신이 어떤 생각을 하고 어떤 느낌을 받는지 아는 것을 훨씬 더 감사히 여길 것이다. 무엇이 당신을 신경 쓰게 하고 당신의 감정에 계속 연결되게 하는지를 인정할 필요가 있다는 의미이다. 따라서 당신에게 있어 가장 큰 이슈는 무엇인가를 실제로 말하는 것이다.

■ 팀 : 위축되지 않고 참여하는데 당신의 재능을 키우라

사회적 모임에 참석할 경우, 스스로가 사람들이 상호작용하는 곳의 중심에 서 있거나 앉도록 해라. 이렇게 하고, 타인을 바라보고 웃음을 지으면, 그들로 하여금 당신에게 접근하도록 만들 것이다. 누군가가 당신에게 접근한다면, 질문을 하거나 스스로에 대한 정보를 제시하면서 그 사람과의 인간관계를 맺는다.

- 리더십 : 객관성이라는 리더십 능력을 존중하고, 온전히 통합된 리더로서의 당신의 능력을 향상시켜라

느끼고, 의사소통하며, 다양한 감정들을 이입하는 능력을 발달시키면서 당신의 리더십 능력을 과도하게 사용하지 않으면서도 그 능력을 더 많이 사용할 수 있는 방법들을 찾아보라. 이러한 행동들을 할 때, 당신은 더 빨리 현명한 행동을 취할 수 있을 것이라고 스스로를 신뢰할 수 있게 된다.

8

BRINGING OUT THE BEST IN EVERYONE YOU COACH

에니어그램 6번 유형
코칭하기

통찰력 있는 마음을 가지고 있고 걱정이 많은 편이며
어떤 일이 잘못될 경우를 대비해서, 예상되는 최악의 시나리오를 생각해 둔다.
공포증을 가진 6번 유형들은 더 공공연하게 두려워하는데 반해
공포대항형(counterphobic) 6번 유형들은 공포스러운 상황이나 장면을
스스로 찾으며 오히려 그 두려움에 다가간다. 그런데 대부분의 6번 유형들은
이 두 가지 모습 전부를 어느 정도 지니고 있다.

중심에너지 : 머리

01

6번 유형을
확인하는 방법

사고　　　　　　　　감정

핵심 믿음

- 최고에 대한 희망을 갖지만, 최악에 대비해서 계획을 세운다.
- 권위적인 인물들은 모든 일을 다 해결하려 하지만, 그 사람들이 제대로 일을 할 것이라는 점에 대해서는 신뢰할 수 없다.
- 나와 같은, 의무에 충실하고 충성스러운 사람들은 의지가 되고, 이러한 점은 부정적인 일들이 발생하지 않도록 한다.

정서적 패턴

- 불안, 의심 그리고 고민
- 공공연하게 용기와 위험을 수반하는 태도를 보인다.

행동

직장에서의 행동

- 스스로를 문제해결사라고 본다.
- 같은 마음을 가지고 있고 충성스러운 사람들을 찾아서 팀을 만든다.
- 걱정하며 지체한다.
- 스스로의 느낌과 생각 그리고 행동을 타인에게 투사한다.
- 회의적인 태도로 반응한다.

••• "의심하는 마음"

6번 유형들의 마음을 의심하는 마음이라고 불린다. 무엇을 해야 할지, 어떻게 문제를 해결해야 할지, 어떤 결정을 내려야 할지에 대해 곰곰이 생각할 때, 만약 이것을 실제로 하게 되면? 만약에 제대로 일이 이루어지지 않으면? 하는 식으로 6번 유형들은 즉시 추측을 한다. 자신들이 실제 행동으로 옮기기 전에 어떤 일이 잘 못될 수 있을지를 미리 생각해야만 하는 6번 유형들은 미리 예측을 하고 예방할 수 있는 계획을 세우기 위한 노력으로써 이러한 가능성들을 자동으로 탐색한다.

••• 6번 유형의 정서적 패턴

■ 불안, 의심 그리고 고민

대부분의 6번 유형들은 적당한 수준의 만성적인 불안으로부터 약간의 두려움과 공황과 공포와 같은 극단적인 두려움까지 다양한 범위의 공포감에 익숙하다. 정서적으로 반응을 하는 유형인 6번 유형들은 이러한 감정들을 순간적으로 경험한 후, 그 감정들을 자신들의 마음과 가슴 속에서 재연을 하며 초기의 불안감을 재생산하고 더 강화시킨다. 지속적으로 반복되어 떠오르는 이런 걱정은 6번 유형의 자기불신을 더 깊어지게 만들고, 타인의 의도와 행동에 대해 의심하게 되며, 6번 유형의 환경에서 발생할 수도 있는 일들에 대해 의심한다. 고민은 6번 유형으로 하여금 어떤 일이 잘 못될 경우를 대비할 수 있을 것이라고 느끼도록 도와주지만, 두려움과 의심을 악화 시킨다. 이런 순환적인 반복은 공포증이 있는 6번 유형이나 수시로 두려워하는 6번 유형들에게서 주로 나타나고, 공포대항형 6번 유형들은 공포증 6번 유형들보다는 덜 나타나지만, 자신들이 겁먹지 않는다는 점을 증명하기 위한 방법으로 무턱대고 두려운 상황 속으로 자신을 밀어 넣으면서 두려움과 의심을 해결하려고 한다.

■ 공공연하게 용기와 위험을 수반하는 태도를 보인다

대부분의 6번 유형들은 자신들이 두려워하지 않는다는 모습을 자신과 타인에게 증명하는 방법으로써 공공연하게 용기와 위험을 수반하는 모습을 보인다. 이런 담력의 과시는 사람들 앞에서 상사에게 대드는 모습처럼 언어적 과시일 수도 있고 스카이다이빙이나 번지점프처럼 신체적 과시일 수도 있다. 신체적인 위험을 수반하는 행동이 그 자체로 극단적인 행위일 경우, 6번 유형들은 그런 행동을 용기가 있다는 증거나 일시적 상징으로써 딱 한번만 하는 경향이 있다. 자동차 경주나 최고 코스(black diamond skiing)에서 스키를 타는 등의 덜 극단적인 활동일 경우, 6번 유형들은 두려움이라는 아드레날린 분출과 흥분이 함께 뒤섞이면서 발생하는 쾌감을 경험하기 위해 그 활동을 여러 번 할 수도 있다. 위에서 설명된 모든 행동들은 두려움이라는 감정에 의해 유발된 것인데, 6번 유형들로 하여금 그러한 행동들을 옮기도록 추진하게 한다. 공포대항형 6번 유형은 공포증 6번 유형보다 더 정기적으로 이런 위험을 수반하는 행동들을 보이는 경향이 있는데, 거의 모든 6번 유형들이 특정한 때가 되면 여러 방식을 통해 이런 위험에 도전하는 행동들을 실제로 한다.

●●●6번 유형의 직장에서의 행동

■ 스스로를 문제해결사라고 본다

6번 유형들은 문제를 예상하고 가능하면 그런 문제들이 실제로 발생하기 전에 예방하는 방법들을 생각해내므로, 이들은 매우 빨리 움직이고 아주 잘 발달된 주변 환경에 대한 탐색 안테나를 가지고 있다. 비록 어떤 해결책들은 이들에게 즉각적으로 다가오지만, 대부분 매우 복잡하거나 빤히 보이는 최선의 해결책이 없는 경우와 같이 다른 문제들은, 이들이 해결하기에 오랜 시간이 걸리기도 한다.

■ 같은 마음을 가지고 있고 충성스러운 사람들을 찾아서 팀을 만든다

6번 유형들은 공통의 목적을 가진 사람들을 불러모아 집단을 만들기를 좋아하고, 비슷한 정신을 지닌 사람들에게 지지를 할 수 있으며, 성실함과 충성심을 가지고 자신들의 약속을 지킨다. 비슷한 방식으로 생각하는 사람들과 있으면 더 안전하고 보호된다고 믿기 때문에 이런 종류의 팀은 6번 유형에게 더 확실함을 느낄수 있게 한다. 또한 타인과 팀, 그리고 조직에 대한 이들의 충성심은 최소한의 손해가 자신들에게 닥칠 것이라는 것을 더 확신하게끔 느끼도록 도와준다. 비록 심한 공포대항형인 6번 유형들 역시 비슷한 마음과 충성심을 가진 팀에 더 가치를 두고 그러한 팀들을 꾸리는데 도움이 될 수도 있겠지만, 그 팀 내에서 온전히 참여를 하기보다는 팀의 바깥에서 팀을 관찰할 가능성이 더 있다.

■ 걱정하며 지체한다

일이 잘 진행되면 6번 유형들은 기쁨을 나타내지만, 일이 잘 진행되지 않을 경우 걱정이 많아지고 자신들이 무엇을 해야 할지 확실하지 않을 때 꾸물거리기까지 한다.

■ 스스로의 느낌과 생각, 그리고 행동을 타인에게 투사한다

6번 유형들은 무의식적으로 자신들의 생각과 느낌, 희망, 두려움, 동기부여, 행동을 타인에게 투사하고, 자신들에게 사실인 일들이 알고 보면 타인의 일이라고 상상한다. 6번 유형들은 종종 이런 투사의 정확성을 따지지 않고 자신들의 생각이 옳다고 가정한다. 투사는 그 자체로 긍정적일 수도, 중립적일 수도 또는 부정적일 수도 있다.

■ 회의적인 태도로 반응한다

6번 유형들은 복잡한 문제에 간단한 해결책이 있다는 듯이 행동하는 사람들에 대해 매우 회의적으로 생각하고 그들이 염려하는 사람들과 생각에 대해서는 도전을 한다. 예를 들어, 6번 유형들은 위험과 잠재적인 장애물을 완전히 고려하지 않았는데도 해결책에 도달했다고 믿으면 "~라면 어떻게 될까?"라는 질문을 한다. 비슷한 맥락에서, 종종 지도자가 좋거나 나쁘다, 혹은 그 중간 지점에 있다고 인식하는 6번 유형들은 권위를 부당하거나 불공평하게 사용하고 있다고 생각되는 지도자에게는 공개적으로는 물론 개인적으로도 도전을 할 것이다.

> ## 유명한 6번 유형들
>
> **리차드 브랜슨 (Richard Branson- 공포대항형 6번 유형)** "삶에 있어서 나의 관심사는 크고 달성할 수 없을 것처럼 보이는 목표를 세우고, 그 위에 서고자 노력하는 것이다."
> "탐험가로서, 나는 하향 길을 걷지 않으려고 노력한다. 나는 가능한 많은 만약의 경우들에 대처하도록 애쓴다. 결국, 당신은 실패할 확률을 예상해야 한다. 그렇지 않으면 당신은 하루 종일 그저 바닥에 앉아 아무 것도 하지 않게 될 것이다."
>
> **조지 허버트 워커 부시 (George H. W. Bush- 약간의 공포대항형 6번 유형)** "나는 내 자신만의 분명한 의견이 있지만, 항상 그 의견들에 대해 동의하는 것은 아니다."
> "결정 안된 일들이 어떤 방향으로든 나아갈 수 있다는 것은 당연한 말이다."
>
> **우디 앨런 (Woody Allen- 공포증 6번 유형)** "세상은 좋은 사람들과 나쁜 사람들로 나뉘어진 것 같다. 좋은 사람들은 잠을 더 잘자고, 나쁜 사람들은 깨어있는 시간들을 더 잘 즐기는 것처럼 보인다."
> "자신감은 당신이 문제를 이해하기 전에 갖게 되는 것이다."

●●●하위 유형들 : 6번 유형의 세 가지 변형들

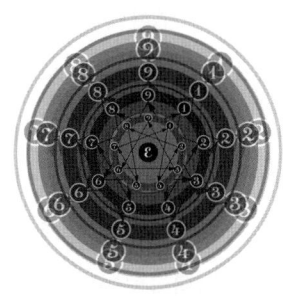 모든 6번 유형들은 지지와 확실성을 추구하고, 최고에 대한 희망을 가지고는 있지만, 그러한 것들이 발생하지 않을 것이라는 두려움도 지속적으로 느끼며, 주변의 타인들은 신뢰할 만하지도 않고 도전에 제대로 대처할 수 없다고 의심한다. 6번 유형들이 이러한 특성들은 하위 유형이라고 부르는 세 가지의 뚜렷한 방식으로 설명된다.

① 셀프형 하위 유형인 6번 유형들은 위험으로부터 보호되고 있다는 느낌을 받기 위한 강렬한 욕구로써 두려움을 분명하게 나타내며, 흔히 가족이나 대리 가족이 이러한 느낌을 제공해 주기를 바란다. 또한 스스로가 안전함을 느끼기 위한 목적으로 이런 종류의 지지 집단을 모으고, 유지하기 위한 방법으로 따뜻함과 친근함을 사용한다.

② 그룹형 하위 유형인 6번 유형들은 규칙이나 규정 등을 지키지 않았다는 이유로 권위적인 인물로부터 징벌이나 처벌을 유발할 수 있는 그 어떤 것도 하지 않으려는 노력의 일환으로서, 허용할 수 있는 범위 내에서 자신들의 행동을 지키기 위해 자신들의 사회적 환경과 조직 내에서의 규칙, 규정, 행동규범에 초점을 맞추는 것으로 두려움에 대처한다.

③ 파트너형 하위 유형인 6번 유형들은 전반적으로 가장 공포대항적이다. 이들은 두려움을 밀어내고, 용감하고 자신감이 있으며, 때로는 거칠게 행동하며 우선적으로 불안감과 취약함을 부인하면서 자신들의 두려움을 드러낸다. 또한 자신들이 매우 용감하게 여겨지고 스스로도 용감하다고 느낄 수 있는 신체적 행동이나 언어적 표현을 사용한다.

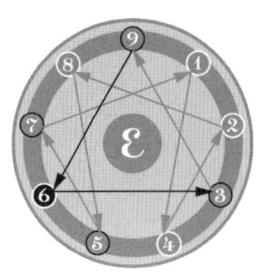

•••6번 유형의 날개와 화살표

6번 유형들은 의미와 확실함, 신뢰를 추구하며, 부정적인 시나리오가 실제로 발생하는 것을 예방하려고 노력하므로, 두려움이나 불안함을 느낄 때는 반응이 매우 빠를 수 있다. 공포증 6번 유형일 경우 불신과 의심이라는 소용돌이 속으로 빠질 수도 있고, 또는 공포대항형 6번 유형일 경우는 자신들을 두려워하지 않는다는 것을 증명하기 위해 매우 위험한 행동을 취하기도 한다. 이들의 날개(5번 유형과 7번 유형)와 화살표(3번 유형과 9번 유형)로의 접근은 6번 유형들이 지닌 특징들의 균형을 잡아준다.

▪ 6번 유형의 날개

- 5번 날개 : 5번 날개를 가진 6번 유형들은, 외부에 초점을 맞추기보다는 내부에 더 초점을 맞추게 되고, 또 더 독립적이 되고 더 자제하게 되므로, 외부 자극에 반응하고자 하는 자신들의 성향을 약화시킨다. 또한 지식에 대한 열정이 높아지고 준비가 되었다는 느낌을 받기 위해 정보를 수집하는 것뿐만 아니라 학습 그 자체의 즐거움을 위해 지식을 추구하게 된다.

- 7번 날개 : 6번 유형들은 컵의 물이 반이나 비어 있다고 보고 7번 유형들은 컵에 물이 반이나 차있는 것으로 본다는 얘기가 있다. 그러므로 7번 날개를 지닌 6번 유형들은 컵을 온전히 볼 수 있으므로 더 명랑하고, 덜 걱정하며, 더 긍정적이고, 더 힘이 넘치는 경향이 있다.

▪ 6번 유형의 화살표

- 3번 유형으로 향한 화살표 : 3번 유형과 강한 연결고리는 가진 6번 유형들은

확고한 목표에 초점을 맞추고 쉽게 지각할 수 있는 자신감을 가지고 어떤 일에 접근하면서 자신들의 불확실성을 우회할 수 있다.

- **9번 유형으로부터 나온 화살표** : 일반적으로 빈틈없이 생활하는 6번 유형들은 긴장을 풀기 위해 매우 도움이 되는 9번 유형의 특성을 활용한다. 예를 들어, 산책을 하기 위해 시간을 내거나 자연을 즐기는 것은 6번 유형에게 안전하다는 느낌과 차분함을 심어준다. 이들은 다양한 시각과 관점에 대해 더 잘 파악할 수 있게 되는데, 이것은 6번 유형들이 자신들의 관점만이 실용적인 유일한 관점이라고 투사하고 상상하기 시작할 때, 또는 억압 받게 될 때 매우 귀중한 특성이 된다.

●●●6번 유형을 위한 세 가지 질문들

① 당신은 무엇이 잘못될 수 있을 것인지를 계속해서 생각하고, 그러한 일이 생기지 않도록 계획을 세우려고 노력하면서 여러 개의 시나리오를 예상하나요?

② 당신은 관련이 있다면 권위적인 인물에게 강한 긍정적인 반응이나 혹은 부정적인 반응을 보이면서 그들에게 도전하나요?

③ 당신은 어떤 일이 정말로 일어나고 있는 것인지, 그런 일을 당신의 마음속에서 만들어내고 있는지를 분간하기가 어려울 정도로 당신의 생각과 감정을 타인에게 투사하나요?

6번 유형을 코칭할 때 고려할 점

강점의 영역

- 충성스러움
- 협력적임
- 참을성이 있음
- 문제를 예상함

발달을 위한 영역

- 걱정함
- 모호함을 싫어함
- 분석 마비됨
- 희생함

02

코칭 개요

 6번 유형들은 종종 코칭의 다양한 요소에 대해 불안해 하기 때문에 각 코칭 세션 시작 전에는 물론, 코칭 중에도 그리고 코칭이 끝난 이후에도 걱정한다. 그리고 코치로부터의 피드백, 인터뷰를 통한 자료 피드백, 또는 360도 다면적 피드백 등의 피드백을 받기 직전에 특히 걱정을 한다. 또한 이들은 자신들이 너무 걱정을 많이 하든가 아니면 너무 적게 하는 것에 대해 걱정을 하거나 아니면 잘한 일에 대해서도 걱정한다. 6번 유형의 coachee들은 자신들의 삶의 대부분의 영역에서 이처럼 시나리오를 예측하는 행동을 하기 때문에 코치는 coachee의 이러한 모습에 대해 염려하지 않아도 된다. 동시에 코치는 차분하고 따뜻하며 일관성 있는 태도를 유지하면서 이러한 걱정을 줄여주고 코칭 미팅 동안에 여러 번 위안을 주는 말을 하면서 도울 수 있다. 이런 행동으로 인해 6번 유형 coachee는 스스로 생각하기에 발생할 수도 있는 일에 대해서가 아니라 실제로 누군가가 한 말에 초점을 두게 된다. "당신은 우리가 의논하고 있는 정보에 대해 빨리 이해할 수도 있어요. 저는 당신이 이미 그 어떤 부정적인 것은 물론 그만큼 긍정적인 것에 대해서도 대처할 수 있는 모든 능력을 가졌다는 것을 확신해요."라는 식의 말을 해주는 것이 도움이 될 수도 있다. 마찬가지로, 코치는 "어느 때라도 당신에게 걱정거리가 생겼을 때, 그 것에 대해 말을 하면 도움을 드릴 수 있어요."라고 제안할 수 있다.

게다가, 코치는 자신들만의 생각과 느낌, 동기, 두려움을 코치와 코칭 과정을 포함한 다른 사람들과 상황에게 투사하려는 6번 유형의 성향에 대해 주의해야 할 필요가 있다. 비록 이러한 투사가 - 예를 들어, 6번 유형이 코치가 매우 현명하고 코칭이 자신의 경력에 있어 가장 유용한 경험이 될 것이라고 긍정적으로 생각하는 - 긍정적일 수도 있지만, 내포하고 있는 생각들은 상황에 대한 완전한 이해를 바탕으로 한 것이 아닐 수도 있다. 대부분의 6번 유형들은 자신들이 투사하고 있다는 점을 깨닫지 못하거나 자신들의 투사가 완전히 옳지 않을 수도 있다는 것을 깨닫지 못할 수도 있다. 그러므로 코치는 정확한 통찰력과 투사라는 두 가지 요소를 다 포함하는 인식의 차이를 알 수 있도록 6번 유형을 효과적으로 도울 수도 있다.

••• 첫째 코칭 목표와 coachee의 동기를 확인하라

■ 목표 파악 : 6번 유형들에게 어떤 질문을 할 것인가

6번 유형들은 일반적으로 자신들의 코칭 목표에 대해 의논하는 것을 좋아하는데, 그렇게 하는 것은 자신들과 코치에게 공통적인 목표를 준다는 것을 알고 있기 때문이다. 6번 유형의 coachee들은 종종 소리내어 생각을 표현하고 스스로를 꽤나 복잡하게 표현하기 때문에 코치는 코칭 목표에 대한 초기의 대화가 대부분의 다른 에니어그램 유형들보다는 좀 길어질 가능성이 있다는 점을 예상해야만 한다. 이에 대한 부분적인 이유라고 볼 수 있는 것은 6번 유형은 코칭 시작 전에 이미 많은 가능한 목표와 시나리오를 생각할 수도 있고 또 어떤 목표가 가장 중요한 것인지에 대해서도 불확실하다는 것 때문이다. 또한 6번 유형들은 자신들이 코치를 신뢰할 수 있는지의 여부를 알기 위해 초기 코칭 대화를 사용할 수도 있고, 목표에 대한 대화가 길어지는 것은 코치를 사정하기 위한 한 방법일 수도 있다. 더욱이, 6번 유형들은 자신을 불신하기 쉽고 종종 스스로를 비판한다. 따라서 6번 유형들은 특정한 목표에 대해서는 동의할 수도 있고, 처음 몇 번의 코칭 미팅 동안 이 목표들을 여러 번 살펴보고 수정할 수도 있다. 다음의 질문은 6번 유형 coachee가 자신들의 코칭 목표를 좀더 명확하게 할 수 있도록 도울 수 있다.

- 당신이 시간을 매우 잘 활용했다고 느낄 수 있을 정도로 코칭에 대한 희망과 꿈과 목표는 무엇입니까?
- 왜 이것들이 중요합니까?
- 당신의 목표에 대한 우선순위를 정한 다음 왜 그런 순서대로 정했는지를 제게 말해줄 수 있나요?

6번 유형 coachee들의 목표를 의논할 때, 코치는 6번 유형으로 하여금 아래에 설명된 주요 발달 동기 유발 요인들과 특정한 코칭목표들 간에 명백한 연결고리를 만들 수 있도록 도와야만 한다. 각 코칭 목표가 왜 중요한지 논의하다보면 이 연결고리는 coachee에게 분명해 질 것이다. 만약 그렇지 않다면 코치는 다음 두 가지 중 하나를 할 수 있다.

① 6번 유형에게 질문하라.

"당신이 이 목표를 성취하게 되면 어떤 개인적이고 직업적인 이익을 얻게 됩니까?"

② 목표와 동기 부여 요인과의 연결 고리를 직접적으로 설명해 주어라.

"이것이 어떻게 해야 당신의 엄청난 에너지를 관리하고 가장 생산적인 방향으로 나아갈 수 있는지를 이해할 수 있도록 도와줄 것이예요."

■ 6번 유형의 발달을 위한 주요한 동기 부여 요소들

• 더 안전하고, 확실하며, 자신감 있다고 느끼기.

• 덜 반응하고 더 스스로에 대해 통제하기.

• 옳은 결정을 내리고 상황에 대처하기 위해 자신과 타인을 진실로 신뢰하기.

• 너무 자주 불안감을 느끼지 않아서 자신들의 불안감을 덜 숨겨도 되는 것을 포함하여, 자신들의 불안감을 반드시 감추지 않아도 되기.

•••**둘**째 coachee의 수준과 자기 숙달의 수준과 범위에 따른 적합한 코칭 접근법을 사용하라

coachee의 자기 숙달 수준을 알아내는 가장 좋은 방법은 287~289페이지의 박스에 제시된 세 가지 수준을 나타내는 행동에 관한 묘사를 읽고 다음 질문에 대답하는 것이다.

① 이 사람의 평균적인 자기 숙달 수준은 어떠한가?

　　□ 낮음　□ 중간　□ 높음

② 내가 알고 있는 것은 무엇이며, 어떤 관찰 결과를 바탕으로 이와 같은 결론을 도출하게 되었는가?

③ 이 사람의 자기 숙달 정도는 어떠한가 – 즉, 개개인의 가장 높고 가장 낮은 수준은?

④ 내가 관찰한 것 또는 이러한 결론이 나도록 다른 자료로부터 알아낸 것은 무엇인가?

6번 유형들 : 자기 숙달 수준과 발달을 강화시키기 위한 코칭 접근법들

■ 자기 숙달 수준이 높은 6번 유형들 – 용기있는 사람

• 핵심적인 이해

〈의미와 지지는 6번 유형의 내부와 외부에 모두 존재한다.〉

지적(知的)이고 통찰력이 있고 자기 숙달 수준이 높은 6번 유형은 자신들을 안전하게 지키기 위해 타인을 바라보는 것이 아니라, 자신들만의 내적 권위를 신뢰하는 방법을 배웠다. 그 결과, 이들은 자신감이 있고, 차분하며, 쾌활하고, 타인과의 관계도 깊고, 안정적이며, 마음이 따뜻한 방식으로 관계를 맺는다. 그리고 이들은 자신들만의 내적 권위를 신뢰하는 방법을 배웠기 때문에 굉장히 높은 자기 숙달 수준을 가진 6번 유형들은 명확하고 용기가 있다.

• 6번 유형의 자기 숙달을 강화시키기 위한 코칭 접근법들

(확장을 위한 격려와 추가적인 방법들을 제공하라.)

– 6번 유형의 공포대항형 행동이 아닌, 진정한 용기와 강점, 통찰력에 대해 긍정적 강화를 제공하라.

– 자신은 물론 타인을 신뢰할 의지를 보이고 그 신뢰를 유지할 수 있을 때 이들에게 직접적으로 그 사실에 대해 인정해 주고 확인시켜 주어라.

– 6번 유형의 노력, 근면, 분석할 수 있는 능력은 물론, 쾌활함과 유머에 대해서도 알아주고 인정해 주어라.

– 생각하고 분석하는 방향으로 지속적으로 행동하는 것을 피하기 위한 방법으로써 자신들의 신체적 감각에 대해 더 잘 인식할 수 있는 방법들을 제안하라.

– 자신들의 내적 권위를 존중하고 신뢰하며, 방침을 정하기 위해 외부의 권위를 찾는 것보다 자신들의 내면적 충고를 따르도록 6번 유형을 강화하라.

■ 자기 숙달 수준이 중간인 6번 유형들 – 충신

• 주요 관심사

(안전, 소속감, 신뢰할 수 있는 것)

보통 수준의 자기 숙달 수준을 지닌 6번 유형들은 통찰력이 있고, 명석하며, 매우 바쁘고, 친밀감이 있으며, 인정받고 싶어할 수 있다. 또한 이들은 반(反)권위적이고, 동요하며, 성질이 급하고, 반동을 나타낼 수도 있다. 신뢰하는 것과 불신하는 것 사이를 오가며, 그래서 이들은 의심과 혼란에 의해 고통을 받을 수 있다. 한편으로 6번 유형들은 단결된 집단이 제공할 수 있는 안전을 갈망하지만, 다른 한편으로 이들은 이런 집단이 강한 동류의식으로 엮어진 특성을 가지고 있지 않으면 오히려 이 집단을 두려워한다. 그러므로 이들은 자신들이 신뢰하는 친구와 집단, 상사에게는 충실하지만, 다른 사람들이 6번 유형의 희망과 기대치에 미치지 못할 경우 이 신뢰의 층은 매우 약해서 쉽게 깨어지게 된다.

• 6번 유형의 자기 숙달을 강화시키기 위한 코칭 접근법들

(동기를 자극하고 구체적인 발달 행동을 제공하라.)

- 6번 유형이 모든 자료를 보고 부정적인 정보나 생각에 더 많은 무게를 두지 않도록 격려하라. 사실과 추론 사이의 차이점을 이해할 수 있도록 도와라.
- 불신이라는 잠재적인 부분에 대해서 이야기 하는 것을 포함해 코치와 6번 유형 사이에 신뢰를 구축하도록 노력하라.
- 위협을 상상하는 6번 유형의 습관이 갖는 긍정적인 모습을 가치 있게 여기면서도 지속적이고 부드럽게 그런 식의 생각이 갖는 단점도 알게 해 주어라.
- 6번 유형이 정확한 직관과 부정확한 투사 사이의 차이점을 알 수 있도록 도와라.
- 6번 유형의 충성과 준비성에 대해 명확하게 격려하라.

■ 자기 숙달 수준이 낮은 6번 유형들 – 겁쟁이

• 주요 두려움

(지지나 의미를 가지지 못하고 생존할 수 없는 것)

낮은 자기 숙달을 지닌 6번 유형들은 자신들의 무서운 세상을 덜 위험하게 만들려는 노력을 하면서 엄청난 불안과 흥분을 보인다. 이들은 지속적으로 최악의 상황을 다룬 시나리오를 만들고 투사하면서 이 모든 나쁜 일들이 자신들에게 발생할 것이고 이런 상상이 완전히 사실이라고 믿는다. 편집증(paranoia)에 가까운 경향을 보이면서 이들 6번 유형들은 지나치게 의존적이고 당황해 하며, 처벌적으로 변할 수도 있다. 자신들의 세계관에 동의하지 않거나 자신들의 의견에 반대하는 의견을 제시하는 사람들은 그 누구라도 거부하기 때문에 이들은 위안을 찾기가 어렵다.

- 6번 유형의 자기 숙달을 강화시키기 위한 코칭 접근법들

  (지지해 주고, 지침과 경계 영역을 제공하라.)

  - 6번 유형의 두려움에 직접적으로 도전하거나 확인하지 않으면서도 두려움과 최악의 시나리오와는 반대되는 긍정적인 결과를 증거로 제시한다. 지나치게 긍정적인 시나리오를 만들지 말고 지극히 현실적인 시나리오를 만들도록 주의하라.
  - 6번 유형이 자신들의 생각을 반복하고 재해석하는데 지나치게 의존하지 않도록 격려하고 자신들의 감정과 배짱으로부터 나오는 기여도 가치있게 여기도록 격려하라.
  - 6번 유형의 투사에서 벗어날 수 있도록 도움을 주는 구체적인 증거를 제공하라. 대체 가능한 시나리오를 만들되, 사실에 근거한 진실이 아니라 가정으로 제시하라.
  - 신뢰를 구축하기 위해 그 어떤 기회에도 방심하지 말아라.
  - 6번 유형들이 자신들의 생각을 반복해서 말할 때에도 주의를 기울이며 경청하라. 이 경우가 아니더라도, 동의한다는 것을 표현하지 않도록 조심하되, 또한 의견이 다르다는 것도 직접적으로 표현하지 않도록 하라. 경청하고 6번 유형들이 이 상황을 어떻게 받아들이는지를 이해하려고 노력하라.

6번 유형 coachee의 자기 숙달 수준에 대한 초기 사정이 이루어지면, 그 수준에 적합한 접근 방식을 숙지하고 coachee에게 가장 효과적일 것이라고 여겨지는 방식을 선택하라.

•••**셋**째 도전적 성장을 이끌어내는 코칭 기술을 사용하라

　다음 네 가지 코칭 기술에 대해 읽어가면서, 당신이 아는 몇몇 6번 유형들에 대해 생각해보고, 그들에게 그 기술들을 어떻게 사용할 수 있을지를 생각해보는 것은 도움이 될 것이다. 비록 6번 유형들이 많은 유사성을 가지고 있겠지만, 이들은 공포증과 공포대항형 수준, 자기 숙달 수준, 감정 이입, 날개와 화살표의 사용, 하위 유형, 경험, 연령, 성별, 문화 등의 요소들에 따라 매우 다양하다.

　■ 머리 중심 에너지를 사용하는 사람들의 도전 : "〜라면 어떻게 될까?"
　　라는 질문

　"〜라면 어떻게 될까?"라는 도전적 질문은 coachee가 중요하고 존중되어져야 한다고 가정하는 상황에서 효과가 잘 나타난다 — 즉 그것은 정신모델이다. 이러한 가정은 coachee가 의심 없이 받아들이는 믿음과 패러다임의 일부이다. 비록 6번 유형들이 자신과 타인에게 빈번히 "〜라면 어떻게 될까?"라는 질문을 하더라도, 이들은 자신들의 정신 모델에 도전하기 위해서가 아니라 잠재적인 문제를 명백히 하기 위해서이다. 그렇지만, "〜라면 어떻게 될까?"라는 생각에 대해 익숙해지면 코치로부터의 이런 유형의 도전은 준비된 coachee로 만들게 된다. 6번 유형들이 명시적인 혹은 함축적인 가정을 표현하는 것을 들으면, 코치는 이와 관련해서 "〜라면 어떻게 될까?"라는 도전적 질문을 던진다.

　291〜292페이지 박스에는 6번 유형들을 위한 세 가지 공통의 정신 모델과 코치가 각 가정에 도전하기 위해 해야 하는 질문, 그리고 6번 유형이 코치의 도전적인 질문에 대답했을 때 코치가 어떤 식으로 반응해야 하는지를 순서대로 제시하고 있다.

6번 유형들을 위한 "～라면 어떻게 될까?"라는 질문

- 공통의 첫 번째 가정－"최악의 경우에 대비해 계획을 세워야만 한다."

  • 코치의 도전적 질문

  "만약에 최고의 경우에 대비해서 이미 계획을 세워놓았다면 어떻게 될까?"

  • 코치의 도전적 질문 이후의 반응

  －만약 6번 유형이 "난 할 수 없어요."라고 말하면, "만약에 할 수 있었다면?"이
  라고 물어라. 여전히 구체적인 대답을 하지 않는다면, "만약 당신이 최고와 최
  고의 시나리오 사이에 존재하는 모든 변화의 가능성이 아닌, 오직 최악에 대
  해서만 계획을 세운다면, 무엇을 놓치게 될까요?"라고 물어라.

  －만약 6번 유형이 구체적인 예를 든다면, "그 외에 당신은 이것으로부터 어떤
  이익을 받게 될까요?"라고 물어라. 대답을 들은 이후, "어떻게 해야 당신의 문
  제－기회를 위한 예방 기술－확인 기술로 적용할 수 있을까요?"라고 물어라.

- 공통의 두 번째 가정－"만약 내가 문제들을 사전에 예측할 수 있다면, 마음을 놓
  을 수 있다."

  • 코치의 도전적 질문

  "만약에 당신이 모든 문제를 예측하지 않고서도 마음을 놓을 수 있다면 어떻게
  될까요?"

  • 코치의 도전적 질문 이후의 반응

  －만약 6번 유형이 그러한 시나리오를 생각할 수 없다면, 그와 비슷한 맥락의
  이야기를 해준 후, "이런 비슷한 일이 있었을 거예요. 그 일에 대해 말해줄 수
  있나요?"라고 물어라.

  －6번 유형이 어떤 대단한 이득을 제시하거나 실제 있었던 이야기를 말한다
  면, "어떻게 해야 이 경험을 다른 상황으로도 확대시킬 수 있을까요?" 하고
  물어라.

■ 공통의 세 번째 가정-"나는 의무에 대한 충실함과 충성심을 꼭 보여주어야만 해
요. 그렇게 하는 것은 부정적인 일들이 발생하는 것을 예방할 수 있으니까요."

• 코치의 도전적 질문

"만약에 당신이 항상 충실하고 충성스럽지 않아도 부정적인 일들이 발생하는 것
을 방지할 수 있었다면?"

• 코치의 도전적 질문 이후의 반응

－만약 6번 유형이 그러한 시나리오를 생각할 수 없다면, "다른 기술과 특성을
살려 어떤 부정적인 일이 생기지 않도록 예방했었던 적이 있었나요? 그것들
은 어떤 기술과 특성이었나요?"라고 물어라.

－6번 유형이 구체적이고 긍정적인 반응을 보인다면, "좋아요. 어떻게 해야 당
신이 충실함과 충성심에 너무 기대지 않고 그 다른 기술과 특성을 더 자주 사
용할 수 있을까요?"라고 물어라.

－이 질문을 더 깊은 수준으로 들어가서, 또 다른 "~라면 어떻게 될까요?"라는
질문을 할 수 있다. "만약에 어떤 부정적인 일들은 예방할 수 없을 뿐더러 오
히려 포괄적인 예측성 계획이 사실상 그 부정적인 일들을 더 악화시킨다면 어
떻게 될까요? 당신은 이에 대한 예를 들 수 있나요?"라고 말하라.

■ 가슴 중심 에너지를 사용하는 사람들의 도전 : coachee의 방어 기제
를 탐색하라

• 6번 유형의 주요 방어 기제 : 투사(projection)

투사는 의식적으로 자신들이 받아들일 수 없고, 원하지 않거나, 자기 것이 아니
라고 부정하는 자신들만의 생각, 감정, 동기, 특성, 행동을 타인의 탓으로 여기는
방어 기제이다. 투사는 긍정적일 수도, 부정적일 수도, 중립적일 수도 있지만, 투
사하는 사람들이 투사된 특성들이 자신들에 대한 것이라고 인정하기 어렵거나, 또

믿기에는 위협적인 것들이기 때문에 발생한다. 6번 유형들이 무의식적으로 이렇게 투사를 하기 때문에, 그 투사가 사실이라고 상상하기는 하지만, 가슴속 깊은 곳에서는 이들조차도 투사된 내용들에 대해 완전히 확신하지 않는다. 비록 6번 유형들이 모호하고 불확실하며, 잠재적으로 위험한 상황에서 확실성을 높이고 자신들의 불안함을 줄이기 위한 투사를 사용하겠지만, 만약 투사된 내용이 특히 부정적인 경우, 공교롭게도 이 투사는 6번 유형의 불안 수준을 높이게 된다. 또한 6번 유형이 사실이 아닌 부정적인 어떤 것이나 긍정적인 어떤 것을 투사하게 될 때, 이들은 자신이 그렇게 하고 있다는 것도 모른 채 허위적 현실을 만들게 된다.

투사
한 6번 유형은 동료에게 두려움을 느끼기는 하나 이러한 생각을 뒷받침하는 구체적인 자료가 없다. 이 6번 유형은 동료가 원하는 승진자리를 놓고 자신과 경쟁을 원하며 그 새로운 자리를 얻기 위해 6번 유형을 음해할 방법을 계획하고 있다고 믿고 있다. 6번 유형은 이 사람을 직장에서 없앨 수 있는 계획과 전략을 세우기 시작했고, 그렇게 하는 것은 이 사람이 자신에게 해를 입히는 것으로부터 스스로를 지키기 위한 어쩔 수 없는 일이라고 믿으면서 자신의 행동을 정당화 했다.

비록 6번 유형들이 지속적으로 투사를 하지만, 6번 유형들은 불안할 때 더 자주, 더 강하게 투사한다. 불안하면 불안할수록 투사와 어떤 것 사이에서 어느 것이 사실인지를 분별하는 것이 6번 유형에게는 더 어려워진다. 6번 유형의 부정적인 투사의 예는 실패를 다른 사람 또는 다른 것의 탓으로 돌리는 것, 타인의 악의적 동기로 돌리는 것, 실제로 어떤 일이 생기기 전에 부정적인 일이 발생할 것이라고 전제하는 것 등이 포함된다. 또한 6번 유형들은 자신들이 좋아하는 누군가에게는 결점이 없다고 믿는 것, 그리고 자신들의 지성에 대해서는 부정확하게 비판하면서 어떤 사람은 매우 지적이라고 추측하는 등의 자신들의 희망과 욕구를 반영하는─

예를 들어, 지도자가 매우 선한 사람이라던가 헤라클레스와 같은 공적을 실행할 수 있다고 상상하는 것-긍정적인 투사를 하기도 한다. 이러한 예들은 다음과 같은 6번 유형들의 깊은 발달 이슈에 맞서서 종종 숨겨지거나 방어하는 투사의 실제 증상이나 징후이다.

- 자신들의 모든 생각이 진실이라고 추측하는 것보다는 통찰력(정확하고 명백한 직감에 기반한 것)과 투사(상상에만 기반한 것)의 차이점을 배우는 것.
- 외부의 누군가가 어떤 것을 통해 의미와 확실성을 얻고자 하는 것보다 자신들만의 내부 권위를 신뢰하는 것.
- 자신들이 두려워하지 않는다는 것을 증명하기 위해 의심을 하거나 매우 위험한 행동을 하는 것보다는 어떤 일이 발생하던 간에 그 일을 대처할 수 있도록 자신들과 타인에게 믿음을 갖는 것.

6번 유형의 투사라는 방어 기제를 다루려면, 코치들은 간접적인 도전이나 직접적인 도전의 둘 중에서 하나를 사용할 수 있다. 대체로 간접적인 도전은 반응을 높이고 저항은 줄이기 때문에 간접적인 도전부터 시작하는 것이 유용하다. 이는 6번 유형의 coachee가 불안감이나 매우 취약함을 느낄 때 특히 해당되는 말이다. 이럴 때, 6번 유형들은 매우 반응적이게 되며, 더 많은 투사를 할 수도 있다. 아니면 매우 공포대항형 행동을 취할 수도 있으며, 이런 행동은 코치를 향할 수도 있다. 하지만, 만약 6번 유형이 준비가 되었거나 코치인 당신이 이 coachee와 훌륭한 인간관계를 맺고 있다면 직접적인 도전이 더 영향력이 클 것이다.

투사에 대한 간접적인 도전

"당신은 이것과 당신이 생각하는 상황에 대해 제게 말을 했었어요. 어떻게 이것이 사실인지 아는지 대해 제게 더 말해주겠어요? 그 다음 이 상황에 대한 다른 해석 방안을 논의해 보도록 해요."

투사에 대한 직접적인 도전

"당신은 걱정거리가 있거나 불확실 할 때 당신만의 특성을 다른 어떤 것에 투사한다는 것을 아마 알 거예요. 우선 방금 전에 당신이 말한 것이 어떻게 당신에게 해당되는 것인지를 말해보세요. 이를 명확하게 하면 우리가 이 상황에서 무엇이 사실이고 무엇이 사실이 아닌지에 대해 더 현실적으로 이야기할 수 있도록 하는데 도움이 될 거예요."

■ 배 중심 에너지를 사용하는 사람들의 도전 : "왜 당신은 그것을 하려고 하는가?"라는 질문

6번 유형 coachee들이 자신의 무엇인가를 변화시키기 원한다고 말할 때, 이 질문을 하는 것은 이들의 욕구를 지지하는 도전 의식을 자극하는 데 효과적이다. 이 기술에 대한 반응으로써 6번 유형의 coachee는 자신들의 행동 계획을 변경하거나 기존의 계획에 더 깊게 매진하게 될 것이다. 이 기술은 ① 6번 유형 coachee가 생산적인 행동을 취할 의도를 명백히 밝히거나 ② 6번 유형 coachee가 위험할 수도 있거나 자신의 최선의 이익에 반할수도 있는 행동을 취할 의도를 표현할 때와 같은 두 가지 상황에서 특히 유용하다.

6번 유형들은 매우 반응적이고 공포대항형이고 매우 위험한 행동을 할 경향이 있을 가능성이 있기 때문에, "왜 당신은 그것을 하려고 하는가?"와 같은 문제제기는 이들에게 매우 유용할 수도 있고, 대안적 행동의 결과를 더 완전히 생각할 수 있도록 도울 수 있다. 동시에 6번 유형들은 이 도전을 비난으로 해석할 수도 있으므로, 코치는 지지적이지만 중립적인 방식으로 이행할 수 있도록 애써야 할 필요가 있다.

6번 유형들을 위한 도전 "왜 당신은 그것을 하려고 하는가?"

■ 생산적인 의도로 행동하려는 6번 유형 – "나는 걱정이 줄었으면 해요."

• 코치의 도전적 질문

"왜 당신은 덜 걱정하기를 원하나요?"

• 코치의 도전적 질문 이후의 반응

– 만약 6번 유형이 대답을 생각해 내지 못하거나 설득력이 없는 대답을 한다면,
"방금 전의 대답은 당신이 정말로 원하는 것처럼 들리지 않네요."라고 말한
다. 대답하기를 기다린 후, "걱정하는 행동을 그만둘 마음이 없지 않나요?"라
고 말하라. 그리고는 대답을 기다린다.

– 6번 유형이 설득력이 있는 반응을 보인다면, "그것은 당신에게 정말로 중요
한 것처럼 들리네요. 이것에 대해 더 자세히 말을 해 주고, 왜 그것이 그리도
중요한지, 그것을 어떻게 할 것인지에 대한 당신의 현재 생각도 말해 주세요."
라고 말하라.

■ 비생산적인 의도로 행동하려는 6번 유형 – "나는 다음 미팅 때 내 상사에게 도전
할 거에요."

• 코치의 도전적 질문

"왜 당신은 다음 번에 당신의 상사에게 도전하고자 하는 거죠?"

• 코치의 도전적 질문 이후의 반응

– 만약 6번 유형이 당신에게도 이해가 되는 이유를 든다면, "방금 전의 대답은
당신이 현명한 선택을 한 것처럼 들리네요."라고 말한다.

– 만약 6번 유형이 당신이 생각하기에 덜 현명한 대답을 한다면, "당신은 이것
을 하기를 원할 수도 있지만 위험이 될 수도 있는 것을 더 진행하기 전에, 즉,
행동으로 옮기고 난 후 나중에 그 결과에 대해서 후회하기 전에, 그 행동이 가
져다 줄 수 있는 부정적인 영향력을 고려해볼 필요가 있어요."라고 말하라.

■ 역설적 도전 : 변형

비록 역설을 어떻게 풀어야 할지에 대해 항상 알지는 못해도 6번 유형들은 자신들이 역설 속에서 종종 생각을 하기 때문에 역설적인 도전을 좋아한다. 그렇기 때문에 코치에게 있어 역설은 가능하면 간단하고 명확하게 제시하는 것이 특히 중요하다. 또한 6번 유형 coachee가 역설적인 상황에 대해 고뇌를 하고 있거나 아니면 역설적인 과거의 일을 재검토 하고 코치가 그 일을 더 잘 이해하기를 원할 때 역설적 도전을 이용하는 것이 가장 바람직하다.

코치가 역설에 대해 이야기한 후, 6번 유형에게 그것에 대해 응답할 수 있도록 조용한 시간을 주는 것은 필수적이다. 예를 들어, 6번 유형 coachee는 실제로 자신들이 역설에 반응하는 것과 동일한 방법으로 역설을 보일 수도 있다. 이들은 즉각적으로 역설을 이해할 수도 있겠지만, 그것에 대한 의미에 대해 코치에게 질문을 할 수도 있다. 아니면 이들은 코치가 6번 유형이 역설적으로 행동한다고 말하면서, 덜 지지적이고 비판적이라고 말하면서 코치에게 도전할 수도 있다. 6번 유형들은 거의 항상 자신들이 역설을 이해할 때 질문을 하지만, 만약 역설이 즉각적으로 어떤 뜻인지를 알고 타이밍이 맞아 떨어진다면, 이들은 이 역설이 자신들의 삶에서 어떤 의미를 가지고 있고 그것을 해결할 최선의 방법을 바로 논의하기 시작할 것이다.

6번 유형의 역설

Anthony는 스스로 시판 사업부에서 새롭게 출시하는 신상품 관련 일을 도와야 한다는 점을 알고 있었다. 그는 자신의 부하직원들에게 도움을 요청할까도 생각해 보았지만, 과연 그들이 잘 할 수 있을지에 대해 확실하지가 않았다. 또한 그는 다른 부서의 직원들에게 도움을 청할까도 생각해 보았지만, 그들이 집중해서 이 일을 할 수 있을지를 믿지 못하겠다는 결론을 내렸다. Anthony는 과거에 성공적으로 신상품을 출시한 몇몇 동료들이 있었지만, 이들이 너무 공격적이거나 자신으로부터 이 프로젝트를 가져가려고 하지는 않을까 하는 걱정을 했다. 결국, 그는 자기 부하들을 활용했지만 이미 그 프로젝트는 이러지도 저러지도 못하는 상황이 되었다.

불안하고 혼란스러워진 Anthony는 자신의 멘토에게 속내를 털어놓았다 : "내가 무엇을 할 수 있나요? 혼자서는 할 수 없는 일이었고, 이 일을 하기 위해 그 누구에게도 의지할 수가 없어요. 이것은 너무 중요한 일이지만 나를 제외하고는 그 누구도 신경을 쓰지 않는 것 같아요. 내 상사는 6개월 안에 이 일을 마무리 지으라고 말했고 그렇게 하기 위한 자원들을 찾으라고는 했지만, 아무것도 이용할 수 없어요. 나는 이 프로젝트가 거의 함정인 것처럼 느껴지지만, 누군가가 왜 내가 실패하는 것을 원할까요?"

역설에 대한 설명

6번 유형들은 자신에 대한 믿음을 가지기를 원하고 타인을 신뢰하기를 원하지만, 이들은 지속적으로 스스로를 비판하고, 자신들의 걱정과 의심을 타인에게 투사한 후, 방어적이고 비난조의 방식으로 행동한다. 이 때문에 6번 유형은 스스로와 타인을 불신하게끔 하며, 또한 타인이 6번 유형을 의심하고 경계하게끔 만든다.

코치의 역설적 의견

"당신은 도움을 원한다고 말하지만, 그 누구도 도움을 줄 수 없다는 식으로 아무도 믿지 않는 것 같네요. 이 상황을 다룰 수 있는 당신만의 능력 또한 의심한다고 말하지만, 당신은 과거에 너무도 잘 해왔어요. 당신 스스로를 포함해서 누군가를 신뢰하기 위해서는 무엇이 필요할까요?"

〈주의〉

자기 숙달 수준이 낮은 사람들은 역설에 내재한 애매모호함을 다룰 만큼, 충분히 심리적으로 안정적이지 않기 때문에 중간 수준부터 높은 수준의 자기 숙달 수준을 갖춘 6번 유형들에게만 역설적 도전 방법을 사용하라.

6번 유형의 코칭 사례 연구 요약
Marion

●●● **코칭** 목표와 coachee의 동기를 확인하라

목표를 주어진 시간 내에 성취할 수 있고 coachee의 핵심 동기 유발 요소들 중 한 가지 이상의 요소와 확실히 연결될 수 있도록 하라.

저명한 신문 저널리스트인 Marion은 마감일자, 자신의 글에 대한 편집자의 의견, 자신에 대한 매니저의 반응, 그 이외의 것들에 대해 불안감을 덜 느끼고자 한다. 왜 이것이 중요한지를 물었더니, Marion은 "내가 훌륭한 저널리스트라는 것을 알지만, 이런 한결 같은 불안은 스트레스를 주고, 잠을 잘 못 자게 하며, 실수를 하지 않으려는 압박감 아래에서 일을 해야 하므로 나의 능력에 방해가 돼요"라고 말했다.

●●●Coachee의 자기 숙달의 수준과 범위에 따른 적합한 코칭 접근법을 사용하라

coachee가 지닌 자기 숙달의 일반적인 수준과 범위를 사정하라.

비록 Marion은 보통의 자기 숙달 수준에서도 중간에 조금 못 미치기는 하지만, 대부분의 경우 자신이 스트레스를 받고 어떤 이슈에 대한 명확한 해결책을 인식하지 못할 때면 낮은 자기 숙달 수준으로 떨어진다. Marion은 매우 충성스럽고 의무감이 있으며 종종 통찰력이 있지만, 자기 자신에 대해서만큼은 그렇지 않다. 또한 Marion은 자신의 상사들에게 충동적으로 화를 냈던 적이 있다. Marion은 가끔 높은 자기 숙달을 보일 때가 있고, 이런 자기 숙달의 예는 가까운 친구의 죽음과 같은 자신이 매우 힘든 상황을 겪을 때 가장 자주 발생하는 것을 들 수 있다. 그러므로, Marion은 매우 넓은 범위의 자기 숙달을 가지고 있고, 그렇기 때문에 더 예측하기가 어렵다. 동시에 넓은 자기 숙달 범위는 자기 숙달수준을 빠른 속도로 높일 수 있는 역량을 그녀에게 제공한다.

287-289페이지 박스에 나온 것들 중 coachee에게 가장 효과적일 수 있는 발달 접근방식을 선택하고 그것들을 시험해보라.

Marion은 투사와 통찰력 간의 차이점을 아는 방법을 배우는 것을 좋아하는데, 그 이유는 그렇게 할 수 있으면 자기가 신뢰할 수 있는 자신의 생각이 무엇인지를 알 수 있은 능력이 생기기 때문이다. 하지만 그녀는 자기 인식의 진실성을 질문하려고 하기 전에 자신의 감정과 생각을 완전히 설명해야 할 필요가 있다. 계속 이것에 대해서 다루면서, 그녀가 스스로 두 가지를 구별할 수 있을 때마다 확인을 해주어야 한다. Marion의 충성심과 준비성을 강화시키면서, 이런 특성들의 가치를 강조해 준다. Marion이 자신의 책임감에 대해 충분히 검증을 받은 것처럼 느끼면, 득과 실에 대해 평가할 수 있도록 돕는다. Marion이 더 편안해 할 수 있고 그녀가 하는 모든 것이 스스로 증명해야만 하는 시험이 아니라고 느낄 수 있도록 격려한다.

●●● 도전적 성장을 이끌어낼 수 있는 코칭 기술을 사용하라

이 장에서 언급된 각각의 네 가지 코칭 기술을 어떻게 이용할 것인지에 대해 계획을 하고, 코칭 과정에서 적절한 때에 그것들을 사용하라.

■ 머리 중심 에너지를 사용하는 사람들의 도전적 질문 : "~라면 어떻게 될까?"

coachee가 말하거나 넌지시 내비친 말들 중, 당신이 도전할 수 있는 어떤 정신 모델이나 가정에 대해 들었는가? 당신은 이 "~라면 어떻게 될까?"라는 도전적 질문을 어떻게 표현할 것인가?

다음의 모든 도전들은 Marion에게 효과적일 것이다.

"만약에 당신이 지속적으로 걱정을 하지 않았어도 되었더라면?"

"만약에 당신의 상사가 당신을 믿고 있는데 당신이 그것을 인정할 수 없다면?"

"만약에 당신의 상사가 당신이 제출했던 특정 업무 중에 어떤 것을 이슈화한다면?"

■ 가슴 중심 에너지를 사용하는 사람들의 도전적 질문 : 방어 기제를 인식하고 평형을 유지하라

언제 coachee가 특정한 방어기제를 사용하는 것을 관찰할 수 있었는가? 직접적

인 도전과 간접적인 도전 중 어떤 것이 더 효과적인가? 당신은 이 방어 기제에 관한 도전을 어떻게 표현할 것인가?

Marion은 가끔 자신의 매니저가 자신에게 화가 났다고 상상하지만, 사실 Marion이 매니저에게 화가 난 것이다. 또한 그녀는 코치가 자신이 생각하지 않고 있는 무엇인가를 생각한다고 상상한다. Marion은 넓은 범위의 자기 숙달을 보이기 때문에 그녀가 보통 수준의 자기 숙달 수준이나 높은 수준의 자기 숙달을 보일 때 직접적인 접근이 가장 효과가 있을 것이다. 하지만, 그녀가 고민을 하고 낮은 수준의 자기 숙달 수준으로 행동할 때는 간접적인 접근이 더 낫다.

간접적인 도전적 질문

"당신이 방금 전에 말한 것이 있는데, 어떻게 그것이 사실이라는 것을 아는지 제게 말해줄 수 있는지가 궁금하군요."

직접적인 도전적 질문

"당신의 상사가 당신에게 화가 났다고 믿는다고 말했어요. 그 말이 사실일 수도 있지만, 사실 그것은 당신 쪽에서의 투사일 수도 있어요. 상사에 대한 당신만의 감정일 수도 있다고요. 당신은 상사에게 어떤 식으로도 화가 났나요?"

■ 배 중심 에너지를 사용하는 사람들의 도전적 질문 : "왜 당신은 그것을 하려고 하는가?"

coachee는 앞으로 어떤 행동을 할 계획이라고 말했는가? 당신은 이것이 현명한 행동 과정이라고 생각하는가? 이에 대해서 "왜 당신은 그것을 하려고 하는가?"라는 도전을 어떻게 표현할 것인가?

"왜 당신은 덜 걱정하기를 원하나요?"라고 질문한 후, "아마도 어느 정도의 걱정은 당신에게 도움이 될 거에요. 걱정이 당신에게 어떤 식으로 도움이 될 거라고 생각하나요?"

■ 역설적 도전 : 변형

당신은 coachee에게서 어떤 역설을 관찰했는가? 가장 의미 있는 것을 선택하라. 당신은 이 역설적 도전을 어떻게 표현하겠는가?

"당신이 덜 걱정하고 스스로를 더 신뢰할 수 있기를 원한다고 말했고, 나는 그런 당신을 믿어요. 동시에 나에게는 당신이 걱정하는 것과 스스로에 대해 질문하는 것이 실제로 당신의 생각과 감정, 결정을 신뢰할 수 있게끔 만들고 있다고 믿는 것처럼 보이기는 해요. 하지만, 그렇게 하는 것이 과연 그런 결과를 낳을 수 있을 것 같지는 않네요."

6번 유형들을 위한 발달 활동들

코치들은 다음의 활동들을 6번 유형 coachee들에게 제안할 수 있다.

●●● 핵심 이슈 : 통찰력과 순수한 투사간의 차이점을 알아라

매일 아침 15분 동안 오늘 어떤 일들이 있을 것이라고 생각하는 것에 관해 구속받지 않는 자유로운 생각 리스트를 만들어라. 매일 저녁, 이 리스트를 재검토한다. 리스트에 적힌 각각의 항목에 대해 다음의 질문들을 하고 대답한다 : "이것은 통찰력이었는가, 순수한 투사였는가, 아니면 그 두 가지가 혼합된 것이었는가? 내가 어떻게 그 차이를 알 수 있을까?" 이 활동을 몇 주에 걸쳐 연습하고 나면, 통찰력과 순수한 투사 간의 차이에 대한 대답들이 유용한 정보를 줄 것이다.

••• 날개와 화살표를 통한 확장

■ 5번 날개 : 자기충족을 연습하여라

정확히 자신이 생각하고 느끼는 것을, 표현할 것인지 아니면 보여주지 않을 것인지에 대한 선택을 하는 것은 항상 도움이 된다. 이렇게 하기 위한 최선의 방법은 의지에 따라 스스로를 차분하게 하는 방법을 배우는 것이다. 스스로가 차분함을 느낄 때, 당신은 더 많은 행동 선택의 여지를 가지게 된다. 매일 스스로에게 간단한 문구를 되풀이 하고, 그 문구를 말할 때 숨을 쉬는 것은 매우 도움이 된다. 다음의 문구들 중 당신에게 와 닿는 것 하나를 선택해라.

세상에는 의미와 확실함이 있다.

나는 괜찮고, 모든 것도 괜찮을 것이다.

나는 어떤 일이 발생하든 대처할 수 있다.

나는 나와 타인을 신뢰할 수 있다.

■ 7번 날개 : 스스로에게 즐거움을 허락하여라

재미를 위해서 무엇을 하는지 스스로에게 물어보라. 대부분의 6번 유형들은 이 질문에 대답하는 것을 도전받는 것처럼 느낀다. 당신이 정말 좋아서 하는 일 세 가지를 적고, 적어도 일주일에 한 번씩 그 세 가지를 한 번씩 다 할 것이라는 확고한 약속을 스스로에게 하라. 이들 중 한 가지를 할 때마다 스스로에게 이렇게 하는 것은 괜찮으며 스스로가 즐길 자격이 있다고 말하라.

■ 3번으로 향한 화살표 : 결과에 집중하라

발생할 수 있는 모든 문제들을 대처하고 특정 목표를 어떻게 성취할 것인가에 집중하기보다는 그 특정한 목표 그 자체에 초점을 맞춰라. 목표는 간단하게 하고, 스스로에게 "이 목표를 성취할 수 있는 가장 효과적이고 효율적인 방법은 무엇인가?"라고 묻는다. 만약 이 질문에 대답할 수 없다면, "만약 이 상황에 놓인 사람이 내가 아니라 다른 사람이라면, 나는 그 사람에게 어떻게 하라고 제안할 것인가?"라고 물으면서 스스로를 '속일' 수가 있다. 자신이 아닌 타인에게 초점을 맞출 경우, 훨씬 더 구체적이고, 명확하며, 초점을 맞춘 충고를 할 수 있을 것이다.

■ 9번으로부터 나온 화살표 : 흐르는 대로 시간을 보내라

하루에 적어도 30분은 무계획적이고 덜 체계적으로 스스로에게 그 시간을 할애하라. 어떤 욕구가 생기면 그 활동에 즉각적으로 참여하라. 당신이 진정으로 하고자 하는 것을 하면 된다. 이 때에도 당신이 그것을 즐길 것이기 때문에 하는 것이지, 그것을 해야만 하기 때문에 하는 것이라든가, 누군가가 당신에게 그렇게 하도록 기대를 하기 때문만은 아니다. 만약 다른 재미있을 것 같은 활동이 생각나면, 그냥 그것을 하고 당신이 진정으로 원할 때까지 그 활동을 하면 된다. 위의 과정을 계속 하는 것은 당신이 정말로 원하는 것만 하도록 스스로에게 허용하는 결과를 낳는다.

■ 의사소통 : 부정적인 가능성을 생각하기 전에 긍정적인 가능성에 초점을 맞춰라

타인과 의사소통을 하기 전에, 당신이 가장 원하는 것부터 시작하고, 그것의 가치와 그 일을 어떻게 해야 가장 잘 발생할 수 있는지에 대해 논의한 다음, 나타날 수도 있는 장애물과 그것을 극복할 수 있는 방법들을 제시하라. 비록 당신은 잘못될 수 있는 일부터 주로 시작할 수도 있겠지만, 당신의 욕구를 우선적으로 공유한 다음 나타날 수 있는 문제들을 다루는 것이 중요하다.

■ 갈등 : 고민이 있을 때, 산책을 하면서 스스로의 마음과 감정을 차분하게 하라

일반적으로 갈등과 관련된 사안들을 논의하는 것이 생산적이겠지만, 즉각적으로 그렇게 하기 이전에, 우선 산책을 하고 걸으면서 느끼고 보이는 것 이외에는 아무것도 생각하지 않으면서 우선 스스로를 차분하게 하라. 산책은 당신의 정서적 반응과 생각 과정을 차분하게 해서 당신이 행동함에 있어 덜 즉흥적이며 더 신중하게 해 줄 것이다. 우선 당신이 차분해지면, 타인과 대화를 해 보라.

■ 팀 : 팀원들 사이에서 건강한 수준의 상호의존성을 유지하라

당신이 과도하게 팀에 몰입하지 않도록 주의해야겠지만, 스스로를 너무 가장자리에 두어서도 안 된다. 팀 내부에서의 활동할 수 있는 건강한 방법을 찾게 되면 당신은 지지를 받기 위해 자율을 포기하거나, 당신의 자율성을 위해 팀을 회피하려는 욕구를 느끼지 않고도 강하고 지속적인 기여를 할 수 있게 될 것이다.

■ 리더십 : 통찰력과 계획에 대한 리더십 능력을 존중하고, 모든 직원들이 안전하고 존중 받는다는 느낌을 갖게 하는 능력을 향상시켜라

상사나 권위적인 인물들과 보냈던 당신의 과거, 특히 권위에 대한 당신의 반응이 당신의 경력이나 동료들에게 해를 끼쳤을 수도 있던 상황을 한번 진지하게 살펴보라. 신뢰하는 세 명의 친구들과 이것에 대해 논의해 본다. 당신의 과거 경험으로부터 배운다.

9

에니어그램 7번 유형
코칭하기

7번 유형들은 새로운 생각, 사람, 경험이라는
자극을 갈망하고, 고통을 회피하면서, 자신들의 모든 선택사항들의
가능성을 열어 놓을 수 있는 미래 계획을 세운다.

중심에너지 : 머리

01

7번 유형을
확인하는 방법

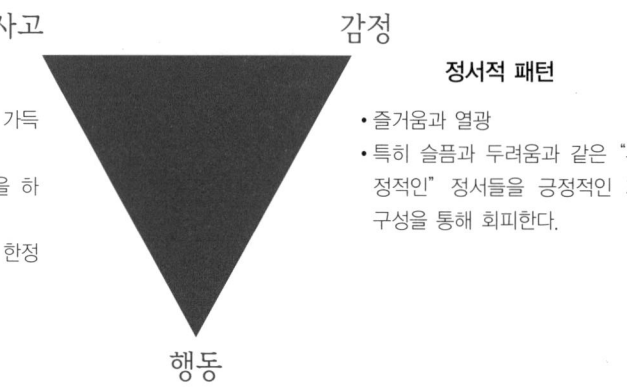

핵심 믿음

- 삶은 끝이 없는 가능성들로 가득 차 있다.
- 행복할 수 있는데 왜 걱정을 하는가?
- 그 누구도 나를 제지하거나 한정 시킬 권리가 없다.

사고

감정

정서적 패턴

- 즐거움과 열광
- 특히 슬픔과 두려움과 같은 "부정적인" 정서들을 긍정적인 재구성을 통해 회피한다.

행동

직장에서의 행동

- 아이디어 창출을 숭배한다. • 모든 것이 긍정적인 것을 좋아한다. • 끊임없이 행동을 취한다.
- 제약을 싫어하고 스스로를 지속적으로 자극해야 할 필요성을 지닌다. • 집중하는 것이 어렵다.

••• "조합하는 마음"

조합하는 마음(synthesizing mind)이라고 불리는 7번 유형의 마음은 자극에 순간적으로 반응하고, 독창적인 생각과 연결된 새로운 아이디어에 나노초(nanosecond; 10억 분의 1초)보다도 더 빠르게 움직이며, 그 다음 또 다른 아이디어를 생각하는 식이다. 7번 유형들은 너무나 다양한 분야들로부터 도출되는 정보들에 관심을 가지고, 또 그 정보들에 기반한 풍부한 양의 자료를 가진다. 따라서 이렇게 빠르면서도 자유로운 조합을 통하여 어떤 일을 하는 방식이 비록 항상 실용적이지는 않더라도 즉각적으로 매우 창조적이고, 놀라울 정도로 독창적인 새로운 방법들로 변모시킬 수는 있다. 한결 같은 정신적 자극에 대한 이들의 열망과 신속한 정신적 과정의 결과로 인해 7번 유형들은 깊이는 없어도 폭 넓은 지식을 가지고 있을 수는 있다.

••• 7번 유형의 정서적 패턴

▪ 즐거움과 열광

7번 유형들이 어떤 형태로든 불쾌함을 경험했을 때(예를 들어 정서적 고통, 불안, 어떤 부정적인 일이 발생할 것이라는 예감, 누군가 또는 무엇인가에 의해 제한을 받는다는 느낌, 또는 지루함) 이들의 초기 반응은 긍정적인 가능성과 미래 계획에 대해 창의성과 묘미를 가지고 생각하는 것이다. 이런 방법은 이들을 계속 흥분시키고, 자극시키며, 낙천적으로 되게 하지만, 그 어떤 불편한 감정을 느끼는 것으로 부터 이들을 방해하고 그런 감정들을 무시하게 된다.

- 특히 슬픔과 두려움과 같은 "부정적인" 정서들을 긍정적인 재구성을 통해 회피한다

재구성은 7번 유형들이 슬픔이나 두려움과 같이 원치 않는 감정들을 회피하는 방법이다. 즉 원하지 않는 감정에 대한 이런 자동적이거나 무의식적인 반응으로써, 7번 유형들은 이런 부정적인 경험이나 생각에 새로운 이름을 붙여서 긍정적으로 보이게끔 한다. 예를 들어, 일의 결과가 늦다는 피드백을 받았다면 7번 유형은 "그래요, 하지만 우리가 처음에 생각하지 못했던, 소비자를 매우 행복하게 만들 수 있는 것을 두 가지 더 찾아냈어요."라고 말할 수도 있다.

●●●7번 유형의 직장에서의 행동

- 아이디어 창출을 숭배한다

7번 유형들은 아이디어를 공유하면서 자극을 받고 가치를 느끼며 타인과 가까워졌다고 느낀다. 아이디어 공유는 이들을 흥분시킬 뿐만 아니라 활성화시키면서 생명력을 느끼게 한다. 타인들이 자신들의 아이디어에 대해 동의하거나 새로운 아이디어로 반응하면, 7번 유형들은 자신들의 의견이 받아들여지고 확인되었다고 느낀다. 사실, 7번 유형들은 다른 사람이 어떤 말을 계속 하고 있으면 그 사람의 말이 끝나기를 기다린 후, 자신의 말을 하는 '순차적인 대화'를 하도록 되어 있을 때에도 '서로 겹치는 대화' — 그 누군가가 자신의 생각을 한쪽 편으로 던져 넣은 다음 비판이 아닌 의견을 추가하는 식의—를 선호하며 빠르게 종횡무진하는 대화를 잘 한다. 비록 7번 유형들이 타인들이 하는 말에 흥미를 가지고는 있지만, 이들은 아이디어의 첫 번째 부분에 귀를 기울이고, 무슨 말을 하는지에 대한 핵심을 이해한다고 믿으며, 재빠르게 반응한다.

■ 모든 것이 긍정적인 것을 좋아한다

7번 유형들은 매우 낙천적이고, 즐거운 것을 좋아하며, 열광적이고, 종종 의사소통 하는 것을 좋아하고, 어려운 상황에서도 유머를 사용한다. 또한 이들은 타인들도 비슷한 수준에서 긍정적이고 힘이 넘치는 태도로 반응하는 것을 좋아한다.

■ 끊임없이 행동을 취한다

7번 유형들의 마음은 몸과 함께 지속적으로 움직이고 있다. 어느 한 미팅에서, 7번 유형들은 주로 자신들의 의자에 앉아 안절부절 못하고, 다리를 떨며, 발을 빠르고 가볍게 바닥에 치며, 일어나서 자신이 있는 방을 돌아다니고, 또 여러 번 그 방을 들락날락 한다.

■ 제약을 싫어하고 스스로를 지속적으로 자극해야 할 필요성을 지닌다

아드레날린이 솟구치는 듯한 쾌감에 중독이 된 7번 유형들은 지나칠 정도로 바쁜 상태와 여러 계획들로 동분서주하며, 매우 다양한 작업을 한꺼번에 하는 것을 즐긴다. 주어진 시간 내에 현실적으로 완수할 수 있는 것보다 훨씬 할 일이 많이 있을 때라도 자신들을 자극하는 그 어떤 것에도 "No"라고 말하는 것을 어려워한다. 또한 7번 유형들은 자신들이 할 수 있는 모든 선택사항들에 대해 갈망하고, 자신들의 시간과 자유에 제한을 시키는 그 어떤 것도 몹시 싫어한다.

■ 집중하는 것이 어렵다

7번 유형들은 소요되는 시간과 상관없이 어떤 하나의 일에 집중을 해야만 하는 일이 있을 때에도 계속적으로 새로운 생각과 외부 자극들에 의해 쉽게 방해를 받으면서 힘들어 한다. 그래서 한 가지 일에 오래 집중하는 것은 몹시 고통스러울 수도 있는데, 그 이유는 이들이 가만히 있게 되면 불안과 슬픔이 자주 엄습하기 때문이다.

유명한 7번 유형들

하워드 스턴 (Howard Stern, 라디오계의 유명인)	"내 에너지는 최소 수준이고 그래서 흥분이 되요." "저와 어머니는 매우 가까웠어요. 우리는 끊임없이 대화를 나누었어요. 그 대화는 마치 탯줄 같았지요. 말을 계속해서 주고받는 동안, 서로에게 연결이 되었었고 서로를 만족시킬 수 있었어요."
빌 클린턴 (Bill Clinton)	"나는 가장 훌륭했던 대통령이 아니었을 수도 있지만, 8년 동안 가장 큰 재미를 느꼈어요." "사람들이 역대 대통령들에 대한 대부분의 기억은 별로 감동이 없고 자기 이익을 도모하는 것이었다고 말해요. 제 임기 동안은 흥미롭고 자기이익을 도모하는 것이었다고 여겨주기를 희망해요."
존 F. 케네디 (John F. Kennedy)	"우리는 존재한 적이 없었던 것을 꿈꿀 수 있는 사람이 필요해요." "변화는 삶의 법칙이에요. 과거나 현재만을 바라보는 사람들은 확실히 미래를 놓칠 거에요."

●●● 하위 유형들 : 7번 유형의 세 가지 변형들

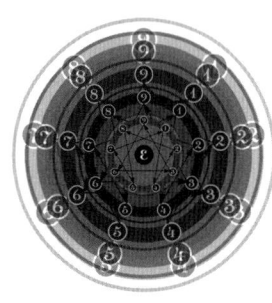

모든 7번 유형들은 모든 종류의 새로운 자극에 대한 지칠 줄 모르는 갈증을 가지고 있고 고통스러운 정서와 힘든 상황에 대한 자신들의 두려움을 피할 수 있게 해주는 어떤 흥미로운 사람들과 아이디어 및 즐거운 경험에 관심을 갖는다. 7번 유형들의 이러한 특성들은 하위 유형이라고 부르는 뚜렷한 세 가지 방식으로 설명된다.

① 셀프형 하위 유형의 7번 유형들은 자극을 받고 안전하다는 느낌을 지속적으로 받기 위해서뿐만 아니라 추구할 수 있는 새로운 흥미로운 기회들을 만들

기 위해서라도 가족과 친구 및 동료들과의 가까운 인간관계를 형성하려고 노력한다.

② 그룹형 하위 유형의 7번 유형들은 자신들에게 매우 중요한 어떤 이상이나 집단을 위해서는 자극을 원하는 자신들의 욕구의 일부를 희생하기도 한다. 비록 이들은 흥미로운 일을 추구하기를 원하는 자신들의 욕구에 대해 잘 알고는 있지만, 그것을 미루어 둘 수도 있다.

③ 파트너형 하위 유형의 7번 유형들은 세상이라는 엄연한 현실을 장미빛 안경을 통해 보기를 원하는 공상가들이고, 7번 유형의 세 가지 하위 유형 중 가장 낙관적이다. 종종 이들은 어떤 사람에게 매우 끌리기도 하지만, 시간이 흐르면서 싫증이 나기도 해서 자신들의 호기심을 자극해주는 새로운 사람을 찾아나선다.

●●● 7번 유형의 날개와 화살표

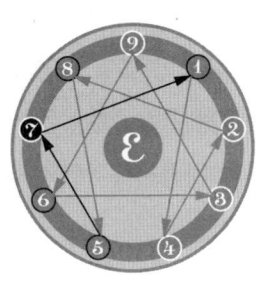

7번 유형들은 고통과 불쾌함을 느끼는 것을 회피하려고 노력하면서도 자극과 즐거움을 추구하기 때문에, 이들은 집중력이 낮고, 비현실적일 정도로 낙관적이며, 너무나 많은 신체적 에너지와 정신적 에너지를 소모하기 때문에 쉽게 지쳐버리며, 충동적으로 행동할 수도 있다. 이들의 날개(6번 유형과 8번 유형)와 화살표(1번 유형과 5번 유형)로의 접근은 7번 유형들이 지닌 특징들의 균형을 잡아준다.

■ 7번 유형의 날개

• 6번 날개 : 6번 날개를 가진 7번 유형들은 컵에 물이 반쯤 차 있다고 볼 수도 있고 컵에 물이 반밖에 남지 않았다고도 볼 수 있는 능력을 가지고 있다. 이런

7번 유형들은 향상된 지각능력과 잠재적인 문제를 예측할 수 있는 능력을 가졌기 때문에, 행동이 더 신중하고 자신들의 즉각적인 반응에 덜 기반한다.

- 8번 날개 : 8번 날개를 가진 7번 유형들은 더 직접적이고, 공격적이며, 강력한 경향이 있다. 이들은 더 확고한 존재감과 자신들의 생각을 행동으로 옮기고자 하는 확대된 욕구를 가지고 있다.

■ 7번 유형의 화살표

- 1번 유형으로 향한 화살표 : 1번과 연결된 7번 유형들은 책임성에 대한 감각과 집중하려는 능력은 물론 아주 세세한 부분에 이르기까지 명확성을 기하려고 하기 때문에 높은 주의력을 보인다. 비록 어떤 7번 유형들은 이런 능력을 지속적으로 사용하지만, 대부분의 7번 유형들은 어떤 업무에서 마감 날짜가 다가올 때 가장 많이 이런 모습을 나타낸다.

- 5번 유형으로부터 나온 화살표 : 7번 유형들은 막대한 양의 에너지를 소비하고, 끝내 지치게 된다. 5번과 강한 관계를 맺는 7번 유형들은 타인과 관계를 맺기 전에 스스로를 위한 시간(비록 이 시간이 고작 몇 달에 한 번씩 몇 시간씩일 수도 있겠지만)을 가진다. 5번과 매우 강하게 연결된 7번 유형들은 더 정기적으로 안식을 즐기고, 더 자주 자기성찰을 하며, 더 자급자족적인 경향이 있다.

••• 7번 유형을 위한 세 가지 질문들

① 당신은 삶을 재미있고, 흥미로우며, 계속 진전하도록 하기 위해 지속적으로 새롭고도 자극적인 사람, 생각, 또는 사건을 찾고 있나요?

② 당신은 새로운 가능성과 계획을 떠올릴 수 있고 부정적인 상황을 재구성해서

긍정적으로 보여질 수 있도록 하는 마음을 사용해 가능하면 언제라도 고통과 불쾌함을 회피하려고 하나요?

③ 당신은 상당한 노력을 들이지 않은 채 프로젝트, 사람, 그리고 대화에 계속 집중하는데 어려움이 있나요?

7번 유형을 코칭할 때 고려할 점

강점의 영역	발달을 위한 영역
• 상상력이 있음	• 충동적임
• 열광적임	• 집중하지 않음
• 참여함	• 다루기 힘듦
• 빨리 생각함	• 고통을 회피함

코칭 개요

초기에 7번 유형 coachee들은 코칭에 대해 매우 흥미로워할 수도 있지만, 코칭 미팅을 회피할 수도 있는데, 그 예로 이들이 부정적인 정보를 듣게 될 것이라든가 곤혹스러운 감정을 처리해야 하는 처지에 놓임으로써 불편함과 불충분함 또는 제약을 받게 될 것이라고 예상하는 경우들을 들 수 있다. 7번 유형들은 미팅을 취소할 수도 있고, 늦게 도착할 수도 있으며, 아니면 아예 나타나지 않을 수도 있다. 7번 유형들은 이런 행동을 하면서도 정작 자신들이 코칭 미팅을 회피하고 있다는 점을 깨닫지 못한다. 그것은 자신들이 하고 있던 일 때문에 코치와 만날 수 없다는 식으로 설명하며 자신들의 행동을 합리화시키기 때문이다. 코칭시 코치의 가장 중요한 도전적 과제는 7번 유형 coachee가 코칭에 전념할 것이며, 그래서 모든 코칭 미팅에 참여할 것이라는 동의를 받아내는 것이다. 이렇게 하기 위해서 코치에게 참을성과 배려 및 명확성을 유지할 것이 요구된다. 여기에서 참을성은 코치가 짜증이 나고 무례한 행동을 하게 할 만큼 종종 늦게 도착하거나 예약을 지키지 않을 수도 있기 때문에 필요하다. 배려는 coachee가 코칭 미팅에 오지 않을 때, 주로 이들이 매우 불안함을 느끼고 무엇을 해야 하는지 알지 못하기 때문에 나타난 현상이라는 것을 코치가 이해할 수 있기 위해서 필요하다. 명확함은 코치가 coachee들에게 계속해서 코칭 미팅을 피하게 되면 원하는 결과를 얻지 못하게 된다는 점을 주지시켜 주어야 하기 때문에 필수적인 것이라고 할 수 있다.

코칭 미팅 동안, 7번 유형들은 듣는 것보다는 말하는 것을 좋아하고 짧은 시간 내에 가능한 많은 양의 내용에 대해 논의하기를 좋아한다. 7번 유형들은 많은 양의 정보를 빨리는 처리하지만 정확하게는 해석하지 못할 수도 있기 때문에 문제가 발생하기도 한다. 이런 부정확함은 여러 요인들로 인해 나타난 결과이다.

첫 번째로, 7번 유형들은 부정적인 정보를 재구성하거나 합리화시켜서 긍정적으로 보이게 만들고, 이렇게 하는 것이 이야기의 맥락을 재구성하는 것이라고 믿는다.

두 번째로, 7번 유형들은 코치의 처음 몇 마디에만 귀를 기울이고서는 자신들이 모든 것을 이해했다고 생각한 다음, 다른 것에 대해 생각하거나 말을 하기 시작할 수도 있다.

세 번째로, 7번 유형들은 특히 소리나 시각적 물체와 같은 외부 자극에 의해 쉽게 방해를 받는다. 마지막으로, 자신들이 상처 입었다고 느끼면, 온전히 경청하는 것이 힘들어질 정도로 7번 유형들은 매우 민감하다.

이 모든 이유로 인해, 코치는 7번 유형 coachee들이 실제로 지금 말하고 있는 내용을 온전히 듣고 있는지에 대해 코칭 미팅 동안 완전히 주의를 기울이고 확인해야 할 필요가 있는데, 그 예로 지금 논의되고 있는 주제에 대해 어떤 생각을 하고 어떤 느낌을 받는지를 정기적으로 질문하는 것을 들 수 있다.

●●● **첫**째 코칭 목표와 coachee 동기를 확인하라

■ 목표 파악 : 7번 유형들에게 어떤 질문을 할 것인가

비록 7번 유형들이 코칭 목표를 세운다는 생각 자체는 좋아하지만, 그 목표를 고수하는 것은 거부할 수도 있다. 그 예로 이들은 주어진 시간 내에 현실적으로 성취할 수 있는 것보다 훨씬 더 많은 목표를 만들거나, 아니면 특정 목표에 대해서는 동의를 하지만 코칭 미팅이 진행되는 동안 그 목표들을 바꾸려고 시도하는 것을 들 수 있다. 7번 유형들은 ① 종종 성취하고자 하는 목표가 너무나 많고, 그 어느 목표도 포기하고 싶어 하지 않는다. ② 특정한 목표에 계속 전념하는 것을 자유가 제약을 받는 것처럼 느낀다. ③ 자주 목표를 바꾸는 것은 7번 유형들이 특정한 결과에 대해 쉽게 책임을 지지 않아도 된다는 것을 의미한다.

7번 유형 coachee들이 이러한 성향이 있다는 것 외에도 코치는 7번 유형들을 더 흥분시킬 수 있고, 약속을 하고, 약속을 지킬 수 있는 방법으로 7번 유형들의 목표에 대한 질문을 할 수 있다. 다음은 7번 유형들이 명확한 목표를 세울 수 있도록 돕는 세 가지 방법들이다(세 가지 질문 중 한 가지만 사용해야 한다. 그렇지 않으면 7번 유형들은 더 집중을 못하게 될 수도 있다).

• 나는 당신이 이 코칭이 매우 성공적으로 끝날 때를 생각해 보기를 원해요. 당신은 무엇을 성취할 수 있다고 상상하나요?
• 코칭으로부터 당신이 자기 자신을 위해 가장 원하는 것이 무엇일지에 대해 꿈꾸어보는 시간을 조금 가져볼래요?
• 코칭이 끝난 후에 당신과 다른 사람들이 당신에 대해 무슨 말을 할지를 가장 잘 표현하는 세 가지 긍정적인 단어나 표현들로 말해보세요.

어느 질문이던 선택이 된 후에는 다음의 세 가지 질문을 하라(다음의 세 가지 질

문 모두를 순서대로 사용하라)

- 무엇 때문에 이 세 가지 긍정적인 단어 또는 표현이 그렇게도 중요한가요?
- 당신의 목표들 중 가장 중요한 것은 무엇이고, 왜 그것이 그렇게도 중요한가요?
- 당신에게 절대 절명의 목표가 무엇이길래 당신으로 하여금 코칭이 이루어지는 동안 한눈 팔지 않고 몰입에 이르게 할까요?

7번 유형 coachee들의 목표를 의논할 때, 코치는 7번 유형으로 하여금 아래에 설명된 주요 발달 동기 유발 요인들과 특정한 코칭목표들 간에 명백한 연결고리를 만들 수 있도록 도와야만 한다. 왜 각 코칭 목표가 중요한지 논의하다 보면 이 연결고리는 coachee에게 분명해 질 것이다. 만약 그렇지 않다면 코치는 다음 두 가지 중 하나를 할 수 있다.

① 7번 유형에게 질문하라.

"당신이 이 목표를 성취하게 되면 어떤 개인적이고 직업적인 이익을 얻게 됩니까?"

② 목표와 동기 부여 요인과의 연결 고리를 직접적으로 설명해 주어라.

"이것이 당신이 정말로 원하는 감화력과 영향력을 갖도록 도와줄 거예요."

■ 7번 유형의 발달을 위한 주요한 동기 부여 요소들
- 재미있고 개인적으로 유익한 것이 있는 무엇인가를 배우기.
- 타인을 더 파악하고 더 깊고 지속적으로 감정이입 하기.
- 자신들의 아이디어를 현실로 바꾸기.
- 타인으로부터 더 진지하다고 여겨지기.
- 한 사람으로서 더 완전하다고 느끼기.

●●● **둘째** coachee의 자기 숙달의 수준과 범위에 따른 적합한 코칭 접근법을 사용하라

coachee의 자기 숙달 수준을 알아내는 가장 좋은 방법은 322~325페이지의 박스에 제시된 세 가지 수준을 나타내는 행동에 관한 묘사를 읽고 다음 질문에 대답하는 것이다.

① 이 사람의 평균적인 자기 숙달 수준은 어떠한가?

　□ 낮음　□ 중간　□ 높음

② 내가 알고 있는 것은 무엇이며, 어떤 관찰 결과를 바탕으로 이와 같은 결론을 도출하게 되었는가?

③ 이 사람의 자기 숙달 정도는 어떠한가 – 즉, 개개인의 가장 높고 가장 낮은 수준은?

④ 내가 관찰한 것 또는 이러한 결론을 내도록 다른 자료로부터 알아낸 것은 무엇인가?

7번 유형들 : 자기 숙달 수준과 발달을 강화시키기 위한 코칭 접근법들

■ 자기 숙달 수준이 높은 7번 유형들 – 구심력 있는 영감자(The Focused Inspirer)

• 핵심적인 이해

(진실한 행복과 온전하다는 느낌은 부정적인 경험과 긍정적인 경험이 혼합되어 나타난다.)

자기 계발을 하겠다고 도전한 7번 유형은 자신들의 매우 고양된 마음을 어떻게 다스려야 할지를 안다. 그래서 7번 유형들은 사람과 일, 감정에 초점을 맞추기 위해 자신들의 능력과 에너지를 분산시키는 대신에 무엇인가를 깊게 배우는 것에 더 초점을 맞춘다. 그래서 이들은 자신들의 일을 쉽게 마무리하고, 온전히 경청하며, 행복과 평화로운 즐거움을 한껏 발산한다. 활력이 넘치면서도 깊이가 있는 7

번 유형들은 타인들에게 힘을 불어넣는 것이 아니라 자신들의 차분하면서도 생명력 있는 존재감을 통해 자신들의 주변에 있는 것들에 대해 진심으로 감탄해 하고 활기를 띠게 한다.

- 7번 유형의 자기 숙달을 강화시키기 위한 코칭 접근법들

  (확장을 위한 *격려와 추가적인 방법들을 제공하라.*)

  - 7번 유형이 특히 걱정하거나 슬플 때에 오랜 시간 동안 집중력을 유지하고 차분하게 있는 능력을 보일 때마다 긍정적인 강화를 제공하라.

  - 혁신적인 아이디어를 통해 타인에게 영감을 주는 이들의 능력을 지지해주고 감정이입, 동정, 효과적인 행동을 통해 타인에게 영감을 주도록 도와라.

  - 7번 유형의 정서적인 경쾌함은 물론 이들의 '성심성의(heartfulness)'를 강화하라. 가능한 한 성심성의를 가지고 대화하도록 7번 유형들을 격려한다.

  - 아이디어들이 서로 명쾌하게 연결될 수 있도록 조직함과 동시에 다른 사람들이 이들을 더 잘 이해할 수 있도록 도와라.

  - 성장을 촉진시키기 위한 방법으로 최소한의 자극과 함께 7번 유형들이 완전히 혼자서 어느 정도의 시간을 보낼 수 있도록 격려하라.

■ 자기 숙달 수준이 중간인 7번 유형들―자극자

- 주요 관심사

  (만족, 자극, 좋은 느낌)

  보통의 자기 숙달 수준을 가진 7번 유형들은 창의적이고 참여는 할 수 있지만 지나치게 열광하는 대신에 참을성이 적다. 이들의 마음은 너무 빨리 움직여서 생각을 하다가 그만 둔 의견을 굉장히 많이 가지고 있으며, 이것들의 대부분은 표출된 것이다. 또한 자신들의 능력과 지식을 과대평가하는 경향이 있어서 자신들이 빨리 배우는 사람들이라고 생각한다. 새롭고 자극적인 경험으로 인해 아드레날린이 솟구치는 듯한 흥분에 중독이 된 이들은 가끔 집중력을 발휘하여 과제를 수행해 내지 못하고 따라서 완성도를 높이는 데 어려움을 느낀다. 이렇게 활

력이 넘치고 즐거운 7번 유형이 이미 자신이 완수한 일이 뛰어나지 못하다는 것을 직시하면, 7번 유형은 그 사건을 부정적인 용어보다는 오히려 긍정적인 용어를 사용해 재구성할 것이다.

- 7번 유형의 자기 숙달을 강화시키기 위한 코칭 접근법들
  (동기를 자극하고 구체적인 계발 행동을 제공하라.)
  - 7번 유형이 지닌, 특히 슬픔과 같은 자신들의 모든 정서적 목록을 지속적으로 확대하고 정서적 공감을 깊이 느끼는 능력을 높일 수 있도록 도와라.
  - 7번 유형들이 하는 프로젝트와 아이디어에 대해서는 열렬히 지지하지만, 시간 내에 잘 성취할 수 있는 프로젝트의 개수 및 타인에게도 현실적으로 무엇을 기대하고 제한을 둘 것인가에 대해 부드럽게 충고하라.
  - 7번 유형들이 지속적으로 천천히 움직이면서 초점을 맞출 수 있도록 도와라. 예를 들어, 말을 하면서 천천히 걷거나 안절부절 못하는 대신에 숨을 깊게 쉰다거나 이중으로 스케줄을 잡지 않거나, 자신의 몸을 가만히 있게 하는 것 등 무엇이 가장 좋을지에 대한 아이디어를 이들에게 제공하라.
  - 7번들이 더 집중적이고 자제를 할 수 있게 된 것에 대한 보상을 강조한다. 당신이나 당신이 잘 아는 사람에 대한 개인적인 이야기를 하면서 이 보상에 대해 설명해라.
  - 7번 유형들에게 고통과 불쾌함은 대부분의 사람들에게 나타나는 일반적인 정서이자, 일시적이라는 것을 이해할 수 있도록 도와주고, 이런 감정들을 완전히 경험할 수 있게 내버려 둔다면 그 감정들이 더 빨리 사라질 것이라는 것도 이해할 수 있도록 도와라.

■ 자기 숙달 수준이 낮은 7번 유형들 — 좌충우돌 예술가

- 주요 두려움
  (고통, 박탈, 불완전성)
  낮은 자기 숙달 수준을 지닌 7번 유형들은 조증과 우울증 사이에서 오가면서 느

끼는 불안으로 인해 너무 지친다. 즐거움은 없고 한바탕 소란을 잘 피우는 이런 7번 유형들은 자기성찰로부터 멀리 달아나 자신들의 상황에 대해 비난하는 사람들을 본다. 염려하고 갇혀 있다고 느끼는 이들은 자기파괴적 행동이나 자멸적 행동을 한다.

- 7번 유형의 자기 숙달을 강화시키기 위한 코칭 접근법들
  (지지해 주고, 지침과 경계 영역을 제공하라.)
  - 7번 유형으로 하여금 조금만 천천히 가라고 격려하라. 왜냐하면 너무 속도를 줄이는 것은 불가능하고 이들로 하여금 매우 불안하게 만들기 때문이다. 예를 들어, 내면으로의 완전한 여행이라는 새로운 경험과 같이, 천천히 가는 것을 긍정적인 언어로 구성하도록 하라.
  - 7번 유형들의 삶에 나타나고 있는 일뿐만 아니라 이들이 생각하고 느끼는 것들에 대한 대화를 시작한다. 밝고 정다운 목소리 톤을 사용하여 대화를 하라. 이들의 주위가 산만해진 것 같으면 부드러운 의견을 제시하며 이들이 대화에 집중할 수 있도록 도와라.
  - 화(火)와 짜증이란 감정들을 행동으로 표현하는 것, 특히 충동적인 행동에 따른 것에 대한 결과에 대해 경고를 하면서 자신들의 감정에 대해 의논할 수 있도록 격려해라.
  - 모든 것을 하고 싶어하는 이들의 욕구에는 공감하지만, 효과적이면서도 지치지 않도록 하기 위해 경계와 제한을 둘 필요가 있다는 점을 강조해라.
  - 고통, 불쾌함, 불안감을 느끼는 것은 평범한 일이라고 설명하면서 편안하게 해줘라.

7번 유형 coachee의 자기 숙달 수준에 대한 초기 사정이 이루어지면, 그 수준에 적합한 접근 방식을 숙지하고 coachee에게 가장 효과적일 것이라고 여겨지는 방식을 선택하라.

...셋째 도전적 성장을 이끌어낼 수 있는 코칭 기술을 사용하라

다음 네 가지 코칭 기술에 대해 읽어가면서, 당신이 아는 몇몇 7번 유형들에 대해 생각해보고, 그들에게 그 기술들을 어떻게 사용할 수 있을지를 생각해보는 것은 도움이 될 것이다. 비록 7번 유형들이 많은 유사성을 가지고 있겠지만, 이들은 자기 숙달 수준, 감정이입, 날개와 화살표의 사용, 하위 유형, 경험, 연령, 성별, 그리고 문화 등의 요소들에 따라 매우 다양함을 보인다.

■ 머리 중심 에너지를 사용하는 사람들의 도전 : "～라면 어떻게 될까?"
　라는 질문

"～라면 어떻게 될까?"라는 도전적 질문은 coachee가 중요하고 존중되어져야 한다고 가정하는 상황에서 효과가 잘 나타난다 ― 즉 그것은 정신모델이다. 이러한 전략은 coachee가 의심 없이 받아들이는 믿음과 패러다임의 일부이다. 7번 유형 coachee가 명시적인 혹은 함축적인 가정을 표현하는 것을 들으면, 코치는 그와 관련해서 "～라면 어떻게 될까?"라는 도전적 질문을 던진다.

다음은 7번 유형들을 위한 세 가지 공통적인 정신 모델과 코치가 각각 가정에 도전하기 위해 해야 하는 질문, 그리고 7번 유형이 코치의 도전적인 질문에 대답을 했을 때 코치가 어떤 식으로 반응해야 하는지를 순서대로 제시하고 있다.

어떤 7번 유형들은 "～ 라면 어떻게 될까?"라는 도전을 좋아하는 것처럼 보일 수도 있지만, 자신들의 정서적 민첩성을 보일 수 있는 게임을 하고 있는 것처럼 반응을 할 수도 있다는 점을 코치는 알고 있어야만 한다. 이것을 암시하는 증거는 그들이 정신모델에서 추구하는 시사점을 논의하는 코칭 대화에 참여하는 것을 거부하는 것이다. 만약 이런 일이 발생하면, 코치는 7번 유형이 원래의 정신모델이나 자극되고 있는 가정에 다시 집중을 할 수 있도록 해야 한다.

- 공통의 첫 번째 가정 – "이것은 매우 큰 문제에요. 그래도 이 문제는 전부 그냥 잘 풀릴 거에요."

  - 코치의 도전적 질문

  "만약에 그것이 그냥 잘 풀리지 않는다면?"

  - 코치의 도전적 질문 이후의 반응

    - 만약 7번 유형이 "잘 될거에요."라고 말하면, "그럼 당신 삶의 모든 것은 항상 아무런 문제없이 잘 해결이 될 것이라고요?"라고 반문한다. 만약 7번 유형이 계속 그 동안 아무런 문제가 없었다고 말을 하면, "당신은 내가 만나 보았던 사람들 중, 이것을 현실적으로 말할 수 있었던 첫 번째 사람이에요."라고 말하라. 그리고 조용히 있으라.

    - 7번 유형이 어떤 일이 잘 풀리지 않을 때 무슨 일이 발생할 것이라고 말을 할 수 있다면, "좋아요. 이제 긍정적인 결과가 발생할 가능성을 높이기 위해 당신이 할 수 있는 것들에 대해 논의해 보겠지만, 또한 일들이 잘 풀리지 않을 때는 당신이 무엇을 할 수 있는지에 대해서도 논의해 보도록 하지요."라고 말하라.

- 공통의 두 번째 가정 – "그건 정말 내 잘못이 아니었어요."

  - 코치의 도전적 질문

  "만약에 그것이 전적으로 당신의 잘못이었다면 어떻게 되었을까요?"

  - 코치의 도전적 질문 이후의 반응

    - 만약 7번 유형이 그 어떤 잘못이나 책임감을 받아들일 수 없다면, 그와 비슷한 맥락의 이야기를 해준 후, "당신의 책임은 무엇이었는지를 확인할 수 있도록 상황을 재조명해 보죠."라고 말하라.

    - 7번 유형이 자신의 책임을 확실히 말할 수 있다면, 더 깊은 통찰력을 이끌어낼 수 있는 질문과 이 정보가 앞으로 나아가는 데 도움이 될 수 있는 논의도 한다.

■ 공통의 세 번째 가정 – "이 사람은 나를 제한하거나 내 일을 어떻게 하라고 말할 권리가 없어요."

　• 코치의 도전적 질문

　　"만약에 이 사람이 당신에게 무엇을 하라고 말할 권리가 있다면?"

　• 코치의 도전적 질문 이후의 반응

　　– 만약 7번 유형이 왜 이 사람이 자신의 일에 통제할 수 있는 권리가 있는지에 대한 어떤 이유도 생각할 수 없다면, "당신은 그 동안 한 번이라도 다른 누군가의 일에 통제할 권리를 가진 적이 있었나요?"라고 묻는다.

　　– 7번 유형이 구체적이고 긍정적인 반응을 보인다면, " 그것을 나열할 수 있는 다양한 방법을 살펴보죠. 당신은 처음에 '한계'를 의미하는 '제한'이라는 말을 했어요. 동일한 것을 가리키지만 더 중립적이거나 긍정적인 다른 단어들은 무엇이 있을까요?"라고 묻는다.

　　힌트 : 관리, 감독, 지침, 지지, 요구

■ 가슴 중심 에너지를 사용하는 사람들의 도전 : coachee의 방어 기제를 탐색하라

　• 7번 유형의 주요 방어 기제 : 합리화(rationalization)

합리화는 사람들이 자신들의 진정한 동기, 의도, 또는 행동으로부터의 영향을 완전히 회피하거나 또는 덮어 감추기 위한 방법으로 자신들이 받아들일 수 없는 생각, 감정, 행동을 설명하기 위한 방어 기제의 하나이다. 7번 유형들이 합리화를 할 때, 이들은 긍정적으로 재구성하고 자신들의 행동을 매우 긍정적인 용어를 사용하여 설명하면서 정당화한다. 7번 유형들은 이미 일어난 일에 대해 책임을 지는 것을 회피하는 것은 물론 고통, 불쾌함, 슬픔, 죄의식, 불안감도 회피하기 위해 재구성을 한다.

7번 유형들이 부정적인 피드백을 받으면, 이들은 왜 자신들이 한 행동이 타인, 팀 또는 조직에게 진정으로 어떠한 가치가 있는지에 대한 설명을 스스로 의도적으로 만들어낸다. 예를 들어, 미팅에 30분 늦게 나타났을 때, 어떤 한 7번 유형은 "내가 미팅에 늦었다는 것을 알지만, 이곳으로 오는 도중에 새로운 상품 아이디어를 만들었어요."라고 말할 것이다.

7번 유형들은 자신들이 괴로움을 느끼거나, 느낄 것이라 예상을 할 때 우선적으로 재구성을 사용해 합리화를 한다. 또한 자신들이 생각하는 방법의 일부로써 아이디어를 재구성한다. 이것은 이들이 어떤 일을 하는 새로운 방법을 창조하거나 창의적인 문제해결을 할 때 자산이 될 수도 있다.

그 예로 7번 유형들은 사람들이 불안해 하는 조직의 개편과 같은 민감한 사안에 대해서 "하지만 지금하는 재편성은 우리가 어떻게 일을 처리하는지에 대해 재검토하고 비약적인 성장을 할 수 있는 기회를 제공하기도 합니다."라고 말하는 것을 들수 있다. 그렇지만 이와는 달리 7번 유형들이 자신들만이 받아들일 수 있는 행동을 합리화할 때는, 스스로에게는 물론 조직에게도 문제가 된다. 이런 경우의 예로서 마감시간에 맞추어 보고했을 경우에는 생각해낼 수 없었을 세 가지 새로운 아이디어가 있다고 말하는 것과 같이 늦게 제출한 것에 대한 변명을 들 수 있다. 또 "그래요, 그렇지만 나와 같은 상황에 처한 사람들이 무슨 말을 해야만 하는 상황에서 오히려 이들을 구해주는 것이라고요."라고 말하면서 미팅에서 한 폭언에 대해 설명하는 것도 포함된다. 이 두 가지 예들은 합리화의 실제 증상이거나 종종 숨기는 것이며, 7번 유형들이 가지고 있는 다음과 같은 깊은 발달 과제들에 대한 방어책이다 :

• 고통, 불쾌함, 제약 받는다는 느낌부터 회피하려는 방법으로 집중하지 않는

것보다는 정신적, 정서적, 신체적으로 의지에 따라 집중할 수 있는 것.

- 오직 긍정적이고, 즐거우며, 매우 자극적인 경험만을 추구하는 것이 아니라 고통과 불쾌함이라는 현실을 기쁨과 함께 인정하고 통합하는 것.
- 자신들만의 한정된 감정 목록으로 인하여 타인의 감정에 대해 추측하기보다는 타인과 지속적이고 진실된 공감을 하는 것.

7번 유형의 합리화라는 방어 기제를 다루려면, 코치들은 간접적인 도전이나 직접적인 도전 중에서 하나를 사용할 수 있다. 간접적인 도전이 더 높은 반응과 낮은 저항을 이끌어내므로 종종 간접적인 도전부터 시작하는 것이 대체로 유용하지만, 만약 coachee가 준비되었거나 당신이 이 사람과 훌륭한 인간관계를 맺고 있다면 직접적인 도전이 더 큰 영향력이 있을 것이다.

어떤 7번 유형들은 자신들의 감정에 대해 다룰 때 매우 민감해지므로 간접적인 도전이 필요할 수도 있지만, 다른 7번 유형들은 직접적으로 도전해야 할 필요가 있다고 말을 하거나 듣고 있는 내용이 이해되지 않는다고 말한다. 따라서 7번 유형의 재구성을 간접적으로 도전할 수 있는 최고의 방법은 동일한 상황을 다른 방법으로 재구성하되 7번 유형이 스스로 자신의 행동에 더 많은 책임을 요구하도록 하는 것이다. 7번 유형 coachee에 대해 직접적으로 도전하는 최고의 방법은 가능한 간단하고 직접적으로 하는 것이다.

합리화에 대한 간접적인 도전

"피드백을 받을 때 '당신은 할 수 있는 만큼 효과적으로 경청하지는 않지만 그저 몇 단어만 들으면 모든 것을 이해한다'라고 말을 하는데, 이것은 다른 방법으로 이해될 수도 있어요. 효과적인 경청은 사실 타인이 말하는 모든 것을 귀담아 듣는 것을 포함하거든요. 그러므로 이런 식의 경청으로 타인 또한 당신이 가지고 있는 모든 아이디어에 완전히 귀를 기울여야만 해요."

합리화에 대한 직접적인 도전

"비록 당신이 말한 내용에 어느 정도의 진실이 있다고는 해도, 당신이 한 행동은 합리화예요. 이 상황에서 당신이 자신에 대해 정말로 인정하고 싶지 않은 것이 무엇인지를 말해보세요."

■ 배 중심 에너지를 사용하는 사람들의 도전 : "왜 당신은 그것을 하려고 하는가?"라는 질문

7번 유형 coachee들이 자신의 무엇인가를 변화시키기 원한다고 말하면, 이 질문을 하는 것은 이들의 욕구를 지지하는 도전의식을 자극하는 데 효과적이다. 이 기술에 대한 반응으로써 7번 유형 coachee는 자신들의 행동 계획을 변경하거나 기존의 계획에 더 깊게 매진하게 될 것이다. 이 기술은 ① 7번 유형 coachee가 생산적인 행동을 취할 의도를 명백히 밝히거나 ② 7번 유형 coachee가 위험할 수 있거나 자신의 최선의 이익에 반할 수도 있는 행동을 취할 의도를 표현할 때와 같은 두 가지 상황에서 특히 유용하다.

이 기술은 특히 7번 유형들에게 유용하다.

첫 번째, 7번 유형들은 주로 자신들이 하기를 원하는 수 많은 것들을 가지고 있지만, 이것들은 행동으로 옮기겠다고 약속을 한 것이 아니라 그저 무엇을 하고 싶다는 아이디어에 불과하므로, 행동으로 이어지는 생산적인 의도를 자극하는 것은 주의를 불러일으킬 수 있고, 행동으로 옮기겠다는 명확한 결정을 내릴 수 있도록 지지하는 것이다.

두 번째로, 이 기술은 역효과적인 행동을 자극한다. 거의 모든 7번 유형들은 자발적이기 때문에, 매우 흥분을 했거나 매우 불안할 때 충동적으로 된다. "왜 당신은 그렇게 하길 원하나요?"라는 문제제기는 자신들이 해야 할 일과 정말로 긍정적인 결과로 이어질 것인가에 대한 문제를 더 숙고할 수 있도록 돕는다.

7번 유형들을 위한 도전 "왜 당신은 그것을 하려고 하는가?"

- 생산적인 의도로 행동하려는 7번 유형 – "나는 더 집중하기를 원해요."
  - 코치의 도전적 질문

  "왜 당신은 더 집중을 하기를 원하는 것인가요?"

  - 코치의 도전적 질문 이후의 반응

    - 만약 7번 유형이 대답을 생각해내지 못하거나 설득력이 없는 대답을 한다면, "방금 전의 대답은 당신이 정말로 이것을 하기를 원하는 것처럼 들리지 않네요. 당신이 집중하지 않는 것을 좋아할지도 모르겠다는 생각을 해본 적이 있나요?"라고 말하라. 그리고는 대답을 기다려라.

    - 7번 유형이 설득력이 있는 반응을 보인다면, "그것은 당신에게 정말로 중요한 것처럼 들리네요. 만약 당신이 의지에 따라 집중을 할 수 있었다면, 지금 당신이 할 수 없는 일들 중에서 무엇을 할 수 있었을까요?"라고 말한다. 7번 유형이 대답을 하기를 기다린 후, "어떻게 해야 당신이 의지대로 집중을 할 수 있어서 선택권을 가질 수 있을지에 대해 함께 논의해 보죠"라고 말하라.

- 비생산적인 의도로 행동하려는 7번 유형 – "사장님께서 말하지 말라고 하셨지만, 직원들에게 이것을 어떻게 생각하느냐고 물어볼 거예요."
  - 코치의 도전적 질문

  "왜 당신은 상사의 요구를 따르지 않기를 원하나요?"

  - 코치의 도전적 질문 이후의 반응

    - 만약 7번 유형이 이해가 되는 이유를 든다면, 7번 유형이 자신의 행동을 합리화하도록 재구성을 사용하고 있고, 그 합리화는 당신을 거의 설득할 만큼 충분히 좋을 것이다! "방금 전의 대답은 매우 설득력이 있고, 당신은 그렇게 하기를 원하는 것 같지만, 당신에게는 개인적으로 매우 위험해 보이기도 하네요. 행동으로 옮기고 난 후 나중에 결과를 후회하기 전에, 나타날 수 있는 부정적인 영향에 대해서도 함께 논의해 보죠."라고 말한다.

> – 만약 7번 유형이 이 행동이 비생산적임을 인정하는 반응을 보인다면, "좋아요. 이제 당신이 이 상황에서 정말로 하기를 원하는 것은 무엇이고 이것을 성취하기 위한 생산적인 방법들은 무엇일까요?"라고 말한다.

■ 역설적 도전 : 변형

7번 유형들은 기민하고, 역설은 생각을 하도록 만들기 때문에 이들은 역설적인 도전을 좋아한다. 그렇지만 7번 유형이 이러한 역설적 사고의 복잡함을 즐기는 것은 단지 그들이 역설의 의미를 이해했기 때문이며, 그래서 반드시 그들의 행동이 변화된다는 의미는 아니다. 그러므로 코치에게 있어 매우 명확한 언어를 사용해 역설을 제시하는 것과 7번 유형들이 자신들의 반응을 소리내어 말하도록 하는 것이 특히 중요하다. 이렇게 한 이후에야 코치는 7번 유형이 정보를 이해하고 있는지 아니면 역설을 그저 합리화하고 재구성하는지에 대해 알 수 있다. 만약 7번 유형이 재구성하기 시작한다면, 코치들은 7번 유형을 위해 방어 기제 자극을 사용할 수도 있다. 그렇게 할 때, 7번 유형의 완전한 주의를 끌기 위해서 이 직접적인 도전을 사용하는 것은 매우 좋다.

7번 유형의 역설

Marcy와 그녀의 매니저와의 미팅은 다른 사람들과의 미팅보다 더 진지했다. 민감하고 기가 죽은 Marcy는 "나는 이 은행에서 차세대 리더로써 생각되어지기를 간절히 원해요. 그런데 그 누구도 비어있는 매니저 자리에 저를 추천할 생각을 하지 않았어요. 나는 그저 지원만 하고 사람들이 그 지원서를 어떻게 처리할지를 지켜봐야 할 것 같아요. 모든 사람은 기회를 가져야만 하지 않나요? 아마도 내가 말하고 행동해왔던 어떤 것들이 있었겠지요. 그래요, 그건 제 스타일이에요. 이 회사는 어찌됐던 옛날 방식이잖아요. 나는 농담을 통해 이 분위기를 밝게 하려고 노력해요. 음, 글쎄요, 다른 직장을 찾아볼 수도 있어요. 이제 몇 번의 기회가 있으니까요. 아마도 상부에서도 내가 다른 직장을 찾고 있다는 것을 이미 들었을 수도 있겠네요."라고 설명했다.

역설에 대한 설명

7번 유형들은 스스로에 대해 전반적으로 완전하고 좋다고 느끼기를 원하지만, 예를 들어, 어떤 일이 완성될 때까지 그 일에 계속 집중하는 것, 더 깊게 감정과 생각 속으로 파고 드는 것, 고통과 즐거움을 인정하는 것처럼 자신들을 궁극적으로 고정시키고, 완전히 만족하며, 전적으로 자기 수용을 하게끔 만드는 행동들을 회피한다.

코치의 역설적 의견

"당신에게 몇 가지 피드백을 하도록 하죠. 지극히 제 개인적인 생각이에요. 당신이 원한다고 말한 것은 회사가 당신을 매니저 자리에 합당한 적임자이고 자산가라고 여기는 것이에요. 그렇지만, 당신이 하는 행동은 그러한 목표에 도달할 수 있는 당신의 능력을 갉아먹고 있다고 할 수 있어요. 예를 들어, 특히 당신이 저와 같이 있을 때 행동한 것처럼, 사람들과 심각한 대화 도중에 농담을 하거나, 여러 가지 아이디어를 한꺼번에 제시하고, 그 아이디어들이 서로 극과 극처럼 보인다면, 사람들은 당신의 말에 경청하기를 멈추고, 어쩌면 짜증이 날 수도 있어요. 만약 당신이 더 큰 개별적인 영향력을 갖기를 원하는 것은 물론, 조직 내에서 더 진지하게 여겨지기를 원한다면, 당신이 검토해야 할 두 가지 영역은 ① 한 번에 한 가지 생각, 한 가지 감정, 한 가지 일을 훨씬 더 깊이 집중할 수 있는 능력, 그리고 ② 어려운 상황을 회피하려고 사용하는 유머에요."

〈주의〉

자기숙달 수준이 낮은 사람들은 역설에 내재한 애매모호함을 다룰 만큼, 충분히 심리적으로 안정적이지 않기 때문에 중간 수준부터 높은 수준의 자기 숙달 수준을 갖춘 7번 유형에게만 역설적 도전방법을 사용하라.

7번 유형의 코칭 사례 연구 요약
Randall

●●● 코칭 목표와 coachee의 동기를 확인하라

목표를 주어진 시간 내에 성취할 수 있도록 coachee의 핵심 동기 유발 요소들 중 한 가지 이상의 요소와 연결될 수 있도록 하라.

Randall은 6개월 후 자신의 매니저가 은퇴하면 자신이 '매니저'가 될 재목으로 여겨지기를 원한다. 그렇지만, Randall은 함께 일하는 사람들이 자신이 지식의 깊이가 없거나 조직 내에서 필요한 존중을 받지 못한다는 식으로 바라본다고 스스로 생각해서, 조직 내의 다른 사람들이 자신을 그 자리에 맞는 적임자라고 여기지 않는다고 믿는다. 왜 그것이 그에게 중요하냐고 물었을 때, Randall은 "내가 이곳에서 일을 하기 시작했을 때부터 항상 그 자리를 원해 왔어요. 내가 진지하게 여겨지기를 원해요. 사실 내가 어떻게 비추어지는지 그리고 그 사람들이 왜 내가 이 자리에 어울리는 사람이 아니라고 생각하는지 모르겠어요"라고 말했다.

●●●Coachee의 자기 숙달 수준과 범위에 따른 적합한 코칭 접근법을 사용하라

coachee가 지닌 자기 숙달의 일반적인 수준과 범위를 사정하라.

비록 Randall이 머리가 좋고 대인관계를 잘 맺고 있는 성공적인 변호사이기는 하지만, Randall의 일반적인 자기 숙달 수준은 보통의 자기 숙달 범위에서도 가장 낮은 쪽에 속한다. 예를 들어, 끊임없이 재구성하고, 기분풀이를 위해 관계가 없는 주제에 대해 말하고, 미팅에서도 계속 농담을 하는 등이 그것이다. Randall이 보통 꽤나 활력이 넘치고 낙관적이기는 해도, 간혹 내성적이고, 대부분의 상황에서 집중을 유지하기가 어렵고, 가능한 부정적인 피드백을 회피한다. 농담의 내용이 문제가 되지는 않는다 해도, 농담을 하는 시점이 적합하지 않다. 예를 들어, 그는 모든 사람들이 심각한 문제를 해결하려고 노력할 때 농담하는 것을 들 수 있다. 그의 자기 숙달 범위는 제한되어 있다 : 가장 높은 수준은 겨우 자신의 평균 수준을 살짝 웃도는 수준이지만, 스트레스를 받으면 낮은 자제심 수준에서 행동한다.

322-324페이지 박스에 나온 것들 중 coachee에게 가장 효과적일 수 있는 발달 접근방식을 선택하고 그것들을 시험해보라.

코칭 미팅 동안, Randall이 대화하는 동안 더 오랜 시간 주의를 기울일 수 있는 방법을 배울 수 있도록 돕고, 주의가 산만해져서 돌아다니거나, 한 주제에서 다른 주제로 옮겨다닐 때 그가 지금 어떤 행동을 하고 있는지를 알려준다. Randall은 직장내 미팅에서도 집중을 할 수 있는 방법을 배우는 것이 중요하다는 점을 강조한다. 그리고 이렇게 집중을 하지 않는 모습은 직장사람들이 그가 원하는 만큼 자신을 진지하게 여기지 않는, 한 가지 이유가 될 수도 있다는 점을 설명한다. 집중할 수 있고, 또 자제를 함으로 인해 수확을 얻었던 다른 사람들의 이야기에 대해서도 말해준다. 그렇지만, Randall이 코치에 대한 개인적인 이야기에 온전히 귀를 기울이지 않기 때문에 코치의 이야기가 아닌 다른 성공적인 전문인들의 이야기를 해야 한다. Randall이 스트레스를 받고 있을 때는 낮은 자기 숙달 수준을 위한 접근을 사용하도록 준비하고, 특히 모든 것을 하고 싶어하는 그의 욕구를 존중해야 하지만, 스스로를 위해 제한점을 두어야 할 필요가 있다는 것도 명확하게 해야 한다.

••• 도전적 성장을 이끌어낼 수 있는 코칭 기술을 사용하라

이 장에서 언급된 각각의 네 가지 코칭 기술을 어떻게 이용할 것인지에 대해 계획을 하고, 코칭 과정에서 적절한 때에 그것들을 사용하라.

■ 머리 중심 에너지를 사용하는 사람들의 도전적 질문 : "~라면 어떻게 될까?"

coachee가 말하거나 넌지시 내비친 말들 중, 당신은 당신이 도전할 수 있는 어떤 정신모델이나 가정에 대해 들었는가? 당신은 이 "~라면 어떻게 될까?"라는 도전적 질문을 어떻게 표현할 것인가?

다음의 도전적 질문들은 Randall에게 효과적일 것이다.

"만약에 당신이 직장에서 진지하게 받아들여질 수 있다면?"

"만약에 당신이 직장에서 스스로 더 진지하게 행동하도록 할 수 있다면?"

"만약에 당신이 승진을 하지는 않더라도 스스로가 직장에서 진지하게 여겨지고 있다는 점을 증명할 수 있다면?"

■ 가슴 중심 에너지를 사용하는 사람들의 도전적 질문 : 방어 기제를 인
　식하고 평형을 유지하라

언제 coachee가 특정한 방어기제를 사용하는 것을 관찰할 수 있었는가? 직접적
인 도전과 간접적인 도전 중 어떤 것이 더 효과적일까? 당신은 이 방어기제에 관
한 도전을 어떻게 표현할 것인가?

Randall이 승진을 하지 못할 것이라는 가능성에 대해 논의하자, 승진을 하는
사람들은 행복하지 않다는 말을 했고, 승진을 하게 되는 것은 단지 재미없어 보
이는 정치적 게임의 예라고 말했으며, 자신의 농담들은 사람들을 웃게 만들기
때문에 유용하다고 하면서 그 가능성을 합리화시켰다. 이것은 많은 합리화들 중
몇 가지 예에 불과할 뿐이다. 재구성을 과도하게 사용하는 Randall의 모습은
그의 방어기제에 대한 직접적인 도전이 가장 효과적인 접근 방법일 것임을 시사
하였다.

간접적인 도전적 질문

"당신은 매니저 자리의 적임자로서 진지하게 여겨지는 것이 당신에게 얼마나
의미가 있는지 말했지만, 그러나 당신은 왜 그 자리가 그다지 탐나지 않다거나
또는 당신의 자격조건과는 무관한 것들로 인해 적임자로 여겨지지 않는지에 대
한 더 많은 이유를 가지고 있어요. 내게 이것에 대해 설명해줄 수 있나요?"

직접적인 도전적 질문

"당신은 이 자리를 매우 원한다는 것을 알지만, 스스로 당신이 왜 그 자리를
얻지 못하는지를 합리화시켜서 그 과정에서 조직을 악의 집단으로 만들고 있
어요."

■ 배 중심 에너지를 사용하는 사람들의 도전적 질문 : "왜 당신은 그것을 하려고 하는가?"

coachee는 앞으로 어떤 행동을 할 계획이라고 말했는가? 당신은 이것이 현명한 행동 과정이라고 생각하는가? 이에 대해서 "왜 당신은 그것을 하려고 하는가?"라는 도전을 어떻게 표현할 것인가?

"왜 당신은 매니저가 되기를 원하나요?"

■ 역설적 도전 : 변형

당신은 coachee에게서 어떤 역설을 관찰했는가? 가장 의미 있는 것을 선택하라. 당신은 이 역설적 도전을 어떻게 표현하겠는가?

변형적 도전은 Randall에게는 적합하지 않다. 비록 Randall은 보통 수준에서 기능하고 있지만, Randall은 낮은 범위에 머물러 있고 스트레스를 받고 있을 때는 낮은 자기숙달의 수준에서 생활하기 때문이다. 그 결과, 역설적인 도전은 Randall을 매우 불안하게 만들 수도 있다. Randall에게 역설을 사용하기 전에 Randall이 보통 수준의 자기숙달수준에 도달할 수 있도록 돕는 것이 훨씬 낫다.

> **주의**
> 7번 유형들에게 어떻게 역설을 표현할지에 대한 예를 보려면 7번 유형의 역설 이야기를 참고한다.
> 역설적 도전은 자기 숙달 수준이 중간이거나 높은 coachee들에게만 적용해야 한다. 자기 숙달 수준이 낮은 coachee들은 이 수준의 역설적 해결책이 갖고 있는 복잡함과 애매모호함을 다룰 수 있을 만한 심리적인 상태에 있지 않기 때문이다. 깊이 있는 수준의 복잡한 역설들은 불안감을 높일 수 있다. 영향력이 약한 역설들은 이러한 coachee들에게 사용할 수 있지만, 코치들은 조심해서 사용해야 한다.

7번 유형들을 위한 발달 활동들

코치들은 다음의 활동들을 7번 유형 coachee들에게 제안할 수 있다.

●●● 핵심 이슈 : 내면으로 들어가는 방법을 통해 계속 집중하라

당신에게 있어 가장 큰 도전 과제는 자신의 신체적 감각과 정서적 반응에 집중을 하는 것이다. 매일 한 시간씩, 모든 감정과 신체적 감각에 집중하는 연습을 하라. 이렇게 할 수 있는 능력을 발달시킨 후, 특히 당신이 너무 자극을 받았거나 불안함을 느낄 때 이렇게 내면에 집중하는 것을 정기적으로 연습하라.

●●● 날개와 화살표를 통한 확장

■ 6번 날개 : 두려움에 맞서라

당신이 불편하고, 기분이 나쁘고, 떨리며, 불안정하다고 느끼거나 당신의 주의력이 당신이 하고 있던 일, 생각하는 것, 느끼는 것, 또는 말하는 것으로부터 산만해질 때, 스스로에게 "나는 지금 무엇에 대해 두려움을 느끼고 있는가?"라고 질문을 하라. 그래도 그 대답을 액면 그대로 받아들이지 말고 스스로의 반응을 주의 깊게 보라. "그 두려움 아래, 내가 가장 두려워하거나 걱정하고 있는 것은 무엇인가?"와 같은 깊은 속을 살펴보는 질문을 스스로에게 한다.

■ 8번 날개 : 말을 적게 해서 타인에게 더 영향력을 주어라

여러 가지 주제에 대해 생각하고 있는 것을 빠르고 연속적으로 자주 말을 하기 때문에, 듣는 사람들은 어떤 아이디어가 가장 의미 있는 아이디어인지 혹은 언제가 그 아이디어에 대한 의견을 제시하기에 좋은지를 모를 수도 있다. 대신에, 당신이 무엇을 이야기 하고 싶은지를 사전에 생각하고, 언제 그것을 말할 것인지를 결정하고, 당신의 의견을 내놓을 가장 좋은 시간을 생각하라. 이렇게 하는 방법을 배운 이후, 당신은 타인에게 영향력을 미치는 당신의 의견을 높일 수 있다.

■ 1번으로 향한 화살표 : 당신이 할 일을 일찍 끝내라

당신이 평소에 하는 것보다 훨씬 더 빠르게 일을 시작하라. 예를 들어 만약 당신이 어떤 일이 일주일 정도 걸릴 것이라고 생각하고, 마감일로부터 이틀 전에 일을 시작하는 경향이 있다고 한다면, 마감일로부터 4일 전에 그 일을 시작한다. 다른 대안은 가장 재미 없는 일을 먼저 시작하는 것인데, 그 이유는 당신이 재미있는 일을 먼저 선택하고는 가장 따분한 일을 마지막까지 미룰 수도 있기 때문이다. 이 순서를 바꾸는 것도 흥미로운 일과 단조로운 일들을 모두 성취할 수 있도록 당신을 도울 수도 있다.

■ 5번으로부터 나온 화살표 : 혼자만의 시간을 보내라

일주일에 한번, 당신의 감정과 생각 과정에 주의를 기울이고 생각하면서 편히 할 수 있는 무엇인가를 하며 3시간을 보내라. 이 훈련은 당신이 자신의 내부 세계를 더 많이 들여다볼 수 있도록 해줄 것이다.

■ 의사소통 : 당신의 말하는 속도를 줄여라

비록 당신은 할 말도 많고 에너지도 많지만, 빠른 말의 속도는 타인이 당신이 하는 모든 말을 듣는데 어려움을 줄 수도 있다. 타인이 당신의 말을 더 잘 이해하려면, 당신의 속도를 평소의 50%로 줄여라. 이렇게 하기 위한 가장 쉬운 방법은 매 10초마다 깊게 숨을 들이 마시고 더 오랜 시간 동안 숨을 내쉬는 것이다.

■ 갈등 : 부정적인 피드백을 무서워하지 말아라

비록 당신이 타인들의 눈에는 긍정적인 피드백만을 원하는 사람처럼 보일 수도 있지만, 사실 부정적인 피드백에 더 많은 주의를 기울이고 있을 수도 있다. 두 가지의 피드백에 똑같이 관심을 갖고, 긍정적인 피드백을 잊어버리거나 부정적인 피드백을 재구성하거나 과하게 설명하지 않도록 주의해라. 당신은 그저 경청하고, 필요할 때 보충설명을 위해 질문을 하는 것이 중요하다.

■ 팀 : 명확한 구조와 체계적인 과정이 발달되도록 팀을 도와라

당신이 팀이 효과적으로 조직되도록 도움을 줄 때, 많은 사람들이 참여할 수 있고 더 많은 아이디어들을 내놓고 실천할 수 있게 된다. 당신의 창의성과 주의력을 조금 덜 조직화된 팀 인프라를 계발하는데 쏟게 되면, 그 창의성은 그 누구라도 따를 수 있는 명확한 과정과 함께 풍부해질 수 있을 것이다.

■ 리더십 : 혁신과 융통성이라는 리더십 재능을 존중하고 견실하고 꾸준
   히 노력할 수 있는 당신의 능력을 향상시켜라

당신으로 하여금 가장 불편하다고 느끼도록 만드는 것들을 회피하기보다는, 오
히려 탐색하라. 당신이 고통과 두려움을 즐거움과 기쁨을 대하는 식으로 유동적으
로 변하게 되면, 당신은 개인적으로 강력하고 진실로 자신감이 있는 사람처럼 느
낄 것이고 그런 사람으로 여겨질 것이다.

10

에니어그램 8번 유형
코칭하기

8번 유형들은 진실을 추구하고,
상황을 통제하는 것을 좋아하며,
중요한 일들을 이루기를 원하고,
자신들의 취약성을 숨기려고 애쓴다.

중심에너지 : 배

01

8번 유형을
확인하는 방법

사고 · 감정

행동

핵심 믿음

- 세상 사람들은 강한 자와 약한 자라는 두 가지 종류로 나뉘어져 있다.
- 큰 것이 더 좋은 것이고, 거의 대부분의 행동은 아무 행동도 취하지 않는 것보다 낫다.
- 좋은 것은 절대 충분히 얻을 수 없다.

정서적 패턴

- 내면 깊숙한 곳에서 순간적으로 생기는 분노가 쉽게 표출되면서 즉각적인 언행으로 이어진다.
- 두려움과 슬픔을 느끼기는 하나 잘 드러내려고 하지 않는다.

직장에서의 행동

- 크고, 대담하며, 전략적인 것이면 대부분 좋아한다. • 거시적 경영을 선호하고 미시적 경영을 거부한다.
- 열정적이며 직접적이다. • 정의를 추구하며 특정 사람과 집단을 보호한다.
- 타인을 협박할 수도 있다.

●●● "보스의 기질이 있는 사람"

배 중심, 즉 행동 중심의 유형으로 이들은 행동하는 데 의미를 두고 좋아하며, 굉장한 속도와 열정을 가지고 상황을 책임짐으로써 지휘권을 행사한다. 이들은 통제되지 않는 상황에 대해 매우 예민하기 때문에, 어떤 상황에 개입해서 상황을 장악하려는 이들의 욕구는 명백하고, 또 엄청날 정도로 급하고 본능적이다. 8번 유형들은 자신들이 어떤 상황에 대해 신경이 쓰여지면 대부분의 경우, 위에서 언급한 것처럼 지휘권을 행사하며, 자신들이 취약함과 불안을 느낄 때는 더 장악하고자 하는 욕구가 강하게 생긴다.

●●● 8번 유형의 정서적 패턴

■ 내면 깊숙한 곳에서 순간적으로 생기는 분노가 쉽게 표출되면서 즉각적인 언행으로 이어진다

8번 유형들은 쉽게 분노하고, 어떤 경우에는 분노하는 것보다 더 빨리 반응하기도 한다. 만약 분노를 즉시 표출할 수 없을 경우, 자신마저도 압도하는 분노 에너지로 나타난다. 대부분의 경우 분노를 충분히 표출시키고 나면, 다시 이전의 상태 돌아갈 준비를 마친다. 언어적으로 화를 표현하는 것 이외에도, 8번 유형들의 분노는 행동으로 표출되기도 한다. 보통 이들의 분노와 빠른 행동에는 취약성과 슬픔, 그리고 불안감이 자리하고 있다.

■ 두려움과 슬픔을 느끼기는 하나 그런 감정을 잘 나타내지 않는다

즉 특히 8번 유형들은 취약하다고 느끼거나 타인에게 약하다고 보여질 수 있는 그 어떤 표시도 하지 않도록 스스로를 방어한다. 그렇기 때문에 비록 어떤 8번 유

형들은 이런 감정들이 발생할 때, 이런 감정들을 가지고 있다는 것을 알고 있으면서도 이러한 감정들을 거의 내보이지 않는다.

●●● 8번 유형의 직장에서의 행동

■ 크고, 대담하며, 전략적인 것이면 대부분 좋아한다

8번 유형들은 대담하고, 공격적이며, 권위적으로 행동하고, 앞으로 나아가며 매우 큰 영향력을 지닌 전략적 도전을 선호한다.

■ 거시적 경영을 선호하고 미시적 경영을 거부한다

8번 유형들은 전체를 거시적으로 경영하는 것을 즐기며, 일의 방향을 잡고, 그 일이 잘 진행되도록 감독하는 것을 좋아한다. 이들은 미시적으로 경영하는 것과 일의 세세한 부분에 관여하는 것을 몹시 싫어하고, 종종 이런 것들을 시간낭비라고 생각한다. 그렇지만, 전반적인 상황이 통제불능 상태라고 여겨지거나 정보를 원하는 누군가로부터 압력을 받거나 또는 누군가가 능률적으로 책임을 가지고 일을 하지 못한다고 여겨지면, 8번 유형들은 일상의 세부사항들 속으로도 과감히 뛰어들어 그 일들을 처리한다. 이러한 태도들은 주로 관리 또는 경영관리자로서 리더의 역할을 하고 있는 8번 유형을 묘사하고 있지만, 그렇지 않은 관리자의 위치에 놓인 8번 유형들에게서도 역시 관찰된다.

■ 열정적이며 직접적이다

8번 유형들은 명료하고 간결한 단어를 선택하고, 문장 구조, 어투, 신체적 언어를 통해 직접적이고 열정적으로 타인과 인간관계를 맺는다. 대부분의 경우, 이들은 서술적인 설명 대신에 형용사와 부사와 같은 몇 개의 단어를 선호하여 사용한다. 또한 8번 유형들은 타인으로부터 솔직함을 기대하기 때문에, 타인들이 의견을 가지고는 있지만 그 의견을 간접적으로 표현하거나 침묵을 지키는 경우, 이를 부정직한 모습이라고 여길 수도 있다.

■ 정의를 추구하며 특정 사람과 집단을 보호한다

8번 유형들은 자신들이 책임감을 느끼는 사람들에 대해서는 매우 보호적인 자세를 취하며, 동시에 자신들의 생각으로 착취를 당하거나 불공평하게 취급되고 있다고 여겨지는 사람과 집단 역시 보호한다. 흥미롭게도, 8번 유형들은 자신들이 생각하기에 보호를 필요로 한다고 여겨지는 사람들을 지켜주기도 하지만, 다른 한편으로 스스로를 약자로 생각하거나 희생양처럼 행동하는 사람들과 집단에 대해서는 반감도 가지고 있다.

8번 유형들은 자신들의 강함을 보여줄 뿐만 아니라 정당함을 추구하기 위한 방법으로써 자신들이 보기에 불공평한 행동의 그릇됨을 바로잡기 위해서 타인을 보호하기도 한다. 또한 8번 유형들은 다른 사람이 그 사람의 능력만큼 그 능력을 제대로 발휘하지 않으면 매우 실망을 한다. 특히 8번 유형들이 그러한 사람들을 방어해주었고, 보호해주었거나, 또는 이들을 믿어왔을 경우, 이를 개인적인 것으로 받아들인다.

■ 타인을 협박할 수도 있다

많은 8번 유형들은 자신들은 외강내유라고 여기며, 대부분은 타인들이 자신들을 이렇게 보지 않는다는 것도 알고 있다. 또한 8번 유형들은 의도적이든 그렇지 않든 자신들의 확고함과 솔직 담백함, 어투, 물리적 존재감, 힘의 결과로써 타인을 협박할 수도 있다. 8번 유형들은 오직 자기 원래의 모습을 찾기 위해서나 아니면 타인들이 여전히 협박을 받는다고 느끼는 반응을 줄이기 위해 저돌적인 모습과 강하게 명령하는 모습을 억누를 수도 있다. 또한 8번 유형들은 특히 용납할 수 없는 행동이라 여겨지면 그에 대해 복수할 목적으로 타인을 협박할 수도 있다.

유명한 8번 유형들

아놀드 슈왈츠제네거 (Arnold Schwarzenegger)	"강함은 승리로부터 얻어지는 것이 아니다. 당신이 고군분투 하는 데서 발달한다. 당신이 힘든 시간을 보낼 때 포기하지 않겠다고 결정할 때, 그것이 바로 강함이다."
도날드 트럼프 (Donald Trump)	"나는 큰 사고력을 갖는 것을 좋아한다. 만약 당신이 무엇이든 생각을 할 것이라면, 크게 생각하기를 권한다."
로시 오도넬 (Rosie O'Donnell)	"나는 항상 이렇게 생각한다: 크게 생각하든지 아니면 집으로 가든지." "당신이 침묵을 하고 있으면, 그것은 거짓말과 같다."

••• 하위 유형들 : 8번 유형의 세 가지 변형들

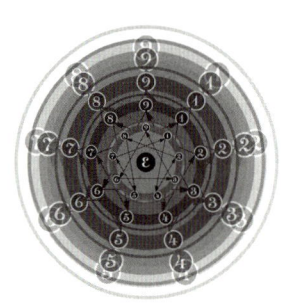

통제와 정의를 추구하고 자신들의 불안감과 슬픔 또는 취약성을 느끼는 것을 회피하고 부정하는 방법으로, 8번 유형들은 다양한 자기 만족적인 행동들을 한다. 그리고 이런 행동들을 과도한 방법(예를 들어, 크고 즉각적인 행동을 취한다던가, 아주 오랜 시간 동안 일을 한다던가, 너무 많은 음식을 먹는다던가, 일주일 동안 매일 하루에 3시간씩 운동을 하고 그 다음 2달 동안은 운동을 하지 않는다든가 하는 식)으로 한다. 8번 유형들의 이러한 특성들은 하위 유형이라고 부르는 세 가지 뚜렷한 방식으로 설명된다.

① 셀프형 하위 유형인 8번 유형들은 자신들의 과도함과 힘을, 생존을 위해 필요한 것을 얻는 것에 초점을 맞추며, 이러한 요구들을 충족하지 못할 경우 매우 초조해 하고, 참을 수 없어 하며, 분노하게 된다. 8번 유형의 세 가지 하위

유형들 중, 이 셀프형 하위 유형인 8번 유형들은 가장 적게 말하는 경향이 있고 특히 자신들의 생존에 중요하다고 간주되는 상황일 경우, 자신들에게 유리한 상황을 만들 수 있도록 매우 전략적인 방법으로 상황에 접근하려는 경향이 있다.

② 그룹형 하위 유형인 8번 유형들은 부당하고 불공평한 권력과 체계로부터 다른 사람들을 강도 높게 보호하며 사회적인 규범에 도전한다. 동시에 이들은 힘과 영향력, 만족을 동시에 추구한다. 타인들로부터 충성심을 원함과 동시에 자신들 스스로도 매우 충의가 있으므로 타인들에게 도전을 하면서까지 자신들의 보호 하에 있는 사람들을 방어한다. 즉 그 사람들이 덜 취약하다고 느끼게 만들어 주는 힘을 가졌다는 느낌을 갖고자 한다.

③ 파트너형 하위 유형인 8번 유형들은 8번 유형의 세 가지 하위유형들 중에서 가장 강렬하고 반항적이며 감정적이다. 도발적이고 열정적인 모습이 오히려 타인들을 매료시키기도 하는데, 이러한 8번 유형들은 어떤 일의 중심이 되는 것으로부터, 자신들이 발전시킨 강하고 힘이 넘치는 인간관계로부터, 자신들의 위치와 가치를 열렬하게 표현하는 것으로부터 자신들의 힘과 에너지를 얻는다.

●●●8번 유형의 날개와 화살표

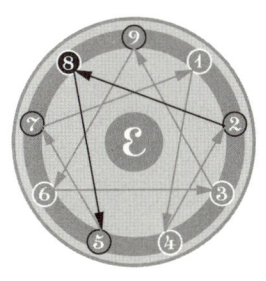

8번 유형들은 통제와 정의를 추구하고 그 어떤 방식으로도 취약함을 느끼거나 약하게 보이는 것을 회피하기 때문에, 누적된 만성적인 피로로 소진할 때까지나 병을 얻을 때까지 자신들을 거세게 몰아붙이는 공격성과 완강함으로 가차없는 일벌레가 될 수도 있다. 이런 시간 동안의 8번 유형들은 자신들을 위한 지지를 얻을 수

없는 것은 물론, 자신들을 가장 염려해주는 사람들조차 뚫고 들어갈 수 없을 정도가 된다. 이들의 날개(7번 유형과 9번 유형)와 화살표(5번 유형과 2번 유형)로의 접근은 8번 유형들이 지닌 특징들의 균형을 잡아준다.

■ 8번 유형의 날개

- **7번 날개** : 7번 날개를 가진 8번 유형들은 평소에는 더 많이 진지한 8번 유형의 관점에 쾌활함을 더해주고, 더 기분이 좋고 독립적이며, 더 대담한 경향이 있고, 실험과 향락을 위해 자신들의 개인적인 삶과 직업적인 삶 속에서 새로운 것들을 시도할 의향이 있다.
- **9번 날개** : 9번 날개를 지닌 8번 유형들은 대인관계에서 더 따뜻하고 차분하며 반응을 덜 나타내고, 더 합의를 도출해 내고자 하는 성향 때문에 다른 이들의 의견을 요청하고 듣는다.

■ 8번 유형의 화살표

- **5번으로 향한 화살표** : 5번과 연결된 8번 유형들은 특히 스트레스나 고통스러운 일들을 겪은 후나 큰 일들을 이루기 위해 자신들의 과도한 정신적, 정서적, 신체적 에너지를 소비한 이후 스스로를 재충전하기 위한 방법으로 혼자 있고 싶어하는 5번의 특징을 종종 사용한다. 5번과 밀접하게 연관된 8번 유형들은 다른 8번 유형들에 비해 더 내성적이고, 단지 배움의 즐거움을 위해 지적인 추구를 할 수도 있다.
- **2번으로부터 나온 화살표** : 2번과 밀접한 관계를 맺은 8번 유형들은 매우 따뜻하고 관대하며 솔직하다. 이들은 이런 연결고리가 없는 8번 유형보다 훨씬 더 부드러우며, 이들은 타인에 대한 깊은 수준의 공감을 보인다.

●●●8번 유형을 위한 세 가지 질문들

① 당신은 가끔 타인에게 (의도적이든 의도적이지 않든) 위협적일 만큼 겉으로는 강하고 대담한 특성을 지니고 있지만, 또 그것을 잘 드러내지는 않는 내부적으로는 취약한 면을 숨기고 있나요?

② 예를 들어, 당신은 일주일 동안 매일 하루에 2~3시간씩 운동을 하다가 그 다음 한 달 동안은 운동을 하지 않는다든가, 아니면 초콜릿 케이크 한 조각이 좋은 것이라면 케이크 한 판을 다 먹어버리는 것이 더 낫다는 식으로 과도하게 몰아 치우는 성향이 있나요?

③ 특히 불안하거나 취약하다고 느낄 때 강하고 적극적인 행동을 취해야겠다는 즉각적인 충동을 불러일으키나요?

8번 유형을 코칭할 때 고려할 점

강점의 영역	발달을 위한 영역	
• 직접적임	• 통제함	
• 전략적임	• 요구함	
• 방어적임	• 약함을 경멸함	
• 행동중심적임	• 위협함	

코칭 개요

비록 8번 유형의 coachee는 주로 크고 강하고 자신감이 있게 보이지만, 코칭을 위해 찾아오는 다른 에니어그램 유형의 사람들과 마찬가지로 종종 자신들의 대담한 외면 뒤에 숨겨진 걱정과 취약함을 느낀다. 8번 유형들은 자신들이 코치를 존중하고 신뢰를 하는 상황에서도 초기에는 이러한 내적 모습을 보이지 않으려고 하는 경향이 있다. 그렇지만, 이들은 결국 마음을 열게 될 것이다. 예를 들어, 만약 코치가 "당신은 정말 따뜻하고 예민한 분이시며 타인이 성공할 수 있도록 도와주려고 가던 길을 잠시 멈출 수도 있는 사람이네요."라고 말을 한다면, 그 말로 인해 8번 유형의 사람들을 불안하게 할 수 있다. 긍정적인 측면에서 이러한 정보가 사실이라는 것을 알 때, 8번 유형들은 그런 사실이 타인들에게는 명확하게 보이지 않는다고 생각할 수도 있다. 매우 긍정적인 모습으로 받아들여지는 것은 많은 8번 유형들이 스스로 취약하다고 느끼게 만들 수 있고, 이들은 눈가에 눈물을 보일 수도 있을 것이다. 코치가 "다른 사람들이 이와 같은 방법으로 당신의 가치를 인정하고 있다는 것을 당신은 알고 있나요?"와 같은 추가 질문을 하면 8번 유형으로부터 다양한 범위의 예기치 않은, 그러나 생산적인 정서적 반응을 이끌어낼 수 있다.

또한 8번 유형들은 정보가 진실되고 정확하다고 해도 부정적인 피드백을 받으면 매우 감정적이 되고 화를 낼 수도 있다. 이러한 상황이라면, 코치가 대응할 수 있는 가장 유용한 방법은 8번 유형으로 하여금 자신들의 감정을 완전히 표현하도록 놔두는 것이다. 8번 유형들이 이러한 강한 반응을 나타내서 정화되면, 이제 이들은 말할 준비가 되었다는 것을 시사하며, 종종 화를 낸 이후의 시간은 8번 유형으로 하여금 가치 있는 발전 기회를 제공하기도 한다. 코치는 다음과 같은 지지적이고 직접적인 질문이나 의견을 사용하여 8번 유형으로 하여금 다양한 범위의 생각과 감정, 행동을 탐색하도록 도울 수 있다.

- 무엇 때문에 당신은 강한 반응을 보이게 되었나요?
- 당신이 이러한 상황에서 주로 어떻게 반응하는지에 대해 더 말해주세요.
- 당신이 이런 반응을 할 때, 당신 내면에서는 또 무슨 일이 벌어지고 있나요?

8번 유형들은 정보를 뒷받침하기 위해서 주로 세세한 내용들을 이용하면서 가능한 한 큰 그림에 코칭의 초점을 맞추기를 원할 것이다. 이들은 작은 요소들에 초점을 맞추기 전에 핵심 이슈와 전체적인 패턴을 이해하기를 바라기 때문에 이러한 접근을 선호할 것이다. 또한 8번 유형들은 시간을 낭비하는 것을 좋아하지 않는다. 자신들이 사소한 것이라고 생각되는 것들을 되짚는 것은 매우 짜증나는 상황일 수도 있다. 어떤 8번 유형의 coachee는 "그냥 당신의 요점만을 간단히 말해 주세요."라고 자주 말한다.

또한 8번 유형들은 즉각적인 행동을 잘한다. 예를 들어, 8번 유형들은 큰 행동 계획을 세우지만, 이런 계획들은 적당한 시간 내에 성취하기에는 너무 원대할 수도 있다. 다른 예를 들자면, 8번 유형들은 무엇을 해야 할지를 모를 수도 있다. 이럴 경우, 이들은 자신들이 존중하는 코치에게 "제게 무엇을 해야 할지 말해주세요."라고 말할 수도 있다. 어떤 경우든지 코치는 8번 유형이 속도를 줄일 수 있도록 돕고, 자료를 다양한 관점에서 볼 수 있도록 고려를 한 다음, 발전을 위해 의미 있는 대화와 즉각 행동으로 옮길 수 있는 가능한 한 모든 실용적인 대안들을 찾을 수 있도록 충분한 시간을 가진 후, 관리할 수 있는 행동계획을 세워야 한다.

•••첫째 코칭 목표와 coachee의 동기를 확인하라

■ 목표 파악 : 8번 유형들에게 어떤 질문을 할 것인가

8번 유형들은 직설적이기 때문에 간접적인 질문을 받는 것은 시간낭비이거나 속임수라고 받아들인다. 즉 간접적인 질문을 받는 것을 좋아하지 않기 때문에, 코치는 간결하고 솔직한 질문을 코칭 관계의 초기에 물을 수 있고 또 물어야만 한다.

• 당신의 코칭 목표는 무엇입니까?
• 그 이유는 무엇입니까?

8번 유형 coachee들의 목표를 의논할 때, 코치는 8번 유형으로 하여금 아래에 설명된 주요 발달 동기 유발 요인들과 특정한 코칭목표들 간에 명백한 연결고리를 만들 수 있도록 도와야만 한다. 각 코칭 목표가 왜 중요한지 논의하다보면 이 연결고리는 coachee에게 분명해 질 것이다. 만약 그렇지 않다면 코치는 다음 두 가지 중 하나를 할 수 있다.

① 8번 유형에게 질문하라.
"당신이 이 목표를 성취하게 되면 어떤 개인적이고 직업적인 이익을 얻게 됩니까?"
② 목표와 동기 부여 요인과의 연결 고리를 직접적으로 설명해 주어라.
"이것이 당신의 엄청난 에너지를 관리하고, 또 가장 생산적인 방향으로 나아갈

수 있는 방법을 이해할 수 있도록 도와줄 거예요.

■ 8번 유형의 발달을 위한 주요한 동기 부여 요소들
• 가능한 한 넓은 폭의 관점을 바탕으로 진실을 파악하기.
• 타인들을 심리적으로 이해하기.
• 자신들의 행동에 대해 덜 죄책감을 가지며, 타인에 대해서도 덜 책임감을 느끼기.
• 취약하거나 약하다고 느낄 때라도 강함을 느끼기.
• 내면으로 폭발하거나 겉으로 폭발하지 않으면서도 자신들의 풍부한 에너지를 관리하기.

•••**둘째** coachee의 자기 숙달의 수준과 범위에 따른 적합한 코칭 접근법을 사용하라

coachee의 자기 숙달 수준을 확인하는 가장 좋은 방법은 358~360페이지의 박스에 제시된 세 가지 수준에 대한 모든 행동적 특징을 읽고 다음 질문에 대답하는 것이다.

① 이 사람의 평균적인 자기 숙달 수준은 어떠한가?

　□ 낮음 □ 중간 □ 높음
② 내가 알고 있는 것은 무엇이며 어떤 관찰 결과를 바탕으로 이와 같은 결론을 도출하게 되었는가?
③ 이 사람의 자기 숙달 정도는 어떠한가 즉, 개개인의 가장 높고 가장 낮은 수준은?
④ 내가 관찰한 것 또는 이러한 결론이 나오도록 다른 자료로부터 알아낸 것은 무엇인가?

■ 자기 숙달 수준이 높은 8번 유형들 - 진실 탐구자

• 핵심적인 이해

(취약성과 약함은 인간의 일부이고, 많은 진실은 진정한 진실에 도달하기 위해 융화되어야만 한다.)

높은 자기 숙달을 추구하는 8번 유형에 대한 도전은 오랫동안 숨겨진 취약성을 완전히 인지함으로 인해 자신들의 크고 역동적인 힘과 저장된 분노를 관리하는 방법을 배우는 것이다. 이 방법을 터득했을 때, 8번 유형들은 관대해지고, 강해지며, 속을 터놓게 되며, 편견이 없게 된다. 비록 여전히 직접적이고 솔직하겠지만, 직감은 물론 가슴과 머리로부터 말을 하게 될 것이고, 다른 의견을 요청하고 받아들이게 된다. 타인을 보호하려는 마음이 통제적인 것이 아니라 부드러운 것이고, 안정되고, 온화하며, 큰 자신감이 생긴다.

• 8번 유형의 자기 숙달을 강화시키기 위한 코칭 접근법들

(확장을 위한 격려와 추가적인 방법들을 제공하라.)

- 취약함을 보여줄 때마다 긍정적으로 강화하고 인정하며, 진정한 강함은 인간적인 모습을 보여주는 것도 포함된다는 점을 이들에게 상기시킨다.

- 따뜻함과 보살핌, 강력한 개인적인 힘, 열심히 일하는 것을 인정하고 감사하도록 한다.

- 직무와 프로젝트에 전념할 수 있는 힘과 추진력을 인정함과 동시에 이들이 스스로를 얼마나 잘 보살피고 있는지 물어본 다음, 스스로를 잘 보살필 수 있도록 정기적으로 도움을 준다.

- 업무 시 더 큰 과업, 프로젝트, 도전을 시작하기 전에 타인들에게 한 기여도뿐만 아니라 성공과 기쁨의 순간을 맛볼 수 있도록 돕는다.

- 요청을 할 때마다 이들을 위해 시간을 내어주고, 언제든 도움을 요청해도 된다고 말해준다.

■ 자기 숙달 수준이 중간인 8번 유형들 - 부동의 바위

• 주요 관심사

(자기 방위와 약한 모습을 보이는 것)

보통 수준의 자기 숙달을 지닌 8번 유형들은 자신들의 초조함과 화를 다스리려고 많은 노력을 들인다. 비록 이들은 예민하고 관대할 수는 있지만, 이들 역시 통제하고, 지배하려 하며, 공격적이 될 수도 있다. 금방 반응하며, 신속하게 행동으로 옮기고, 또한 타인으로부터도 즉각적인 반응을 기대한다. 이들은 분명한 의견을 가지고 있고, 이들의 존재감은 그들이 비록 조용히 있더라도 거의 항상 느껴진다. 그 결과, 타인들은 흔히 이들로부터 결정과 방향의 명확성을 찾고자 한다. 비록 8번 유형들이 자신들의 성취한 것에 대해 겸손하고 자주 공적인 자리에서 칭찬을 받으면 부끄러워하기도 하지만, 이들 역시 가치를 인정받고 존중받는 것을 좋아한다. 만약 큰 도전적 과제가 주어진다면, 이들은 그 기회를 놓치지 않는다. 만약 그 누구라도 이들 8번 유형들에게 강요하려 하거나 이들의 거대한 힘을 강제적으로 가두어두려고 한다면, 화가 나서 비난할 뿐 아니라, 병이 나기도 한다.

• 8번 유형의 자기 숙달을 강화시키기 위한 코칭 접근법들

(동기를 자극하고 구체적인 발달 행동을 제공하라.)

- 이슈들을 직접적으로 언급하라. 위협받는다고 느끼지 말고 완전한 진실을 말하라. 그렇지 않으면 8번 유형들은 당신을 신뢰하지 않을 것이다.
- 이들의 취약성과 관대함을 인정하고 분명하게 명시하라.
- 투명성을 확보하기 위해 정기적으로 대화를 하고 8번 유형이 통제 당한다는 느낌을 받지 않고도 코칭을 이어나갈 수 있도록 비전, 방향성, 방법 등을 정리하라.
- 8번 유형들이 과도하게 지배하거나 화를 낼 때, 이러한 행동들이 가면이거나 자신들의 취약함에 대한 덮개라는 점을 알 수 있도록 도와주라. 이러한 기저에 놓인 이슈들을 탐색하라.
- 8번 유형이 타인들에 대한 자신들의 강한 영향력에 대해 이해하는 것을 돕는

피드백을 제공하라. 이들이 타인에게 강한 영향력을 언제 미치는지 코칭하는 동안 발생했던 상황을 사용해서라도 그에 대한 구체적인 예를 제시하라.

■ 자기 숙달 수준이 낮은 8번 유형들－골목대장

• 핵심적인 두려움

(타인 때문에 자신이 다치거나, 통제 당하거나, 또는 과하게 취약해 지는 것)

낮은 수준의 자기 숙달을 지닌 8번 유형들은 파괴적이고 가혹한 행동과 화를 표출하면서 잔혹한 수준이 될 수도 있다. 무슨 짓을 하더라도 자신들의 적을 정복해야만 한다고 믿는 이들은 사람들에게 책임을 전가하면서 자신들의 행동을 정당화시킨다. 사실 다른 사람들을 질책하는 것은 자기 자신의 감정적인 취약성을 인지하지 못하는 이들의 무능력에서 비롯되는 것이다. 최악의 경우, 이들은 자신들의 폭발적인 화를 가두거나 통제할 수 없기 때문에 반(反)사회적 행동 또는 폭력적 행동을 하며 변질될 수도 있다.

• 8번 유형의 자기 숙달을 강화시키기 위한 코칭 접근법들

(지지해 주고 지침과 경계 영역을 제공하라.)

－ 8번 유형의 강렬한 힘의 정도에 걸맞게 문제가 있는 행동에 직접적으로 대하고 진실을 말해준다.

－만약 원한이나 복수로 인해 8번 유형의 반응과 행동을 부추기고 있다는 생각이 들면, 중립적인 방법으로 그러한 모습에 대해 질문한다.

－이들이 취약함을 느낄 때 흔히 스스로 취약함을 인정하지 않는다던가 화를 내거나 통제하려고 노력하는 식으로 취약함을 인정하지 않음을 보인다는 것을 기억해서, 이들에게 차분하고 명확한 방법으로 대응하고, 무엇이 이들의 반응을 가속화시키는지에 대해 이해할 수 있게 돕도록 노력한다.

－인간 관계를 맺기 위해 이들이 무엇을 생각하고 느끼는지에 대한 대화를 시작한다.

－8번 유형은 두려워하지 않는다. 이슈들을 직접적으로 언급하며 서로 존중할 수 있도록 한다.

8번 유형 coachee의 자기 숙달 수준에 대한 초기 사정이 이루어지면, 그 수준에 적합한 접근 방식을 숙지하고 coachee에게 가장 효과적일 것이라고 여겨지는 방식을 선택하라.

정확하게 사정하기 위해 충분한 시간을 들이고 충분한 자료를 모으는 것이 중요하다. 비록 어떤 8번 유형들은 자신들에 대해 자각을 하고 스스로에 대해 정확하고 확실하게 말할 수도 있지만, 어떤 8번 유형들은 스스로에 대해 정확하고 현실적인 관점을 가지지 못할 수도 있다. 또한 8번 유형은 얼마나 코치를 신뢰하느냐에 따라 직장에서 다른 사람들과 있을 때보다도 코치에게 훨씬 더 신뢰할 만하고, 인간적이며, 취약하게 보일 수도 있다. 결과적으로, 코치가 8번 유형 coachee로부터 직접 경험한 것 이외의 다른 출처의 자료를 가지는 것이 매우 도움이 되며, 가능하다면 8번 유형이 다니는 직장에서 8번 유형을 관찰하는 것 역시 매우 도움이 된다.

●●● 셋째 도전적 성장을 이끌어낼 수 있는 코칭 기술을 사용하라

다음 네 가지 코칭 기술에 대해 읽어가면서, 당신이 아는 몇몇 8번 유형들에 대해 생각해보고 그들에게 그 기술들을 어떻게 사용할 수 있을지를 생각해보는 것은 도움이 될 것이다. 8번 유형들이 많은 유사성을 가지고 있겠지만, 이들은 자기 숙달 수준, 감정 이입, 날개와 화살표의 사용, 하위 유형, 경험, 연령, 성별, 그리고 문화 등의 요소들에 따라 매우 다양함을 보인다.

또한 좀더 내성적인 8번 유형들은 명령조를 사용하고 자주 큰 목소리를 내는 경향이 있는 외향적인 8번 유형들보다 더 미묘한 방법으로 지휘권을 잡거나 주장하기도 한다.

■ 머리 중심 에너지를 사용하는 사람들의 도전 : "~라면 어떻게 될까?" 라는 질문

"~라면 어떻게 될까?"라는 도전적 질문은 coachee가 중요하고 존중되어져야 한다고 가정하는 상황에서 효과가 잘 나타난다 — 즉 그것은 정신모델이다. 이러한 가정은 coachee가 의심 없이 받아들이는 믿음과 패러다임의 일부이다. 8번 유형의 coachee가 명시적인 혹은 함축된 가정을 표현하는 것을 들은 후, 코치는 그와 관련된 "~라면 어떻게 될까?"라는 질문을 던질 수 있다.

8번 유형들은 주로 무조건 옳다고 믿는 몇 가지 핵심 전제를 가지고 있고, 무척 완고하게 이 가정들을 고수한다. 이런 이유로 인해, 이들은 특히 이런 분야에서 "~라면 어떻게 될까?"라는 도전에 강하게 저항할 수도 있다. 8번 유형에게 도전할 때, 코치들은 중립적인 태도로 "~라면 어떻게 될까?"라고 질문을 해야만 하고 동시에 이들의 중심을 잡아주고, 약하거나 일시적인 것처럼 여겨지지 않도록 해야만 한다. 코치의 딜레마는 8번 유형들이 도전받는 것을 좋아하지 않지만, 자신들과 직면하는 사람들의 강함과 용기는 존중한다는 것이다.

다음은 8번 유형들을 위한 세 가지 공통의 정신 모델과 코치가 각 가정에 대한 도전을 위해 물어야만 하는 질문들, 8번 유형이 코치의 도전에 대답했을 때 코치가 응답해야 하는 방법들을 제시하고 있다.

8번 유형들을 위한 "~라면 어떻게 될까?"라는 질문

■ 공통의 첫 번째 가정 – "작은 프로젝트를 하는 것은 완전히 시간 낭비이다."

• 코치의 도전적 질문

"만약에 그 작은 프로젝트가 큰 영향력을 가지고 있고 그 프로젝트가 시간을 굉장히 잘 활용하는 것이라면?"

• 코치의 도전적 질문 이후의 반응

– 만약 8번 유형이 "작은 프로젝트는 결코 큰 영향력을 가지고 있지 않아요."라고 말하면, "결코라니요?"라고 되묻는다. 만약 8번 유형이 여전히 구체적인 대답을 하지 않는다면, "당신은 작은 프로젝트로서 큰 영향력을 지닌 프로젝트를 단 한 번도 본 적이 없다고 말하는 건가요?"라고 묻는다.

– 8번 유형에게 사례를 제시할 때, "만약 큰 프로젝트들도 있지만 더 작은 프로젝트를 선택해서 큰 영향력을 줄 수 있었다면 어떻게 하시겠어요?"라고 묻는다. 대답을 들은 후, "그럴 경우 당신과 당신의 직장은 그 작은 프로젝트로부터 어떤 유익을 어떤 방법으로 받을 수 있었을까요?"라고 묻는다.

■ 공통의 두 번째 가정 – "나는 타인과 내 취약점을 공유할 수 없어요. 만약 공유한다면 그들은 나를 이용할 것이에요."

• 코치의 도전적 질문

"만약에 당신이 당신의 약한 모습과 취약점을 타인과 공유했고, 그들이 당신을 이용하지 않았다면?"

• 코치의 도전적 질문 이후의 반응

– 만약 8번 유형이 그러한 시나리오를 생각할 수 없다면, 그와 비슷한 맥락의 이야기를 해준 후, "혹시 이와 비슷한 일을 보거나 경험한 적이 있나요?"라고 말하라.

– 8번 유형이 있다고 대답을 한다면, 더 깊은 통찰력을 이끌어낼 수 있는 질문을 하라.

- 일반적인 세 번째 가정 – "나는 나의 분노를 다스릴 수 없어요."
  - 코치의 도전적 질문

    "만약에 당신이 당신의 화를 다스릴 수 있다면?"
  - 코치의 도전적 질문 이후의 반응
    - 만약 8번 유형이 그러한 시나리오를 생각할 수 없다면, "당신이 당신의 화를 다스릴 수 있었던 때를 생각할 수 있나요? 그 때 어떠한 긍정적인 결과가 있었나요?"라고 물어라.
    - 8번 유형이 구체적이고 긍정적인 반응을 보인다면, "이러한 결과가 당신에게 얼마나 중요한가요?"라고 물어라. 8번 유형이 대답을 한다면 바로 그 다음에 "당신이 이렇게 화를 더 많이 다스릴 수 있는 방법들에 대해 이야기를 해보죠."라고 말을 하라.

■ 가슴 중심 에너지를 사용하는 사람들의 도전 : coachee의 방어 기제를 탐색하라

- 8번 유형의 주요 방어 기제 : 부인(denial)

부인은 사람들이 어떤 존재를 수용하지 않음으로써 자신들의 걱정거리를 의식적으로 인정하지 않는 방어 기제이다. 부정에는 어떤 이유 때문에 8번 유형들이 받아들일 수 없는 생각, 감정, 소망, 감각, 욕구, 다른 외적인 요소들을 포함될 수 있다. 부인은 다양한 형태로 나타난다. 어떤 사람은 불쾌한 정보 그 자체의 존재를 부인할 수도 있고, 어떤 것이 진실이라고 인정하기는 하나 그것의 중요성을 부인하거나 최소화시킬 수도 있고, 또는 정보와 그것의 정도는 진실이라고 받아들이나, 그것에 대한 그 어떤 책임감을 부인할 수도 있다.

8번 유형들은 일상에서 정기적이라고 할 정도로 부인하지만 자신들이 오랫동안 불안, 취약성, 슬픔, 또는 강렬한 화를 느낄 때 더 강하게 부인한다. 부인의 몇 가

지 예는 자신들이 잘 할 의도가 없는 프로젝트를 하겠다고 동의하는 것, 결과에 상관없이 규칙이나 지시를 어기거나 무시하는 것, 아무런 피해가 없을 것처럼 음식이나 술을 지나치게 탐닉하는 듯한 행동을 하는 것 등이 포함된다. 더 직접적인 예를 들자면 어떤 8번 유형은 매우 몸이 좋지 않아서 자신의 건강에 큰 피해가 있음에도 불구하고 아무에게도 병에 대해 말하지 않고 그냥 일하러 나간다던가, 또 어떤 8번 유형은 돈을 많이 가지고 있다고 생각하고 자신들이 실제로 가지고 있는 돈보다 훨씬 더 많은 돈을 소비한다던가, 스스로가 매우 취약하다고 느끼지만 이러한 점을 스스로 받아들이거나 타인으로부터 인정받기를 원치 않고 오히려 화를 내는 것이 포함된다. 이러한 예들은 부정의 현실적인 증상이거나 종종 숨겨지는 부정의 표현이거나 8번 유형들이 가지고 있는 다음과 같은 깊은 발달과제들에 대한 방어책이다.

- 자신들이 상처를 입지 않는다거나 타인을 필요로 하지 않는 것처럼 털털하고 강하게 행동하기보다는 자신들만의 깊은 취약성과 지지가 필요하다는 것을 드러내는 것.
- 지속적으로 책임을 지고 타인이 자신들의 리더십과 강함에 의존하게 하는 것보다는, 타인이 자주적이고 통제할 수 있도록 허용하는 것.
- 자신들은 진실을 이해한다고 믿으면서 즉각적이고 일방적인 행동을 취하는 것보다는, 타인들의 의견을 수용하고 반응하는 것.

8번 유형의 부인이라는 방어 기제를 다루려면, 코치들은 간접적이고 직접적인 도전의 둘 중에 하나를 사용할 수 있다. 간접적인 도전이 더 많은 반응과 적은 저항을 이끌어내므로 간접적인 도전으로부터 시작하는 것이 더 유용한 편이지만, 만약 8번 유형이 준비가 되었거나 당신이 이 사람과 훌륭한 인간관계를 맺고 있다면 직접적인 도전이 더 큰 영향력을 발휘할 것이다. 8번 유형들은 일반적으로 솔직함을 선호하지만, 자신들이 취약하다고 느낄 때는 간접적인 도전이 더 효과적일 것이다. 그렇지 않으면 8번 유형들은 매우 대립적인 반응을 보일 수도 있다.

부인에 대한 간접적인 도전
"이 행동의 모든 결과에 대해 제게 더 말해보세요."

부인에 대한 직접적인 도전
"과도한 직무, 충분치 않은 수면과 운동, 건강한 사람을 무능력하게 만들 수도 있는 음식들 때문에 스스로 몸을 상하게 하지만, 그래도 당신은 이것들이 아무런 문제가 되지 않는 것처럼 행동하네요. 당신은 이것들에 대해 부정을 하고 있는 것 같아요."

부인

8번 유형들은 4개월 동안 계속해서 일주일에 70시간씩 일을 하고, 건강에 매우 좋지 않은 음식을 먹고 전혀 운동도 하지 않으면서 자신들을 완전한 탈진상태로 몰아가지만, 쓰러지기 직전까지 자신들의 신체적 상태에 대해 모를 수도 있다. 자신이 무적이라고 믿는 8번 유형들은 자기 스스로에게도 자신의 개인적, 신체적, 정서적 한계를 인정하지 않는다.

■ 배 중심 에너지를 사용하는 사람들의 도전 : "왜 당신은 그것을 하려고 하는가?"라는 질문

8번 유형 coachee들이 무엇인가를 변화시키기를 원한다고 말할 때, 이 질문을 하는 것은 이들의 욕구를 지지하는 도전의식을 자극하는데 효과적이다. 코치는 "왜 당신은 그것을 하려고 하는가?"라는 질문에 대한 강한 반응을 기대할 수도 있지만, 바로 그 이유로 이런 형태의 자극이 8번 유형을 코칭할 때 중요한 것이다.

이들은 흔히 어떤 행동을 취해야 할지 생각을 하자마자 바로 행동으로 옮기고, 특히 자신들이 스트레스를 받고, 불안하거나, 또는 취약하다고 느낄 때 대단한 긴급성과 긴박성을 가지고 행동에 임한다. "왜 당신은 그것을 하려고 하는가?"라는 자극은 특히 ① 8번 유형 coachee가 생산적인 행동을 취할 의도를 명백히 밝히거나 ② 8번 유형 coachee가 위험할 수도 있거나 자신의 최선의 이익에 반할 수도 있는 행동을 취할 의도를 표현할 때와 같은 두 가지 상황에서 유용하다.

한 가지 알아 둘 것은, 많은 8번 유형들은 순전히 자신들의 성격적 완력을 사용해 나쁜 생각들도 좋은 생각들처럼 들리게 만들 수 있다는 것이다. 코치들은 이런 가능성에 대해 민감해야 할 필요가 있고, 특정한 행동을 하는 것에 대한 가치를 좀 더 이해할 필요가 있으며, 8번 유형 coachee를 여러 번 자극하려는 의지를 가져야 한다.

8번 유형들을 위한 도전 "왜 당신은 그것을 하려고 하는가?"

- 생산적인 의도로 행동을 하려는 8번 유형 – "나는 빨리 행동으로 옮기려는 나의 충동을 낮추었으면 해요."
  - 코치의 도전적 질문
  "왜 당신은 행동으로 옮기려는 당신의 충동을 더 많이 통제하고자 하나요?"
  - 코치의 도전적 질문 이후의 반응
    - 만약 8번 유형이 대답을 생각해내지 못하거나 설득력이 없는 대답을 한다면, "방금 전의 대답은 당신이 정말로 이것을 하기를 원하는 것처럼 들리지 않네요."라고 말한다. 그리고는 대답을 기다린다.
    - 8번 유형이 설득력이 있는 반응을 보인다면, "그것은 당신에게 정말로 중요한 것처럼 들리네요. 이것에 대해 제게 더 말을 해주고, 왜 그것이 그리도 중요한지, 그것을 어떻게 할 것인지에 대한 당신의 현재 생각도 말해주세요"라고 말한다.

■ 비생산적인 의도로 행동하려는 8번 유형 – "나는 이 회사를 그만두고 싶어요."

• 코치의 도전적 질문

"왜 당신은 이 조직을 그만두고 싶어하나요?"

• 코치의 도전적 질문 이후의 반응

– 만약 8번 유형이 당신에게도 합리적인 이유를 든다면, "방금 전의 대답은 매우 좋네요."라고 말한다.

– 만약 8번 유형이 당신이 생각하기에 덜 합리적인 대답을 한다면, "당신은 이것을 하기를 원할 수도 있지만, 당신이 그렇게 생각하기 전에 그 결정이 당신에게, 직장의 다른 이들에게, 당신의 가족들에게 잠재적으로 미칠 부정적인 영향력을 고려해 볼 필요가 있어요. 그 행동은 그저 본능적이기 때문에. 차후에 그 행동에 대해 후회하고 싶어하지 않을 거에요."라고 말한다.

■ 역설적 도전 : 변형

대부분의 8번 유형들은 자신들이 복잡성, 체계, 근원 분석을 이해하기 때문에 역설적인 도전을 좋아한다. 이들은 매우 본능적이며 자신들이 무엇인가를 직접 경험할 때 그것을 가장 잘 이해하므로, 8번 유형 coachee들이 성공하기 위한 자신들의 가장 큰 장애물을 실감한 이후에야 역설적인 도전을 이용하는 것이 특히 중요하다.

코치가 역설을 제시한 이후, 8번 유형에게 그것에 대해 생각할 수 있는 조용한 시간을 주는 것이 필수적이다. 이들은 질문을 할 수도 있고 의견을 제시할 수도 있지만, 8번 유형들은 "그래서 제가 이제 이것을 어떻게 해야만 하는 거지요?"와 같이 간결하고 직접적으로 물어볼 가능성이 높다. 최고의 대답은 "이해하는 것이 첫 번째 할 일입니다."라고 말하는 것이다.

8번 유형의 역설

의약품 실험실의 관리자인 Ryan은 자신의 자료에 대한 피드백을 검토한 후, "매우 기분이 나쁘네요. 나는 공격적이지 않아요! 왜 사람들은 나에 대해 그렇게 말을 하는 거지요?"라고 자신의 상사에게 말했다.

상사는 Ryan의 반응에 놀라며 "정말 당신이 독단적이라는 것을 알지 못하는 것인가요?"라고 물었다.

Ryan은 조용해진 후 "그렇지만 내가 말하지 않는 것들도 많다고요. 만약 사람들이 내가 얼마만큼이나 생각하는 것들을 말하지 않고 참고 있는지를 알았더라면…"

역설에 대한 설명

8번 유형들은 자신들의 취약함을 포함해 있는 그대로의 모습으로 인정받고 완전히 지지받기를 원한다. 그렇지만 이들은 너무나 강하고, 독립적이고, 지배하는 것처럼 행동을 하기 때문에 매우 소수의 사람들만이, 연약하고 더 취약한 부분이나 보살핌과 확증을 요구하는 이들의 욕구를 볼 수 있다.

코치의 역설적 의견

"당신은 분명히 이것 때문에 초조하고 마음이 아프군요. 이것이 바로 딜레마에요. 당신은 강하게 보이지 않으려고 매우 노력을 하지만, 사실 강해요. 종종 당신의 부드러운 부분을 타인이 볼 수 있도록 하나요? 다른 사람들이 당신이 다른 사람의 지지를 필요로 한다는 것을 알고 있을 거라 생각하나요? 당신이 강함과 대담성을 가지고 사람들을 이끌 때, 사람들은 당신 역시 그들의 도움을 원하고 필요로 한다는 것을 이해하지 못할 수도 있다는 것을 볼 수 있나요?"

〈주의〉

자기 숙달 수준이 낮은 사람들은 역설에 내재한 애매모호함을 다룰 만큼, 충분히 심리적으로 안정적이지 않기 때문에 중간 수준부터 높은 수준의 자기 숙달 수준을 갖춘 8번 유형들에게만 역설적 도전을 사용하라.

8번 유형의 코칭 사례 연구 요약
Chris

●●● **코칭** 목표와 coachee의 동기를 확인하라

목표를 주어진 시간 내에 성취할 수 있도록 coachee의 핵심 동기 유발 요소들 중 한 가지 이상의 요소와 연결될 수 있도록 하라.

Chris는 더 구조적인 방법으로 자신의 분노와 격렬함을 다루기를 원하지만, 그녀가 원하는 것은 장기적인 인간관계를 맺고 가족을 갖는 것이다. 자신의 회사에서 부사장이라는 그녀의 지위와 업무 시간들을 고려해 보면, 사생활이 요구하는 시간을 내는 것은 상상하기 조차 어려울 지경이다. 왜 분노와 그 강도를 다루고 사생활을 갖는 것이 중요한지를 묻자, Chris는 "어떻게 연결되어 있는지는 잘 모르겠지만 어쨌든 두 목표는 서로 연결되어 있어요. 취약함을 느끼지 않도록 하기 위해 강해졌고 열정적으로 변했다고 생각하지만, 내가 더 많이 취약함을 보일 필요가 있는 것 같아요. 그렇지 않으면 나는 절대 깊은 인간관계를 맺을 수 없다는 것을 알아요."

●●●Coachee의 자기 숙달의 수준과 범위에 따른 적법한 코칭 접근법을 사용하라

coachee가 지닌 자기 숙달의 일반적인 수준과 범위를 결정하라.

Chris는 일반적으로 보통의 자기 숙달에서 높은 쪽에 있으나, 그녀는 거의 그 이상 수준을 갖지 않는다. 그녀가 매우 낙담하고 초조해지면, 가끔씩 보통의 자기 숙달의 낮은 범위에서 활동하곤 한다.

358-360페이지 박스에 나온 것들 중 coachee에게 가장 효과적일 수 있는 발달 접근방식을 선택하고 그것들을 시험해보라.

Chris는 자신의 삶을 위해 만족스러운 인간관계와 가족과의 관계와 더불어, 일하는 것도 포함되는 비전을 가져야 할 필요가 있다. 그녀가 가시적인 비전을 갖고 나면, 그녀가 취해야 할 필요가 있는 행동들을 결정할 수 있다. 코칭 세션 동안에는 그녀가 계속 취약한 모습을 보일 수 있도록 격려하고 이러한 행동을 진심 어린 방법으로 강화한다. 이후, 직장에서 그녀가 이미 신뢰하고 있는 사람들에게 더 취약한 모습을 보이도록 하고, 그 다음 그녀가 잘 모르는 사람들에게도 취약한 모습을 보이도록 한다. Chris는 자신이 누군가를 신뢰하면 매우 사적인 정보를 털어놓고, 그녀는 직장에서도 적당하게 자신에 대한 이런 모습을 보일 필요가 있다. 그녀는 인간관계의 특성에 따라 다른 사람들과도 자신에 대해 서로 다른 양만큼 함께 나눌 수 있도록 선택적으로 취약해지는 방법을 배울 필요가 있다.

●●● 도전적 성장을 이끌어낼 수 있는 코칭 기술을 사용하라

이 장에서 언급된 각각의 네 가지 코칭 기술을 어떻게 이용할 것인지에 대해 계획을 하고 코칭 과정에서 적절한 때에 그것들을 사용하시오.

■ 머리 중심 에너지를 사용하는 사람들의 도전적 질문 : "~라면 어떻게 될까?"

coachee가 말하거나 넌지시 내비친 말들 중, 당신이 도전할 수 있는 어떤 정신 모델이나 가정에 대해 들었는가? 당신은 "~라면 어떻게 될까?"라는 도전적 질문을 어떻게 표현할 것인가?

다음과 같은 문제제기는 Chris에게 효과적일 것이다.

"만약에 당신이 정말 그 모든 것을 가질 수 있다면?"

"만약에 당신이 1년 안에 당신의 분노와 그 강도를 관리하는 방법을 배울 수 있고 멋진 인간관계를 발전시킬 수 있다면?"

"만약에 당신이 그 모든 것들을 할 수 있는 많은 기술과 자질을 이미 가지고 있지만, 그런 사실을 알지 못하고 있는 것뿐이라면?"

■ 가슴 중심 에너지를 사용하는 사람들의 도전적 질문 : 방어 기제의 평형을 유지하라

coachee가 특정한 방어 기제를 사용하는 것을 언제 관찰할 수 있었는가? 직접적인 도전과 간접적인 도전 중 어떤 것이 더 효과적일까? 당신은 이 방어 기제에 관한 도전을 어떻게 표현할 것인가?

Chris는 개인적으로 인간관계를 갖는 것은 자신에게 중요하다는 것을 부정해왔지만, 이러한 태도는 변했다. 그녀는 현재 자신이 얼마나 열심히 일하고 있고 그 일이 자신에게 미치는 영향력에 대해 부정을 하고 있을 수도 있다.

간접적인 도전적 질문

"당신은 지난 2개월 동안 정말 매우 열심히 일을 해온 것처럼 보여요. 직장에서나 집에서 하루에 몇 시간 동안 일을 하고 있다고 생각해요? 일로 인해 스스로 희생해야 하는 것은 무엇인가요? 당신은 얼마만큼의 휴식을 취하나요?"

직접적인 도전적 질문

"당신이 어느 정도의 업무 압박을 받는지, 스스로가 알려고 하지 않는다고 생각해요. 일주일에 어느 정도 일을 하고 있고 사실 얼마나 지쳐있는지에 대해서도 당신은 부정을 할 거에요."

■ 배 중심 에너지를 사용하는 사람들의 도전적 질문 : "왜 당신은 그것을 하려고 하는가?"

coachee는 앞으로 어떤 행동을 할 계획이라고 말했는가? 당신은 이것이 현명한 행동 과정이라고 생각하는가? 이에 대해서 "왜 당신은 그것을 하려고 하는가?"라는 도전을 어떻게 표현할 것인가?

"왜 당신은 당신의 분노와 그 강도를 다루기를 원하나요?"

"왜 당신은 인간관계와 가족을 갖기를 원하나요?"

■ 역설적 도전 : 변형

당신은 coachee 안에서 어떤 역설을 관찰했는가? 가장 의미 있는 것을 선택하라. 당신은 이 역설적 도전을 어떻게 표현하겠는가?

"당신은 멋지고 지속적인 인간관계를 원한다고 말하지만, 당신은 너무 지나치게 일을 하고 있어서 인간관계는 커녕 스스로를 위한 시간도 없을 만큼 너무 몰아붙이고 있어요."

주의
역설적 도전은 높은 자기 숙달이나 보통의 자기 숙달을 가진 8번 유형들에게만 적용되어야 한다. 낮은 자기 숙달을 가진 사람들은 역설의 복잡함과 이정도 수준의 역설의 모호함을 다룰 만큼 심리적으로 안정적이지 않을 수도 있으며, 깊은 수준이나 복잡한 역설은 이들의 초조함을 높일 수 있다. 덜 강력한 역설은 이러한 coachee들에게 사용할 수는 있지만, 그렇더라도 코치들은 조심성을 가지고 역설을 사용해야 할 것이다.

8번 유형들을 위한 발달 활동들

코치들은 다음의 활동들을 8번 유형 coachee에게 제안할 수 있다.

●●● 핵심 이슈 : 행동으로 옮기고자 하는 당신의 추진력을 늦춰라

예를 들어 의견을 제시하는 것, 누군가에게 무엇을 하라고 권하거나 요구하는 것, 또는 어떤 일이라도 바로 하려고 하는 것 등 행동으로 옮기고자 하는 당신의 추진력을 매번 느낄 때마다 스스로를 멈추고 내안의 무엇 때문에 이렇게 빨리 앞으로 나아가고자 하는 것인가? 만약 내가 지금 당장 행동으로 옮기지 않는다면 무슨 일이 일어날까? 하고 생각해보라.

●●● 날개와 화살표를 통한 확장

■ 7번 날개 : 기운을 내라

대개 8번 유형들은 생각을 행동으로 변화시키고 어떤 일들이 잘 진행될 수 있도록 자신들의 일과 삶에 큰 열정을 가지고 접근한다. 8번 유형들은 평소 같으면 바로 행동으로 옮겼겠지만 가끔은 잠시 멈춰서 기운을 내는 방법을 배울 수 있다. 이런 휴지 기간 동안, 스스로에게 "지금 이 상황에서 긍정적이거나 매력적인 어떤 것이 나타나고 있는가? 나는 어떤 흥미롭거나 재미있는 일을 알아차릴 수 있는 가?"라는 두 가지 질문을 해보라.

■ 9번 날개 : 수용성을 배워라

8번 유형들은 종종 거의 순간적인 평가를 내린 후 즉각적으로 반응을 한다. 수용성을 기르기 위해서는, 우선 자신의 내부로 들어가서 자신의 반응을 검토해야 할 필요가 있다. 그 이후, 다음과 같이 스스로에게 말해보라. 내가 어떤 특정한 반응을 보인다고 해서 꼭 내가 알아야만 하는 모든 것을 알고 있다는 것을 뜻하는 건 아니다. 다른 사람에게 행동을 보이는 것이 아니라, 내 자신의 반응을 먼저 따로 떼어내는 것이다. 그리고 나서, 다른 사람이 나에게 말하고자 하는 것을 귀기울여 듣는 것이다.

■ 5번으로 향한 화살표 : 당신의 에너지를 재충전하기 위해 정기적으로 휴식시간을 가져라

꾸준하게 일주일에 한 번, 당신 자신을 위해 3시간을 내라. 이 시간을 당신의 스케줄 속에 넣고 무슨 일이 있든지 그 시간을 지켜라. 이 3시간 동안, 예를 들어 짧은 골프 게임이나 숲 속에서 산책을 하거나, 아니면 좋은 책을 읽는 것과 같이 스스로를 편안하게 해줄 만큼 당신이 진정으로 즐거워 할 수 있는 무엇인가를 하라.

당신은 이런 휴식이 당신의 배터리를 재충전해주고 당신 스스로를 혹사시키는 경향을 줄일 수 있다는 것을 알게 될 것이다.

■ 2번으로부터 나온 화살표 : 다른 사람들 안의 최고를 인정하라

당신이 누군가와 상호작용을 할 때, 적어도 이 사람이 가지고 있는 두 가지 긍정적인 모습을 생각한 후, 이 사람과 상호작용을 할 때마다 그 특성들을 계속 마음속으로 생각해라. 당신이 딱히 좋아하거나 존중하지 않는 사람들과 함께 할 때 세 가지 긍정적인 자질을 생각할 수 있도록 해라. 이런 활동을 2주간 한 이후, 적어도 매일 두 사람에게 진심 어린 칭찬 한마디를 하는 연습을 하라.

■ 의사소통 : 명령조의 어투를 바꿔라

특정 상황을 정리하고 조직하며 지휘하게끔 전달하는 그 어떤 생각이나 표현도 덜 지시적이고 우발적인 표현으로 바꿔라. 타인들로부터의 반응을 인지하고 계속 반응을 보이도록 요청하라. 예를 들어, 우선 오직 명사와 동사만을 가지고 서술적인 문장들을 사용하는 대신에, 더 많은 형용사와 부사를 사용하는 식으로 문장 구조에 변화를 주라.

■ 갈등 : 자기 발달을 위해, 더 깊은 사안들에 대해서 당신의 분노를 해결책으로써 이용해라

분노 밑에 깔려 있는 것에 대해 오랫동안 자세히 살펴보면 큰 도움이 되는 많은 유용한 정보를 발견하게 될 것이다. 이렇게 항상 당신에게 있어 가장 불편한 영역인, 흔히 깊숙이 숨겨져 있는 취약성을 살펴볼 수 있게 해 줄 것이다. 통제 필요성, 정의에 대한 집요함, 가장 큰 도전을 해결하고자 하는 열망과 같은 문제를 살펴보고 중요한 방법으로 일들을 진전시켜나가면 거의 항상 취약성이라는 근본적인 문제로 이끌어줄 것이다.

■ 팀 : 지배가 아닌 당신의 영향력을 이용해 협력적인 팀을 발전시키고
　지지해라

처음부터 팀에 지시를 내리는 데 도움을 주는 것이나 관망하는 자세로 팀을 지켜보는 것보다, 팀의 방향을 명확하게 할 수 있도록 다른 팀원들과 협력적으로 일을 하고, 팀원들이 서로 더 잘 알 수 있도록 도움을 주는 것과 같은 특별한 노력을 해라.

■ 리더십 : 중요한 일들이 생길 수 있게 하는 리더십 재능을 존중하고, 모
　든 직원들이 안전하고 존중받는다는 느낌을 갖도록 만들 수 있는 당신
　의 능력을 향상시켜라

당신이 책임지고 있는 어떤 것이 계획한 대로 성공하지 않을 경우, 당신의 목소리 톤과 질문 내용, 일반적인 접근 방식들로 인해 타인으로부터 비난받는다는 느낌을 받지 않도록 노력한다. 비난받는다는 인식은 솔직한 대화와 효과적인 문제해결을 줄인다. 또한 매일 스스로에게 "내가 누구의 말을 귀기울여 듣지 않고, 무슨 말을 귀 기울여 듣지 않는가?"를 물어보라.

11

에니어그램 9번 유형 코칭하기

9번 유형들은 평화, 조화, 긍정적인 상호 존중을 추구하며,
갈등, 긴장, 적의를 싫어한다.

중심에너지 : 배

9번 유형을
확인하는 방법

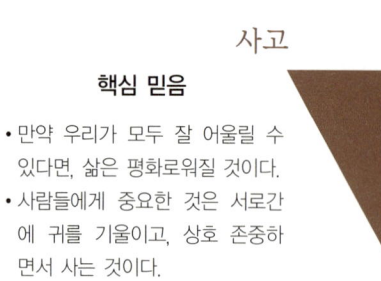

사고

감정

행동

핵심 믿음

• 만약 우리가 모두 잘 어울릴 수 있다면, 삶은 평화로워질 것이다.
• 사람들에게 중요한 것은 서로간에 귀를 기울이고, 상호 존중하면서 사는 것이다.
• 결정을 내리기 전에 모든 관점에서 생각해보고 모든 사람의 생각을 받아들이는 것이 최선이다.

정서적 패턴

• 낮은 범위부터 중간 범위까지도 강한 감정 경험을 하기는 하지만, 늘 안정되고 차분한 태도를 보여준다.
• 분노가 잠재의식 수준에서 가지고 있어서 자신들이 화를 내고 있다는 것조차도 모를 때가 종종 있다.

직장에서의 행동

• 확언해주고, 가까이 다가갈 수 있으며, 촉진한다. • 명확하고, 구조적인 과정과 세부사항을 좋아한다.
• 압박을 느낄 때 수동-공격적이 될 수 있다. • 타인과의 갈등을 회피한다.
• 열정적으로 섞이고 녹아든다.

●●● **"침**착한 사람"

9번 유형들은 통제받는 것에 대처하기 위해 비직관적인 방법으로 자신들의 배 중심 에너지를 사용한다. 이들은 다른 사람들이 자신들을 통제하지 못하게 하면서, 이렇게 할 때 비주장적이며, 침착하며, 원만하게 한다. 비록 9번 유형들이 궁극적으로는 자신들이 선호하는 시간대에 원하는 것들을 하기는 해도, 타인들과 갈등을 일으키는 것을 피하고자 한다. 그 결과, 9번 유형들은 자신들이 정말로 원하는 것이나 생각하는 것에 대해 스스로나 타인이 알지 못하도록 하는 것, 무엇인가를 하겠다고 암묵적으로 동의한 다음에 하지 않는 것, 간접적으로 스스로를 표현하는 것, 그리고 또는 온화하고 기분이 좋게 지내는 것 등 여러 방법으로 통제를 하곤 한다. 논쟁의 여지가 있는 사안에 대한 이들의 생각을 물어보면, 의견을 제시하거나 이 주제에 대해 논의하기를 원하지 않는다고 말하는 것이 아니라, 9번 유형들은 기분 좋은 목소리 톤과 미소, 소리 내어 웃으면서 "아, 저는 이것에 대해 사실 생각을 해본 적이 없네요."라고 말을 할 수도 있다.

●●● **9**번 유형의 정서적 패턴

- 낮은 범위부터 중간 범위까지도 강한 감정 경험을 하기는 하지만, 늘 안정되고 차분한 태도를 보여준다

마음이 편하고 붙임성이 있는 9번 유형들은 자신들이 어떤 감정을 느끼게 될지라도 가장 강한 감정들을 자기 안에 가둬둔다. 그 결과, 사실은 강한 감정을 느끼고 있을 때라도 대부분의 9번 유형들은 낮은 범위부터 중간 범위의 강한 감정을 느끼고 경험한다. 자신들의 몸짓을 상냥하고 중립적으로 유지하며, 얼굴 표정과 목소리 톤에는 약간의 변화만을 주는 9번 유형들은 한결같고, 부드러우며, 긍정적으로 보

인다. 9번 유형들이 종종 동의하는 것처럼 보이고 정서적 반응에 있어서 몇 가지의 변화만을 보이기 때문에, 타인들은 이들을 매우 접근하기가 쉽다고 인식해서 9번 유형들이 다양한 사람들과 쉽게 친밀하고 조화된 관계를 형성할 수 있게 된다.

■ 분노를 잠재의식 수준에서 가지고 있어서 자신들이 화를 내고 있다는 것조차도 모를 때가 종종 있다

비록 9번 유형들이 타인들간의 갈등을 중재하고 해결하는 것을 좋아하기는 하지만, 이들은 스스로 화를 느끼는 것을 좋아하지 않는다. 그 결과, 9번 유형들은 화를 경험하는 것은 물론 화를 직접적으로 표현하지 않도록 한다. 사실 자신이 지금 화를 내고 있다는 점을 인식하는데 있어 9번 유형들은 대부분의 사람들에 비해 2~3배 더 오랜 시간이 걸린다.

●●● 9번 유형의 직장에서의 행동

■ 확언해 주고, 가까이 다가갈 수 있으며, 촉진한다

9번 유형들은 태평스럽게, 개인적인 판단을 하지 않으며, 절충을 잘 하는 것처럼 보이며, 또한 의견에 대해 긍정적인 표시를 하거나, 고개를 끄덕이고, "음-" 하고 말해줌으로써, 다른 사람들의 의견을 지지한다는 행동을 보여준다. 하지만, 항상 동의한다는 것을 의미하는 것은 아니며, 단지 다른 사람들이 말하는 것을 그저 듣고 있을 뿐이라는 것을 보여준다. 이들의 내적 긴장과 비판적인 생각들은 거의 타인에게 명백하게 드러나지 않기 때문에 9번 유형들은 겉에서 보이는 것처럼 항상 편안하게 판단하는 것이 아닐 수도 있다. 또한 9번 유형들은 포괄적이고, 협력적이며, 촉진을 한다. 즉 9번 유형들은 말하는 사람으로 하여금 그들이 말하는 것을 다 듣고 있다는 것을 느낄 수 있을 만큼 모든 이들의 의견을 다 듣기를 원한다.

■ 명확하고, 구조적인 과정과 세부사항을 좋아한다

9번 유형들은 그들의 삶에서 돌발적이지 않고 리드미컬하게 돌아가는 일상과 판에 박힌 일상을 즐기며, 집과 직장에서 활동하는 과정을 창조하는 것을 좋아한다. 나아가 또한 9번 유형들은 과제와 프로젝트에 포함된 운영의 세부사항을 이해하고 체계화시키면서 큰 그림을 소화시키기 때문에 세부적인 사항도 좋아한다.

■ 압박을 느낄 때 수동－공격적이 될 수 있다

9번 유형들은 통제를 받는다거나 압박을 받는 느낌을 싫어하지만, 동시에 누군가가 이들에게 무엇을 해 달라고 요청했을 때 정말 그 일을 하기 싫을 때라도 싫다라는 말을 하는 것을 힘들어 한다. 예를 들어, 그 일을 좋아하지 않을 수도 있고, 그 일을 하기에는 너무 바쁘거나, 자신들에게 요청해온 그 방식을 싫어할 수도 있다. 하지만, 이들은 거의 "No"라고 대답을 하지 않거나 직접적으로 의견을 내세우지 않는다. 그 대신, 이들은 "Yes"라고 말하지만 사실 그 의미는 "No"일 수도 있고, 아니면 "Yes"라고 말했지만 시간을 끌면서 일을 차일피일 미룰 수도 있다.

■ 타인과의 갈등을 회피한다

9번 유형들은 타인이 자신들에게 화를 내는 상황을 싫어하면서도 자신들은 다른 사람이 화가 나도록 하는 행동을 할 수는 있는데, 예를 들어 자신들의 의견을 직접적으로 제시하지 않던가 원하는 것을 말하지 않는 것이 그것이다. 또한 9번 유형들은 매우 자주, 또는 매우 큰 분노를 느끼지 않도록 스스로를 억제하면서 스스로의 감정이 표출되는 것을 최소화한다. 그렇지만, 타인들이 문제를 해결하려고 할 때 도와주는 것을 즐거워하고, 갈등을 겪고 있는 사람들과 공감대를 형성하며 경청하고 이들과 공통분모를 찾도록 돕는 데 있어 대체로 능숙한 편이다.

■ 열정적으로 섞이고 녹아든다

9번 유형들은 자신들이 좋아하는 사람 및 물건과 연결되었다는 느낌을 좋아하고 강한 라포(rapport ; 친밀하고 조화된 관계)를 형성하는 것을 좋아한다. 이들은 조화로운 상황에서 긍정적이고 흥미로운 태도를 가진 사람들과 함께 있을 때에는 에너지를 느끼면서 녹아들 듯이 매우 잘 어울린다. 그 대신에 만성적으로 부정적이고 투정을 하는 사람들로 둘러 쌓여 있을 때나 사람들 사이에 해결할 수 없는 부조화가 있을 때 마음속으로 스트레스를 받는다.

유명한 9번 유형들

월터 크롱카이트   "진실을 추구하려면, 양쪽의 이야기를 다 들어야만 한다."
(Walter Cronkite)   "원래 다 그런 거예요."
달라이 라마   "가능한 늘 친절하게 행동하세요. 그건 늘 가능해요."
(Dalai Lama)   "우리 삶의 목적은 행복해지는 거예요. 나는 왼쪽이나 오른쪽,
드와이트 D. 아이젠하워   어느 쪽이든 빈민굴로 가는 사람들을 "몹시 싫어하고, 중심에
(Dwight D. Eisenhower) 있는 사람들에게는 돌을 던져요."
                       "항상 그 일을 맡되, 절대로 혼자서는 맡지 마세요."

●●● 하위 유형들 : 9번 유형의 세 가지 변형들

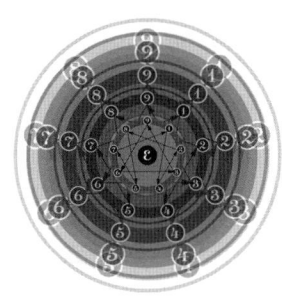

조화와 편안함을 유지하고 갈등을 피하기 위해 9번 유형들은 무기력하게 되거나 자신들만의 깊은 감정과 욕구, 충동에 주의를 기울이지 않으므로 자기들이 무엇을 생각하고 원하는지, 어떤 행동이 옳은 행동인지를 잘 알지 못하게 된다. 9번 유형들의 이러한 특성들은 하위 유형이라고 부르는 세 가지 뚜렷한 방식으로 설명된다.

① 셀프형 하위 유형의 9번 유형들은 자신에게 주의를 기울이지 않으려는 방식으로 주로 판에 박힌 듯이 일상적이고 주기적인 일을 하며 유쾌한 활동을 한다. 이런 반복적인 활동들 때문에 더 많고 중요한 일에 주의를 기울이지 못하고 놓치게 된다. 대다수의 셀프형 9번 유형들은 수집 욕구가 있고 더 많이 수집할수록 욕구는 더 커진다.

② 그룹형 하위 유형의 9번 유형들은 자신들에게 집중하지 않기 위한 방식으로 집단과 조직을 위해 매우 열심히 일을 하거나, 그런 집단을 지지하거나 소속하여 일한다. 그래서 이들은 일반적으로 매우 친근하며, 무엇인가의 일부라고 느끼기를 바란다. 이것은 서로 조화롭지 않아서는 안 된다는 기본적인 감정에 그 바탕을 두고 있기 때문이다. 그러므로, 9번 유형들은 타인을 위해 스스로를 희생하고, 그 결과 자신들이 경험하는 고통과 스트레스, 과다 업무에 대한 표현은 거의 나타내지 않는다.

③ 파트너형 하위 유형의 9번 유형들은 자신들만의 생각과 감정, 욕구에 주의를 기울이지 않기 위한 방식으로 자신들에게 중요한 사람들과 가까이 지낸다. 그래서 자신들만의 깊은 욕구와 분리되고, 자신들만의 의도와 성취를 중요한 다른 사람들의 것과 혼동하게 하는 결과를 초래하게 된다.

●●●9번 유형의 날개와 화살표

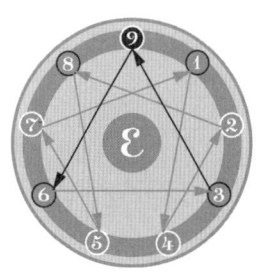

9번 유형들은 조화와 편안함을 간절히 원하고 지나치게 갈등을 피하기 때문에, 매우 유순할 수 있고, 자신들의 본질적 힘과 조직의 영향력을 평가하는 데 어려움을 지니게 된다. 대부분의 상황에서 자신들의 의견을 주도적으로 내놓는 것을 꺼려하고, 이에 따라 궁극적으로 자신들이 원하고 필요로 하는 것들이 무엇인지를 모르게 되며, 결과적으로 수동적이고 타성적으로 변하게 된다. 이들의 날개 (8번 유형과 1번 유형)와 화살표(6번 유형과 3번 유형)로의 접근은 9번 유형들이 지닌 특징들의 균형을 잡아준다.

■ 9번 유형의 날개

• 8번 날개 : 8번 날개를 가진 9번 유형들은 더 상황을 통제하려고 들고 견실함과 강인함을 보여주지만, 여전히 타인의 의견을 듣고자 하는 욕구를 가지고 있다. 아주 강한 8번 날개를 가진 9번 유형이라면 강한 반대의견에 부딪히게 되면 자신들만의 관점을 더 쉽게 주장할 것이고 빠르고 명확한 결정을 내리게 될 것이다.

• 1번 날개 : 1번 날개를 지닌 9번 유형들은 세부적인 것에 더 주의를 기울이고 더 규칙적이며 정확하다. 비록 9번 유형들이 종종 자신들의 주의력이 분산되기는 하지만, 1번 날개를 가졌을 경우에는 이들의 전반적인 주의력, 예리함 그리고 판별력이 더 높은편이 될 것이다.

■ 9번 유형의 화살표

• 6번으로 향한 화살표 : 6번과 연결된 9번 유형들은 자신과 타인, 주변 상황에

대한 통찰력의 수준이 높으며, 생각을 많이 하고 동시에 말로 표현하는 성향
이 있다.

- 3번으로부터 나온 화살표 : 3번과 강한 관계를 맺은 9번 유형들은 더 강하게
목표에 집중을 하고 결과 중심적이다. 그래서 편안함과 편안한 활동만을 추구
하며 마음이 흐트러지는 것에서 더 앞으로 나아가며, 삶과 일에 있어 행동주
의적인 접근을 한다.

●●●9번 유형을 위한 세 가지 질문들

① 당신은 자동적으로 타인들의 긍정적인 에너지 속으로 섞이거나 녹아들지만,
당신의 주변에 부정적인 것들과 분노 및 해결되지 않는 갈등들이 있을 때는
스트레스를 받나요?
② 사람들은 거의 모든 상황에서 당신이 접근하기 쉬운 사람이며, 판단을 잘하
지 않는다고 여기나요?
③ 당신은 자신의 의견, 특히 그 의견들이 어떤 면에서는 논쟁의 여지가 있는 것
처럼 보일 때 그 의견을 표현하는 것이 매우 힘이 드나요?

9번 유형을 코칭할 때 고려할 점		
강점의 영역	**발달을 위한 영역**	
• 절충적임	• 갈등을 회피함	
• 느긋함	• 단정적이 못함	
• 수용함	• 꾸물거림	
• 붙임성이 있음	• 우유부단함	

코칭 개요

일반적인 상황에서도, 9번 유형 coachee들은 코칭 경험에 완전히 참여하기 전에 코치와 강하게 연결되어 있다고 느껴야 한다. 라포에 대한 이러한 욕구는 이들이 건설적인 또는 부정적인 피드백을 듣게 되고 스트레스를 느낄 때는 더욱 그러하다. 코치들은 다음과 같은 행동을 통해 9번 유형의 불안감을 줄이는 행동을 취할 수 있다. 코칭 미팅을 시작할 때 서로 흥미가 있는 주제에 대하여 편안하게 대화하는 시간을 갖는 것, 코치의 몸짓과 목소리 톤에서 존중함을 느낄 수 있도록 하는 것, 피드백을 할 때 압도당하지 않도록 속도를 조절하여 맞추는 것, 미팅 중에 규칙적인 시간적 간격을 두고 어떻게 반응하고 있는지를 물어보는 것 등이다.

9번 유형들은 주로 특히 이들이 받는 정보가 부정적이거나 논쟁의 여지가 있을 때 주요한 이슈에 대하여 여러 가지로 해석함은 물론, 아주 특정한 세부사항들을 포함하여 피드백하고 코칭적으로 논의하는 것을 선호한다. 이런 모습은 9번 유형들이 정보를 처리하는 방법을 반영하는 것이며, 이 과정을 통하여 이들이 불공평하게 비판당한다는 느낌을 덜 받도록 한다. 또한 9번 유형들은 일반적으로 어떤 일을 하라고 지시 받는 것을 좋아하지 않으며, 따라서 피드백이나 제안사항을 어떤 행동을 취하라고 하는 지시사항으로 받아 들일 수도 있다. 이럴 때, 9번 유형 coachee들은 자신이 그렇게 할 의지가 없다는 표시로 어떤 행동을 취하겠다는 식으로 코치에게 말하거나 넌지시 내비치는 수동-공격적인 모습을 보일 수도 있다.

9번 유형 coachee들이 행동으로 옮길 준비가 되었으면, 코치는 가장 중요한 이슈들을 확정하고 우선순위화한 다음, 다음 순서로 이행해야 할 행동을 결정할 수 있도록 이들을 도우면서 가치있는 지원을 제공할 수 있다. 우선순위를 정하는 것은 할 일을 미루고, 한 프로젝트를 하다가 다른 프로젝트를 하거나, 한 가지 일을 하다가 다른 과제나 또는 중요한 일을 하는 경향이 있기 때문에 대부분의 9번 유형들에게는 아주 중요한 도전적 과제가 된다. 이런 이유로 인해, 코치가 9번 유형 coachee들에게 주요 이슈와 바람직한 행동을 우선순위화하도록 돕는 것은, 이들로 하여금 자신들의 주의를 흐트러뜨리고, 자신들의 우선순위를 혼란스러워하며, 확고한 모습보다는 비활동적인 모습을 강조하는 9번 유형 coachee들을 지지할 수 있다.

●●● 첫째 코칭 목표와 coachee 동기를 확인하라

■ 목표 파악 : 9번 유형들에게 어떤 질문을 할 것인가

9번 유형들에게 있어 자신들의 코칭 목표를 명확하고 행동으로 옮길 수 있는 용어로 정의하는 것은 코칭 과정 동안 그런 목표가 자신들에게 구체적인 이정표가 되기 때문에 특히 중요하다. 처음에, 9번 유형들은 자신들이 정말로 원하는 것이 무엇인가를 분명하게 인식하는 데 어려움이 있을 수도 있으므로, 코치가 이러한 특성을 고려하여 코칭으로 돕는 것은 이들의 성장과 변화 과정에 있어 중요한 단계가 된다. 통상적으로, 9번 유형들은 자신들에 대해 별로 주의를 기울이지 않고,

코치의 주의와 집중을 즐길 수도 있지만, 9번 유형들은 정말로 자신들의 요구와 욕구, 계획에 집중하는 방법을 배울 필요가 있다. 다음의 질문들은 코치는 9번 유형 coachee들이 정말 코칭 경험으로부터 가장 원하는 것이 무엇인지를 분명하게 파악할 수 있도록 돕는다.

- 우리가 함께 할 코칭을 위해 당신과 당신의 욕구와 목표에 대해 저에게 말해 보세요.
- 이것들이 당신에게 중요하다는 것을 알 수 있네요. 왜 이것들이 그렇게 의미가 있는지 제게 얘기해줄 수 있으세요?

위에서 언급한 질문들은 직관적이지 않고, 참여를 할 수 있는 방법으로 표현되어 있다. 예를 들어, '우리 그리고 함께' 라는 말을 사용해서 9번 유형 coachee와 코치가 코칭 과정에 있어 서로 협력적으로 일을 하게 될 것이라는 점을 전달한다. 또한 코칭의 중심은 코치가 아니라 9번 유형의 coachee에게 있다는 것을 말하는 함축적인 방법으로써 당신이라는 단어가 자주 사용된다. 이것은 다음 두 가지 목적을 갖는다. 우선, 9번 유형들에게 이들이 코칭 경험으로부터 무엇을 원하는지에 대해 명확해져야 할 필요가 있다는 점을 알려준다. 두 번째로, 9번 유형 coachee들이 코칭의 방향과 코칭 과정으로부터 행동의 방향도 결정이 될 것이라는 것을 알려준다. 9번 유형들은 누군가가 자신을 통제하려 한다던가 자신들의 행동을 어떤 방법으로든 통제하려 한다고 믿게 되면 저항을 할 수 있게 되기 때문에 이렇게 질문하는 것이 중요하다.

9번 유형 coachee들의 목표를 의논할 때, 코치는 9번 유형으로 하여금 아래에 설명된 주요 발달 동기 유발 요인들과 특정한 코칭목표들 간에 명백한 연결고리를 만들 수 있도록 도와야만 한다. 각 코칭 목표가 왜 중요한지 논의하다 보면 이 연결고리는 coachee에게 분명해 질 것이다. 만약 그렇지 않다면 코치는 다음 두 가지 중 하나를 할 수 있다.

① 9번 유형 coachee들에게 질문하라.

"당신이 이 목표를 성취하게 되면 어떤 개인적이고 직업적인 이익을 얻게 됩니까?"

② 목표와 동기 부여 요인과의 연결 고리를 직접적으로 설명해 주어라.

"이것은 매우 생산적인 방법으로 당신이 누구이며, 당신이 생각한 것을 더 편안하게 주장할 수 있도록 도와줄 거예요"

■ 9번 유형의 발달을 위한 주요한 동기 부여 요소들

• 자신들을 명확하고 직접적으로 표현하고 보통의 경우보다 더 큰 영향력과 더 많은 권위를 가지기.

• 강하고 깊게 느낀 개인의 힘을 통해 효과적인 행동을 하도록 고무하기.

• 갈등을 회피하기 보다는, 더 깊고 더 연결된 인간관계로 승화시키기.

• 자신과 타인을 더 깊이 이해한다는 느낌을 가지고 타인과 함께 하기.

●●●둘째 coachee의 자기 숙달의 수준과 범위에 따른 적합한 코칭 접근법을 사용하라

coachee의 자기 숙달 수준을 알아내는 가장 좋은 방법은 392~394페이지의 박스에 제시된 세 가지 수준을 나타내는 행동에 관한 묘사를 읽고 다음 질문에 대답하는 것이다.

① 이 사람의 평균적인 자기 숙달 수준은 어떠한가?

 □ 낮음 □ 중간 □ 높음

② 내가 알고 있는 것은 무엇이며, 어떤 관찰 결과를 바탕으로 이와 같은 결론을 도출하게 되었는가?

③ 이 사람의 자기 숙달 정도는 어떠한가 즉, 개개인의 가장 높고 가장 낮은 수준은?

④ 내가 관찰한 것 또는 이러한 결론이 나오도록 다른 자료로부터 알아낸 것이 무엇인가?

9번 유형들 : 자기 숙달 수준과 발달을 강화시키기 위한 코칭 접근법들

■ 자기 숙달 수준이 높은 9번 유형들—온전한 의식인

• 핵심적인 이해

《무조건적 관심은 모든 사람과 모든 것을 연결시키는 것이다.》

높은 자기 숙달 수준에 도달한 9번 유형들은 어떤 입장을 취하는 것에 대해 더 이상 어려워하지 않는다. 사실 이들은 자신들의 의견을 제시할 권리가 있다는 것을 알기에 활동적이고 단호하게 삶에 접근을 한다. 이들은 깊이 관련되고, 참여하며, 매우 활기에 차 있다. 또한 견실하고 실질적이며 방심하지도 않은 이들은 조용히, 깊이 만족하며, '흘러가는 대로' 움직이는데, 이 모든 것들은 확고한 자기 중심으로부터 기인한다.

• 9번 유형의 자기 숙달을 강화시키기 위한 코칭 접근법

《확장을 위한 격려와 추가적인 방법들을 제공하라.》

−9번 유형들이 가장 원하는 것에 대한 명확한 비전을 찾도록 도운 후, 이들로 하여금 확고한 행동 계획을 세울 수 있도록 인도하고, 정기적으로 계획의 진행과정을 검토하라.

−이들의 성공을 정기적으로 검토하고, 자신들이 한 일을 어떻게 성취할 수 있었는지를 설명하게 하고, 도움이 될 때 부가적인 통찰력을 제시하라.

−자신들의 감정과 의견에 대해 솔직하고 명확한 표현을 할 때마다 그것이 코치에게도 미치는 영향력에 대해 긍정적인 의견을 제시하라.

−갈등에 직접적으로 직면할 때마다 강력하고 긍정적인 강화를 하고, 필요하면 갈등 해결을 위한 부가적인 전략을 제공하라.

−명확하고 목적이 뚜렷한 행동을 취할 때마다 인정하라.

■ 자기 숙달 수준이 중간인 9번 유형들-중재인

• 주요 관심사

(안정성, 조화, 의견이 받아들여지는 것)

보통의 자기 숙달을 지닌 9번 유형들은 모든 사람들이 함께 어울리고, 평화와 조화가 무엇보다도 우선순위로 존재하기를 원한다. 이 때문에, 차이를 중재하는데 능숙하지만, 갈등이 자신들을 향해 발생하면 매우 불안해 진다. 이런 9번 유형들은 집중력을 잃고, 자신들 앞에 놓인 도전을 받아들이기 보다는 자신들의 주의를 다른 곳으로 분산시킬 수 있는 활동들을 추구한다. 이 수준에 있는 9번 유형들은 자신들이 원하는 것이 무엇인지를 묻는 것을 어려워하고, 예측 가능한 속도의 일상생활 활동들을 선호하며, 친구가 많거나 아니면 적어도 이들 곁에 있는 것을 좋아하는 사람들이 많이 있을 정도로 수용적으로 행동한다. 이들은 자신들이 믿는 것에 대해 입장을 거의 취하지 않고, 대신 타인들이 원하는 것들 중 하나를 고른다.

• 9번 유형의 자기 숙달을 강화시키기 위한 코칭 접근법들

〈동기를 자극하고 구체적인 발달 행동을 제공하라.〉

- 우선순위에 접근하는 여러 가지 방법들을 배울 수 있도록 도움을 주어 이들이 자신들에게 가장 잘 적용되는 방법을 찾을 수 있게 한다.

- 여러 면을 볼 수 있는 이들의 능력을 좋게 평가하지만, 명확하고 뚜렷한 방법으로 자신들만의 생각을 표현하도록 인정하고 격려한다.

- 코치가 시키지 않아도 9번 유형이 스스로 알아서 자신의 생각이나 감정을 직접적으로 표현할 때마다 긍정적인 강화를 제공한다.

- 코치의 삶은 물론 타인의 삶에서 구체적인 예를 찾아 제시하면서 갈등을 회피하는 것은 더 많은 갈등을 야기하는 것이라는 것을 알 수 있도록 돕는다.

- 정기적으로 이들이 어떤 생각과 느낌을 갖는지를 물어보고 자신을 표현하는 것에 대해 편안해 할 수 있도록 돕는다.

■ 자기 숙달 수준이 낮은 9번 유형들- 잠자는 사람

• 주요 두려움

〈타인으로부터 분리되는 것, 통제 당하는 것, 융화 되지 않는 것〉

낮은 자기 숙달을 지닌 9번 유형들은 자신들에게 주의를 기울이지 않고, 또 그 누구에게도 주의를 기울일 힘을 가지고 있지 않다. 이들은 삶에 매우 위협이 되는 문제도 무시하고, 모든 것이 괜찮은 체 하려는 자신들의 욕구에 따른 가장 명백한 결과도 대면하기를 거부한다. 지속적으로 무관심하고 매사에 소홀한 낮은 자기 숙달의 9번 유형들은 만성적으로 게으르고 움직이려 들지 않는다. 하지만, 만약 이들이 자신들이 내키지 않는 일을 하도록 압박을 느낀다면, "Yes"라고 말하기는 하지만 사실 "No"를 의미하는 소극적인 공격성을 보이거나, 아니면 폭발을 하고 끝없어 보이는 분노를 나타낼 수도 있다.

• 9번 유형의 자기 숙달을 강화시키기 위한 코칭 접근법들

〈지지해 주고, 지침과 경계 영역을 제공하라.〉

– 일이 해결될 수 있음을 확실히 하는 전략에 대한 구체적인 아이디어를 제공하라. 스스로가 이것에 대한 통제권을 가지고 있다고 느끼도록 각별한 주의를 기울여야 하는데, 만약 그렇지 않으면 이들은 부정적으로 반응을 하고 잘 따라오지 않을 것이다.

– 부드럽지만 확고하게 이들의 소극적인 공격적 행동에 대처하라. 짜증이나 화를 직접적으로 표현할 수 있도록 안내하라. 하지만 만약 그렇게 하도록 밀어붙일 경우 더 많은 관성이 생길 것이니 밀어붙이지는 않는다.

– 이들의 관점을 확인한 후, 상황을 인지할 수 있는 다른 방법들에 대해 물어보라. 가장 현실적인 시나리오를 평가할 수 있도록 도와주라.

– 이들의 성향, 의견, 감정들에 대해 코칭 미팅 동안 여러 번 물어보지만, 압력을 주지 않으면서 질문하라. 만약 이들이 모른다면, 생각할 수 있는 시간과 대답할 수 있는 시간을 주라.

– 통제 받는다고 느끼지 않기를 원하는 9번 유형의 욕구와 연관된 함축적이거나 명백한 힘겨루기는 명확하게 제시하되, 함축적인 것들을 회피하라. 반복적으로 어떻게 나아갈 것인지에 대해서 이들의 아이디어를 물어보라.

●●● **셋**째 도전적 성장을 이끌어내는 코칭 기술을 사용하라

다음 네 가지 코칭 기술에 대해 읽어가면서, 당신이 아는 몇몇 9번 유형들에 대해 생각해보고 이들에게 그 기술들을 어떻게 사용할 수 있을지를 생각해 보는 것은 도움이 될 것이다. 9번 유형들은 주로 서로 비슷하지만, 3번이 6번 화살표나 8번 날개와 강하게 연결이 되어있는 9번 유형들은 다른 9번 유형들에 비해 초기에도 부드럽거나 태평하게 보이지는 않을 수도 있다. 또한 9번 유형들은 자기 숙달 수준, 감정이입, 날개와 화살표의 이용, 하위 유형, 경험, 나이, 성별, 문화 등의 요소들에 따라 매우 다양함을 보인다.

■ 머리 중심 에너지를 사용하는 사람들의 도전 : "~라면 어떻게 될까?" 라는 질문

"~라면 어떻게 될까?"라는 도전적 질문은 coachee가 중요하고 존중되어져야 한다고 가정하는 상황에서 효과가 잘 나타난다 — 즉 그것은 정신모델이다. 이러한 가정은 coachee가 의심 없이 받아들이는 믿음과 패러다임의 일부이다. 9번 유형 coachee가 명시적인 질문이나 함축적인 가정을 표현하는 것을 들으면, 코치는 이와 관련해서 "~라면 어떻게 될까?"라는 도전적 질문을 던질 수 있다. 다음은 9번 유형들을 위한 세 가지 공통적인 정신모델과 각 가정에 도전하기 위해 코치가 물어야만 하는 질문들과 또 9번 유형이 코치의 도전적 질문에 대답을 했을 때 코치가 어떤 식으로 반응해야 하는지를 순서대로 제시하고 있다.

9번 유형들을 위한 "~라면 어떻게 될까?"라는 질문

- **공통의 첫 번째 가정**-"모든 사람들의 말을 귀 기울여 들어야 하고, 모든 관점들을 존중해야 할 필요가 있다."

  - **코치의 도전적 질문**

    "만약에 모든 사람들의 말을 귀 기울여 들을 필요가 없고 모든 관점은 똑같이 타당하지 않다면?"

  - **코치의 도전적 질문 이후의 반응**

    - 만약 9번 유형이 "사람들의 말은 모두 귀기울여 들을 필요가 있어요. 모든 관점들은 타당해요."라고 말하면, "만약 모든 사람들이 자신의 말을 귀기울여 듣기를 바라지 않는다면? 만약 모든 사람들의 이야기에 귀를 기울일 시간이 정말로 없다면? 만약 어떤 관점이 다른 관점들보다 더 견문이 넓고 유용하다면?"하고 질문한다.

    - 9번 유형이 모든 사람들에게 귀를 기울이는 것이 항상 가능한 것이 아니고 바람직하지도 않으며 그 결과 그 어떤 불행한 일도 발생하지 않는다는 것을 이해하는 것처럼 보이면, "만약 모든 사람들의 말을 항상 귀기울여 들을 필요가 없다면, 당신은 지금보다 어떻게 달라지거나 더 자유로울까요?"라고 질문한다.

- **공통의 두 번째 가정**-"나는 이 사람이 하고자 하는 일에 대해 반대한다는 말을 이 사람한테 정말로 할 수 없어요."

  - **코치의 도전적 질문**

    "만약에 당신이 이것에 대해 당신의 관점을 자유롭게 공유할 수 있다면?"

  - **코치의 도전적 질문 이후의 반응**

    - 만약 9번 유형이 그러한 시나리오를 생각할 수 없다면, 당신이 누군가와 다른 관점을 가졌지만 그 이야기를 그 사람한테 해서 그 사람에게 큰 변화를 가져다 주었던 것과 같은 비슷한 맥락의 이야기를 해준 후, "당신도 비슷한 일이

있었을 거예요. 저에게 이야기 해줄 수 있나요?"라고 질문한다.

- 9번 유형이 자신의 관점을 공유해서 얻었던 큰 혜택을 제안하거나 비슷한 이
  야기를 한다면, "어떻게 해야 이 통찰력을 넓히고 다른 상황에서도 경험할 수
  있을까요?"라고 질문한다.

■ 공통의 세 번째 가정－"내 관점을 공유하기 위해 미팅이 끝날 때까지 기다릴 필요
  가 있다."

• 코치의 도전적 질문
  "만약에 당신이 미팅이 끝날 때까지 기다리지 않고 더 빨리 의견 공유를 위해 말
  했거나 미팅 중간에 공유를 한다면?"

• 코치의 도전적 질문 이후의 반응
  - 만약 9번 유형이 그러한 상황을 생각할 수 없다면, "당신이 미팅이 끝나기 전
    에 당신의 아이디어와 의견을 공유했던 적이 한 번이라도 있었나요? 만약 있
    었다면, 무슨 일이 있었나요?"라고 질문한다.
  - 9번 유형이 구체적이고 긍정적인 반응을 보인다면, "그것보세요, 당신은 할
    수 있어요. 만약 당신이 더 자주 그렇게 한다면 당신과 당신의 팀은 얻게 되는
    것이 무엇일까요? 만약 미팅을 하는 동안 언제라도 당신의 아이디어를 공유
    하겠다는 진실된 선택을 할 경우 당신은 개인적으로 무엇을 얻게 될까요? 그
    다음 저에게 잃어버린 기회들에 대해 말해보세요."라고 질문한다.

■ 가슴 중심 에너지를 사용하는 사람들의 도전 : coachee의 방어 기제
  를 탐색하라

• 9번 유형의 주요 방어 기제 : 무감각화(narcotization)
*무감각화*는 너무 크고, 복잡하며, 어렵고, 또한 다루기 불편해 보이는 어떤 것을

회피하기 위해 사람들이 무의식적으로 스스로를 무감각하게 만들어버리는 방어기제이다. 예를 들어, 설거지를 한다던가, 정원을 가꾼다던가, 같은 저자나 같은 장르의 책을 지속적으로 읽는 기쁨을 느낀다던가, 산책이나 자전거를 타던가, 자주 혹은 길게 일상적인 대화를 한다던가, 지속적으로 TV의 채널을 돌린다던가 하는 식으로 9번 유형들에게는 익숙하고 매우 적은 집중을 요하며, 비교적 편안함을 제공하는 장기적, 규칙적인 활동에 참여하거나 행동하면서 스스로를 무감각화시키고 주의를 다른 곳으로 분산시킨다. 또한 9번 유형들은 자신들이 완전히 자각하는 것으로부터 스스로의 면역력을 갖기 위해 아침이나 저녁마다 하는 판에 박힌 일상의 행동들을 하며, 자신들의 반복적인 행동들이 방해를 받을 경우 마음이 동요되고, 화를 내며, 정신적 혼란을 느끼게 된다.

무감각화

어떤 9번 유형은 오늘 안으로 마무리해야 하는 급하고 복잡한 업무가 있지만, 그 일을 우선적으로 집중해서 하는 대신에 사무실을 청소하고, 과거의 경비보고서를 정리하며, 급하지 않은 전화들을 걸고, 오늘 해야만 하는 일과 관련도 없고 마감일도 아직 다가오지도 않은, 나중 순위의 일을 한다.

대부분의 9번 유형들은 정기적이다 싶을 정도로 무감각화해버리는 행동을 하지만, 특히 자신들이 압박을 느끼고, 불확실하며, 화가 나고, 어떤 일을 해야 하는 자신들의 능력에 대해 불안하거나 무시당하거나 간과당할 때는 더 자주 이런 태도를 보인다. 무엇이 9번 유형을 화나게 하는지를 가늠하는 것은 어려울 수도 있는데, 그 이유는 스스로 조차도 확실히 모를 수도 있기 때문이다. 그렇지만, 특히 이들이 해야만 하는 일이 있거나 꼭 말을 해야 할 어떤 것이 있음에도 이들이 무감각적인 행동을 할 경우, 이것은 9번 유형들이 스스로 기분전환을 하고 진정시키기 위해 둔화시키고 있다는 명확한 증상이다.

직장에서의 무감각화에 대한 부가적인 예들은 자신들이 의논하고 있던 것을 잊어버리거나 매우 명확하게 제시된 무엇인가를 기억하지 않는 식으로 산만해지는 것, 자신들이 편안하다고 느끼고 좋아하는 사람들과 함께 장시간 불필요한 주제에 대해 이야기 하는 것, 예약, 미팅, 업무와 관련된 약속에 늘 늦게 도착하는 것 등 다양한 형태의 지체 행동을 보이는 것, 시간 안에 요구되는 업무를 끝마치지 않는 것, 같은 업무를 끝내지도 않고 매일 밤 그 업무를 집으로 가져오는 것 등이다. 이런 예들은 부정의 현실적인 증상이거나 종종 숨겨지는 부정의 표현이거나 9번 유형들이 가지고 있는 다음과 같은 깊은 발달 과제들에 대한 방어책이다.

- 자신들의 진정한 생각, 요구, 의견, 성향이 특히 타인의 바람과 반대일 때에도 정기적으로 명확하고 직접적인 방법으로 표현하는 것.
- 힘이 없고, 수동적이며, 무기력한 것 대신에 활동적이고, 자신감이 넘치며, 확고한 행동을 취하는 것.
- 조화와 연결성이 사라질 것이라는 두려움 때문에 갈등을 회피하는 대신에 갈등에 직접 직면해서 갈등을 극복할 수 있도록 배우고, 갈등 상황에 구조적으로 대처할 수 있도록 배우는 것.

9번 유형의 무감각화라고 하는 방어 기제를 다루는 것은 코치에게 있어 도전이 될 수도 있다. 간접적인 도전은 9번 유형의 회피하려는 성향 때문에 눈에 띄지도 않을 수도 있으나, 직접적인 도전은 9번 유형의 수동적인 저항이나 노골적인 적개심과 부딪힐 수도 있다. 또한 이들의 무감각화는 항상 무엇인가의 대체 행동을 하는 식으로 일어난다. 그 결과, 9번 유형들은 종종 자신들이 하고 있던 것을 설명해서 우선순위에 놓인 일을 끝까지 마무리 하지 않은 자신들의 행동에 대해 변명을 한다.

무감각화에 대한 간접적인 도전

"강압을 당할 때 스스로를 달래기 위해 당신이 하는 일들과 당신에게 편안함을 주기 위해 추구하는 활동들에 대해 이야기를 해보죠."

무감각화에 대한 직접적인 도전

"비록 당신은 자각 능력이 뛰어난 사람이 될 수도 있겠지만, 당신이 가장 원하는 것과 당신의 환경에 있어 가장 중요한 것에 대해서 스스로를 무감각하게 만드는 것처럼 보여요. 당신이 어떻게 그렇게 하는지, 특히 왜 당신이 그렇게 하는지를 더 중요하게 살펴봐야 할 필요가 있어요."

■ 배 중심 에너지를 사용하는 사람들의 도전 : "왜 당신은 그것을 하려고 하는가?"라는 질문

9번 유형 coachee들이 자신들의 무엇인가를 변화시키기를 원한다고 말할때, 이 질문을 하는 것은 이들의 욕구를 지지하는 도전의식을 자극하는데 효과적이다.

"당신은 그것을 하고 싶은가?" 도전은 특히 ① 9번 유형의 coachee가 생산적인 행동을 취할 의도를 명백히 밝히거나 ② 9번 유형의 coachee가 위험할 수 있거나 자신의 최선의 이익에 반할 수도 있는 행동을 취할 의도를 표현할 때와 같은 두 가지 상황에서 특히 유용하다.

9번 유형들을 위한 도전 "왜 당신은 그것을 하려고 하는가?"

■ 생산적인 의도로 행동하려는 9번 유형 - "나는 더 자기 주장이 강해질 거에요."

• 코치의 도전적 질문

"왜 당신은 스스로가 자기 주장을 더 하기를 원하나요?"

• 코치의 도전적 질문 이후의 반응

– 만약 9번 유형이 대답을 생각해 내지 못하거나 설득력이 없는 대답을 한다면,

"방금 전의 대답은 당신이 정말로 이것을 하기를 원하는 것처럼 들리지 않네요."라고 말한다. 9번 유형이 대답을 한 후, 어떤 이유로 인해 당신은 그것에 대해 생각하기를 원할 수도 있겠지만, 당신은 자기 주장을 해서 더 많은 것을 얻을 것이라고 생각하겠지만, 실제로는 당신이 소극적으로 행동함으로써 얻는 것이 크다고 여기는 것 같군요.

- 9번 유형이 설득력이 있는 반응을 보인다면, "그것은 당신에게 정말로 중요한 것처럼 들리네요. 이것에 대해 저에게 더 말을 해 주시고, 왜 그것이 그렇게 중요한지, 그것을 어떻게 할 것인지에 대한 당신의 현재 생각도 말해주세요"라고 말한다.

■ 비생산적인 의도로 행동하려는 9번 유형 – "저 사람은 항상 부정적이라서, 그냥 저 사람을 피해 다닐 거예요."

• 코치의 도전적 질문

"왜 당신은 저 사람과 진심 어린 방법으로 대화를 하기보다는 저 사람을 피하기를 원하나요?"

• 코치의 도전적 질문 이후의 반응

- 만약 9번 유형이 당신에게도 설득력있는 대답을 한다면, "당신이 매우 현명한 선택을 한 것처럼 들리네요"라고 말한다.

- 만약 9번 유형이 당신이 생각하기에 덜 현명한 대답을 한다면, "당신은 그 사람을 피하고 싶을 수도 있지만, 그 사람에게 아무런 말도 하지 않기로 행동하기 이전에 제가 질문 하나를 할게요. 당신은 정말로 그 사람에게 말을 하지 않겠다는 선택을 한 것인가요, 아니면 당신이 이런 상황에서 늘 해왔듯이 그저 단순하게 그 사람을 피할 것인가요? 진정한 선택이란 당신이 양쪽 다 할 수 있음을 의미하지만, 당신은 한 가지만을 선택한 것입니다."라고 말하라.

9번 유형들은 적시에 단정적인 방법으로 행동을 취하는 것에 심각한 문제가 있기 때문에, "왜 당신은 그것을 하려고 하는가?" 질문은 이들에게 매우 중요하다. 이따금 9번 유형들은 실행되지 못할 것처럼 보이는 것들을 할 것처럼 말을 한다. 이러한 이유로 인해, "왜 당신은 그것을 하려고 하는가?" 질문에 대한 이들의 대답은 행동을 취하는 데 있어 중요한 동기 유발 요소가 될 수도 있다. 9번 유형들은 수동적이기 때문에 그들이 행동하지 않음에 대해 동일한 도전을 사용하는 것은 아무 행동도 하지 않는 것이 심각한 문제가 될 수도 있다는 것을 밝힐 수 있다. 다시 말해 "당신은 왜 행동으로 옮기는 것을 원하지 않나요?"

■ 역설적 도전 : 변형

대부분의 9번 유형들은 역설을 재미있고, 지적 자극이며, 복잡한 퍼즐이 예상치 못한 방법으로 서로 맞춰지는 것과 동일하다고 여기기 때문에 역설적인 도전을 좋아한다. 공교롭게도 사실상 역설은 움직이는 인간 행동을 나타내는 재미있는 표현 방법이며, 인간의 상태에 대한 풍자성을 띤 것이므로 9번 유형의 동조(同調, attunement)성과 맞물려 이 역설적인 도전에 대한 수용성은 높은 편이다. 역설적인 의견 사이에 놓여있는 두 가지 대립되는 생각들을 해결하기 위해 어떤 행동을 취해야 할지를 결정하는 데 있어서는 9번 유형들은 다른 사람의 도움이 필요할 수도 있다. 도움을 요청할 때, 코치는 "내 생각에 당신은 이미 무엇을 해야 할지 알고 있어요. 문제는 당신이 그것을 할 만한 용기와 신념을 가지고 있느냐는 것이죠" 라고만 말하면 된다.

9번 유형의 역설

첨단기술 회사에서 수석 엔지니어인 Nicole은 자신의 코치와 함께하는 미팅을 위해 방에 들어서자마자 불안해 했다. 코치는 이를 인식하고 "Nicole, 당신은 거의 이곳에 편안한 마음으로 왔어요. 지금 무슨 생각을 하나요?"라고 물었다.

Nicole은 "내가 무엇을 해야 할지 모르겠어요. 내 동료들 중 두 명인 Shawn과 Amy가 같은 승진자리를 놓고 경쟁하고 있어요. 제 상사가 최종 결정을 내리기 때문에 이들 모두 제게 자신들을 위해 제 상사에게 말을 좀 해달라고 요청해왔어요. Shawn과 Amy는 각각 강점을 가지고 있지만 나는 Shawn이 더 많은 경험을 가지고 있다고 믿어요. Amy랑 저는 더 친한 사이이고, Amy의 대인관계 기술은 Shawn보다 훨씬 더 뛰어나요. 더군다나 제 상사가 제게 전화를 해서는 이 두 후보자에 대해 어떻게 생각을 하고 있는지, 누구를 추천하고 싶어하는지 알고 싶다며 시간을 비워주기를 원하더라고요. 상사가 제 의견을 소중하게 여긴다니 영광스럽지만, 중간에 끼이고 싶지는 않아요."

역설에 대한 설명

9번 유형들은 진지하게 인정받고 받아 들여지기를 원하지만, 이들은 너무나 태평하게 행동하고, 타인이 원하는 것에 대해 자신들의 주장을 펴지도 않고, 너무나 쉽게 동의하며, 타인들은 이들이 해야만 하는 말을 무시한다.

코치의 역설적 의견

"당신은 이런 상황처럼 중간에 끼인 자신을 그 자리에서 벗어나게 하기 위해서도 도움이 필요하고 모든 이들을 행복하게 하기를 원한다고도 말했어요. 내가 볼 때 그것이 큰 문제가 아니에요. 더 큰 문제는 당신의 상사가 당신의 의견을 간절히 원하고 있음을 통해 당신을 인정한다는 것을 알 수 있다는 것이고, 이렇게 인정받는 것이야말로 당신이 원한다고 말한 것이죠. 그렇지만 당신은 자신의 의견을 주장하는 대신에 그 누구도 당신에게 화를 내지 않도록 하는 것에 더 관심이 있는 것처럼 보여요."

〈주의〉

자기 숙달 수준이 낮은 사람들은 역설에 내재한 애매모호함을 다룰 만큼, 충분히 심리적으로 안정적이지 않기 때문에 중간 수준부터 높은 수준의 자기 숙달 수준을 갖춘 9번 유형들에게만 역설적 도전을 사용하라.

9번 유형의 코칭 사례 연구 요약
Joe

●●● **코**칭 목표를 결정하고 coachee의 동기를 확인하라

목표를 주어진 시간 내에 성취할 수 있도록 coachee의 핵심 동기 유발 요소들 중 한 가지 이상의 요소와 연결될 수 있도록 하라.

회사에서 본부장인 Joe는 좀 더 적극적이 되기를 원한다. Joe는 자신의 지성과 타인과의 작업능력에 대해 매우 존중을 받고 있지만, 붙임성 있는 태도와 단도직입적이거나 적극적이지 못한 성격이 직장에서 방해요인이라고 생각한다. "나는 회사를 위해 내가 더 잘할 수 있는 일이 있다는 점과 내 마음을 전달할 수 있고 내 말이 경청된다는 사실을 아는 것만으로도 만족해요. 나는 그들이 내 말에 귀 기울인다는 것을 알지만 내가 원하는 만큼의 영향력이나 효과를 가지지 못해요."

●●●둘째 coachee의 자기 숙달의 수준과 범위에 따른 적합한 코칭 접근법을 사용하라

coachee가 지닌 자기 숙달의 일반적인 수준과 범위를 사정하라.

Joe는 거의 항상 보통 수준의 자기 숙달에서도 높은 쪽에 있고 거의 이 수준에서도 중간 이하로 내려가지 않는다. 가끔씩 Joe는 높은 자기 숙달 수준에 있기도 한다. 상당한 지식을 가지고 있으며 유명한 학교에서 공학박사 학위를 받았음에도 사교적인 방법으로 그 지식을 알리고, 자신의 통찰력을 적당한 시기에 표현할 때 Joe는 주변 사람들에게 큰 영향을 준다. 이런 경험들은 Joe가 높은 자기 숙달 수준에서 활동할 수 있도록 Joe의 능력을 강화시키는 것처럼 보였다. 또한 Joe가 표현한 동기 유발 요인들은 9번 유형을 위한 주요 동기 유발 요인들과 완전히 같은 선상에 놓여있는데, 이는 그는 코칭 경험에서 엄청난 이득을 취할 것임을 의미한다.

392-394페이지 박스에 나온 것들 중 coachee에게 가장 효과적일 수 있는 발달 접근방식을 선택하고 그것들을 시험해보라.

Joe의 자기 숙달 수준이 일정하면서도 높은 자기 숙달에 너무나 가깝기 때문에, 성장하기 위해 코칭적 접근을 이용할 때 매우 자극을 받을 것이다. Joe가 특히 자신의 생각에 반대의견이 있는 상황에서 자신을 표현할 때 스스로를 빠르고 명확하게 표현할 때마다 긍정적인 강화를 제공한다. 코칭 대화를 하는 동안, 예를 들어 Joe가 코치와 의견을 달리 할 때나 직장에서의 예를 들면서 Joe가 자신에 대해 표현할 때마다 강화를 해야 함을 명심한다. 타인에게 미치는 이런 행동의 긍정적인 영향을 탐색하는 것은 물론, Joe 스스로가 자신에 대해 어떻게 느끼는지에 대해서도 살펴본다. 이런 행동은 부가적인 강화를 제공할 것이다. 위에서 언급된 자기주장 이외에도 Joe가 취하는 행동에 대해서도 주의를 기울인다. Joe가 행동을 옮길 수 있도록 격려하고, Joe가 행동을 하거나 행동을 취했다고 말을 할 때마다 칭찬해준다.

●●● 셋째 성장을 자극하는 코칭 기술을 사용하라

이 장에서 언급된 각각의 네 가지 코칭 기술을 어떻게 이용할 것인지 계획을 하고 코칭 과정에서 적절한 때에 그것들을 사용하라.

- **머리 중심 에너지를 사용하는 사람들의 도전적 질문 : "~라면 어떻게 될까?"**

coachee가 말하거나 넌지시 내비친 말들 중, 당신이 도전할 수 있는 어떤 정신 모델이나 가정에 대해 들었는가? 당신은 이 "~라면 어떻게 될까?"라는 도전적 질문을 어떻게 표현할 것인가?

다음의 모든 문제제기는 Joe에게 효과적일 것이다.

"만약에 당신이 어떻게 자기주장을 해야하는지를 이미 알고 있고 더 할 필요가 있다면?"

"만약에 당신이 이미 매우 존중을 받고 있지만 그 점을 깨닫지 못하고 있다면?"

"만약에 당신이 진정으로 원하는 존중이 자기존중이라면?"

- **가슴 중심 에너지를 사용하는 사람들의 도전적 질문 : 방어 기제를 인식하고, 평형을 유지하라**

coachee가 특정한 방어 기제를 사용하는 것을 언제 관찰할 수 있었는가? 직접적인 도전과 간접적인 도전 중 어떤 것이 더 효과적일까? 당신은 이 방어 기제에 관한 도전을 어떻게 표현할 것인가?

Joe는 이미 스트레스를 받을 때 무감각화라는 방식을 사용하고 있음을 인정하고 있는데, Joe의 일차적인 무감각화는 먹는 것이다. Joe가 지적이기 때문에 Joe는 자신이 일을 해야 할 때 소설을 읽으면서 무감각화를 시도하고, 특히 역사를 배경으로 한 추리 소설에 끌린다. 예를 들어, Joe는 이 장르에서 세 명의 가장 좋아하는 저자가 있고, 그 저자들이 집필한 모든 책을 읽었으며, 자기가 편안함을 느낄 필요가 있다고 느낄 때 그 책들을 다시 읽기 위해 그 모든 책들을 계속 소장하고 있다. Joe가 매우 할 일을 잘하고 훌륭한 유머감각이 있기 때문에, Joe의 무감각화에 대한 간접적인 도전이나 직접적인 도전 그 모두는 효과적일 것이다. 유머를 사용해서 자극을 하는 것은 도움이 될 수도 있지만, 자신이 약간 과체중인 것에 대해 민감해 하므로 그의 식습관에 대해서는 언급하지 않는다.

간접적인 도전적 질문

"최근에 당신의 추리 소설들을 읽고 또 읽은 적이 있었나요? 만약 있었다면, 당신이 회피를 할 때 무엇에 대해 생각을 하고 느꼈으며 무엇을 하기를 원했나요?"

직접적인 도전적 질문

"당신은 지금 우리가 논의하고 있는 내용에 관련된 이야기를 언급하는 것을 잊어버리거나, 무시하면서 당신의 감각을 무디게 하거나, 당신의 통찰력을 흐리고 있는 것처럼 보여요. 무엇 때문에 논의하는 것조차 어렵게 되었나요?"

- 배 중심 에너지를 사용하는 사람들의 도전적 질문 : "왜 당신은 그것을 하려고 하는가?"

coachee는 앞으로 어떤 행동을 할 계획이라고 말했는가? 당신은 이것이 현명한 행동 과정이라고 생각하는가? 이에 대해서 "왜 당신은 그것을 하려고 하는가?"라는 도전을 어떻게 표현할 것인가?

"왜 당신은 자기자신을 더 주장하고자 하나요?"

"왜 당신은 이와 같은 특정한 상황에서 스스로를 주장하지 않으려 하나요?"

■ 역설적 도전 : 변형

당신은 coachee 안에서 어떤 역설을 관찰했는가? 가장 의미 있는 것을 선택하라. 당신은 이 역설적 도전을 어떻게 표현하겠는가?

> "당신 주위에 있는 사람들에게 더 큰 영향력과 효과를 주고 싶다고 말하고 있으면서도, 당신은 진실을 바탕으로 솔직하게 말하고 타인들도 행동을 취할 수 있도록 돕는 것 보다, 그 누구도 당신에게 화를 내지 않고 모든 사람들이 행복할 수 있도록 관심을 갖는 것에 여전히 더 집중을 하는 것처럼 보이네요."

주의
역설적 도전은 높은 자기 숙달이나 보통의 자기 숙달을 가진 9번 유형들에게만 적용되어야 한다. 낮은 자기 숙달을 가진 사람들은 역설의 복잡함과 이정도 수준의 역설의 모호함을 다룰 만큼 심리적으로 안정적이지 않을 수도 있으며, 깊은 수준이나 복잡한 역설은 이들의 초조함을 높일 수 있다. 덜 강력한 역설들을 이러한 coachee 들에게 사용할 수는 있지만, 그렇더라도 코치들은 조심성을 가지고 역설을 사용해야 할 것이다.

9번 유형들을 위한 발달 활동들

코치들은 다음의 활동들을 9번 유형 coachee들에게 제안할 수 있다.

●●● 핵심 이슈 : 위치를 잡아라

매일 아침, 당신이 확고하게 믿고 있는 한 가지 의견을 생각하고, 그날 하루 동안 이 의견을 두 사람과 공유한다. 매일 새로운 의견이나 아이디어를 선택하고 또 다른 두 명과 그것을 의논한다. 이 활동을 2주 동안 지속한 후, 스스로에게 다음의 질문들을 하며 2주간의 경험을 다시 생각해 본다. "나의 진실된 의견을 말하는 것이 쉬워졌는가? 어떤 주제들이 다른 주제보다 더 말하기가 쉬운가? 어떤 사람들과는 더 쉽게 공유할 수 있는가?" 이 질문들에 대한 답을 한 다음, 새로운 주제와 새로운 사람들을 매일 선택하며 한달 동안 이 활동을 지속하라.

••• 날개와 화살표를 통해 확장하는 것

■ 8번 날개 : 자신의 본질적인 힘을 손에 넣어라

당신이 타인과 상호작용을 할 때마다, 당신의 주의력을 온전히 당신 자신에게, 타인들이나 여러 사람들에게, 논의되고 있는 이슈에 집중시킨다. 이렇게 하는 것은 당신이 더 본질적인 힘을 가지고 느끼게 하도록 도울 것이다. 당신의 본질적인 힘은 당신의 집중력을 분산시키는 것이 아니라 모든 주의력을 유지하는 당신의 능력과 직접적으로 연결되어 있다.

■ 1번 날개 : 해야 할 일들을 잘 관리하라

매일 현실적으로 해야 할 일들의 목록을 만들고, 그 목록에 적힌 내용들을 우선순위화하고, 각각의 것들을 해나가면서 체크를 해라. 목록에 적힌 내용들을 완전히 다 이루고 당신이 정한 순서를 잘 따른 후에 당신이 즐길 수 있는 무엇인가를 스스로에게 보상하라.

■ 6번으로 향하는 화살표 : 용기를 가지고 스스로를 주장하라

다음과 같은 말들을 스스로 되새기면서 두려움을 느낄지라도 용기를 불러일으킨다. "비록 내가 두려움을 느끼더라도, 내 자신을 더 주장하고 행동으로 옮길 수 있는 용기를 가지고 있다." 당신의 용기를 지탱할 수 있도록 이런 아이디어를 사용하고, 스스로가 행동으로 옮겼을 때 흥분감을 경험하도록 해라.

■ 3번으로부터 나온 화살표 : 결과에 집중해라

당신이 맡은 업무나 프로젝트를 매번 할 때마다 명확한 목표나 목표를 설정한다. 그 목표들을 종이 위에 적은 후, 집에 있는 컴퓨터나 거울 앞처럼 매우 잘 보이는 장소에 붙인다. 매번 당신이 그 업무나 프로젝트에 관련된 활동을 할 때마다 이 목표들을 참고하고, 스스로에게 내가 하려고 하는 이 일로 인해 내가 이 목표에 더 다가가게 해 줄것인가? 라고 질문해라.

■ 의사소통 : 더 직접적이고 지시적으로 말하라

아마도 당신은 어떤 사람이나 팀이 어느 방향으로 나아가야 할지에 대해서 잘 파악하고 있으므로, 대화나 미팅이 끝나기를 기다리지 말고 시작할 때 간단히 제안을 한다. 왜 이 사람이 당신이 제안한 일을 하지 않아도 되는지를 설명하거나, 왜 당신의 아이디어가 최고의 행동계획이 아닌지를 설명하는 것같이 당신의 제안에 대해 변명하지 않는 것을 연습해라. 그저 제안을 하고, 그 제안을 가능한 짧게 하며, 그 다음 타인들이 반응하기를 기다려라.

■ 갈등 : 당신의 분노와 친해져라

당신의 분노를 글로 쓰면서 대화를 해 보라. 분노에게 "분노야, 너에 대해 내게 말해줘. 너는 무엇이고, 너는 왜 그렇게 행동을 하고, 너는 내게 무엇을 원하니?" 라고 질문해라. 생각나는 대로 적는다. 이 대화가 끝날 때까지 계속 지속해라. 당신이 점점 더 명확해 질 때까지 다음 몇 주 동안은 이 글로 하는 대화를 지속해라.

■ 팀 : 작은 갈등을 만들어라

다른 팀원들과 의견을 다르게 표현할 수 있는 의지를 가지고, 당신의 아이디어는 좋은 것이라는 점을 스스로가 충분히 알 때까지 자신을 신뢰해라. 타인이 당신에게 동의를 하지 않을 때, 만약 당신이 그들의 관점을 이해하지 못했다면 설명을 요구하고, 만약 당신이 옳다고 믿으면 당신의 입장을 고수한다. 의견불일치는 개인적인 일이 아니라, 그저 아이디어의 공유라는 점을 기억해라.

■ 리더십 : 포함과 의견 일치와 같은 당신의 리더십 재능을 존중하고, 우선순위와 방향을 설정해 이끌 수 있는 당신의 능력을 향상시켜라

계속해서 말을 하고 지나칠 정도로 많은 세부사항을 이용하지 말고, 파워포인트 프리젠테이션을 하듯 당신이 말하고자 하는 요점들만을 강조해서 타인과 의사소통을 하는 방법을 연습해라.

변형

　　장기적으로 볼 때 조직은 모든 구성원들이-중요한 책임을 맡은 리더와 개인적으로 공헌하는 사람들-고도의 역량을 갖추고 참여하면서 자기계발과 경력계발에 헌신하지 않으면 성공할 수 없다. 오늘날 대부분의 조직은 매우 빠른 속도로 발전하고 있고, 변화에 변화를 거듭하고 있으므로, 조직 내의 모든 직원들은 이 속도에 무조건이라고 할 정도로 맞추지 않으면 뒤처지게 된다. 이 장에서는 코치가 coachee에게 적용할 수 있는 세 가지 변형 코칭을 위한 활동들과 참신한 발달 계획을 제공하며, 코치가 더 깊은 수준에서 코칭할 수 있는 방법을 제시한다.

추구하고 회피하기는 각 유형의 핵심 동기부여에 관한 역동을 다루는 변형 활동이다. coachee가 지속적으로 무엇인가를 추구하거나 회피하도록 돕는 이 활동을 통해 coachee들이 해야 할 것과 하지 말아야 할 것의 한계를 규정하므로서 행동을 제어하고, 지연시킨다.

말의 힘은 coachee 자신이 진정으로 원하는 특성을 구체화할 수 있도록 돕는 간단하면서도 우아한 변형 활동이다.

더 큰 세상에서 조금만 참아보기는 많은 coachee들에게 마법 같은 방법으로 다가가 신체적인 변형을 돕는 이색적인 활동이다.

극적인 성장 : 발달 여행은 반복적으로 활용할 수 있는 전체적이고 통합적인 활동으로 변형을 위한 발달여정을 제공한다.

이 세 가지 활동과 발달을 위한 계획의 과정은 단기 코칭, 위기 코칭, 장기 코칭에서도 사용될 수 있지만, 말의 힘과 더 큰 세상에서 조금만 참아보기 활동은 특히 위기 코칭에 참여하고 있는 coachee들에게 희망과 안도감을 주는 이상적인 활동이다.

01

활동1 · 추구하고 회피하기

이 활동은 매우 강력하면서, 행동으로 옮기기 쉬우며, 비직관적이기에 coachee 에게는 자극적이고 생산적인 활동으로 느껴진다. 추구하고 회피하기는 coachee 가 매우 간절하게 추구하고, 회피하는 것들과 직접적으로 연관이 있는 coachee의 고질적인 생각 과정, 감정 패턴, 자동적인 행동에 그 초점을 맞춘다. 그러므로 이 활동은 마음 깊이 자리잡은 동기부여의 촉발에 잘못된 점이 있으므로 제거해야 한다고 판단하기 보다는 오히려 coachee로 하여금 역동적인 동기촉발이 지니는 유익의 여부를 우선 살펴본다. 그리고 난 후 coachee에게 "만약에 coachee 당신이 특정한 동기에 대한 추구와 회피에 대해 긴장을 풀고 편안하게 다가간다면 어떨까요?"라는 질문에 답하도록 만드는 것이다. 이 긴장을 푼다는 표현은 coachee에게 안도감을 준다. 다시 말하면 coachee 자신들의 일부라고 믿는 무엇인가를 포기해야만 한다는 압박감을 느끼는 것보다, coachee들의 일부라고 믿는 것이 자신들에게 주는 부정적인 영향력을 줄이는 것이 가능하다는 것을 깨달음과 동시에 이 깨달음이 더 이상 자신들을 통제하지 않는다는 것을 실감하도록 돕는다. 이렇게 되는 것은 coachee들의 삶에 더 많은 자유와 선택을 허용하도록 이끈다. 마지막으로, coachee는 이 동기부여 동인에 대한 *긴장*을 푸는 것을 상상하게 되고, 그렇게 함으로써 얻어지는 유익을 분명하게 알게 된 후, "이것은 어떻게 할 것인가요?"라는 질문을 다루게 된다. 이 질문은 coachee가 구체적인 행동을 취할 수 있는 힘을 준다.

다음의 〈박스〉를 보면, 이러한 질문에 대한 정확한 표현들이 제시되어 있으며, 또한 각각의 에니어그램 유형의 사람들이 *추구하는 것*과 *회피하는 것*에 해당하는 단어는 빈칸으로 남겨 두었다. 예제로써 에니어그램 3번 유형에 대한 예문은 419~420쪽에 제시되어 있다.

추구하고 회피하기 활동

coachee에게 질문할 내용들

1. _____에 대해 당신이 추구하는 것이 당신과 당신의 조직 및 당신과 함께 일하는 사람들의 성공은 물론 당신의 안녕과 성공에 어떻게 기여하는가?
2. _____에 대해 당신이 추구하는 것이 당신과 당신의 조직 및 당신과 함께 일하는 사람들에게 어떤 문제를 야기시키는가?
3. _____에 대해 당신이 회피하는 것이 당신과 당신의 조직 및 당신과 함께 일하는 사람들의 성공은 물론 당신의 안녕과 성공에 어떻게 기여하는가?
4. _____에 대해 당신이 회피하는 것이 당신과 당신의 조직 및 당신과 함께 일하는 사람들에게 어떤 문제를 야기시키는가?

요약질문

1. 만약 _____에 대한 당신의 추구와 _____에 대해 당신이 회피하는 것이 있다면?
2. 당신은 이것을 늦추기 위해 어떻게 할 것인가?

* 만약 coachee가 동기 촉발에 대한 긴장을 완화시키는 것을 상상할 수 없거나 그렇게 함으로써 얻어지는 유익을 명료하게 말하는데 어려움이 있다면, 이 coachee는 변형 성장을 할 준비가 되어 있지 않은 상태이다. 이 경우, 코치는 "당신은 그것을 변화시키기를 원하는 것보다 훨씬 더 이 동기 촉발 유지하기를 원하는 것처럼 들리는군요." 라고 말할 수 있고, 그 다음 반응을 기다린다.

에니어그램 유형별 추구하는 것과 회피하는 것

에니어그램 유형	추구하는 것	회피하는 것
1	완벽	실수
2	인정과 필요	무가치
3	존중과 감탄	실패
4	깊은 감정 표현과 타인과의 유대감	거절과 무덤덤
5	지식과 지혜	타인의 침범과 힘을 잃는 것
6	의미, 확실성, 신뢰	원치않는 시나리오의 예방
7	자극과 즐거움	고통과 불편
8	지배와 정의	무력함
9	화합과 편안함	직접적인 갈등과 적의

존경과 칭찬을 추구함

긍정적인 영향

자신이 다른 사람으로부터 존경과 칭찬받는 것을 추구하면서, 존경과 칭찬받을 수 있는 방법을 생각하게 된다. 이러한 행동들은 다른 사람으로부터 나 자신에 대한 존경과 칭송을 듣게 되기 때문에 전형적으로 그러한 행동을 하고 있는 나 자신은 물론 그러한 행동 자체에 대해 기분을 좋게 만들어 준다. 이 세상에서 내가 나 자신에 대해 느끼는 기분이 좋아지면 좋아질수록, 직장에서는 물론 내 인간관계에서도 더 효율적인 사람이 되는 경향이 있다. 이것은 다시 성공으로 해석된다. 나 자신은 물론 내 고객과 내 주변에 있는 사람들이 효율적이고 성공적이라는 것을 발견할 때, 나는 그런 모습에 기여하게 되는 이런 행동들을 계속하고 싶어진다. 또한 나는 더 많은 위험을 감수할 의지가 생기고 그 결과를 신뢰하게 된다.

부정적인 영향

타인의 관점에 기반해 성공을 추구하는 것은 매우 한계가 있다. 나는 오직 나의 마지막 성공으로만 비추어지고, 그것에 대한 나의 기억은 사실 매우 짧다. 내면의 가치에 대해 외부의 검증이 필요하게 되면 진실되고, 위험을 감수하고, 성공적이고 효율적이고자 하는 나의 능력을 제한시킨다. 내가 (효율적이고 성공적인 것과 비슷한-이 두 가지는 존중과 칭찬과 실제로도 같은 것인) 존중과 칭찬을 받지 못한다고 느끼면, 나는 위험을 덜 감수하게 되고 결과를 덜 신뢰하게 된다. 그 결과 나는 안전하게 행동하게 되고 덜 효율적이게 된다. 계속 그런 식으로 후퇴하게 된다.

실패를 회피함

긍정적인 영향

말뿐인 것처럼 보이겠지만, 사실 나는 정말 실패하지 않는다. 내가 청소년기에 저질렀던 범죄 때문에 체포가 된 적이 있었든, 대학에서 성적이 좋지 않아 퇴학을 당했든, 과하게 술을 마셨든, 이혼을 했든, 그 모든 경험들은 지금의 내가 있게 한 것에 영향을 미쳤지만, 별로 상관하지 않는다. 실패는 내 인생에 있어 함축하고 있는 것이 아니다. 내가 하는 일이 무엇이든 나는 그 일을 할 완벽한 준비를 갖추었고 그 일은 훌륭하게 진행될 것이며 모든 방면에서 큰 성공을 거둘 것이라는 신념이 생길 때까지 계획하며 준비하며 매진한다. 흥미롭게도, 이 모든 준비과정은 실패에 대한 아주 작은 가능성마저도 없애기 위함이지만, 고객앞에만 서면 나는 그 모든 것을 보여주고, 그 동시에 필요하고 적절한 것처럼 보이는 행동들을 한다. 실패를 회피하기 위한 모든 준비 과정은 내가 효율적이고 성공적이 될 수 있도록 자유롭게 한다.

부정적인 영향
할 일이 너무 많다. 지친다. 겁이 나면 완전히 바보처럼 변하게 된다. 만약 당신이 나를 도와줘서 잘 될 수 있는 무엇인가를 할 만큼 능력이 있다면, 당신이 내 속도와 스케줄에 맞춰서 했으면 한다. 만약 그럴 만한 능력이 없다면, 내가 그 무엇인가를 잘 할 수 있도록 만들기 위한 계획을 세우도록 당신이 그냥 나를 내버려두기를 바라고, 내가 불쾌하다는 것에 대해 크고 명확한 메시지를 듣게 될 것이다. 좋지 아니한가?

요약

만약에 당신이 존중과 칭찬을 추구하는 것과 실패를 회피하는 것에 대해 긴장을 완화시킬 수 있다면?
모든 것이 훨씬 더 쉬워지고, 차분해질 것이며, 덜 스트레스를 받을 것이고, 덜 극적일 것이며, 더 재미있을 것이다.

당신은 어떻게 이것을 할 것인가?
나는 지금 그 방법을 배우고 있다. 실제로 해결하기 보다는 사실상 직접적으로 거래를 하는 것처럼 좀 더 회피하는 식으로, 내가 신뢰할 수 있는 좋은 사람들 곁에 있었다. 나 자신을 위한 묘책은 이미 알고 있는 나 자신에 대해 믿는 것이다. 나는 잘 하고, 쾌활하며, 효율적이고 성공적이며, 내가 이미 알고 있기 때문에 그런 것에 대한 외부 검증이 필요하지 않다. 내가 당신을 신뢰하는 것만큼 나의 의견을 신뢰할 필요가 있다. 직무와 삶을 덜 심각하게 받아들이는 것은 큰 도움이 될 것이다. 실제적으로 도대체 발생 가능한 최악의 일로 무엇이 있겠는가?

활동2 · 말의 힘

　말은 상징적이기 때문에, 강한 반응, 무의식적인 생각 패턴, 감정, 행동을 유발하는 힘을 가지고 있다. 바로 이것이 말의 기능이기 때문에, 말에 대해 먼저 생각하고, 심사 숙고한 뒤, 이를 구체화시켜서, coachee의 습관적인 반응을 긍정적인 방식으로 변화시키고 수정하여 말을 사용할 수 있도록 말을 사용할 수 있다. coachee가 기억이나 감정을 불러일으키는 말을 통해 자신의 몸을 완전히 채우도록 함으로써 그 말대로 이룰 수 있다면, 그 사람은 그 말대로 새롭게 살 수 있는 방법을 경험하게 되는 것이다.

　각 에니어그램 유형의 사람들에게는 각 유형의 일반적인 정신적 패턴을 고려하여 해독제처럼 사용할 수 있는 특정한 단어들이 있고, 각 유형의 정서적 습관에도 균형을 취할 수 있는 단어들도 있다. coachee의 유형에 가장 어울리는 말을 사용하게 될 경우, 여러 가지 일들이 생겨난다.

　첫째, coachee는 말이 함축하고 있는 생각, 감정, 행동을 포함한 그 말의 경험을 통해 무아지경에 이를 수 있다. 이 경험은 사람들을 매우 차분하게 만든다.

둘째, 말을 함으로써 원하는 것을 이룰 수 있다는 것은 coachee들에게 이미 자신들은 자신이 어떤 상태인지를 알고 있다는 것을 알려주는 것이라고 할 수 있다. 사실 단 한번도 경험해보지 않은 무엇인가를 실현한다는 것은 매우 어렵다. 그렇지만 이러한 사실은 coachee들로 하여금 더 자주 하는 말로 실현 할 수 있다는 믿음과 용기를 줌으로써 coachee들의 기운을 한껏 북돋아준다.

셋째, coachee가 자신이 가장 원하는 상태를 정기적으로 말하게 하면, 근본적으로 변화를 일으켜서 자신들이 현재 가지고 있는 생각과 감정의 패턴을 더 변화시키게 되고 그 결과 자신들의 현재 행동마저도 바뀌게 된다.

각 에니어그램 유형의 머리와 가슴에 영향을 주는 변형의 말들은 422~425쪽의 표에 수록되어있다. 기본 활동과 응용 활동에 대한 설명, 더 강력한 활동은 426쪽의 표에 나와있다.

변형의 말들

에니어그램 유형	마음을 차분하게 해주는 변형	감정을 차분하게 해주는 변형
1	**평화로움 · 무결점 · 수용** 분노(결점에만 주의를 기울여 그 어떤 것도 항상 충분히 좋아 보이지 않는 것)를 완벽함(모든 것이 잘 있고 불완전조차도 완벽하다는 통찰력)으로 변형시키기	**연민 · 마음열기 · 이해** 분노(어떤 일에 대한 만성적인 불만족감)를 평온함(발생하는 모든 것에 마음을 열고 수용하는 것)으로 변형시키기
2	**스스로 돌봄 · 자유 · 해방** 아첨(타인을 칭찬하거나 색다른 관심으로 인정받는 것)을 자유 의	**겸손함 · 이완 · 단념** 자부심(타인을 위한 행동과 타인이 필요로 하는 사람이라는 부풀

지(자기 자신과 자기 자신의 욕구를 인지하면 자율성과 자유가 나타난다는 통찰력)로 변형시키기

려진 자부심과 강한 자만심)을 겸손(우쭐함이나 타인의 의견에 대한 복종이 아니라, 자기수용과 감동이라는 느낌)으로 변형시키기

3 **진실 · 깊이 · 실존**
허영(성공적으로 보이거나 성공적이라는 이상화된 이미지를 만들기 위한 전략적 생각)을 희망(자신이 하는 일과 성취한 일에 대해서가 아니라 있는 그대로의 자신에 대한 가치를 인정받을 수 있다는 믿음)으로 변형시키기

풀어짐 · 잠잠함 · 몰입
기만(성공적으로 보이기 위해 할 수 있는 모든 것을 해야만 하고 그러한 이미지에 부적합한 자신의 일부는 숨겨야 한다는 느낌과 그 이미지가 진정한 자신의 모습이라고 믿는 것)을 진실성(자신의 성공과 실패를 모두 인정하는 태도를 통해 진정으로 자기를 수용하고 자신의 이미지가 자신의 본질 또는 진실한 자신이 아니라는 점을 깨닫는 것)으로 변형시키기

4 **연결성 · 불가분성 · 인간애**
울적함(놓쳐버린 무엇인가를 지속적으로 생각하는 것과 타인으로부터 멀어졌다고 생각하는 것)을 독창성(있어야 할 모든 것이 있고, 우리 모두는 동일한 곳에서 시작되었으므로 모든 것은 궁극적으로 밀접하게 연결되어 있다는 통찰력)으로 변형시키기

차분함 · 중심주의 · 불변성
질투(자신을 의식적 또는 무의식적으로든 타인과 지속적으로 크고 작은 방법으로 비교함과 동시에 부족함이나 우월함을 느끼는 것)를 균형(생각, 느낌, 행동이 자신의 내면으로부터 발생하도록 명확하고 중심적인 방법으로 감정을 경험하는 것)으로 변형시키기

5 **상호연결성 · 완전성 · 일체**
인색함(앎에 대한 지속적인 목마름, 타인과 지식, 시간, 공간, 사생활 이야기 등을 공유하는 것에 대한 거리낌, 자신의 환경을 통제하는 것에 대한 주의 깊은 계획)을 박식함(오직 직접적인 개인 경

가시성 · 풍부함 · 통합
탐욕(감정으로부터 자동적인 분리와 함께 자신에 대한 모든 것을 보호해야 한다는 강한 욕구)을 무집착(초연함은 무집착과 같은 것이 아니라는 것과 진정한 무집착에 대해 배우려면 우선 무엇인

험과 완전한 몰입만이 모든 것을 알 수 있다고 여기는 통찰력)으로 변형시키기

가에 완전히 참여하고 집착해야 한다는 점을 직접 얻은 경험)으로 변형시키기

6 **확고성 · 확실성 · 자신감**
소심함(최악의 상황만을 지속적으로 상상하게 만드는 우려와 의심되는 생각들)을 확신(자신과 타인은 삶의 도전을 받아들일 능력이 있으며 세상에는 확신과 의미가 있다라는 믿음)으로 변형시키기

강함 · 용기 · 잠재력
두려움(불안감, 많은 걱정, 최악의 상황이 발생할 것이라는 공포, 타인들을 신뢰하지 못하고 자신은 삶의 도전에 맞서지 않는다는 느낌)을 용기(활동하지 않거나 자신은 두려움이 없다는 것을 증명하기 위한 행동이 아니라 완전히 의식적인 행동을 통해 두려움을 극복할 수 있다는 느낌)로 변형시키기

7 **주의 · 중심 · 존재**
계획(머리 속에서 빠른 속도로 하나의 일에서 다른 일로 옮겨가는 정신적 과정)을 행동(자신의 정신적 주의력을 단 하나의 일에만 두고 집중하며 그 집중력을 지속시키는 능력)으로 변형시키기

조화 · 가득함 · 완성
탐욕(사람, 물건, 생각, 경험 등 모든 종류가 가진 새로운 자극에 대한 지칠 줄 모르고 흔들리지 않는 목마름)을 진지함(기쁨과 자극적인 경험은 물론, 고통스럽고 불편한 경험들을 추구하고 통합시키며 살면서 느끼는 완전한 사람이라는 느낌)으로 변형시키기

8 **다차원성 · 현실 · 일관성**
복수심(화, 비난, 협박과 관련된 생각을 통해 잘못된 일을 다시 균형을 잡도록 하는 과정)을 진리(더 높거나 큰 진실을 찾기 위한 다양한 관점들을 추구하고 통합하는 능력)로 변형시키기

신선함 · 순수함 · 수용성
욕망(감정과 취약함을 회피하고 부정하기 위한 방법으로 일, 음식, 기쁨 등과 같은 다양한 형태의 과도함)을 순진함(상황을 통제하거나 자신과 타인을 보호해야 한다는 필요성과 같은, 개방성과 취약성에 대해 아이 같은 느낌은 더 이상 필요 없음)으로 변형시키기

	돌봄 · 기쁨 · 인식	깨어남 · 청명함 · 행동
9	나태함(정신적으로 자신의 주의를 약화시켜 자신에게 중요한 일을 잊어버리고 자신의 의견을 표현하는 것을 억제하여 타인과의 갈등을 최소화시키는 과정)을 사랑(타인에 대한 무조건적인 관심과 서로에 대한 감사한 마음을 바탕으로 근본적이고 보편적인 조화가 있다는 믿음)으로 변형시키기	게으름(자신의 감정과 욕구에 대한 무감각한 자세로 인해 자신이 진실로 원하는 것을 못하게 되는 것)을 올바른 행동(자신과 타인에게 완전히 주의를 기울여서, 해야만 할 일이 무엇인지를 정확하게 아는 상태)으로 변형시키기

말의 힘 활동

말의 힘 기본 활동

소개

말은 생각과 감정의 패턴을 변화시킬 수 있는 힘을 가지고 있고, 각 에니어그램 유형에게 적합한 특정한 말이 있다는 것을 설명하라. 이 말들은 사람의 일상적인 패턴을 차분하게 하고 편안하게 할 수 있는 해독제와도 같다. coachee의 에니어그램 유형에 맞는 세 가지 정신 변형적 말들 중 하나를 선택하라. 이상적으로, coachee는 특정한 말을 선택하겠지만, 만약 coachee가 심각한 억압 상태에 있다면 코치가 말을 선택해줄 수도 있다. 만약 coachee가 정신적으로 동요하고 있는 것처럼 보인다면, 정신 변형적 말을 선택한다. 만약 그 사람의 감정상태가 차분함을 요한다면, 정서 변형적 목록에서 말을 하나 선택한다.

활동

coachee에게 의자에 편안한 자세로 앉으라고 한 다음, 선택한 말만을 생각하고 숙고하게 한 후, 그 말이 coachee의 몸 전체를 완전히 감싸 안으면서 온 몸으로 퍼져나가도록 하라고 말한다. coachee가 선택한 말을 완전히 내재화하면 coachee가 계속적으로 숨을 내쉬면서 그 말이 온 몸 안에 머물러 있도록 제안한다. 만약 coachee가 이 활동을 즐기는 것처럼 보이거나 위기에 봉착했을 경우, 짧게는 3분에서 길게는 5분 동안 이 말의 내재화가 방해받음이 없이 지속될 수 있도록 한다. coachee가 내재화를 끝냈을 때, 방금 한 경험에 대해 물어본다.

논의

coachee의 욕구에 따라 다른 말들을 각기 다른 시간에 여러 번 사용될 수 있다. 이 활동을 어떻게 하는지 배운 후, coachee는 다른 에니어그램 유형의 말들을 사용할 수도 있지만, 자신만의 유형에 맞는 말들부터 먼저 시작하는 것이 가장 좋다.

말의 힘 응용 활동

응용 활동은 걸어 다니면서 말을 내재화하는 것을 포함한다. 이 활동은 기본 활동과 동일하지만, coachee는 앉아서가 아니라 서 있는 상태에서 말을 내재화하게 되고, 말을 몸 전체로 느낄 때 그 내재화를 온 몸으로 느끼면서 조용히 걸어 다니기 시작한다.

걸어 다니면서 내재화하는 기술은 사람들이 내재화의 상태를 유지하면서, 걷는 것에도 주의를 해야만 하기 때문에 더 어렵지만, 변형을 위한 촉진제로써 더욱 효과적이다. 대부분의 사람들은 기본 기술을 배운 이후에 응용 활동으로 나아갈 수 있다. 즉 coachee들은 일상에서 걸을 때나 차를 타고 주차장에서 직장으로 향하거나 아니면 지하철을 타고 직장으로 향할 때에도 이 활동을 스스로 쉽게 할 수 있다.

활동3 · 더 큰 세상에서 조금만 참아보기

coachee들은 흥분했을 때나 스트레스를 받았거나 아니면 단순히 특정 인물이나 상황에 대해 자신들의 유형에 기반한 반응을 보이고 싶을 때 이 활동을 이용할수 있다. 이 활동의 기본 개념은 특정의 정서적 반응을 계속적으로 유지하게 되면 그 반응을 없애지 못한다는 것에 두고 있다. 왜냐하면 유지하고 있다는 것은 그 반응들을 더 곪게 만들고 더 강하게 키울 가능성이 높기 때문에 coachee에게 최선이 아닌 행동을 낳게 되고 급기야 coachee를 아프게 만들 수도 있기 때문이다.

다음의 활동은 사람들이 자신들의 감정을 인정하고 표출할 수 있도록 도와준다. 거의 모든 사람들에게 효과가 있는 활동이므로, coachee가 위기에 있거나 그 어떤 것도 안도감을 줄 수 없을 때 더욱더 의미가 있다.

더 큰 세상에서 조금만 참아보기 활동

다음의 사항들은 코치가 coachee를 코칭하는 과정에서 인도하는 것처럼 제시되어 있다. 코치가 코칭 미팅에서 이 활동을 할 수 있다는 능력을 보인 이후, coachee는 자기 스스로 이 활동을 적용할 수 있다.

사람들은 스트레스를 받거나 에니어그램 유형에 기반한 반응적 행동을 할 때, 이들은 편협한 방식으로 활동하게 되고, 근육을 긴장시키며, 자신들만의 생각에 골몰하게 되며, 자신들의 정서적 반응을 재사용한다는 점을 설명한다. 그렇지만 사람들이 움츠려들지 않고 어깨를 펴면, 이들은 안도감을 느낄 뿐만 아니라, 문자 그대로 상황을 전혀 다르게 받아들이게 되는 것을 경험하게 된다. 이것은 이들이 "더 큰 세상에서 조금만 참아보기"를 할 때 일어난다.

소개
당신이 coachee와 함께 지침이 되는 이미지 활동을 하게 될 것이며, coachee는 편안하게 앉아있으면 된다고 설명한다.

활동
"눈을 감고, 내면에 정신을 모으고, 당신의 반응의 강렬함이 현재 당신 몸 속의 어디에 머물고 있는지를 찾으세요. 그 부분이 당신이 지금 정신을 집중시켜야 할 곳입니다. 당신의 모든 주의력과 힘을 당신이 이 강렬함을 완전히 느낄 때까지 집중시키세요. 매우 강력한 힘이 있는 이 장소에 머무르고, 그 바로 주변에서 2~3cm 정도의 희거나 깨끗한 장소와 같은 부분을 찾은 다음, 또 이 장소보다 더 큰 부분에서 몇 분 동안 머물러 보세요. 이제, 그 장소보다 더 큰 주변 부분을 찾아보세요. 억지로는 하지 말고, 그저 자연스럽게 해보세요. 더 많은 주변 장소를 찾아보고, 그 흰색 부분이 원하는 만큼 자연스럽게 커지도록 놔두세요. 더 많은 흰색 공간이 생기도록 놔두세요. 당신이 이제 그만해도 되겠다고 느낄 때까지 계속해서 그 주변 부분을 찾으세요. 끝난 후에는 천천히 눈을 뜨세요."

논의
coachee가 눈을 뜨면, 코치는 몇 분 동안 침묵을 지켜야 한다. 이 시간 동안 coachee는 현재를 더 느낄 수 있고 이 활동을 통해 통합할 수 있게 된다. 그 다음, coachee에게 자신이 경험한 내용을 가능한 한 완전하게 설명해보라고 한다. 그 다음, 어떤 통찰력이나 질문이 생겼냐고 묻는다. coachee 스스로에게 안도감이나 어떤 상황에서의 더 큰 관점을 원할 때와 같이 자신들이 원할때면 언제라도 이 활동을 스스로 할 수 있다는 점을 상기시킨다.

●●● **발**달 과정 : 최고의 성장

coachee가 자신들의 발달을 위해 행동을 취할 준비가 되면, 이들은 자신들이 가장 원하는 결과를 성취하고 지속할 수 있도록 자신들에게 도움이 되는 계획을 세울 필요가 있다. 발달 계획은 자극적이어야만 하고, 즐거워야만 하며, 흥미를 돋울 수 있는 여행처럼 되어야 하고, 또 coachee가 자신들의 발달 목표를 성취하도록 도울 만큼 유익해야 하고, 실질적이어야 하며, 효율적이고 효과적이어야 한다. 동시에 발달 계획은 coachee들이 진정한 성장을 위해 전념하는 것에 대해서도 진실될 수 있도록 도와야 한다. 이들은 자신들이 정말 무엇을 가장 원하는지 진정으로 사정해야 할 필요가 있다.

- 성장이 없음 : 이들은 그 어떤 변화도 원하지 않거나, 변화할 수 있는 때가 지금은 아니다.
- 보통의 성장 : 이들은 점차적인 진보를 원한다.
- 최고의 성장 : 이들은 자신들의 생각, 느낌, 행동에 있어 근본적인 변화를 만들 준비가 되어 있다.
- 최고의 성장 계획 도구 : 발달 여행(Development Journey)은 coachee들이 머리, 가슴, 배 중심이라는 세 가지 중심 에너지로부터 지식과 통찰력을 끌어냄으로써 순차적인 여행을 할 수 있도록 해준다. 이 활동을 완수하기 위해서, coachee는 다음의 6단계 과정을 거쳐야 한다:

• 최고의 멋진 성장 : 발달을 위한 여행

■ 단계 1 사실 확인 – 당신이 완벽하지 않다는 이해(그리고 우리들 중 그 누구도 완벽해지지 않을 것이라는 이해)

coachee들은 성장 가능한 방향을 탐색하기 위해 머리 중심을, 성장하기 위해 스스로는 물론 타인으로부터도 필요한 지지를 결정하기 위해 가슴 중심을, 행동과 관련된 과거를 인정하기 위해 배 중심의 에너지를 이용하는데, 이 세 가지 중심 에너지를 모두 사용해서 coachee들은 자신들의 발달 목표를 세우게 된다.

■ 단계 2 동기 – 당신의 성장을 위한 추진력과 영감

coachee들은 자신들이 성장할 수 있다고 믿는지를 사정하기 위해 머리 중심을, 자신들이 얼마나 깊이 이것을 원하는지를 결정하기 위해 가슴 중심을, 완전히 다른 방법으로 행동하는 자신들을 감지하고 상상하기 위해 배 중심 에너지를 이용하는데, 이 세가지 중심 에너지를 모두 사용하여 coachee들은 자기가 지닌 동기의 강도와 이유를 사정하게 된다.

■ 단계 3 인식 – 당신의 성장 부분과 관련된 당신만의 반응에 대한 객관적인 이해

 coachee들은 발달 영역과 관련된 생각의 패턴을 알아보기 위해 머리 중심을, 자신들의 정서적 반응 패턴을 확인하기 위해서는 가슴 중심을, 그리고 자신들의 행동적 반응 패턴과 결과를 솔직하게 인식하는 데는 배 중심 에너지를 이용하는데, 이 세가지 중심 에너지를 모두 사용하여 coachee들은 자신들의 현재 인식 수준을 사정하게 된다.

■ 단계 4 선택 – 자신을 위한 책임을 지고 자신의 성장과 발전을 위해 전념 하겠다는 결정

 coachee들은 언제 어떻게 이전의 습관적 반응들을 없애고 무엇을 새로운 습관으로 할지를 결정하기 위해 머리 중심을, 변화를 위한 자신들의 열정을 재평가하기 위해 가슴 중심을, 변화를 위한 자신들의 진실한 헌신에 대해 진실하고 명확하게 하기 위해 배 중심 에너지를 이용하는데, 이 세 가지 중심 에너지를 모두 사용하여 coachee 들은 성장을 아예 하지 않거나, 보통의 성장을 하거나, 아니면 최고의 성장을 바라는지를 선택하게 된다.

■ 단계 5 계획 – 발달 계획의 창안

 coachee들은 단계 1에서 4를 통해 얻은 정보를 사용해 통합된 발달 계획을 세우게 된다.

발달 계획

발달 목표 (시행 날짜)

단계 1에서 다룬 당신의 목표를 쓴다. 긍정적인 표현들로 목표를 명시한다. 스스로에게 현실적이지만 현재로서는 실행 예정 날짜를 정한다.

목표_____   날짜

발달 활동 _____   ### 성공 기준

3가지 발달 활동들 중 당신에게 적합하고   성공했는지를 어떻게 알 수 있을까?
또 당신이 하고 싶은 활동 한 가지를 선택한다.

1. _____   1. _____

2. _____   2._____

3. _____   3_____

필요한 도움

당신의 동료, 상사, 조직, 가족은 물론 당신 자신으로부터도 어떤 도움을 받기를 바라는가?

동료_____

상사_____

조직_____

가족_____

자신_____

■ 단계 6 행동 – 구조적이고 지속할 행동을 취하고(계획을 세운 후 한 달 뒤에 이 단계를 마무리 할 것), 필요에 의해 계획을 수정할 수 있는 능력

coachee들은 자신들의 생각 패턴을 모니터하고 변화하는 데 있어서 자신들의 성공 여부를 사정하기 위해 자신들의 머리 중심을, 자신들의 정서적 반응을 변화하는데 있어서의 성공 여부를 결정하기 위해 가슴 중심을, 자신들의 행동과 지속적인 성장을 위한 부분에서의 성공 여부를 솔직하게 평가하기 위해 배 중심의 에너지를 모두 이용하여, coachee들의 필요에 따라 자신들의 발달 계획을 수정하게 된다.

●●● 끝맺는 말

코치들은 코칭이 성과를 거두었을 때, 경험으로부터 coachee만큼, 혹은 그 이상 배웠다고 말을 한다. 코치들은 그 동안 보낸 시간과 성취한 결과로 인해 매우 만족하는 것뿐만 아니라, 자신에 대해 더 잘 인지하게 되었고, 자신들만의 가정을 다시 생각하게 되었으며, 자신들의 정서적 반응을 새로운 방법으로 인지하게 되었고, 더불어 자신들의 선택으로 인한 결과에 더 책임감을 느끼게 되었으며, 자신이 속한 조직을 매우 다른 관점을 가지고 볼 수 있는 방법 또한 배우게 되었다. 코치들이 이러한 방식으로 코칭에 접근하게 될 때, 코칭은 책임을 지는 것에서 존중하는 것으로 변하게 되며, 코치와 coachee는 물론 조직은 엄청난 이익을 보게 된다.

BRINGING OUT THE BEST IN EVERYONE YOU COACH

코칭 역량 자가진단

다른 사람들을 효과적으로 코칭 할 수 있는 역량을 가졌다는 것은 코치가 다음의 여섯 가지 영역에서 숙달되었다는 의미이다.

1. 사람들에게 탁월한 코치 되기
2. coachee의 성장을 촉진시키는 방법 알기
3. coachee와 생산적인 관계를 형성할 수 있기
4. 효과적으로 발달과정을 실행할 수 있는 방법 알기
5. 조직의 요구사항과 코칭 효과를 한방향으로 정렬시킬 수 있기
6. 오래 지속될 수 있는 성과를 내기

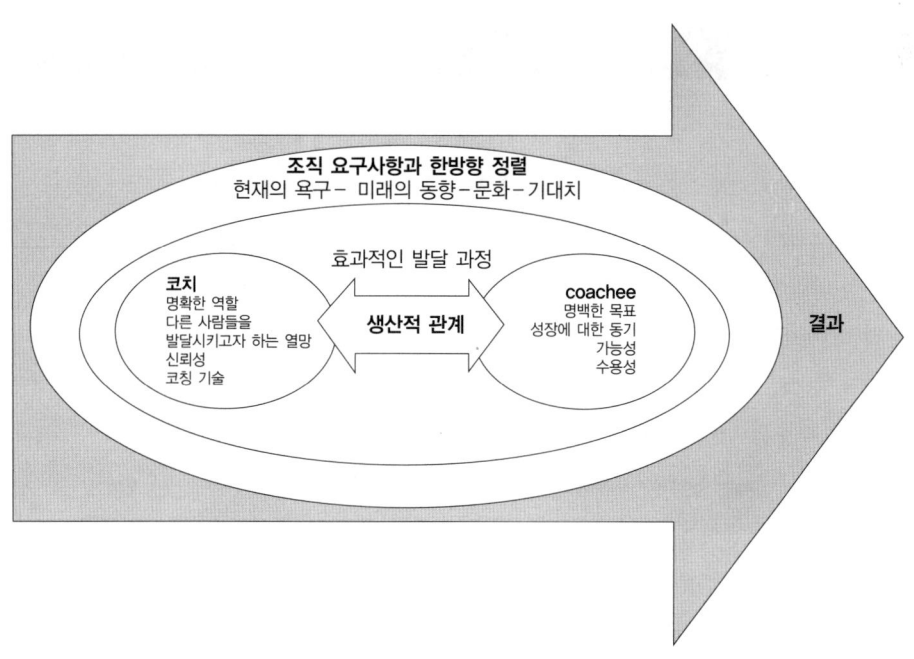

| 코칭 역량 모델 |

위에서 언급한 여러 역량의 영역은 하위요소를 갖는다. 438~441쪽에 나와 있는 표에서 제시되는 코칭 역량에 대한 정보를 읽으면서, 현재 코치로서의 자신의 역량을 사정할 수 있는 시간을 가져본다. 그렇게 함으로써 코치로서의 강점을 인식하게 될 것이고, 앞으로 더 발달해야 할 필요가 있는 영역을 잘 알게 될 것이다. 다음의 각 요소들을 보고, 스스로 최저점수인 1점부터 최고점수인 5점 사이의 점수를 매겨 보라.

명확한 역할

자신의 역할을 매니저, 멘토 또는 코치라는 것을 이해하는 것, 그 특   1 2 3 4 5
정한 역할의 수행을 위해 필요한 태도가 무엇인지 아는 것, 특정한
코칭 역할에 필요한 고유의 태도와 비밀보장의 한계를 고수하는 것,
직원들에게 스스로의 발달에 대한 궁극적인 책임을 갖도록 하는 것.

다른 사람들을 발달시키고자 하는 열망

발달이 직원들과 조직의 미래를 위한 투자라는 것을 믿는 것, 직원의   1 2 3 4 5
성장발달이 조직의 최우선순위 중 하나라는 말과 행동을 통해 보여주
는 것, 다른 사람들을 발달시키기 위해 도전하는 것을 진심으로 즐기
는 것, 사람들의 포부가 이루어지도록 돕는 데 진심을 다하는 것,
coachee처럼 코치도 코칭 경험을 통해 최대한 많이 배우는 것.

신뢰성

코칭은 유능하고 전문적이라고 인식하는 것, 코칭 경험이 도움이 될   1 2 3 4 5
만하다고 coachee 스스로가 믿을 만큼 coachee와 비슷한 경험담을
충분히 가지고 있는 것, 기꺼이 지식과 경험 및 통찰을 공유하는 것,
다른 사람들을 성공적으로 발달시킨 실적을 쌓는 것, 과업 지향과
사람 지향의 태도를 동등하게 견지하는 것, 견실한 윤리의식을 포함
한, 진실함을 보이는 것.

코칭 기술

주요 재능과 고양된 잠재력을 알아보고 사정할 수 있는 능력을 지니   1 2 3 4 5
는 것, 서로 다른 학습 유형과 다양한 발달적 욕구를 지닌 coachee
들을 코칭 할 수 있는 것, 지속적으로 존중할 만하고 객관적이며 행

동지향적인 긍정적 피드백과 건설적인 피드백을 coachee에게 제공하는 것, 성장 기회를 인정하고 도와주는 것, coachee를 위해 도전할 만한 일과 과제를 제안하는 것.

2. coachee의 성장을 촉진시키는 방법 알기

coachee의 목표

coachee가 자신과 조직의 최선의 이익을 위해 명백하고도 행동으로   1   2   3   4   5
옮길 수 있는 목표를 명확히 할 수 있도록 돕는 것, 자신의 발달적 목
표와 연결된 주요 이슈들에 집중할 수 있도록 coachee를 독려하는
것, 필요하면 발달의 방향이나 목적을 기꺼이 수정할 수 있는 것.

coachee의 동기

다양한 욕구와 성격 유형을 지닌 사람들에게 동기를 부여할 수 있는   1   2   3   4   5
여러 가지 효과적인 방법들을 알고 있는 것, 코칭 과정 중 각각의 단
계별로 coachee가 지닌 동기에 접근할 수 있는 것, 성장하고자 하는
coachee의 욕구를 더 자극하고 지지하기 위해 효과적인 기술을 사용
하는 것.

coachee의 역량

coachee의 발달적 목표와 관련하여 coachee의 현재 능력과 미래의   1   2   3   4   5
역량을 정확하게 사정하는 것, coachee의 정신적 모델과 정서적 반
응 및 발달적 목표의 성취를 지지하거나 그 목표성취로부터 멀어지
게끔 하는 행동들을 확인하는 것, coachee가 점점 발달하는 상황과
장래성을 키우데 있어서 효과적인 것들을 계속해서 기록하는 것.

coachee의 수용성

코칭 과정에 대한 coachee의 수용성을 격려하기 위해 다양한 방식   1 2 3 4 5
으로 행동하는 것, 언제 coachee가 코칭 그 자체를 수용할 수 있고
수용할 수 없는지를 알아차리고 수용성을 강화시키기 위해 효과적
인 전략을 가지는 것, 발달에 대한 coachee의 심리적 방어책과 행동
적 방어책을 확인한 후, 그것들을 활용하여 coachee의 학습 속도를
높이는 데 도움을 주는 것.

3. coachee와 생산적인 관계를 형성할 수 있기

coachee를 밀어붙이기보다는 coachee의 발달 속도와 발달 욕구를   1 2 3 4 5
따르는 것, 코칭 경험의 유효성에 대해 지속적으로 열린 대화를 하
는 것, 상황에 적합하도록 방향을 기꺼이 수정하는 것, 거리감을 갖
고 떨어져 있기보다는 따뜻하고 쉽게 접근할 수 있도록 하는 것,
coachee와 코치 모두 신뢰감과 존중감을 느끼는 관계를 형성하는
것, 그러한 관계와 상호작용을 바탕으로 coachee와 코치의 성장을
강화시키는 것.

4. 효과적으로 발달 과정을 실행할 수 있는 방법을 알기

빈번한 코칭 대화를 위해 시간을 낼 수 있는 것, 유연하지만 체계적   1 2 3 4 5
인 코칭 과정을 준수하는 것, 실천할 수 밖에 없는 발달 계획을 세우
는 데 있어 coachee와 협력하는 것, 그 계획의 실행을 지지하기 위
해 지속적으로 피드백을 제공하는 것.

5. 조직의 요구사항과 코칭 효과를 한방향으로 정렬할 수 있기

전략, 구조, 정치와 같은 조직적 요소를 포함하여 조직이 어떻게 운 1 2 3 4 5
영되는지를 이해하는 것, coachee가 속한 특정한 조직문화와 그 문
화가 코치의 성공에 어떤 관련이 있는지에 대해 민감해지는 것,
coachee의 성공을 위한 조직의 목표와 기대 및 과정과 일치하도록
만드는 것, 코칭의 속도가 조직의 현재는 물론 미래의 비즈니스 욕
구를 충족할 수 있도록 보장하는 것.

6. 오래 지속될 수 있는 성과 내기

코칭의 결과가 장기간 지속될 수 있도록 coachee가 무엇을 필요로 하 1 2 3 4 5
는지를 이해하는 것, coachee가 코칭 목표를 이룰 수 있도록 개인적으로
활용할 수 있는 변화 전략을 발달할 수 있도록 coachee를 도와주는 것.

총점 _____ / 60

- -

다음의 질문들에 대답을 하면서 당신의 코칭 기술을 생각해 보세요.

– 가장 강한 기술은 어느 능력 영역입니까?

– 그 강점을 남용하지 않으면서, 어떻게 하면 잘 활용할 수 있을까요?

– 가장 약한 기술은 어느 영역입니까?

– 그 분야에서 더 강한 기술을 발달시키기 위해 무엇을 할 필요가 있을까요?

단기 코칭

단기 코칭은 coachee가 코칭을 처음 접하거나, 장기 코칭을 받기 전에 코치나 코칭 경험을 접해보기를 원하거나, 코칭 목표가 매우 명확하여 단기간에도 충분히 성취할 수 있을 만큼 그 범위가 좁을 때, 그리고 coachee가 발달하고자 동의한 코칭 영역에서 기회를 보는 시야가 좁을 때와 같은 특정한 상황에서는 특히 유용하다. 따라서 단기 코칭은 코칭 목표가 단시간 안에 성취할 수 있는 범위를 넘어서거나 coachee의 자기 숙달 수준이 낮거나, 주어진 시간 내에서 코칭 목표를 성취할 수 있는 정도의 기술이나 직업적 경험이 불충분할 때는 유용하지 않을 것이다.

단기 코칭 방법의 종류는 매우 다양하지만, 변화 전략 공식은 간단하고 논리적이면서도 매우 유연한 방법이다.

첫 번째로 C에 중점을 두고, coachee로 하여금 부정적 언어보다는, 긍정적 언어로 표현하면서 간결하고 측정 가능한 코칭 목표를 정하게 한다. 예를 들어, "직장에서 덜 걱정하기"는 불명확하고 측정하기도 어려우며, 부정적으로 표현되었으므로 "내가 임원진들 앞에서 프로젝트 보고서를 발표할 때 지속적으로 자신감을 느끼기"와 같이 바꾸어 말하는 것을 들 수 있다. 또한 이와 같은 의논 과정에서는 물론 다른 모든 의논 과정에서도 합의한 내용을 꼭 문서화해 두는 것이 필요하다.

두 번째로 D를 하고, V를 한 후, P를 진행하도록 한다. 이 과정에서 각각의 요소들을 다룰 때, coachee로 하여금 최저점인 0부터 최고점인 5 중에서 점수를 매기게 한 다음, 왜 그 점수를 매겼는지에 대해 정확하게 설명하도록 한다. coachee가 D에 대한 점수를 설명하면, coachee의 열망의 깊이와 이 변화에 대한 외부의 요구 또는 압력 및 현재 상황에 대해 coachee나 다른 사람들이 느끼는 불만족을 표현하도록 하기 위한 심층 질문을 한다. V를 할 때는, coachee가 분명하게 상상할 수 있고, 자신이 이러한 새로운 행동에 완전히 익숙해진 모습을 상상할 수 있는지를 가늠한다. P를 할 때는 coachee가 비전(V)을 성취하고 변화(C)를 달성하기 위한 구체적이고도 실행 가능한 계획과 과정을 갖고 있는지를 확인해야 한다.

세 번째로 R로 진행한다. coachee가 0부터 5 사이의 점수를 매기게 한 후, 그 점수를 매긴 이유를 설명하도록 한다. 많은 coachee들은 자신들이 원한다고 말한 그 변화에 대해 자기 자신이 저항을 한다거나 또는 자신의 주변 사람들이 성장하고자 하는 자신들의 열망을 지지해주지 않는다는 점을 발견하고는 새삼 놀라워한다.

네 번째로 공식을 계산한다. D, V, P를 곱하는 것은 이들 세 가지 요소 중 하나라도 0일 경우, 공식의 왼쪽 부분 모두가 0이라는 뜻이다. 만약 그런 경우가 생긴다면 그 어떤 변화도 생기지 않을 것이다. 하지만, 만약 공식의 왼쪽 부분이 R 또는 저항 점수보다 클 경우, 변화는 있을 수 있다. R과 비교해서 왼쪽 부분의 점수가 R보다 클 경우 변화의 속도와 그 크기가 커질 것이다.

마지막으로, 변화 전략 공식의 각 요소 아래에 담긴 문서화된 정보들과 점수를 곰곰이 생각해 본다. 변화라는 목표를 향한 coachee의 과정을 촉진시키기 위해 어떤 일을 해야 할 필요가 있는지에 대해 명확히 알 수 있을 것이다. 예를 들어, 만약 D가 낮다면 코칭은 coachee의 동기에 초점을 맞추어야 할 필요가 있다. 만약 V가 가장 낮은 요소라면, coachee가 새로운 비전을 창조할 수 있도록 돕는 데 더 많은 시간을 보내야 한다. 만약 P가 가장 낮은 값이라면, coachee가 참여할 수 있는 발달 계획을 세워야 한다. 만약 R이 너무 높다면, 저항의 상태와 그 원인을 탐색하고 그 저항을 어떻게 해야 극복할 수 있는지에 대해 파악하여야 한다. 이런 분석을 한다면, 이 공식의 각 요소가 다른 요소들에게 영향을 미친다는 점을 분명히 확인할 수 있을 것이다. 예를 들어, 만약 V에 높은 점수를 주었다면 D의 값 역시 증가할 것이기 때문이다.

변화 전략 공식 방법론의 정밀성은 진단에 도움이 되고, 전략적이며, 실용적이고 모든 에니어그램 유형을 지닌 사람들에게 적용되며, 이들에게 자극이 된다는 것이다. 게다가 이 방법론은 자기 숙달의 수준에 기반한 접근방법과 이 책의 앞 부분에서 설명한 4가지 코칭 도전과 함께 매우 유용하게 사용될 수 있다.

위기 코칭

위기 코칭은 coachee가 자신의 사생활이나 직업적인 삶에 굉장히 중요한 사건이 발생하여, 그로 인해 coachee가 심한 압박감을 느끼는 위기에 봉착했을 때 필요하다. 만약 coachee와 코치가 이미 단기 코칭이나 장기 코칭에 참여하고 있다고 해도, 이 때의 위기 코칭은 다른 접근 방식을 필요로 한다.

위기 코칭을 이해하기 위해서는 다른 분야의 예시들을 살펴보는 것도 도움이 될 수 있다. 이를테면 경제와 국제관계에서의 위기란 그 결과가 매우 불길할 정도로 커서 큰 규모의 전략적 위협에 노출된 것과 같은 매우 불안정한 상황을 말한다. 문학에서 위기란 반대되는 세력간에 나타나는 투쟁으로서 극중 이야기 중 매우 심각한 갈등이 전환점을 맞을 때 발생하며, 이에 따라 그 동안 조금만 알려졌거나 아예 알려지지 않았던 어떤 내용이 밝혀지게 되는데 이 모든 것들이 극중 클라이맥스 전에 발생하는 것을 말한다. 또한 심리학에서의 위기는 일상적인 기능적 패턴과 대처 행동들이 더 이상 쓸모가 없을 때 나타나는 허약 또는 장애를 말한다. 그리고

의학에서 위기에 놓인 환자란 환자가 최악의 상황으로 치달을 수도 있을 만큼 증상들이 악화된 상태를 말한다.

위기에 놓인 coachee들은 위에서 언급한 내용들 모두 또는 대부분들을 경험하기 때문에 코치들은 coachee를 지지하고 인도하기 위해 조심스럽고 신중하게 그리고 빠르게 움직여야 할 필요가 있다. 446쪽의 위기 코칭 방법 그림은 코치가 유용하게 활용할 수 있는 구조적인 틀이다.

위기 코칭 방법

긴급한 이슈에 반응하기

1. 주의 깊게 듣기
2. 가능한 즉각적으로 문제를 다루기 ; 조심스럽게 조언하기
3. 차분하고, 인정이 많으며 명확하게 하기

깊은 역동 관계를 다루기

4. 근본적인 원인을 파악하기
5. coachee의 깊은 관심사를 다루기
6. 희망과 안도감을 불어넣기

지속적인 행동 계획을 세우기

7. 주제에 초점이 맞춰진 구체적인 행동 계획을 세우기

8. 지지 시스템을 디자인하기

9. 필요하다면 부가적인 자원이 있음을 coachee에게 알려주기

••• 긴급한 이슈에 반응하기

1. 주의 깊게 듣기

열린 마음과 가슴으로 coachee의 말을 경청하는 것은 코치가 제공할 수 있는 가장 중요한 선물이다. 일반적으로 위기에 처한 사람들은 무엇이 자신들을 힘들게 하는지에 대해 이야기를 할 필요가 있으며, 또한 자신들의 이야기를 타인들에게 말하면서 자신들에게 최대한의 관심을 기울일 만큼 자신들을 염려해 주는 누군가가 있다는 것을 알게 됨과 동시에 그 말을 하는 과정에서 그 자신에 대해 더 많이 알아가면서 스스로 무엇을 해야 되는지에 대해 결정할 필요가 있다. 이와 같이 coachee들은 코치로부터 명확하고 실질적이며 현명한 조언을 필요로 할 수도 있는데, 그래야 나중에 후회하게 될 정도의 성급한 행동을 하지 않을 가능성이 높기 때문이다. 코치들이 위기에 놓인 coachee들의 말을 경청하지 않으면, 코치들은 쓸모없는 충고가 될 수 있는 너무 이른 조언을 해 줄 위험이 있다.

2. 가능한 즉각적인 문제를 언급하고 조심스럽게 조언하기

위기에 처한 사람들은 당면하고 있는 시급한 문제를 해결할 수 있도록 자신들을 도울 수 있는 코치를 필요로 하고, 이에 따라 coachee들은 코치들의 조언과 지도에 평소보다 더 많이 의지한다는 점 때문에 혼란스럽고 걱정할 수도 있다. 현실적으로 coachee의 이러한 의존적인 태도는 일반적이다. 하지만, coachee들이야말로 선택을 하고 그에 대한 도움을 받게 되므로 코치들은 신중하게 조언을 해야만 한다.

3. 차분하고 인정이 많으며 명확하기

사람들이 위기에 처하게 되면, 매우 불안해 하고 감정으로 가득 채워지게 되며 혼란스럽게 된다. coachee들의 긴장과 불안에 건설적으로 대처할 수 있는 힘을 보여주기 위해, 코치들은 매우 차분해야 하고, 온화하고, 감정이입적이어야 하되, 확고한 태도를 견지해야 한다.

••● 깊은 역동 관계를 다루기

4. 근본적인 원인을 파악하기

위기 코칭에서는 대부분의 coachee가 궁지에 몰리게 된 근본 원인을 파악할 수 있는 충분한 시간을 가지지는 못하지만, 그럼에도 불구하고 coachee로 하여금 위기에 관련된 주요 요소들과 그 요소들이 서로 어떻게 연관되어 있는지를 알아내도록 돕는 것은 코치에게 매우 중요한 일이다. 그래서 coachee가 위기상황에 대해 더 많은 통찰력을 얻게 되고, 나아가 코치와 함께 장기 코칭에 참여하거나 또는 다른 방법의 외부 도움을 통해 위기 발생의 근본적인 원인과 자신들만의 역동적 관계를 고려한 방법을 찾도록 해야 한다. 그렇지만, 가장 위급한 사안들에 대한 불안감을 줄이거나 이를 해결하지 않는 이상, coachee들은 실제로 이 정도 수준의 분석을 할 준비가 되어 있지 못하다. 다시 말하면 coachee들이 자신이 직면한 위급한 사안의 근본 원인과 그 기저에 깔린 역동적 관계를 이해하지 않는 이상, 해결의 가능성을 찾기 위한 행동 계획의 수립으로 나아갈 수 없다는 점이다. 그렇지 않으면 coachee는 원인이 아닌 문제의 증상들만을 언급하고 말 것이다.

5. coachee의 깊은 관심사를 다루기

위기에 놓인 사람들은 자신들의 상황에 대해 정말 많이 염려한다. 그래도 코치들은 현재로서는 그저 가능성에 불과할 수 있지만, 이 상황에서 어떤 결과가 발생할 수 있는지, 또 어떤 결과들이 명백하지 않고 모호할지에 대해서 대화를 통해 코칭으로 인도할 수 있다. 또한 코치들은 coachee들이 조절할 수 있는 요소들과 영향을 줄 수 없는 요소들 간의 차이점을 알 수 있도록 한 후에, coachee가 영향력을 행사할 수 있는 요소들을 중심으로 실행 가능한 행동들을 탐색할 수 있도록 도울 수 있다. 마지막으로, 사람들이 위기에 처했을 때, 각자의 에니어그램 유형에 기반한 욕구와 불안감과 맞부딪히게 되면, 이들은 지나치게 과잉활동적이 될 수 있다. 불행하게도 이 높은 불안감은 위기를 해결하는 데 도움이 되지 않는다. 코치들은 이러한 우려와 걱정이 나타났을 때 이를 인식해야만 하며, 또한 coachee가 이러한 깊은 감정들을 인정할 수 있도록 도와야 한다. coachee들은 그들이 두려움으로 인해 어떠한 행동을 하도록 내버려 두거나, 반대로 실행으로 옮겨야 할 필요가 있는 실제적인 행동들을 하지 않도록 내버려 둘 수는 없다는 것을 깨달아야 한다. 각 에니어그램 유형을 지닌 사람들이 깊이 염려하는 점들은 다음과 같다.

1번 유형	무엇인가가 매우 잘못되었다는 느낌
2번 유형	가치가 없다는 느낌
3번 유형	자기 고유의 가치를 가지지 못했다는 것
4번 유형	매우 부족하다는 느낌
5번 유형	텅빈 것 같고 무엇인가 빠져나가는 느낌
6번 유형	절대적인 확실성이나 지지를 갖지 못했다는 느낌
7번 유형	온전하고 견고하지 못하다는 느낌
8번 유형	절망적이라는 느낌
9번 유형	어떤 의미를 가지지 못한다는 느낌

coachee들이 위기에 처했을 때, 이 책의 3장부터 11장을 통해 이미 설명하였듯

이 사람들의 일차적인 방어 기제는 과도하게 활성화되고 그래서 기능장애를 일으킬 수도 있다. 아니면 기능 자체를 모두 멈출 수도 있어서 당사자를 매우 취약하고 무방비한 상태로 만든다. 만약 coachee의 방어 기제에 과부하가 걸리는 것처럼 보인다면, 코치는 에니어그램 유형의 특별한 방어 기제 도전을 사용할 수도 있다. 대부분의 경우, 위기에 놓인 coachee는 매우 민감하고 취약하므로 간접적인 도전으로 시작하는 것이 가장 안전하다.

또한, 위기에 처한 coachee는 자신들이 사용하는 일차적인 방어 기제 이외의 또 다른 대응 전략을 사용하므로 자신들의 문제나 사안에 대해 타인이나 또는 그렇게 만든 상황을 탓하게 될 수도 있다. 물론 현재 벌어지고 있는 일들에 대한 책임을 외면하는 태도는 coachee들이 일시적으로 안심하거나 자신의 분노 표출을 위한 출구로 사용되기도 한다. 그렇지만, 이러한 방식으로는 코치가 흔히 위기를 통해 깨닫게 되는 중요한 교훈을 거의 배우지 못하게 되는 희생자의 위치에 놓이게 된다. 또한 희생자의 역할을 하는 사람들은 좁은 시야와 함께 제한적인 범위에서의 건설적인 선택권을 가지게 될 뿐이다. 이와 같이 coachee들이 스스로를 희생자로 인식하기 시작하면, 코치들은 coachee가 자신들의 말을 들어주었다고 느낄 정도로만 경청한 후 "수많은 외적인 요소들이 이 위기와 관련되어 있어요. 하지만 당신이 일차적으로 이러한 것들에만 초점을 둔다면, 모든 일들이 당신에게만 일어난다고 느끼게 될 거예요. 그래서 당신이 할 수 있는 일은 하나도 없다고 생각하게 될 수가 있는 거죠."와 같은 말을 하면서 coachee의 주의를 끌어야만 한다.

6. 희망과 안도감 보여주기

coachee들은 상황이 나아질 수 있다는 희망을 기대하고, 코치들은 coachee들이 그렇게 느낄 수 있도록 도울 수 있다. 12장에서 언급된 활동인 변형이 유용할 수도 있다. 또한 코치들은 긍정 조직 행동(AI : Appreciative Inquiry)이라고 불리는 방법론에 바탕을 둔 기술을 사용하여 coachee에게 안도감을 제공할 수 있다.

긍정 조직 행동은 부정보다는 긍정에 초점을 두었기에 coachee를 고갈시키게 하기보다는 활기차게 한다. 위기에 봉착하면 대부분의 사람들은 부정적인 면에 주의를 집중하게 되고 종종 자신들의 삶 속에 내재된 긍정적인 요소들은 물론 자신들이 지닌 강점과 기량마저 잊어버리게 된다. "당신이 어려운 상황에 놓였지만, 당신의 강점과 재능을 불러내어 미처 생각하지도 못했던 방식으로 그 상황을 해결했던 적이 있었는지 제게 말해줄 수 있나요?"와 같은 간단하지만 명쾌한 질문은 통찰력과 안도감을 제공할 수 있다.

●●● 지속적인 행동 계획을 세우기

7. 주제에 초점이 맞춰진 구체적인 행동 계획 세우기

coachee의 위기에 관련된 모든 이슈들을 완벽하게 해결할 수 있는 행동 계획을 개발하는 것은 현실적이지는 않지만 coachee가 어떻게 그 이슈들을 해결할 것인가에 대한 계획을 세우는 것은 필수적이다. 왜냐하면 구체적인 계획이 없으면, coachee는 많은 걱정만을 하게 될 것이고, 문제는 사라지지 않을 것이며, 따라서 위기 상황이 덜 급박해진다고 하여도 그 위기와 비슷한 일이 후일에 또다시 발생할 가능성이 있기 때문이다.

8. 지지 시스템을 구축하기

비록 모든 사람들이 편안함과 건설적인 직면, 예를 들어, 우리에게 진실을 말해줄 만큼 우리를 염려해주는 사람들로부터 필요할 때마다 지속적인 지지 체계로 유익을 얻는다고는 해도, 위기에 놓인 사람들은 이런 것들을 더 많이 필요로 한다. 그러므로 코치들은 coachee에게 이들이 현재 이미 가지고 있는 지지 체계와 제공되고 있는 지지의 종류, 무엇이 더 필요로 될지에 대해 생각할 수 있도록 도울 수 있다.

9. 필요하다면 부가적인 자원이 있음을 coachee에게 알려주기

위기에 놓인 coachee들은 코치들이 제공할 수 있거나 제공해야만 하는 것들 또는 그 이상의 것들을 필요로 할 수도 있는데 그러한 것들은 코칭 관계를 대신하거나 보완하는 기능을 가질 수 있다. 예를 들어, 코치들은 coachee를 치료 전문가, 약물 남용 상담자 또는 변호사에게 소개해야 할 필요가 있을 수도 있다. 또한 힘든 시기를 보내는 사람들을 위한 Pema Chodron의『모든 것이 산산이 부서질 때, When Things Fall Apart』라고 하는 훌륭한 책도 있다. 짧고, 실용적이며, 철학적이고, 감동적인 Chodron의 책은 삶의 가장 어려운 시간을 이해하는 방법은 물론, 혼란스러운 상황에 대처하는 기술들을 제공한다(* 우리나라에서는 아직 이 책의 번역본이 없는 상황이다).

장기 코칭

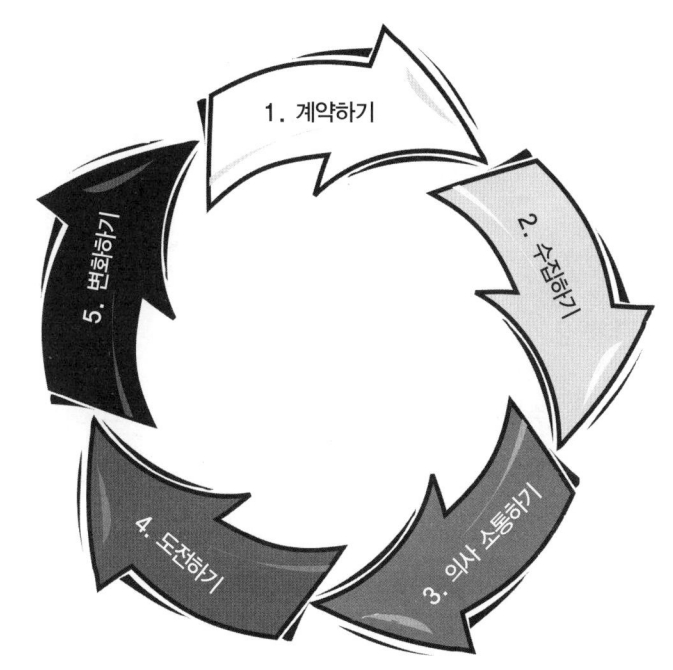

계약하기는 코치와 coachee 사이의 한 번 이상의 초기 의논이 포함된다. 이 과정에서, 각자는 자신의 관점에서 서로를 더 잘 알게 되고 자신들의 기대치를 말하고, 코칭 목표를 명확히 하며, 코칭 미팅의 횟수(회기)와 지속기간 및 시간 약속을 확정하고, 타인으로부터 coachee에 대해 어떤 정보를 얻는 것이 유용하며 그것은 어떻게 이루어지는가에 대해 의논하게 된다. 그래서 궁극적으로, 코치와 coachee는 협력적이면서도 상호간에 합의된 코칭 계획에 접근하게 된다. 이 단계는 에니어그램에 익숙하지 않은 coachee들에게 에니어그램을 소개할 수 있는 최적의 단계이다. 에니어그램에 대한 지식을 코칭 단계에서 coachee와 함께 나누는 것은 코치와 coachee로 하여금 코칭 과정 내내 에니어그램의 통찰력을 사용할 수 있도록 해준다.

효과적인 계약은 코칭 미팅의 후반으로 갈수록 발생할 수도 있는 많은 문제들이나 오해를 예방할 수 있으므로, 성공적인 코칭을 경험하는 데 기본이 된다. 비효과적인 계약은 항상 훗날 오해의 소지를 만들어 내며, 코치와 coachee 사이는 물론 코칭의 성공에 대한 신비로운 경험에 부정적인 영향을 미친다.

●●● 코칭 단계 2

수집하기는 코칭 목표에 직접적으로 연관되어 있으되, 객관적이고 유용한 조직에 관한 정보를 수집하는 것을 말한다. 그런데 상당수의 코치들은 이와 같은 코칭 관련 자료를 오직 coachee로부터만 얻는 실수를 범하곤 한다. 이러한 접근이 지니는 약점은 분명하다. 대부분의 사람들은 스스로에 대해서도 어느 정도 편견을 가지고 있다. 즉 사람

들은 종종 자신들의 실제 행동보다는 자신들의 의도에 따라 자신을 인식한다. 흔히 자신들의 모습을 어떤 이야기에서 나오는 악역을 한 사람이나 가해자라기보다는, 오히려 영웅이나 희생자라고 미화하듯 강조한다. 또한 사람들은 자신들의 강점은 과대평가하고, 자신들의 역량이 덜 우수하다고 느끼는 분야는 과소평가하거나, 아니면 그 반대인 경우도 있다. 이러한 이유들로 인하여, coachee로부터 정보를 얻는 것 이외에도 다양한 출처로부터 자료를 수집하는 것이 중요하다. 수집방법으로는 인터뷰, 포커스 집단, 설문조사, 성과 평가, 360도 피드백 보고서, 비디오나 오디오 테이프, 서면 통신문, 코칭 세션 중에 이루어지는 직접적인 관찰이나 실시간 경험 등과 같은 여러 가지 방법들이 있다.

설문조사, 인터뷰, 또는 포커스 집단을 통해 자료를 얻을 때에는 최대한 중립적인(neutral) 질문을 하도록 한다. 이런 질문을 하게 되면 더 객관적이고 균형이 잡힌 자료를 얻게 되며, 긍정적이거나 부정적인 방향으로 대답이 치우치는 것을 방지할 수 있다. 예를 들어, "이 사람의 리더십 스타일을 묘사해 주세요."라고 말하는 것이 "이 사람이 가지고 있는 리더십 문제는 무엇입니까?"라고 묻는 것보다 훨씬 낫다. 만약 중립적이지 않은 질문을 하게 된다면, "이 리더의 가장 큰 장점은 무엇입니까?"와 "이 리더가 가장 발달해야 할 부분은 어디입니까?"와 같이 긍정적인 반응과 부정적인 반응을 모두 겨냥해서 묻는 것이 중요하다.

마지막으로, 자료를 제공하는 사람들의 익명성 보장은 코치와 coachee의 신뢰에 상당히 중요하다. 만약 코치가 coachee의 비밀보장을 저버린다면, 코치는 그 응답자의 비밀보장을 무색하게 하는 것은 물론 코치와 coachee 사이의 신뢰를 무너뜨리게 된다. coachee는 코치가 만약 누군가의 비밀보장을 어긴다면, '나에게서도 그와 같은 일이 일어나지 않을 것이라고 어떻게 믿을 수가 있겠어?'라고 생각을 하게 된다.

●●● 코칭 단계 3

수집된 자료를 바탕으로 효과적으로 **의사소통하기** 위하여, 코치는 최대한의 효과를 낼 수 있도록 자료를 정리해야 할 필요가 있으며 coachee가 그 정보를 가장 잘 받아들일 수 있는 방법으로 분석자료에 대한 피드백 미팅(data-feedback meeting)을 구성해야 한다.

자료를 정리하는 방법

어떻게 해야 자료를 가장 잘 정리할 수 있는지를 결정할 때, 다음의 다섯 가지를 고려해야 할 필요가 있다.

1. 수집된 자료의 양
2. 자료의 일관성
3. 코칭 목표
4. 통찰력에 기반한 정보
5. coachee의 학습 방식

미팅에 투자된 시간의 양이 자료를 어떻게 정리할 것인지를 결정하는 요인 중 하나가 되면 안 된다. 자료에 대한 피드백 미팅을 위해서는 사실 적어도 2시간에서 많게는 하루 온종일 동안 해야 할 정도로 상당한 시간이 필요하다.

1. 수집된 자료의 양

많은 양의 자료가 생기면, 정보는 coachee가 받아들일 수 있을 만큼의 양으로 정리해야 할 필요가 있다. 이렇게 하기 위한 가장 손쉬운 방법은 주요 주제를 중심으로 자료는 물론 익명성을 띠는 실제 인용문의 예를 함께 정리하는 것이다.

2. 자료의 일관성

자료가 매우 일관성이 있을 때는, 코치는 정보를 간결하고 쉽게 정리할 수도 있다. 일관성이 떨어지는 자료일 때는, 관련된 이슈의 미묘한 차이를 포함하여 더 많은 자료를 coachee와 함께 나누어야 한다.

3. 코칭 목표

모든 자료는 coachee의 코칭 목표에 직접적으로 연관이 있어야만 한다. 그렇지 않은 자료는 일반적으로 제외된다.

4. 통찰력에 기반한 정보

코치는 행동을 이끌어낼 수 있는 정보를 공유해야 할 필요가 있다. 정보란 네 가지 종류로 나뉜다.

- *자료* : 수집된 원 정보(raw information)
- *지식* : 원 자료(raw data)에 기반한 패턴
- *통찰* : 지식의 패턴으로부터 나타난 진실의 핵심
- *지혜* : 통찰에 기반하여 사람이 마땅히 취해야 할 바른 행동

수집된 자료는 지식과 통찰 수준으로 정리되어 공유되어야 한다. 정보를 이런 식으로 정리하게 되면, coachee는 패턴을 인식하게 되고, 코치의 도움과 함께 통찰력을 얻게 되며, 그 다음 행동으로 옮기는 데 유익한 결정을 내리게 된다.

5. coachee의 학습 방식(청각, 시각, 체각)

정보는 coachee가 선호하는 학습 방식을 사용했을 때 가장 좋은 의사소통이 이루어진다. 청각적 학습방식의 지닌 coachee는 정보를 듣는 것을 선호하고, 시각

적 coachee는 주로 글자보다는 그래프와 그림과 같은 정보를 보길 원하며, 체감 각적 학습방식의 coachee는 정보에 대한 직접적이고 철저한 대화를 원하며, 정보 의 결과로 인해 특정 행동을 취하라는 식의 처방된 행동이 아니라, 자신들이 취할 수 있는 행동이 함축된 대화와 인쇄물을 선호한다.

특히 어떤 사람이 가장 많이 사용하는 명사와 동사와 같은 언어적 지표는 종종 그 사람의 기본 방식을 나타낸다. 다음은 사용하는 양상에 따라 동일한 관점에서 성공한 프로젝트를 어떻게 설명하는가에 대한 세 가지 예들이다.

학습 방식

청각

"나는 상사로부터 모든 피드백을 들었을 때 이 프로젝트가 성공했다는 것을 알았어요. 상사는 제게 고객이 그 프로젝트가 얼마나 잘 진행되었는지 격찬했다는 것과 다음에 입찰에 참여해야 하는 프로젝트가 생기면 전화를 주겠다고 말했다고 전했어요."

시각

"나는 내가 상사의 얼굴에 쓰여진 표정을 보았을 때 이 프로젝트가 성공했다는 것을 알았어요. 상사는 무척 신이 나있는 것처럼 보였어요. 사실, 상사는 계속 미소짓는 것을 멈추지 못하고 있었어요. 고객의 반응은 내가 상상할 수 있었던 그 어떤 것보다 훨씬 더 좋았어요."

체감각

"나는 상사가 내 사무실로 찾아와서 앉았을 때 이 프로젝트가 성공했다는 것을 알았어요. 상사는 나를 이 프로젝트에 참가시키기로 한 결정이 옳았다고 말했어요. 내가 상사로부터 받은 느낌은 고객이 곧바로 우리를 또 선택할 것이라는 것이었어요."

만약 coachee의 일차적 학습 및 정보처리 과정을 잘 모른다면, 가장 좋은 대안책은 청각, 시각, 체감각의 세 가지 학습 방식에서 공통적으로 많이 나타나는 방식을 선택하여 모두 충족시킬 수 있도록 자료를 정리하는 것이다. 그 이외에, 대부분의 사람들은 자신들의 일차적 방식 이외에 이차적인 방식을 가지고 있으므로, 쌍봉 접근(bimodal approach)을 시도하는데, 이것은 그 coachee가 피드백을 받을 때 사용하는 세 가지 선호하는 학습 방식 중 두 가지를 주로 이용하는 것이다.

분석자료에 대한 피드백 미팅을 계획하는 방법

대부분의 분석 자료를 피드백 해주는 미팅은 예비 의논과 1차 의논 항목이라는 두 가지로 구분된다. 분석 자료를 피드백 한다는 것은 원 자료가 아닌 공유되는 정보를 의미한다.

분석 자료에 대한 피드백 항목

예비 의논 항목
1. 라포(rapport) 형성
2. 초기의 코칭 목표와 자료 수집 방법론 검토
3. 비밀 준수의 재강조
4. coachee의 관심사 요청

1차 의논 항목
1. 자료 제시
2. 자료 검토와 중요 이슈들의 우선순위 매기기
3. 다음 단계 논의

예비 의논 항목

위에서 보는 네 가지 예비 의논 항목들은 분석자료를 피드백 해주기 위한 미팅을 마련하고 실제적인 자료를 검토하기 전에 coachee가 어떤 관심 또는 걱정이 있는지 물어볼 기회를 가지는 것이다. 라포를 형성할 수 있는 가장 좋은 방법은 coachee의 에니어그램 유형을 고려하는 것이다. 마실 것을 권하고 "기분은 어떠세요?"와 같은 진심어린 질문을 하는 것만으로도 종종 충분할 때도 있겠지만, 몇몇 에니어그램 유형들을 위해서는 다른 배려가 필요하다. 특히 9번 유형들은 보통 서로 관심이 있는 주제를 의논하는 것이 이들을 편안하게 해주므로 다른 유형들보다 더 많은 시간이 필요하지만, 5번 유형과 8번 유형들은 라포 형성을 위한 시간을 적게 갖기를 선호하고, 자료를 최대한 빨리 받기를 원한다.

1차 의논 항목 1 : 자료를 제시한다

미팅이 이루어지는 동안 자료를 어떻게 제시할 것인지를 결정할 때 염두에 두어야 할 두 가지 질문이 있다.

- 어떠한 의논도 없이 모든 자료를 coachee에게 한 번에 다 주어야 할 것인가? 아니면 자료들을 분류한 후 의논할 때마다 그 자료의 일부를 coachee에게 주는 것이 훨씬 더 효과적일 것인가?
- 인쇄한 자료를 coachee에게 주어야만 하는가, 만약 그렇다면 언제 주어야 하는가?

첫 번째 질문에 대한 대답은 공유해야 할 자료의 분량, coachee의 자료가 지닌 의미를 모두 이해하기 전에 coachee가 들어야 할 필요가 있는 정보의 양과 정도, coachee의 취향 등 같이 여러 가지 요소들에 따라 다르다. 그렇지만 대부분의 경우, coachee는 자료를 수동적으로 받는 사람이 되기보다는 질문을 하거나 의견을 낼 수 있도록 격려할 필요가 있다.

두 번째 질문에 대한 대답은 더 간단하다. 거의 모든 분석자료를 피드백하는 미팅에서 코치는 coachee가 조용히 자료를 읽도록 하기보다는, 말로 자료를 설명하도록 한다. 자료를 말로써 설명해주는 것은 코치에게 정보의 특정 부분을 확대하고 coachee의 의견과 비언어적 행동을 고려하여 코치의 견해를 조정하는 기회가 된다. coachee가 미팅에서 인쇄된 자료를 받게 되면, 대부분은 코치에게 귀를 기울이기보다는, 코치가 말하고 있는 내용보다 훨씬 더 많은 정보를 읽게 될 것이다. 그러므로, 만약 자료를 인쇄물로 나누어 주는 방식을 선택했다면 미팅 때마다 자료를 coachee에게 주는 것이 훨씬 더 나을 것이고, 아니면 coachee가 미팅 이후에 자료를 검토하면서 자료의 의미를 반영할 수 있도록 미팅 후반에 주는 것이 나을 것이다.

1차 의논 항목 2 : 자료에 대해 논의하고 중요한 이슈들을 우선순위화한다

미팅 동안 피드백을 받는 부분에서 coachee가 완전히 침묵한다면, coachee가 그 자료에 대해 유쾌하게 생각하지 않는다거나, 미팅 전에 이루어졌던 대화에 대해 무엇인가에 대해 생각을 하고 있다던가, 아니면 너무 수동적이거나 저항을 하고 있다는 뜻이다. 이러한 이유들로 인해, 코치는 미팅의 초기부터 coachee로부터 어떤 반응을 이끌어내는 것과 coachee의 목소리 톤이나 몸짓에 나타나는 변화에 세심한 주의를 기울이는 것이 중요하다. 따라서 coachee가 어느 정도의 시간 동안 가만히 있거나 또는 coachee의 목소리와 몸에서 변화가 생기면, "당신은 이 이슈에 대해 어떻게 반응하시나요?"라고 물어야 한다.

코치와 coachee 사이에서 가장 중요한 논의는 모든 자료를 전달 한 이후에 생긴다. 코치는 다음의 두 가지 질문을 함으로써 대화를 시작할 수 있다.

- *자료 내용 중에 동의하는 부분이 있습니까?*
- *자료 내용 중에 동의하지 않거나 이해를 하지 못하는 부분이 있습니까?*

coachee가 동의하는 부분이 있고 그렇지 않은 부분이 있다는 것을 아는 것은 coachee에게 있어 상대적으로 받아들이기 쉬운 피드백 부분과 도전적으로 받아들일 수 있는 부분을 코치가 알 수 있도록 도와준다. 의견 차이를 보이는 부분에 대해 의논할 때, 코치는 다음의 전략들 중 한 가지 또는 두 가지 모두를 이용할 수 있다.

- *만약 이 정보가 정확하다고 생각하지 않는다면, 당신의 관점에서 생각할 때 어떤 부분이 옳은지를 제게 말씀해 주세요.*
- *만약 이 정보가 정확하지 않거나 편견이 있다는 생각이 들어도, 이 자료들은 다른 사람들이 당신에 대하여 인식한 것입니다. 무엇 때문에 다른 사람들이 이러한 관점을 갖게 되었다고 생각하나요?*

대화 도중, 코치는 그 동안 제시된 내용과 의논한 내용에 대한 coachee의 생각과 감정을 유도할 필요가 있다. 어떤 coachee들은 자료에 반응하는 것처럼 보이기는 하지만 사실 그 자료의 중요성을 떨어뜨릴 때가 있다. 어떤 coachee들은 아주 소소한 비판에 대해서도 마치 그것이 대단히 중요한 것처럼 지나치게 강조할 수도 있다. coachee의 에니어그램 유형은 자신의 진정한 반응을 재치있고 명쾌하게 표출하는데 영향을 미친다. 예를 들어, 3번 유형, 5번 유형, 7번 유형은 코치가 자신들의 반응을 이끌어 내주기를 바랄 수도 있고, 감정에 대해 말할 때 편안하게 느끼도록 도와주어야 할 필요가 있으나, 2번 유형, 4번 유형, 6번 유형들은 코치가 자신들이 경험하고 있는 풍부한 감정적 경험을 정리하고 명확하게 할 수 있도록 도와주기를 원할 수도 있다. 배 중심 에너지의 유형들인 8번 유형, 9번 유형, 1번 유형은 생각하고 느끼는 것에 대해서는 동일한 수준으로 논의할 수 있으나, 이들은 코치가 자신들이 행동으로 옮기기 전에 생각을 하고 감정을 느낄 수 있도록 자신만의 시간을 가질 수 있도록 해주기를 원한다.

자료를 통해 의논한 이후, 그 다음 과제는 중요 이슈들을 우선순위화하는 것이다. 이 단계는 거의 협력적으로 이루어진다. 코칭 목표에 직접적으로 연관된 이슈들, 조직이나 coachee에게 있어 어떤 긴급한 주제, coachee를 흥분시키거나 스트레스를 느끼게 하는 부분과 같이 많은 기준들이 우선순위를 정할 때 사용될 수 있다.

1차 의논 항목 3 : 다음 단계를 의논한다

마지막으로, 미팅을 마무리 지어야 할 필요가 있다. 예를 들어 과정은 앞으로 다가올 코칭 미팅에서 다룰 주제와 세부 계획, 자료의 결과에 따른 새로운 목표나 예전 목표의 수정, 분석자료의 피드백 등, 미팅의 결과물로서 coachee나 코치가 취해야 할 행동들처럼 coachee와 코치가 다음 단계를 명확하게 하는 것을 포함한다.

어떤 코치와 coachee들은 분석 자료를 피드백 해주는 미팅의 일부로서 코칭 단계 4(도전하기)와 코칭 단계 5(변화하기)로 바로 나아가기를 원할 수도 있다. 이러한 접근 방법은 특히 코칭 경험을 통해 큰 진보를 했거나 변화를 위해서 매우 동기부여가 잘 된 몇몇의 coachee들에게는 효과가 있을 수 있다. 하지만 대부분의 coachee들의 경우, 그 동안 무슨 말을 해왔는지와 그에 대한 반응으로 자신들이 무엇을 하기를 원하는지에 대해 생각할 시간을 주는 것이 훨씬 유익하다. 이런 시간은 숙고와 통합을 가능하게 하는 시간으로, "침잠의 시간(soak time)"이라고 불리기도 한다. 또한 어떤 coachee들은 피드백을 받는 시간 동안에는 동의를 하고 순응하는 것처럼 보일 수도 있지만, 나중에는 그 동안 해왔던 말에 대해 강한 부정적인 반응을 보이거나 오해를 할 수도 있다. 이러한 이유 때문에 일반적으로 자료를 통해 대화하는 것과 도전적 성장과 필요한 변화계획을 세우는 것과는 분리시킬 것을 권장한다.

●●● 코칭 단계 4

 coachee가 피드백한 자료를 받고 언급된 이슈들을 우선순위 화 한 후, 코칭 과정에 있어서의 그 다음 단계는 *도전하기*이다. 어떤 coachee는 도전하기의 단계를 뛰어넘고 바로 변화 하는 단계로 가기를 바라기도 하지만, coachee가 바로 행동을 취하는 것은 바람 직하지 않다.

도전하기 단계를 뛰어넘지 말아야 할 이유는 여러 가지가 있다.

첫째, coachee와 코치 모두가 의사소통 단계에서 배운 내용들을 더 의논할 수 있는 시간이 필요하기 때문이다. 즉 새로운 아이디어, 대조되는 감정들, 더 큰 관점 들, 중요한 질문에 대한 대답들은 주로 도전하기 단계에서 이루어지기 때문이다.

둘째, 도전하기 단계는 coachee가 지속적인 성장을 할 수 있는 동기부여를 하 는 데 필수적이다. 모든 coachee들은 스스로에게 *"정말 내 행동이 변화하기를 원 하는가?"*라고 물어볼 필요가 있다.

누군가를 도전하게 만드는 것은 처음에는 지지하는 행동처럼 들리겠지만, 실제 적으로는 존중과 열정을 가지고 도전하도록 했을 때, 그 도전은 많은 coachee들 에게 전환점으로 작용할 가능성이 높다. 즉 코칭 맥락에서의 **도전하기**란 코치가 coachee의 주의를 받으면서 coachee로 하여금 자기 자신들의 행동을 유심히 살 펴보게끔 만드는 행동을 말한다. 모든 아홉 가지 에니어그램 유형에게 매우 효과 가 있는 네 가지 도전은 제3장부터 11장에 포함되어 있다.

•••코칭 단계 5

5. 변화하기

삶에서 받아들이기 어려운 교훈 중 하나는 그 누구도 타인을 정말 변화시킬 수 없다는 것이다. 다시 말하면 우리는 누군가가 변화하도록 제안하고, 격려하며, 지지하고, 보상하며, 부추기며, 때론 힘으로 누를 수는 있지만, 그 자신이 진정으로 달라지기를 원하지 않는 이상 이러한 전략들은 거의 효과가 없다는 것이다.

때때로 코치가 coachee에게 줄 수 있는 최고의 선물은 자기를 아는 지식(self-knowledge)이 높아지고 자기 수용(self acceptance)이 넓어질 수 있도록 돕는 것이다. 사실 코칭 과정을 통해 coachee들은 자신들에 대해 더 잘 알 수 있는 것을 배우고, 자신들이 타인과 어떻게 상호작용하는지에 대해서도 더 잘 이해할 수 있도록 배운다. 깊은 자아 지식과 진정한 자아 수용은 흔치 않은 현상이긴 하지만, 어떠한 상황에서의 코칭 경험이라고 할지라도 가장 긍정적인 결과를 낳을 수 있다. 역설적으로, 어느 coachee들은 자신들의 약점과 강점을 받아들여서 자신들이 정말로 괜찮다는 결론에 도달하게 되면, 자기 계발과 경력 계발에 대해 훨씬 더 개방적으로 된다.

코칭 관계가 마지막 단계인 **변화하기**에 도달하게 될 때쯤 *만약* 다음 항목들이 충족되었다면, coachee는 대개 변화의 과정에 이미 돌입했을 것이다.

1. 계약은 명백하고, 완전하며, 필요시 재협상되었다.
2. 자료 수집 과정에서 적절한 사람들에게 적절한 질문을 하였다.
3. 자료는 coachee의 목표와 학습 방식에 맞도록 효과적으로 의사소통 되었고 정리되었으며, 코치와 coachee들 사이에는 진실한 대화가 이루어졌다.
4. coachee는 코치를 통해 건설적인 도전을 받았다고 느꼈다.

대부분의 coachee들은 자신들에게 의미 있는 명백한 목표를 세우고, 자신들에게 강한 영향력이 있는 피드백을 받아들이거나, 코칭이나 자기 성장의 결과로 인해 높아진 자아 인식을 가지는 등 코칭의 마지막 단계에 이르기 전에 이미 다양한 수준으로 변화를 느끼기 시작할 것이다. 마지막 단계인 변화하기에서 코치의 역할은 coachee가 다음의 과업을 이룰 수 있도록 집중적인 노력을 기울이도록 돕는 것이다.

1. 목표 재확인 하기

coachee들은 자신들의 초기 목표가 자신들의 발달을 위해 가장 중요한 목표라고 확신해야 할 필요가 있다. 코치는 coachee에게 "그 동안 당신이 배운 모든 것을 생각해 볼 때, 가장 원하는 변화는 무엇인가요?"라고 질문할 수 있다.

2. 성공을 위한 기준 확인하기

coachee들은 자신의 목표들을 달성했다는 것을 알아서 자신의 성공을 인정할 수 있는 때가 언제인지를 스스로가 알 수 있도록 규정할 필요가 있다.

예를 들어, "인상적인 실무 프리젠테이션을 하는 것"은 50명에서 500명에 달하는 사람들 앞에서 불안감을 느끼지 않으면서 발표를 하는 것을 의미할 수도 있고, 메모에 의존하지 않으면서 파워포인트 프리젠테이션을 하는 것을 의미할 수도 있으며, 텔레비전 프로그램에 나가서 격찬을 받으며 인터뷰를 하는 것 또는 그 밖의 많은 것을 의미할 수 있다. 코치는 coachee에게 "당신의 발달 목표를 염두에 두고, 당신이 그 목표를 이루었다는 것을 어떻게 알 수 있을까요?"라고 질문할 수 있다.

3. 효과적이고 실행 가능한 발달 계획 세우기

coachee들은 자신들의 발달 목표를 성취하기 위해서는 간단하고, 실용적이면서도, 자극적인 발달계획을 세울 필요가 있다. 이 계획은 바라는 정확한 목표, 이 목표를 성취하기 위해 실행되어야만 하는 발달 활동, 관련된 성공 기준, 이 계획을 성공적으로 실시하기 위해 필요한 지지를 포함시켜야 할 필요가 있다. 효과적이고 풍부한 발달 계획 과정은 12장인 변형(Transformation)에서도 언급되었다.

Resources

Enneagram-Based Development Activities

Bringing Out the Best in Yourself at Work: How to Use the Enneagram System for Success by Ginger Lapid-Bogda (McGraw-Hill, 2004).
에니어그램의 적용에 기반한 각 장들은 다음과 같이 구분되어 있다 ─ 커뮤니케이션, 피드백, 갈등, 팀, 리더십 그리고 개인의 변형이다. 각 장은 유형별 개개인들을 위해 세 가지 상세한 발달 활동들과, 더불어 모든 사람들을 위한 활동들을 제시하고 있다.
주요 온라인사이트와 소매서점에서 구입할 수 있다.

The Enneagram Development Guide (2007).
300페이지 이상(각 에니어그램 유형별 50가지 이상의 활동)에 걸쳐, 모든 비즈니스상의 리더와 개인 참여자를 위해 에니어그램을 적용한 발달 활동들 및 개인적 변형을 위한 더 깊은 수준의 활동들도 제시되어 있다.
The Enneagram In Business.com 사이트의 Store에서 구입할 수 있다.

The Enneagram Learning Portal (2007).
TheEnenagramInBusiness.com 웹사이트의 에니어그램 학습 포털사이트 (Enneagram Learning Portal)에서는 풍부한 에니어그램 비즈니스 정보와 각 개인을 위한 유형별 발달 활동들이 있다. 특별 분야(*일에서의 상호작용)

에서는 유형들의 상호작용을 향상시키기 위한 발달 활동들과 함께, 각각의 유형들이 어떻게 함께 효과를 내는가 및 매니저와 직원의 역동성, 수행 파악 등에 대해 기술하고 있다.

The Enneagram In Business.com 사이트의 *Learning Portal*에서만 구독할 수 있다.

What Type of Leader Are You? Using the Enneagram System to Identify and Grow Your Leadership Strengths and Achieve Maximum Success by Ginger Lapid-Bogda (McGraw-Hill, 2007).

리더십 역량에 기반한 장들로 나누어져 있다 — 성과를 위해 애쓰기, 자기숙달을 위한 노력, 비즈니스를 알기 : 전략적으로 생각하고 행동하기, 탁월한 의사전달자되기, 수행능력이 뛰어난 팀을 이끌기, 최상의 결정하기, 리더십 패러다임 확장하기 등이다. 각 장은 유형별 개개인들을 위한 세 가지 상세한 발달 활동들과 더불어 모든 사람들을 위한 활동들을 제시하고 있다.

주요 온라인사이트와 소매서점에서 구입할 수 있다.

Enneagram Training Materials

기본적인 타이핑 도구들뿐만 아니라, 에니어그램을 다음과 같은 영역에서 조직적인 적용 : 의사소통, 피드백, 갈등, 팀, 리더십, 자기 숙달, 의사 결정, 전략적인 사고, 변형 등 – 을 위해 사용하도록 25개 이상의 컬러인쇄의 트레이닝 도구들이 있다.

모든 도구(tools)는 *TheEnneagramInBusiness.com*사이트의 *Store* 에서 구입할 수 있다.

Enneagram Training Programs

Certification Programs (Train-the-Trainer Programs)

코치, 컨설턴트, 트레이너, 매니저들을 위한 두 가지 다른 프로그램들; 직업 상에서 너 자신을 최고로 이끌어내라(*6일 동안 진행)와 당신은 어떤 타입의 리더인가?(*6일 동안 진행)은 전 세계 각지에서 진행된다.

정보와 자료는 *TheEnneagramInBusiness.com* 사이트의 *Events Calendar*에서 이용 가능하다.

Coaching Program

〈당신이 코칭하는 모든 사람들로부터 최고를 이끌어 내라; 예외적인 결과를 내기 위해서 에니어그램 시스템을 이용하라〉로부터 코칭 컨셉과 기법에 중점을 둔 5일 과정 트레이닝 프로그램이다.

정보와 자료는 *TheEnneagramInBusiness.com* 사이트의 *Events Calendar*에서 이용 가능하다.

Enneagram Books

.

The Enneagram: Understanding Yourself and the Others in Your Life by Helen Palmer (HarperOne, 1991).

팔머(Palmer)는 현대의 어떠한 에니어그램 전문 강사뿐만 아니라 에니어그램 시스템에 대해 안다, 그리고 그녀가 실제 이야기(real stories)와 사례들을 이용한 것과 그녀의 통찰력은 이 책을 읽을 가치가 있게 만든다.

Ennea-type Structures: Self-Analysis for the Seeker by Claudio Naranjo

(Gateways Books & Tapes, 1991).

클라우디오 나란조(Claudio Naranjo)는 오스카 이차조(Oscar Ichazo)의 에니어그램 작업을 미국과 다른 국가에 가져다 주는 공을 세우고 있으며 정신과 의사 및 게슈탈트(Gestalt)치료법의 전문 강사로서 자신의 에니어그램 전문 지식을 자신의 거대한 작업과 결합시켜 왔다.

The Essential Enneagram: The Definitive Personality Test and Self-Discovery Guide by David N. Daniels and Virginia A. Price (HarperOne, 2009).

스탠포드 대학 정신과 의사와 주요 에니어그램 전문 강사로인 저자로부터 설명된 아홉 가지 유형들. 다니엘스(Daniels)는 각각의 유형에 대해 심리적인 면을 설명하기 때문에 아홉 가지 유형들은 쉽게 이해될 수 있다.

The Wisdom of the Enneagram: The Complete Guide to Psychological and Spiritual Growth for the Nine Personality Types by Don Richard Riso and Russ Hudson (Bantam, 1999).

The best-selling of all Enneagram books, *The Wisdom of the Enneagram* is accessible and thorough, providing a solid foundation for understanding the nine styles.

모든 에니어그램 책들 중 베스트셀러인 에니어그램의 지혜는 아홉 가지 유형을 이해하기 위한 견고한 기초들을 제공하기 때문에 이해하기 쉽고 내용이 완벽하다.

Coaching Books

Action Coaching: How to Leverage Individual Performance for Company Success by David L. Dotlich and Peter C. Cairo (Jossey-Bass, 1999).

행동 코칭(Action Coaching)은 중요 인물을 위한 코칭을 하고 조직상에서 고위직 리더들과 함께 일하는 사람들에게 특히 유용하다.

Appreciative Coaching: A Positive Process for Change by Sara L. Orem, Jacqueline Binkert, and Ann L. Clancy (Jossey-Bass, 2007).

긍정적인 질문 접근에 대한 코칭 적용인 감사 질문 책은 코칭 고객들에게 질문할 긍정적인 질문들로 가득 차 있다.

Coaching: Evoking Excellence in Others by James Flahrety (Butterworth-Heinemann, 2005)

코칭 자격증 교부 회사이자 회사 학생들의 개별적인 계발을 위해 에니어그램을 사용하는 New Ventures West 회사의 창립자로써 코칭 고객들이 그들 자신과 세계를 바라보는 방식을 확장하고 변형할 수 있는 다양한 기법들을 제공한다.

Spiritual Books

The Enneagram of Passions and Virtues: Finding the Way Home by Sandra Maitri (Tarcher, 2005).

메이트리(Maitri)는 가끔씩 이해하기 어려운 영적인 영역과 가슴 중심에너지의 변형에 대해 명백히 설명한다.

The 9 Dimensions of the Soul: Essence and the Enneagram by David Hey
(O Books, 2007).

Faisal Muqaddam의 학생으로써 Hey는 에니어그램 각 유형에 대한 영적인
면을 시를 읽는 것 같은 방식으로 설명한다.

The Spiritual Dimensions of the Enneagram: Nine Faces of the Soul by
Sandra Maitri (Tarcher, 2001)

메이트리(Maitri)는 영적인 영역과 가슴 중심에너지의 변형을 설명한다. 이
책에서 그녀는 몇몇은 이해하기 어려운 직선형 구조가 아닌 나선형 구조로
쓰기 때문에 그녀의 열정과 미덕의 에니어그램을 가장 먼저 읽으면서 에니어
그램을 시작하는 것이 가장 좋다.

When Things Fall Apart: Heart Advice for Difficult Times by Pema
Chodron (Shambhla, 2005)

이 책은 위기 상황에 처한 사람들에게 특히 유용할 보석 같은 책이다. 쇼드롱
(Chodron)은 조언을 불교 전통에서 이끌어내며 진정한 차이를 도출할 제안
들과 활동들을 제공해 주고 있다.

Index

비전에니어그램 소개

비전에니어그램 프로그램은 숙명여대 이소희교수가 에니어그램의 지혜로 '행복한 비전의 삶'을 살고, 또 전하는 전문가를 양성하기 위해 개발한 인성프로그램이다.

◈ 5대 특징

1. 비전에니어그램의 철학적 기반은 공자의 논어(論語)에 나오는 〈온고이지신 가이위사의, 溫故而知新 可以爲師矣〉, 즉 '옛 것을 익혀서 새 것을 알게 되면 다른 사람의 스승이 될 수 있다'에 두고 있다.
2. 비전에니어그램의 이론적 기반은 '새 것'을 조명한 것으로 현재 세계적인 영향력을 발휘하는 이론들로서, 비전에니어그램의 조이&텝스 교수법에 녹아 있다.

이론	주창자
긍정심리학(Positive Psychology)	마틴 샐리그만(Martin E. P. Seligman)이 창안
몰입(Flow)	미하이 칙센트미하이(Mihaly Csikszentmihalyi)가 창안
감성지능(EI=EQ)	피터 샐로비(Peter Salovey)와 존 메이어(John Mayer)가 창안하고, 다니엘 골먼(Daniel Goleman)이 대중화시킴
신경언어프로그래밍(NLP)	리챠드 밴들러(Richard Wayne Bandler)와 존 그린더(John Grinder)가 창안
의미치료(Logo Threapy)	빅터 프랭클(Viktor E. Frankl)이 창안

3. 비전에니어그램의 Joy & Depth 교수법은 '즐겁고, 깊이 있게'를 지향하는 것으로 비전에니어그램에서 추구하는 즐거움은 5가지이며, 멀티미디어 매체를 적극적으로 활용한 11가지 다양한 방법으로 깊이 있게 진행된다.

배우는 즐거움
깨닫는 즐거움
행하는 즐거움
나누는 즐거움
전하는 즐거움

관찰	퀴즈	발표	토론	문답	예화	활동	감상	시연	역할극	사례 분석

(* 전문강사 자격을 취득한 전문가에는 해당 단계에서 활용할 수 있는 다양한 매체가 제공된다.)

다음은 베이직 강사과정을 마친 비전에니어 전문가에게 제공되는 그림, 즉 세 가지 중심 에너지와 아홉 성격 유형별 남녀를 그린 총 21장의 그림으로 구성된 것 중의 일부이다.

〈가슴 중심 에너지〉

〈6번 유형 충실한 사람-남자〉

4. 비전에니어그램에서는 〈성인용 기본 검사지〉와 함께 발달 단계별 및 사회적 역할별로 다양한 검사지를 제공함으로써 생애발달적 관점에서 자신과 다른 사람을 더 깊이 있게 발견하고, 이해함으로써 행복한 성장을 이룰 수 있도록 돕는다.

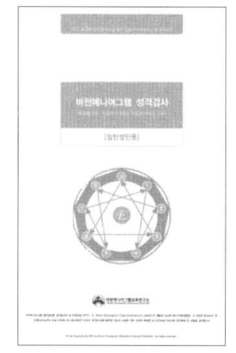

발달단계별 검사지

유아용,

아동용,

청소년용,

성인용

사회적역할 검사지

어머니용,

아버지용,

부부용,

원장용

5. 비전에니어그램은 생활중심의 실용 프로그램으로서 짧은 시간에 최고의 효과를 거둘 수 있도록 4단계의 총 153시간으로 구성되어 있다.

단계	단계명 부제	기본과정과 시간	강사과정과 시간	전문가과정과 시간
베이직	비전 에니어그램으로의 초대	비전 에니어그램의 기초 (9시간)	〈조이&뎁스 교수법〉 오센틱이론 그림으로 만나는 나 & 우리 그림으로 만나는 에니어맨 & 위민 (9시간)	에니어그램 사례 분석 (6시간) 에니어그램 교수법 (6시간) 슈퍼비전 (6시간)
베이직 플러스	에니어그램으로 깨우는 나의 가치	에니어그램 자기계발 (9시간)	〈조이&뎁스 교수법〉 SWOT 분석 나의 에니어그램 사명서 (9시간)	
트레이너	에니어그램으로 나누는 행복한 대화	에니어그램 커뮤니케이션 (9시간)	〈조이&뎁스 교수법〉 말풍선으로 만나는 부모-자녀 대화법 말풍선으로 만나는 아동-교사 대화법 말풍선으로 만나는 부부 대화법 (18시간)	베이직단계 모델링 & 피드백 (9시간) 베이직플러스단계 모델링 & 피드백 (9시간) 트레이너단계 모델링 & 피드백 (18시간) 코칭리더단계 모델링 & 피드백 (9시간)
		에니어그램 갈등관리 (9시간)		
코칭리더	에니어그램 통찰로 이루는 비전	에니어그램 코칭리더십 (9시간)	〈조이&뎁스 교수법〉 유명인의 대화에서 만나는 에니어그램 (9시간)	
교육시간	기본과정 4단계 × 9시간 + 9시간 = 45시간		강사과정 3단계 × 9시간 + 18시간 = 45시간	전문가과정 1박 2일 18시간 + 모델링 & 피드백 45시간 = 63시간
총 교육시간 = 153시간				

이 프로그램은 한국영리더십센터의 패밀리 그룹인 🔘 비전에니어그램교육연구소 Vision Enneagram Education Institute 가 주관한다.

비전에니어부모코칭 프로그램 소개

비전에니어부모코칭 프로그램은 숙명여대 이소희교수가 "깨어있어 지혜로운 비전의 부모"로 행복한 삶을 살 수 있도록 에니어그램과 코칭을 통합하여 개발한 국내 최초의 부모용 코칭프로그램이며, 2일 과정의 20시간으로 진행된다.

◈ 운영과정

1. 코칭의 기초에 대해 학습한다.

1일차	주요내용
오전	코칭의 개념, 코칭의 철학, 코칭의 환경, 코칭모델
오후	코칭기술배우기 기본기술 : 온전한 경청기술, 깨닫는 질문기술, 인정축하기술 심화기술 : 긍정적 피드백기술, 강점계발기술, 목표설정기술

2. 비전에니어그램의 어머니용, 아버지용 검사 및 발달 단계별 자녀의 에니어그램 성격 유형을 검사하여 부모-자녀의 성격적 특성을 이해한다.

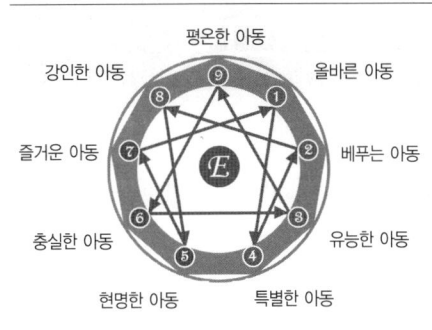

3. 마법이라는 뜻의 MAGIC 모델과 코치라는 뜻의 COACH 대화모델을 통합하여 에니어와 코칭을 통합한 부모코칭을 연습한다.

2일	모델	주요 내용
오전	Match	**비전에니어그램으로 만나는 나** : 비전에니어그램 '어머니용, 아버지용' 성격검사를 통해 부모의 에니어그램 성격유형과 특징을 파악한다.
	Awake	**비전에니어그램으로 깨닫는 부모로서의 나의 모습** : 지금까지의 부모역할에서 부모로서 강점과 약점까지 이해하고, 새로운 시작을 위한 준비를 한다.
오후	Grow	**비전에니어부모코칭으로 다시 만나는 아이들** : 비전에니어그램 '유아용, 아동용, 청소년용' 성격검사를 통해 자녀의 성격유형과 특징을 파악한다.
	Integrate	**비전에니어부모코칭으로 더욱 성장하는 부모와 아이들** : 부모-자녀 사이에 발생한 갈등을 부모-자녀의 에니어그램 성격 특성을 고려하여 이해하고, 문제해결을 통한 성장의 고리를 찾는다.
	Coach	**비전에니어부모코치로 새롭게 출발하기** : COACH 코칭대화 모델을 습득하고 자녀와의 관계에서 활용할 수 있도록 실습하여 체화시킨다.

Call	코칭주제 정하기
Open	마음과 생각열기
Aim	코칭목표 정하기
Choose	방법과 경로찾기
Habituate	꾸준히 실천하기

이 프로그램은 한국영리더십센터의 패밀리 그룹인 한국부모코칭센터 Korea Parent Coaching Center 가 주관한다.

비전에니어교사코칭 프로그램 소개

비전에니어교사코칭 프로그램은 숙명여대 이소희교수가 "깨어있어 지혜로운 비전의 교사"로서 의미 있는 삶을 살 수 있도록 에니어그램과 코칭을 통합하여 개발한 국내 최초의 교사용 코칭프로그램이다(2일 과정의 20시간 운영).

◈ 3대 특징

1. 비전에니어그램의 성인용 검사를 기본으로 교사용 검사, 원장용 검사를 통해 자신의 에니어그램 성격 유형을 발견한다.

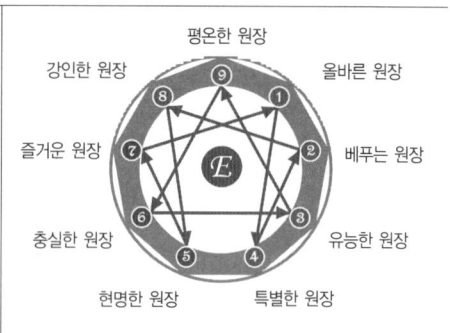

2. 매일 멋진코칭프로그램에 기반하여 코칭의 기초에 대해 학습한다.

1일차	주요내용
오전	코칭의 개념, 코칭의 철학, 코칭의 환경, 코칭모델
오후	코칭기술배우기 기본기술 : 온전한 경청기술, 깨닫는 질문기술, 인정축하기술 심화기술 : 긍정적 피드백기술, 강점계발기술, 목표설정기술

3. MASTER 모델에 따라 에니어그램과 코칭을 통합한 교사 코칭을 연습한다.

2일	모델	주요 내용
오전	Match	**비전에니어그램으로 만나는 나** : 비전에니어그램 교사용검사를 통해 교사의 에니어그램 성격 유형과 특성을 파악한다.
	Awake	**비전에니어그램으로 깨닫는 교사로서의 나** : 자신의 에니어그램 성격 특성을 고려하여 깨어 있는 교사로서의 역할에 대해 더 깊게 성찰한다.
오후	Seek	**비전에니어교사코칭으로 다시 보는 아이들** : 다양한 코칭 질문을 사용하여 유·아동의 중심에너지별 특성을 파악한다.
	Trace	**비전에니어교사코칭으로 더 잘 알게 되는 아이들** : 생활 속에서 나타나는 다양한 행동특성을 통해 유·아동의 에니어그램 성격 유형과 특성을 파악한다.
	Empower	**비전에니어교사코칭으로 성장하는 교사와 아이들** : 유·아동의 에니어그램 성격 특성을 고려한 지혜로운 인성교육을 하기 위해 효과적인 임파워기술을 배운다.
	Remember & Recap	**비전에니어교사코칭으로 새롭게 출발하기** : MASTER 과정을 정리하고, 교사 자신의 성격 강점을 지혜롭게 계발하여 비전의 삶을 살 수 있도록 새롭게 출발하는 다짐을 한다.

원장, 교사도 활용할 수 있는 프로그램이다.

이 프로그램은 한국영리더십센터의 패밀리 그룹인 🐾 한국아동코칭센터 가 주관한다.
Korea Child Coaching Center

캐릭터코칭&리더십
에니어그램에 길을 묻다

초판인쇄 2011년 1월 15일
초판발행 2011년 1월 20일

지은이 진저 래피드-보그다
옮긴이 이소희
펴낸이 박찬후

주소 서울시 구로구 구로2동 453-9
전화 02-3281-2778
팩스 02-3281-2768
e-mail book_herb@naver.com
　　　　http://cafe.naver.com/book_herb

＊잘못된 책은 구입하신 서점에서 바꾸어 드립니다.

값 25,000원
ISBN 978-89-961905-9-2(03180)